职业教育教师发展手册

Handbook of
Vocational Teacher Professional Development
in the Digital Age

韩锡斌　周潜　李铭　编著

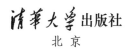

北京

版权所有，侵权必究。举报：010-62782989，beiqinquan@tup.tsinghua.edu.cn。

图书在版编目（CIP）数据

职业教育教师发展手册 / 韩锡斌，周潜，李铭编著. —北京：清华大学出版社，2023.5
（2025.3重印）
ISBN 978-7-302-62460-8

Ⅰ. ①职…　Ⅱ. ①韩…②周…③李…　Ⅲ. ①职业教育—师资培养—手册　Ⅳ. ① G715-62

中国国家版本馆 CIP 数据核字（2023）第 016963 号

责任编辑：纪海虹
封面设计：赵世颖
责任校对：王凤芝
责任印制：丛怀宇

出版发行：	清华大学出版社	
网　　址：	https://www.tup.com.cn, https://www.wqxuetang.com	
地　　址：	北京清华大学学研大厦A座	邮　编：100084
社 总 机：	010-83470000	邮　购：010-62786544
投稿与读者服务：	010-62776969，c-service@tup.tsinghua.edu.cn	
质量反馈：	010-62772015，zhiliang@tup.tsinghua.edu.cn	
印 装 者：	涿州汇美亿浓印刷有限公司	
经　　销：	全国新华书店	
开　　本：	165mm×240mm	印　张：23　　字　数：365千字
版　　次：	2023年7月第1版	印　次：2025年3月第2次印刷
定　　价：	78.00元	

产品编号：098323-01

序　言

　　随着大数据、人工智能、区块链、5G等数字技术的兴起，人类社会生产生活方式发生了深刻变化。数字产业化和产业数字化加速发展，对全球各国劳动力所拥有的知识、技能与能力提出了新的要求，需要高等教育和职业教育作出相应的回应。互联网的发展催生了数字化思维、分布式认知、虚拟空间的知识传播方式和人际交往方式，这将导致人才培养理念、方式和治理体系的系统性变革，教育的数字化转型势在必行。2020年国际电信联盟、联合国教科文组织和联合国儿童基金会联合发布《教育数字化转型：联通学校，赋能学生》，首次提出教育数字化转型的概念和倡议；欧盟发布《数字教育行动计划（2021—2027年）》，主张欧盟未来需要推进"促进高性能的数字教育生态系统的发展"和"提高数字技能和能力以实现数字化转型"两大战略事项；美国高等教育信息化协会发布《2020年十大IT议题——推动数字化转型》，提出推动高等教育数字化转型的主要议题；中国教育部也于2022年年初提出要实施国家教育数字化战略行动。然而，正如联合国教科文组织2021年在《共同重新构想我们的未来：一种新的教育社会契约》中指出的，计算机和互联网等正在迅速改变知识的创造、获取、传播、验证和使用方式，从而使信息更容易获取，为教育提供了新的方式，并对教育有巨大的变革潜力，但我们还没有找到将这些潜力变为现实的路径。

　　为此，联合国教科文组织高等教育创新中心（中国深圳）和清华大学教育研究院联合开展高等教育数字化转型"3+1"项目研究（即3本手册和1份研究报告），3本手册包括《混合教学改革手册》《高等教育教师发展手册》和《职业教育教师发展手册》，1份研究报告即《高等教育教学数字化转型研究报告》。研究报告包括中文、英文、法文和西班牙文4个版本，在联合国教科文组织于 2022 年 5 月西班牙巴塞罗那召开的第三届世界高等教育大会上正式发布。该报告试图为国际组织、政府、高校、企业以及其他利益相关方提供应对教学数字化转型的理念、思路、方法、挑战及对策。报告分析了高等教育数字化转型的背景与现状，阐明教学数字化转型的内涵及实施框架，从学校、专业、课程与教学、教师教学能力、学生学习和质量保障 6 个方面详细阐述高等教育教学数字化转型的内容、特征、策略以及进一步探索的方向，提出高等教育教学数字化转型面临的挑战及对策，同时结合不同国家的实践案例分享各方探索的经验。3 本手册则侧重提供混合教学改革、教师教学能力及其发展方面的理论、标准、方法和策略，聚焦解决数字化教学"最后一公里问题"，供实践者和研究者参考。同时，借助联合国教科文组织平台进行传播，以期助力全球各国，尤其是发展中国家，借助数字技术迈向联合国教科文组织倡导的 2030 教育可持续发展目标，并在此过程中创建适合未来的具有包容性、韧性、开放和高质量的高等教育教学体系。手册的中文版将由清华大学出版社出版，英文版由斯普林格出版社（Springer）出版。

"3+1"项目既要迎接教育数字化转型的战略挑战，又要兼顾"教育信息化最后一公里问题"的解决，任务重、难度大且时间紧，历时 10 个月集大成，实属不易！在项目实施中，联合国教科文组织高等教育创新中心（中国深圳）提供了经费上的支持，中心主任李铭教授全程参与并给予了重要指导，国内外 15 个专家团队更是积极参加和协同合作，包括韩锡斌、刘美凤、王玉萍、宋继华、张铁道、陈丽、王淑艳、陈明选、钟志贤、刘清堂、沈书生、俞树煜、曹梅、孙杰远、杨浩等团队。在此致以特别感谢！

职业教育数字化转型对职业教育教师教学能力提出了新的要求。2019 年国务院《国家职业教育改革实施方案》、2020 年教育部等九部门《职业教育提质培优行动计划（2020—2023 年）》、2021 年中共中央办公厅国务院办公厅《关于推动现代职业教育高质量发展的意见》及《关于全面深化新时代教师队伍建设改革的意见》、2022 年《职业教育法》等一系列职业教育相关的重要法律法规、政策文件均对职业教育教师教学能力及其发展提出了总体要求；同时，教育部 2020 年《职业院校数字校园规范》、2022 年《关于开展职业教育教师队伍能力提升行动的通知》等标准与政策对职业教育教师教学能力及其发展提出了更为具体的要求。

序 言

本手册是《职业教育教师发展手册》,期望为国际组织、政府职业教育主管部门、职业院校管理者和职业教育教师在教师教学能力发展方面提供参考,进而助力建设高素质专业化教师队伍,促进职业教育数字化转型,提高职业教育适应性,提升职业教育高素质技术技能人才培养质量。手册的主体内容分为五个部分,首先对教育数字化转型、职业教育改革、终身学习、人工智能等与教师发展的关系进行了阐述;然后对职业教育教师教学能力及其发展的核心概念及相关理论进行了梳理;接着根据信息时代职业教育教师需要承担的四种角色提出了教师教学能力标准框架及其相应的评测工具;再从国家层面、学校层面及教师个人层面提出职业教育教师教学能力提升的具体行动方案;最后介绍了职业教育领域教师教学能力提升的典型案例。

在本手册编制过程中,总结了清华大学研究团队十多年来职业教育教师信息化教学能力及其发展的研究与实践成果,并融入全球化情境,同时邀请国内外教育技术学、职业教育学、教师能力发展等方面的专家共同开展研究。手册定位兼具工具性、实用性、资源性、引领性、学术性,平衡把握本土性与全球性、经典性与时代性、普遍性与特殊性、理论性与实践性,旨在为国际组织、各国政府制订职业教育教师教学能力标准及教师发展政策提供行动方案,为职业院校管理者系统提升教师教学能力提供行动指南,为研究者及相关专业从业人员提供职业教育教师发展标准、方法等方面的参考。

本手册由韩锡斌、周潜、李铭负责总体编著。第一章引言由程建钢(清华大学)负责,王玉萍(澳大利亚格里菲斯大学)、宋继华(北京师范大学)、白晓晶(北京开放大学)、罗扬洋(兰州大学)、李梦和陈香好(清华大学)参与编写;第二章概念界定及基础理论由宋继华(北京师范大学)和钟志贤(江西师范大学)负责,何春(北京师范大学)、卢洪艳(江西师范大学)参与编写;第三章教学能力框架及测评由韩锡斌(清华大学)负责,刁均峰(海南师范大学)、王玉萍(澳大利亚格里菲斯大学)参与编写;第四章教学能力提升行动由刁均峰(海南师范大学)负责,陈明选(江南大学)、周潜和杨成明(清华大学)、李梅(北京开放大学)、王靖(江南大学)、易凯谕(清华大学)参与编写;第五章教师发展实践案例由张铁道(北京开放大学)负责,周潜和杨成明(清华大学)、白晓晶(北京开放大学）参与编写。

联合国教科文组织高等教育创新中心（中国深圳）蒋清宇等，清华大学教育研究院刘英群、郭日发、石琬若、刘金晶，江西师范大学邓祯钰、石晓芬、朱欢乐、张义、赵育弘、梁伊铃、何妞等对手册编著工作进行了支持，多所职业院校领导、教师提供案例，手册凝聚了他们长期开展职业教育教师发展研究与改革的心血和成果。在此，一并致以诚挚的谢意。

本手册的编辑出版得到了清华大学出版社的大力支持，特别是纪海虹主任等投入了巨大的心力和时间，特此表示衷心的感谢！

程建钢

2022 年 8 月

目 录

第一章 引言 ·· 1
  第一节 教育数字化转型与教师能力发展 ································ 1
    一、数字时代推动教育系统转型 ·· 1
    二、人才培养促变教师能力发展 ·· 6
    三、教师能力发展呈现全新特点 ·· 9
  第二节 终身学习与教师能力发展 ·· 11
    一、终身学习的概念与内涵 ·· 11
    二、教师在终身学习中进行能力发展 ································ 15
    三、对职业教育教师开展终身学习的建议 ························ 19
  第三节 职业教育改革与教师能力发展 ···································· 24
    一、重视教师能力建设：职业教育教师培训培养制度
        趋于完备 ·· 27
    二、突出职业教育教师特色：教学能力和专业实践能力
        并重 ·· 28
    三、持续完善政策体系：职业教育教师专业标准进一步
        完善 ·· 29
  第四节 人工智能与教师能力发展 ·· 30
    一、促进学习的人工智能系统 ·· 30
    二、人工智能在教师发展中的应用 ···································· 31
  第五节 手册编写说明 ·· 33
    一、背景与意义 ·· 33
    二、目的和范围 ·· 34

第二章 概念界定及理论基础 ·················· 35
第一节 职业教育教师的概念及相关术语 ··········· 35
一、职业教育 ························ 35
二、职业教育教师 ····················· 37
三、教学能力 ························ 39
第二节 职业教育教师能力及相关理论 ············ 40
一、信息时代职业教育教师教学能力 ··········· 40
二、角色理论与教师能力 ················· 41
三、信息时代职业教育教师能力分析的相关理论 ······ 41
第三节 教育领域的经典性教师发展理论 ··········· 52
一、知识创生螺旋理论 ·················· 52
二、基于关注的采纳模式 ················· 56
三、DIKW 模型 ······················ 58
四、自助式学习 ······················ 59
五、社会文化理论 ····················· 62
六、长板理论 ························ 65
七、微认证 ························· 67
第四节 职业教育领域教师发展相关理论 ··········· 69
一、终身学习理论 ····················· 69
二、情境学习理论 ····················· 72
三、成人学习理论 ····················· 74
四、认知学徒制 ······················ 75
五、实践共同体 ······················ 77
六、专业成长互联模型 ·················· 80
第五节 信息时代职业教育教师教学能力研究进展 ······ 82
一、教学能力现状调查 ·················· 83
二、教学能力构成 ····················· 85
三、教学能力提升策略 ·················· 85

第三章 教学能力框架及测评 ················· 88
第一节 目标 ························· 88

一、提升职业教育教师的认可度和公众形象 …………… 88
　　二、识别专家型职业教育教师的共同能力 …………… 89
　　三、提升信息时代职业教育教师的教学能力 …………… 89
第二节　原则 …………………………………………………… 89
　　一、科学性 ………………………………………………… 89
　　二、可持续发展性 ………………………………………… 90
　　三、适应性 ………………………………………………… 91
　　四、易用性 ………………………………………………… 92
第三节　综述 …………………………………………………… 92
　　一、基于教师信息化教学能力标准的要求 …………… 93
　　二、基于职业教育教师教学能力标准的要求 …………… 97
　　三、基于职业教育教师教学能力测量的要求 …………… 99
　　四、基于发展视角对教师能力测评的要求 …………… 104
第四节　框架 …………………………………………………… 111
　　一、信息时代职业教育教师的多重角色特征 ………… 111
　　二、信息时代职业教育教师教学能力标准框架 ……… 116
第五节　测评 …………………………………………………… 121
　　一、职业教育教师教学能力评价指标 ………………… 123
　　二、职业教育教师教学能力测评工具 ………………… 125
第六节　用途/使用建议 ………………………………………… 129
　　一、国家层面 ……………………………………………… 129
　　二、院校层面 ……………………………………………… 130
　　三、教师层面 ……………………………………………… 131

第四章　教学能力提升行动 …………………………………… 132
第一节　概述 …………………………………………………… 132
第二节　国家提升行动 ………………………………………… 133
　　一、基于标准的提升行动 ………………………………… 134
　　二、基于项目的提升行动 ………………………………… 139
　　三、基于能力竞赛的提升行动 …………………………… 140
　　四、基于奖励计划的提升行动 …………………………… 143

第三节　学校提升行动 …………………………… 144
　　一、学校间/校企间培训 ……………………… 145
　　二、学校内部校本培训 ………………………… 146
　　三、基于教师行动研究的提升行动 ………………… 149
　　四、基于职业教育教师教学能力标准的提升行动 ……… 149
第四节　教师自身提升行动 …………………………… 151
　　一、基于开放教育资源的教师自主学习 ……………… 152
　　二、基于学习共同体的教师个性化学习 ……………… 153
　　三、教学设计能力提升 ………………………… 154
　　四、思维导图及其应用能力提升 ………………… 180
　　五、混合教学能力提升 ………………………… 194
第五节　职业教育教师教学能力提升效果的评价 ………… 214
　　一、职业教育教师教学能力评价的特点与趋势 ……… 215
　　二、职业教育教师教学能力评价的目标 ……………… 216
　　三、职业教育教师教学能力评价的主体 ……………… 217
　　四、职业教育教师教学能力评价的内容 ……………… 218
　　五、职业教育教师教学能力评价的标准 ……………… 218
　　六、职业教育教师教学能力评价的方式 ……………… 220
　　七、职业教育教师教学能力评价结果的应用 …………… 221

第五章　教师发展实践案例 ……………………………… 223
第一节　国家层面教师教学能力提升案例 ……………… 223
　　一、借助国家级教学技能竞赛大面积提升教师教学能力
　　　　——来自中国的案例 ……………………… 223
　　二、职业教育教师能力发展实践探索
　　　　——来自德国的案例 ……………………… 227
　　三、设立国家标准，引领企业培训师能力持续发展
　　　　——来自菲律宾的案例 ……………………… 230
第二节　学校层面职业教育教师教学能力提升案例 ……… 234
　　一、整合技术—教学法—专业知识的教师能力提升模式
　　　　——深圳职业技术学院的实践案例 ……………… 234

二、"设立标准—分层培训—内化资源"的教师能力
　　提升实践——成都职业技术学院案例 ·············· 244
三、多维推进、多元建设，提升教师信息化能力
　　——兰州职业技术学院实践案例 ················ 247
四、产学研合作共促教师教学能力提升
　　——广州市轻工职业学校实践案例 ·············· 252
五、校企深度融合共促教师能力提升
　　——山东工业职业学院实践案例 ················ 254
六、"培训—比赛—教研—教学—反思"一体化的教师教学
　　能力提升实践——寿光市职业教育中心学校案例 ··· 257
七、教师在线教学能力发展工作坊
　　——北京开放大学案例 ······················· 260
八、"目标—机构—工具—评价"多元协同的教师能力提升
　　实践——德国巴登—符腾堡州双元制大学案例 ····· 265

第三节　特色项目实践 ··· 269
一、企业技术平台支持的教师教学能力提升的实践
　　——优慕课在线教育案例 ····················· 269
二、基于名师资源创建教师网络研修课程实践 ············ 277
三、众筹社会专业资源提升农村幼儿教师教学能力
　　实践案例 ·································· 285

第四节　教师个体教学能力提升案例 ························· 292
一、乌鲁木齐市体育运动学校张雅茹老师实践案例 ······ 292
二、在参加技能大赛过程中增强教学能力 ·············· 296
三、从专科生到高职教师
　　——在学习与实践中不断成长 ·················· 297

附　录 ··· 300

附录A　中英文名词术语 ····································· 300
附录B　教师教学能力发展相关政策 ·························· 310
　　B.1　国家职业教育改革实施方案（摘录） ············· 310
　　B.2　关于推动现代职业教育高质量发展的意见（摘录） 312

B.3　深化新时代职业教育"双师型"教师队伍建设
　　　改革实施方案 …………………………………… 312
B.4　中共中央 国务院关于全面深化新时代教师队伍
　　　建设改革的意见 ………………………………… 319
B.5　教育部办公厅关于开展职业教育教师队伍能力提升
　　　行动的通知 ……………………………………… 330
B.6　教师教育振兴行动计划（2018—2022年）………… 333
B.7　2021年全国职业院校技能大赛教学能力比赛方案… 339
B.8　2021年全国职业院校技能大赛教学能力比赛参赛
　　　作品材料及现场决赛有关要求 ………………… 345
B.9　职业院校数字校园规范（摘录）………………… 348
B.10　职业教育提质培优行动计划（2020—2023年）
　　　（摘录）…………………………………………… 352
B.11　教育部关于深化职业教育教学改革全面提高人才
　　　培养质量的若干意见（摘录）…………………… 353
B.12　教育部关于进一步推进职业教育信息化发展的
　　　指导意见（摘录）………………………………… 354
B.13　中共中央 国务院印发《深化新时代教育评价改革
　　　总体方案》（摘录）……………………………… 354

第一章 引　　言

第一节　教育数字化转型与教师能力发展

随着人工智能、大数据、云计算、区块链等数字技术的兴起，人类社会的生产和生活方式发生了深刻变化。数字产业化和产业数字化加速发展，对全球各国劳动力所需拥有的知识、技能与能力提出了新的要求，也要求教育系统作出积极回应。同时，新兴技术的发展催生了数字化思维和分布式认知，以及基于虚拟空间的知识传播方式和人际交往方式，带来了人才培养理念、教与学方式和教育治理体系的系统性变革。在此背景下，教育数字化转型势在必行。

产业的数字化转型和各种新兴数字技术的演进重构了学生发展目标、学习方式和认知方式，学生能够适应数字时代的学习、胜任数字时代的工作、改造数字时代的自然与社会成为了教育教学数字化转型的最终目标。这一目标的实现需要教师发挥重要作用——教师作为教学的主体，直接承担教书育人的任务。数字时代人才培养需求变化对教师教学能力提出了新的要求，而这也是教育数字化转型的核心内容和前提条件。

一、数字时代推动教育系统转型

全球教育在多种因素的综合作用下正在发生数字化转型，这些因素主要包括社会变迁推动教育形态变革、产业转型催生人才需求变化、技术创新促进育人方式革新等。

1. 教育数字化转型的背景

（1）社会变迁推动教育形态变革。人类文明的发展史也是一部技术的发展史。从石器到青铜,再到铁器的技术发展带来的工具变革提高了人类的生产力。农业进步导致的农业剩余支持了工商业发展和科技进步,科技进步带来的蒸汽机发明引发了工业革命,在极大地提高生产力的同时也改变着生产关系。计算机和互联网的出现将人类带入了信息社会。在不同社会,生产方式、信息传播技术及方式的改变提出了不同的人才需求,由此引发了教育形态的相应变革(见表1-1-1)。因此,从人类发展的历史进程来看,教育数字化转型是工业社会变迁为信息社会的过程中教育形态发生的必然变革。

表 1-1-1 人类文明进程中的教育形态变革

项目	原始社会	农业社会	工业社会	信息社会初级阶段	信息社会高级阶段
生产方式	依靠自然资源	手工作坊式的小生产	城市化和批量化的大规模生产	基于网络的生产与知识创新	数据成为关键的生产要素
传播技术	肢体语言和口头语言	造纸术和印刷术	广播、电视等电子媒介和技术	计算机与网络	物联网、虚拟现实、人工智能等
传播方式	口耳相传	内容与表达者相分离	"一点对多点"的信息传播	"多点对多点"的数字化传播	虚实融合的沉浸式传播
人才需求	生存技能,部落习俗	掌握劳动规律,操作生产工具	制造技能、科学知识、人文素养	包含信息素养的综合素质	面向未来的创新能力
教育形态	劳动即学习,父母即教师	私塾、书院等固定的教学场所	学校、课程、班级制度	信息技术与教育教学的深度融合	教育数字化转型

(2)产业转型催生人才需求变化。自 2008 年金融危机以来,全球经济增长缓慢,"逆全球化"思潮涌动,欧美主导的经济全球化陷入深度困境[①]。由数字技术与全球经济深度融合而形成的新的经济形态开始蓬勃发展,特别是在新冠肺炎疫情全球蔓延期间,数字经济在远程医疗、在线教育、远程办公、无接触配送等领域的迅速补位,确保了全球产业链、供应链的顺

---

① Loebbecke C, Picot A. Reflections on societal and business model transformation arising from digitization and big data analytics: A research agenda[J]. Journal of Strategic Information Systems, 2015, 24(3): 149–157.

利运行①。2020年，全球数字经济规模持续扩大，数字经济增加值由2018年的30.2万亿美元扩至32.6万亿美元，增幅7.9%。同时，数字经济在全球各国国民经济中的地位持续提升，中国信息通信研究院统计的47个国家的数字经济占生产总值比重由2018年的40.3%增长至2020年的43.7%，提升了3.4个百分点②。由此可见，在全球经济持续下行的背景下，数字经济成为拉动全球经济增长、推动经济复苏的主要动力。在数字经济快速发展的同时，传统产业的数字化转型也在加速进行。蓬勃兴起的数字化产业和传统产业的数字化转型都对人才市场提出了新的期待和要求。传统的教育体系培养的人才无法满足数字经济发展的用人需求，复合型数字人才匮乏已成为制约经济数字化转型的关键短板。因此，产业数字化转型不断带来新的人才需求，进而拉动根植于工业社会的教育体系的数字化转型。

（3）技术创新促进育人方式革新。计算机和互联网的出现极大地提升了人脑处理信息的容量与速度，改变了人类仅靠个体思维的认知方式，使得人的"内脑"与"外脑"联合行动，从而具备人机合一的思维特征，人机结合逐渐成为现代人认识世界的基本方式③。教育要使学生适应这种人机结合的认知方式，养成基于数字技术的学习习惯、学习风格、学习方式和工作方式。进一步来说，人与人的关系已经从物理空间拓展到数字空间，未来的教育必须能够培养学生具有数字化的社会交往能力和基于数字空间的自我认知能力。数字技术的不断创新也为育人方式的改革提供了可能。搜索引擎支持学生轻易获得海量的资源和知识，将其从重复性的记忆、抄写等简单的认知活动中解放出来；由互联网构成的虚拟空间，可以为身处不同时空的学习者和教学者提供同步和异步交互支持；各类社交软件使得学生、教师、学校、企业、社会等教育活动中的利益相关者之间的联系更加便捷；大数据和区块链的发展也使得教育管理和评价能够更加精准、可信任；借助人工智能技术开发的智能学伴、智能导师等为差异化教学和个性化学习可提供有效支持。总之，数字技术的不断创新不仅影响人类的认

---

① 陈伟光，钟列炀. 全球数字经济治理：要素构成、机制分析与难点突破[J]. 国际经济评论，2022（2）：60-87+6.
② 中国信息通信研究院. 全球数字经济白皮书——疫情冲击下的复苏新曙光[EB/OL]. (2021–2012)[2022-09-21] http://www.caict.ac.cn/kxyj/qwfb/bps/202108/P020210913403798893557.pdf, 2018.
③ 余胜泉. "互联网+"时代的未来教育[J]. 人民教育，2018（1）：34–39.

知方式和人际关系，也会给教育机构的育人方式变革提供技术基础，这必然会导致教育机构教与学方式的系统性革新，即发生教育数字化转型。

2. 教育数字化转型的内涵

教育数字化转型不只是数字技术应用于教育，而是技术与教育的深度融合，从而优化和转变教育机构的运营方式、战略方向和价值主张，进而形成适应新的与数字时代相适应的教育体系[①]。

教育数字化转型意味着机构的办学空间、运营方式、战略方向和价值主张从工业时代转向数字时代（见表 1-1-2）。在此转型过程中，学生对学习、课程、专业、认证的掌控权将逐步增加，办学机构借助互联网对社会资源的调用能力逐步增强，教育系统将颠覆传统办学模式，创造新的价值[②③④⑤]。

表 1-1-2 教育数字化转型的特征

项目	工业时代	数字时代
办学空间	物理空间，如教室、校园	物理和网络融合的空间
机构运营方式	模块化、流程化	整合化、智能化
战略方向	专业性、大众化	开放性、可持续性
价值主张	规模化、标准化	个性化、多元化

总体而言，教育数字化转型是一个系统性的发展过程，分析如下。

---

① Christopher D B, Mccormack M. Driving digital transformation in higher education [DB/OL].（2020-6-15）[2022-9-29]. https：//library.educause.edu/resources/2020/6/driving-digital-transformation-in-higher-education.

② Faria J A , H Nóvoa. Digital Transformation at the University of Porto[C]//International Conference on Exploring Services Science，2017.

③ Sandhu G . The Role of Academic Libraries in the Digital Transformation of the Universities[C]// 2018 5th International Symposium on Emerging Trends and Technologies in Libraries and Information Services（ETTLIS），2018.

④ Kaminskyi O Y, Yereshko Y O, Kyrychenko S O. Digital transformation of University Education in Ukraine：Trajectories of Development in the conditions of new technological and economic order[J]. Information Technologies and Learning Tools，2018（64，No2）：128–137.

⑤ Zhao M , Liao H T , Sun S P. An Education Literature Review on Digitization， Digitalization， Datafication，and Digital Transformation[C]// 6th International Conference on Humanities and Social Science Research（ICHSSR 2020）. Atlantis Press，2020：301–305.

（1）从系统论的角度来看。教育系统不仅包括教育机构内部要素，即院校、专业、课程与教学、教师、学生和教学质量保障体系等，各要素之间相互影响，还受到社会、政治、经济、技术等外部因素的影响。基于此，各大国际组织纷纷出台文件，从外部视角支持教育的数字化转型。已有文件主要从技术和社会两大视角出发，希望通过政策引领促进各国教育数字化转型。在技术视角方面，美国高等教育信息协会发布的《2021地平线报告（教学版）》指出了影响未来教育教学的六项关键技术和实践，分别为人工智能、混合课程模式、学习分析、微认证、开放教育资源和高质量在线学习[①]。此外，移动学习、分析技术、混合现实、人工智能、区块链和虚拟助理等技术也被认为将促进未来学校教与学方式的创新。国际电信联盟、联合国教科文组织和联合国儿童基金会2020年联合发布《教育数字化转型：联通学校，赋能学生》，关注教育连通性问题，倡导加强国家基础设施，旨在为学校提供安全可靠的互联网接入。在社会视角方面，国际大学联盟于2020年发布《数字世界中的高等教育转型：为全球公益服务》，呼吁为了全球共同的利益，对高等教育进行以人为本、符合伦理、具有包容性和成效性的数字化转型，考虑当地需求和全球发展，让学生为终身学习做好准备，加强世界各地的高等教育机构进行知识交流，并支持弱势群体等[②]；欧盟于2021年提出，发展高质量数字教育生态系统以及促进与全球各地人才的联系并吸引人才[③]。此外，联合国教科文组织也特别关注教育数字化转型，于2020年发布《新冠疫情下加速全球高等教育数字化转型的建议》，倡导建立高等教育多边合作机制，带动公益资源共享；[④] 于2021年发布《教育技术创新战略（2022—2025）》，旨在加强对新兴和未来技术变

[①] Kathe P, Malcolm B, Christopher D, et al. 2021 EDUCAUSE Horizon Report, Teaching and Learning Edition [DB/OL].（2021-04-26）[2022-09-29]. https://library.educause.edu/resources/2021/4/2021-educause-horizon-report-teaching-and-learning-edition#materials.

[②] IAU. Transforming Higher Education in a Digital World for the Global Common Good. IAU. [DB/OL].（2020-09-01）[2020-09-29]. https://www.iau-aiu.net/IMG/pdf/whec2022_open_knowledge_product_iau_policy_statement_digital_transformation_of_he.pdf.

[③] European Commission. 2030 Digital Compass: the European way for the Digital Decade. EU. [DB/OL]. [2021-03-09].https://eufordigital.eu/wp-content/uploads/2021/03/2030-Digital-Compass-the-European-way-for-the-Digital-Decade.pdf.

[④] UNESCO. 新冠疫情下加速全球高等教育数字化转型的建议 [DB/OL].（2021-06-07）[2022-09-29]. https://ichei.org/Uploads/Download/2021-06-07/60bd82b3370cc.pdf.

革及其对教育的影响的审视，支持成员国开发远程学习平台、学习工具，开放教育资源及其促进学习的有效方法，以帮助人人享有公平和包容的优质教育和终身学习机会①。

从内部视角来看，教育的数字化转型涉及院校、专业、课程与教学、教师、学生和教学质量保障体系等要素，各要素之间相互影响。其中，社会、政治、经济、技术等方面的变化直接影响学生的生涯规划、学习方式和认知方式，促使学生学习发生数字化转型。学生是教学的对象，为了支持其学习数字化转型，课程和教学需要发生相应变革，对教师的教学能力也提出新的要求。社会和经济发展对人才培养目标提出的新要求，需要专业规划与设置发生相应转变。院校作为教学的运营机构，需要从技术系统、人员能力、组织文化、管理体制、支持服务等方面进行转变以支持教育数字化转型。

（2）从阶段论的角度来看。教育数字化转型不是一个一蹴而就的过程，而是一个逐步发展的过程，其始于数字化转换（digitization），就是将物理空间的教学材料转变为信息空间的教学材料，教学材料的存储格式从物理或模拟格式（如课本等文本材料、录音磁带等）转换为数字格式（如电子书、多媒体学习资源等）。之后进入数字化升级（digitalization），利用信息技术来支持教育教学，技术发挥辅助、协同和增效的作用，如利用学习管理系统（learning management systems）支持教学活动。联合国教科文组织把信息技术应用于教育的过程分为四个阶段：起步、应用、融合、转型②。在起步阶段，关注重点为基础设施建设和教师信息技术应用能力；在应用阶段，优质的数字教育资源和完善的学习管理系统必不可少；在融合阶段，利用信息技术促进教师教学能力发展和基于信息化环境的教学方法创新是其鲜明的特征；在转型阶段，重点关注、充分融合新兴数字技术，助力教育生态重构。

二、人才培养促变教师能力发展

教育数字化转型的最终目标是促进数字时代学生的学习与发展。工业

---

① UNESCO. Strategy on Technological Innovation in Education（2022—2025）[DB/OL].（2019-11-25）[2022-09-29]. https：//unesdoc.unesco.org/ark：/48223/pf0000373602.locale=en.

② UNESCO. Building ecosystems for online and blended learning：advancing equity and excellence in higher education in the Asia-Pacific：policy brief（chi）[DB/OL]. [2022-09-29]. https：//unesdoc.unesco.org/ark：/48223/pf0000375474_chi，2021.

时代规模化方式培养的专业型人才已经难以满足数字时代的需求，教育的目标逐步向培养复合型人才的方向转变。复合型人才应具备包括跨越学科的价值观、必备品格和关键能力等方面的综合素养[①]。其中，数字素养不仅是综合素养的重要组成部分，也是数字时代学生发展的显著特征。学生数字素养不仅包括基本的数字技术知识与技能、信息与数据素养、数字安全和数字伦理素养等，也包括数字经济时代信息化的专业知识和职业能力，还包括在网络社会成长过程中"虚实分离的我"实现统一自我认同的意识和能力。同时，学生的学习方式和认知方式正在发生根本性转变，人类学习将迈向泛在学习新生态，"人机结合"将作为学生的基本认知方式，呈现出从个体认知向主辅式认知、分布式认知和具身认知的转变。学生发展目标、学习方式和认知方式的转变给基于固定空间和静态资源的传统教学带来了巨大挑战，并对教师教学能力提出了新的要求——持续发展数字化教学能力。

教师数字化教学能力的持续发展体现在四个方面和三个阶段，具体见图 1-1-1。

（1）数字技术融入教学的意识转变——从开始意识到数字智慧。同传

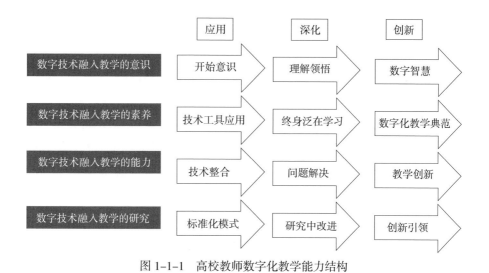

图 1-1-1　高校教师数字化教学能力结构

---

① 柴唤友，陈丽，郑勤华，王辞晓. 学生综合评价研究新趋向：从综合素质、核心素养到综合素养 [J]. 中国电化教育，2022（3）：36–43.

统教学相比，数字时代教师要有意识地将数字技术融入教学中，从而提高教学质量。在应用阶段，教师开始意识到数字技术在教学中的重要作用；在深化阶段，教师能够领悟和理解信息化教学的相关知识和方法，开始有创新教学的意识；在创新阶段，教师具有创新变革教育教学模式的思路和方法。这种思路和方法指向了数字时代人们应用技术的能力，以及借助技术实现超越自身天赋的能力，即数字智慧。

（2）数字技术融入教学的素养转变——从技术工具应用到数字化教学典范。教师所拥有的数字素养是给学生传授21世纪核心能力的先决条件[1][2]，在此基础上还需要教师具备将数字技术融入教学的专业素养[3]。在应用阶段，初步掌握常用数字技术工具的应用（如办公软件、网络教学平台、思维可视化工具、常用社交媒体软件等）；在深化阶段，教师基于智能终端，应用各种开放在线课程资源、社交媒体生成资源等开展专业学习，养成终身学习的习惯；在创新阶段，教师具备灵活应用各种数字化技术工具的能力，技术变得"不可见"，教师成为数字化工作与学习的典范。

（3）数字技术融入教学的能力转变——从技术整合到教学创新。在应用阶段，教师在数字化教学中能够掌握一种将技术整合于课程的方式；在深化阶段，教师能够准确诊断教学中存在的问题，借助数字技术解决问题，据此持续改进教学；在创新阶段，教师在教学中能够灵活应用数字技术创新教学模式，培养学生的高阶思维能力以及探究、合作和自主建构知识的能力。

（4）数字技术融入教学的研究转变——从标准化模式到创新引领。在应用阶段，教师能够在教学过程中基于标准化模式开展教学研究，据此诊断教学问题，改进教学；在深化阶段，教师能够根据课程特点和教学情况

---

[1] IBSTPI 2004. Instructor Competencies [EB/OL].[2022-06-04]. http：//ibstpi.org/instructor-competencies.

[2] UKPSF. The UK Professional Standards Framework for Teaching and Supporting Learning in Higher Education [EB/OL].[2022-06-04].Available at：https：//s3.eu-west-2.amazonaws.com/assets.creode.advancehe-document-manager/documents/advance-he/UK%20Professional%20Standards%20Framework1570613241.pdf.

[3] European Commission. 2020. Digital Education Action Plan：Resetting Education and Training for the Digital Age [EB/OL].[2022-06-04]. https：//ec.europa.eu/education/sites/education/files/document-library-docs/deap-communication-sept2020en.pdf.

设计合适的教学实验方法,据此不断改进教学模式与方法;在创新阶段,教师能够通过研究、探究教学规律,对教学进行深度反思,创新教学模式,并通过分享与交流引领其他教师共同发展。

三、教师能力发展呈现全新特点

教师教学能力发展是一个复杂的系统工程,既涉及国家和地区的教育整体发展程度及教师教学能力发展的政策,也涉及社会对教师教学能力发展的认识与投入,学校的组织管理模式、对教师的定位,以及教师自身的能力基础与内在动机。数字时代教师教学能力发展在目标、主体、内容、方式、评价等方面体现出如下全新特点:

(1)**目标差异化**。教师教学能力发展的目标定位日趋分层化。教师教学能力发展涉及三个层次的目标:在政府和社会层面,通过教师教学能力的提升,达成国家和社会期望的人才培养目标;在院校层面,通过教师教学能力的提升,实施高质量的教学;在教师层面,其目标是持续提升自身教学能力,实现自身价值。因此,不同国家和地区、不同类型的院校(研究型综合大学、教学型综合大学、应用型本科大学、职业院校等)教师教学能力发展的目标均体现出差异性。

(2)**主体协作化**。教师教学能力发展的行动主体包括社会组织、政府教育主管部门、教育机构、教师个人等。围绕教学能力发展这一目标,需要参与的各方主体紧密地协作:包括基金会、学会以及私营机构等在内的社会组织提供资金、资源与平台等,学校进行教学能力发展的组织机构设置、规章制度制定、资金与人力资源管理、能力提升项目开发等方面的工作,教师在各类主体的支持下通过学习、实践、交流与反思等实现教学能力的提升。

(3)**内容标准化**。教师教学能力发展的内容需要依照国家、地区、学校的教师教学能力标准框架来确定。能力标准框架既是能力提升内容与资源开发的依据,又是教师教学能力诊断与认证的依据。院校可针对学科特点和教师实际需求,明确教师亟待提升的教学能力核心要素,提出以校为本、基于课堂、问题驱动、注重实效的教师教学能力提升方案。

(4)**方式多样化**。教师教学能力发展可采取咨询指导、课程讲座、工作坊、研讨会、支持服务(资源类、技术类)、教学奖励、教学评价和教学资助等多种方式。数字技术的发展为教师教学能力发展带来了更多的创新，如基于网络学习平台的教师个性化学习与反思；基于在线交流工具的教师间相互学习与评价；易复制、可积累的教师教学能力发展的数字资源；基于教育数据挖掘的教师发展的科学管理与决策；基于网络学习共同体的教师与专家教研合作等。

（5）评价综合化。教师教学能力发展的评价需要通过机构外部、机构内部、同伴、自我等不同评价主体，对反应评价、学习评价、行为评价、成果评价等不同的评价内容进行综合的效果分析[1]。基于大数据的学习分析手段在教师教学能力发展的评价中具有重要的作用。

基于这些新要求和新特点，教师数字化教学能力的发展需要政府部门、社会组织、院校、教师自身等多方协同努力。首先，政府教育主管部门应出台相应政策指导与推动教师数字化教学能力提升行动，例如，我国教育部在2016年发布的《教育信息化"十三五"规划》提出，要建立健全教师数字技术应用能力标准，将数字化教学能力培养纳入师范生培养课程体系，列入高校和中小学办学水平评估、校长考评的指标体系[2]。其次，基金会、学会、协会、私营机构等社会组织应当多方协同行动，开展教学能力认证，提供教师能力发展的各类资源，实施教师数字化教学能力发展项目等，例如，开展基于微认证的教师创新认证系统，颁发在线教学证书，建设跨国、跨地区、跨学校的教师交流平台，开展职前教师数字化教学能力提升项目和职后教师数字化教学能力提升项目等。再次，院校应为提升教师数字化教学能力提供机构与政策的保障。例如，通过设立教师发展中心或教学中心推进网络研修，整合全校资源，促进区域间资源共享，形成开放式教师专业发展互动社区，以提高教师数字化教学能力。此外，学校应提供教师数字化教学能力提升的制度和机制保障，如建立教师专业发展制度，建立教师工作坊咨询制度，制定数字能力框架，发布数字技能证书管理与使用规范，出台激励政策等[3]。最后，教师自身应进行自我赋能学习，可以通过

---

[1] Kirkpatrick D L. Teaching for evaluating training programs[J]. American Society of Training Directors，1959，13.

[2] 新华社. 教育部：数字化教学能力将纳入学校办学水平考评体系 [EB/OL]. [2016-06-23]. http：//www.gov.cn/xinwen/2016-06/23/content_5084751.htm.

[3] European Commission. Digital Education Action Plan 2021—2027 [EB/OL]. [2020-10-26].https：//education.ec.europa.eu/sites/default/files/document-library-docs/deap-communication-sept2020_en.pdf.

基于开放教育资源自主学习、基于在线社区与学习共同体教学实践交流与反思、基于自适应学习系统的教师教学能力个性化发展等方式，实现数字化教学能力的自主提升。

综上所述，数字技术不断创新并逐步融入社会、经济、政治等各个方面，引发了教育人才培养理念、方式和治理体系的系统性变革——教育系统的数字化转型。教育数字化转型的本质是人的转型，其最终目标是实现数字时代学生的学习与发展。而为了实现这一目标，必须持续提升教师的数字化教学能力。教师数字化教学能力体现为数字技术融入教学的意识、素养、能力和研究，包括应用、深化、创新三个阶段。教师数字化教学能力发展是一个复杂的系统工程，呈现出目标差异化、多方协作化、内容标准化、方式多元化、评价综合化等特点，需要政府部门、社会组织、院校、教师自身等多方协同努力。

第二节　终身学习与教师能力发展

有高质量的职教教师队伍，才会有高质量的职业教育。作为一种需要精益求精方能胜任的专门职业，终身学习是确保其教学能力的发展根本。社会变迁推动教育形态变革，产业转型催生人才需求变化，技术创新促进育人方式革新，职业教育正在面临数字化转型，这对从事职业教育教学的教师的能力提出了更高要求。教师只有在终身学习的道路上不断前行，才能成为一名培育时代新人的合格教师。

一、终身学习的概念与内涵

20世纪20—40年代终身教育理念兴起。"终身教育"的提出也被称为"可与哥白尼学说带来的革命相比，是教育史上最惊人的事件之一"[1]。通过联合国教科文组织的推行，终身教育理念在世界范围内迅速传播，成为一

---

[1]　厉以贤.终身教育、终身学习是社会进步和教育发展的共同要求[J].教育研究，1999（7）：31-36.

种教育发展和改革的思潮。20世纪90年代,"终身学习"在国际上获得广泛认可,并逐渐取代"终身教育"这一术语①。

(一)终身学习的概念

学术界普遍认同1994年11月在意大利罗马召开的首届"世界终身学习会议"对终身学习的定义,即:"终身学习是通过一个不断的支持过程来发挥人类的潜能,它激励并使人们有权利去获得他们终身所需要的全部知识、价值、技能与理解,并在任何任务、情况和环境中有信心、有创造性和愉快地应用它们。"这个定义强调了终身学习应能激发人的潜能,但这又必须要"通过一个不断的支持过程"。其次,这一定义还强调要"创造性"地"应用"学习成果。因此有学者认为,"与其说终身学习是一种教育概念,倒不如说它是一种社会行为或生活方式"②。

(二)终身学习的内涵

终身学习的内涵可以从以下方面来理解③。

第一,学习的终身化。学习贯穿于人"从摇篮到坟墓"的整个生涯。学习伴随一生,具有全程性、终身性。人的一生有不同的发展阶段,每个阶段的教育和学习都有不同主题,其内容和方法也有不同侧重,体现出一种持续的学习观。

第二,学习的全民化。教育和学习不再是部分人的活动,而成为所有人的基本权利。让全体人民"学有所教"是终身学习的重要使命,承担这一使命就要大力促进教育公平,从这个意义上说终身学习也具有公共性。

第三,学习的多样化或全方位化。终身学习强调全方位的学习,强调非正规教育(如职业培训等)和非正式学习(如自学、社区教育等),终身学习必须将三者有机结合起来。

(三)终身学习素养

1996年,联合国教科文组织在其发布的《学习:财富蕴藏其中》报告中提出终身学习的四大支柱:学会认知(learning to know)、学会做

---

① 何思颖,何光全.终身教育百年:从终身教育到终身学习[J].现代远程教育研究,2019(1):66-77+86.

② 吴遵民,谢海燕.当代终身学习概念的本质特征及其理论发展的国际动向[J].继续教育研究,2004(3):31-36.

③ 韩民.教育现代化与终身学习体系建设[J].教育与教学研究,2020,34(8):100-109.

事（learning to do）、学会共同生活（learning to live together）以及学会生存（learning to be）。2003年，联合国教科文组织提出学会改变（learning to change）的主张，以促进个人、组织和社会顺应与引导变迁的能力，并将其视为"终身学习第五支柱"。

此外，经济合作与发展组织等机构都提出了对终身学习素养的认识，主要涉及七个维度[①]，如表1-2-1所示。

（1）**自我评价、反思、规划和管理维度**。包含元认知和自我评价能力、思维和反思能力以及规划与决策能力。终身学习要求个体持续开展自我评价和反思，明确优势和不足，作出规划和决策。

（2）**学习准备维度**。包含学习意愿和责任意识、主动行动能力、动机和持之以恒的能力，需要个体有责任意识、主观能动性和持续的学习动机以及锲而不舍的学习精神。

（3）**自主学习能力维度**。指个体规划与组织自身学习方面的倾向与能力，包括制订自身学习计划，管理自身的学习过程，选择适合自身的学习方法与策略，在学习过程中有效寻求帮助和指导，评价自身学习效果等方面。

（4）**信息素养维度**。指个体批判地将信息技术应用于工作、休闲、沟通、协作等方面。信息素养是数字时代终身学习的必然要求。

（5）**社会素养维度**。包含人际交往能力、团队合作能力、处理冲突能力、公民能力以及文化意识和表现。个体要能够与其他个人或群体有效沟通和互动，为自身营造良好的外在终身学习环境。

（6）**个人特质维度**。包含应变能力、创新能力和问题解决能力。外在社会的快速发展要求个体必须具备应变能力来应对不断变化的外界环境，能够以创造性的思维提升终身学习品质，取得个人成功并进而促进社会进步。

（7）**基础素养维度**。包含语言及沟通能力、数理及科技能力。个体在语言、文字、运算及科技等基础能力方面的准备是进行终身学习所必需的基础。

---

① 马东明，郑勤华，陈丽. 国际"终身学习素养"研究综述[J]. 现代远距离教育，2012（1）：3-11.

表 1-2-1 "终身学习素养"构成

序号	维度	能力项
1	自我评价、反思、规划和管理维度	元认知和自我评价能力
		思维和反思能力
		规划与决策能力
2	学习准备维度	学习意愿和责任意识
		主动行动能力
		动机和持之以恒的能力
3	自主学习能力维度	制订学习计划
		管理学习过程
		选择合适的学习方法与策略
		寻求帮助和指导
		评价自身学习效果
4	信息素养维度	
5	社会素养维度	人际交往能力
		团队合作能力
		处理冲突能力
		公民能力
		文化意识和表现
6	个人特质维度	应变能力
		创新能力
		问题解决能力
7	基础素养维度	语言及沟通能力
		数理及科技能力

有学者指出，在数字时代，信息素养是终身学习的核心，是开展自主学习的基本条件，也是一个人学会学习的主要标识。信息素养已经成为继"读、写、算"之后的第四种基本能力，也就是说，信息素养是信息社会的基本学习能力，个体形成良好的信息素养是适应信息社会的学习、工作和生活的必要基础[①]。一般来说，信息素养包括八项能力，如表 1-2-2 所示。

---

① 钟志贤. 面向终身学习：信息素养的内涵、演进与标准[J]. 中国远程教育，2013（8）：21-29+95.

表 1-2-2 信息素养的八项能力

序号	能力	表现
1	运用工具	能熟练使用各种信息工具,特别是计算机和网络交流工具
2	获取信息	能根据问题或目标需求,有效地收集各种相关信息,能熟练地使用阅读、访问、讨论、参观、实验、检索等获取信息
3	处理信息	能对所收集的信息进行评价、筛选、归纳、分类、存储、鉴别、分析综合、抽象概括和表达等
4	生成信息	能全面准确地概述、综合、融合或整合、改造和表述所需要的信息,不仅简洁流畅,富有个性,而且能使信息增值,即产生新的观念或想法
5	创造信息	在综合多种信息的基础上,通过系列理性思维、批判性思维和创造性思维,形成问题求解或决策方案,或使之成为新信息的生长点,创造新信息,达到搜寻信息的终极目的
6	发挥效益	善于运用相关信息解决学习、生活、工作等方面的问题,提升生存和发展的质量,让信息发挥最大的社会和经济效益,为个人、群体和社会服务
7	信息协作	学习即形成连接或创建网络,能通过信息的发散和会聚,充分实现信息的分享、分布式认知和协作,构建学习共同体和个人学习环境,使信息或信息工具成为延伸自我的有效中介
8	信息免疫	能恪守正确的信息伦理,自控、自律和自我调节能力强,能自觉地抵御消极信息的侵蚀

针对数字时代教师所应具备的数字能力,欧洲教师数字化能力框架给出了6大领域、22个项目能力的范例、活动和评价标准。

二、教师在终身学习中进行能力发展

教师发展是一个不断持续的过程。教师能力发展最为根本的是教师专业能力发展。教师获得自身专业能力发展所需要的知识、学习技能和态度价值观的转变,增强自身的教育实践能力是一个持续学习、终身学习的过程[①]。

作为职教教师,需要进一步明确自身与终身学习的关系,只有自觉成为一名终身学习者,才能提升自身的教育教学水平。通过中国知网查询与"终身学习"和"教师"相关的文献[②],发现与教师终身学习相关的高频关键

---

① 张铁道.关于体验式教师培训方法的个案研究——兼论促进成人学习的若干原则[J].教育科学研究,2001(5):20-24.
② 文献搜索时间为2022年6月4日,搜索篇名为"终身学习"和"教师",忽略"中小学""幼儿"等关键词,筛选范围设定为出现频次和共现频次为5~30。

词包含"终身学习理念""学习活动""知识结构""现代教育技术""教育改革""教育内容""教育能力""传统教育""学习化社会"等,如图1-2-1所示。这涉及终身学习理念的增强、教学能力的提升、教学改革的推进等。

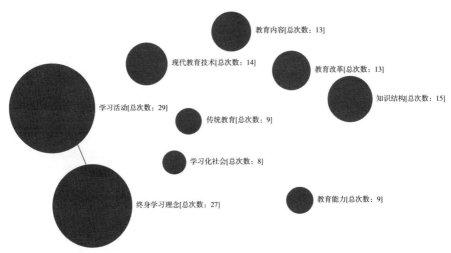

图1-2-1 与教师终身学习相关的高频关键词

(一)增强终身学习理念

1. 提供高质量职业技术教育是教师终身学习的使命所在

《中华人民共和国国民经济和社会发展第十四个五年规划和2035远景目标纲要》中指出,要"建设高质量教育体系""要增强职业技术教育适应性,突出职业技术(技工)教育类型特色,深入推进改革创新……实施现代职业技术教育质量提升计划,建设一批高水平职业技术院校和专业,稳步发展职业本科教育"。通过该文件可以看出,职教教师必须增强使命感和责任意识,通过终身学习提升自身的能力和水平,以满足国家、社会以及学生对高质量职业技术教育的要求和需求。

2. 参加终身学习是教师应有的权利和义务

教师的在职培训是教师一生中都应享有的权利,在终身学习的架构下,教师也应视其为义务。教育部教师工作司指出[①],《关于全面深化新时代教师

---

① 任有群. 发力"十四五",努力建设高质量职教教师队伍 [EB/OL].(2022-06-01). [2022-09-29]. https://baijiahao.baidu.com/s?id=1734399298529614258&wfr=spider&for=pc.

队伍建设改革的意见》《国家职业教育改革实施方案》《深化新时代职业教育"双师型"教师队伍建设改革实施方案》对职教教师工作进行了全面部署，新修订的《中华人民共和国职业教育法》也对职教教师队伍建设作出规定。这些"顶层设计"都在着力让职教教师队伍强起来。因此，作为职教教师，须积极响应国家的政策要求，落实国家对于提升职教教师队伍的举措，充分把握机会以提升自身的教育教学水平。

3. 教师应努力成为终身学习的榜样

教师应当具有终身学习与持续发展的意识和能力，才能成为学生眼中终身学习的榜样。《职业技术师范教育专业认证标准》中指出，教师要具有职前养成和职后发展一体化指导能力，能够有效指导师范生发展与职业规划。也就是说，需要教师在职前教育中培养学生的终身学习理念，并且要帮助学生树立在职后教育中终身学习的习惯。教师只有自身成为终身学习的榜样，才能真正影响学生的言行。

（二）提升教育教学能力

1. 教师要提高育人能力

习近平总书记强调，"要坚持社会主义办学方向，把立德树人作为教育的根本任务""培养学生爱国情怀、社会责任感、创新精神、实践能力"。党的十九大报告也指出：中国经济要从"中国制造"向"中国智造"转变，从"制造大国"向"制造强国"蜕变，需要具有工匠精神的"大国工匠"及数以万计的高素质技术技能型人才作为支撑，这是新时代赋予职业教育改革发展的新使命。职业院校作为高素质技术技能型人才培养的主要阵地，必须将立德树人的根本任务与培育"工匠精神"有机融合，肩负起培养具有"工匠精神"的高素质技术技能型人才的历史重任。

2. 教师要加快知识结构更新

高质量的职教师资紧缺，突出表现为缺乏高素质的"双师型"教师[1]。有研究指出[2]，存在高职教师特别是新教师虽具有较高文凭，却普遍缺乏企业实践经历和经验，课堂教学脱离企业生产发展实际，偏重于理论，偏离高职教育对于新技术、新工艺的需求，青年教师的"双师型"专业素质尤

---

[1] 任有群. 发力"十四五"，努力建设高质量职教教师队伍[EB/OL]. [2022-06-05]. https://baijiahao.baidu.com/s?id=1734399298529514258&wfr=spider&for=pc.

[2] 左彦鹏. 高职院校"双师型"教师专业素质研究[D]. 大连：辽宁师范大学，2016.

其令人担忧，这就需要教师紧跟时代和行业发展的变化，加快并持续更新与增强自身的专业素养。"专业知识"应包含任教专业知识、高职教育知识、高职实践知识等，如表 1-2-3 所示。

表 1-2-3　高职院校"双师型"教师"专业知识"结构表

一级指标	二级指标
任教专业知识	了解所在区域经济发展情况、相关行业现状趋势与人才需求等基本情况； 了解所教专业与相关职业的关系
高职教育知识	良好的教育教学知识结构； 端正的教育教学态度与行为； 适应教育现代化的信息技术知识
高职实践知识	教师的情境知识； 教师的策略性知识

3. 教师要提升教学活动设计与实施能力

教学活动设计能力是教师教学能力的核心，是教师有效胜任职业教育教学活动所应具备的能力[1]，也是教师开展终身学习的重要着力点和不断努力的方向。2013 年，教育部制定并公布了《中等职业学校教师专业标准（试行）》，为中职教师开展教学活动提供了基本规范和专业发展基本准则，主要包括以下方面："教学设计、教学实施、实训实习组织、班级管理与教育活动、教育教学评价、沟通与合作及教学研究与专业发展。"[2] 此外，2019 年出台的《职业技术师范教育专业认证标准》中也提出[3]，"教师要运用教育教学知识和信息技术进行教学设计、实施和评价，指导学生学习和实践"。可见，教师的教学活动设计与实施能力最终要体现在对学生活动的指导和学习成效达成上。

4. 教师要强化信息技术能力

信息素养是终身学习能力的重要内容，同时，中国近年出台的有关文

---

[1] 解月光，褚丹，曲茜茜，赵琳. 职业院校教师信息化专业能力结构模型及发展阶段研究[J]. 中国电化教育，2016（09）：1-7+15.
[2] 教师〔2013〕12 号文件，教育部关于印发《中等职业学校教师专业标准（试行）》的通知[Z].[2013-09-24][2022-06-07]. http://www.gov.cn/gongbao/content/2013/content_2547146.htm.
[3] 教师司函〔2019〕50 号. 教育部教师工作司关于印发《职业技术师范教育专业认证标准》和《特殊教育专业认证标准》的通知[Z].[2022-06-07]. http://www.moe.gov.cn/s78/A10/tongzhi/201910/t20191030_405965.html.

件中也对教师的信息技术能力提出了相关要求。譬如，2018年4月颁发的《教育信息化2.0行动计划》指出，教师信息技术应用能力基本具备但信息化教学创新能力尚显不足，信息技术与学科教学深度融合不够，高端研究和实践人才依然短缺，要从提升师生信息技术应用能力向全面提升其信息素养转变，从融合应用向创新发展转变。2019年教育部发布的《中国教育现代化2035》更是提出了建设高素质专业化创新型教师队伍，加快信息化时代教育变革的要求。此外，教育部也提出要加快职业教育育人观念的转变，培养大量具有数字化素养和能力的中高端技术技能人才[1]。因此，无论从教师自身专业能力发展来看，还是从培养高素质学生所需实践的多样化教学方式来看，都需要教师切实提升自身的信息技术能力。

（三）成为教学改革的中坚力量

学校教育与时代同行，变革是永恒的主题。教育部提出要增强职业教育适应性，就必须把数字化转型作为职业教育整体性、系统性变革的内生变量[2]。从2020年以来，全球正在经历一场"在线学习实验"，席卷全球的疫情迫使许多学校采用线上方式开展教学。这一变化对疫情过后回归正常教学活动产生了一定影响，线上线下相结合的混合教学模式或将成为一种教学新常态。

但是，谁是推动教学变革的力量？教育变革领域的研究专家迈克尔·富兰（Michael Fullan）认为，教育工作者（包括行政人员和教师）都必须成为具有道德目标的变革力量。但是，教师作为变革的动力是做成任何事情的前提条件[3]。因此，教师必须在职业教育的数字化转型中发挥积极作用，成为中坚力量。

三、对职业教育教师开展终身学习的建议

终身学习是当代教师自身发展、适应职业及社会发展的必然要求。在职职业教育教师可以通过以下方面来促进自身开展终身学习。

---

[1] 陈子季. 依托数字化重塑职业教育新生态 [DB/OL].[2022-06-06].http://www.moe.gov.cn/jyb_xwfb/moe_2082/2022/2022_zl12/202206/t20220606_635008.html.

[2] 同①

[3] 富兰. 变革的力量：透视教育改革 [M]. 中央教育科学研究所，加拿大多伦多国际学院，译. 北京：教育科学出版社，2000.

(一)充分发挥自主学习精神,通过多重体验开展终身学习

终身学习强调自主精神,需要教师对自己的学习负责。这就需要学习者具有内驱力,能够依据个人学习需求、能力与具体情况,做好个人学习计划的规划和安排。有专家针对在职成人能力发展需要提出了"五本学习"理念与策略,即"书本学习、事本学习、话本学习、文本学习和人本学习"[1]。其中,"书本学习"指基于文字符号的知识性学习,学习的内容包括教科书、各种媒体的信息,其目的主要在于建构并不断充实我们的常识与知识基础;"事本学习"指的是在社会活动与日常生活过程中开展的实践性学习,具体表现为履行一定社会、家庭等方面的职责,完成特定任务过程中积累社会经验、获得实践能力的过程;"话本学习"指各类社会交往场合下,针对一定主题(或话题)开展的人际交流与同伴分享性质的学习,主要目的在于互为资源、相互学习、共创集体智慧;"文本学习"指将上述学习活动所获得的感性认识与个性化体验通过梳理加工、提炼升华,逐步转化为有主题、有逻辑、具有一定普适价值的理性认识与文字表达;而"人本学习"则是指人对自身服务对象、合作者及其资源价值的认识过程和对自身理念与行为不断完善的过程。此外,互联网技术驱动的信息化社会变革的进程及日新月异的技术手段又为实践"五本学习"提供了效能倍增的强有力支持。

(二)尊重成人学习规律

教师作为成人,其学习方式与儿童乃至青少年的课程学习有着显著的不同,需要注意以下方面。

1. 学习要以解决问题为导向,体现学以致用

成人学习一般都具有明确的动机,期待所学内容及学习方式与其既有的知识基础和实践经验以及面临的问题、肩负的任务相关联。成人的学习目的是为直接应用知识而学[2],更加注重以解决问题为导向的学习,主要倾向于学习那些与其所扮演的社会角色相符合的"需要学习"的东西。这就要求成人的学习活动能够体现出强烈的针对性和实用性[3]。从教师专业发展

---

[1] 张铁道. 终身学习与"五本学习"[J]. 北京宣武红旗业余大学学报, 2022(1): 1-2.
[2] 李亮, 祝青江. 基于成人学习特点的成人教育培训策略研究[J]. 高教学刊, 2016(13): 263-264.
[3] 王伟娜. 经验分享式成人教学研究[D]. 曲阜: 曲阜师范大学, 2006.

来看，教师专业发展的主要动力来源之一就是教师在日常工作与生活中所遇到的各种问题或者说关键情境。① 因此，带着问题、以解决问题为导向地学是教师开展终身学习的落脚点。

2. 学习要建立在实践经验基础上

成人学习既要充分利用自身经验，又要学习别人的实践经验。成人的社会生活经验为其学习提供了丰富的资源，他们的学习不适宜以知识的传授为主要途径，而应更多地借助他们自身既有的经验来建构认知，并借此发展实践能力②。陶行知先生将人获得知识的过程比喻为嫁接树枝的过程："接知如接枝"。要使他人的知识能成为自己的知识，"我们要以自己的经验做根，以这经验所发生的知识做枝，然后别人的知识方才可以接得上去，别人的知识方才成为我们知识的一个有机体部分"③。

3. 要和"志同道合者"一起学

成人学习的自主性往往让成人学习有强烈的"孤独感"，加上"工学矛盾"，往往难以有效持续，因此和"志同道合者"一起形成学习社区，互相鼓励、互相学习、互相监督，才能有效推进。因为成人学习的目的是解决现实问题，特别是职教教师更需要推动实践创新，学以致用，而"创新实践仅靠一个人的努力既不可能发生，更难以持续，只有拥有一支志同道合的队伍才有希望"④。在这个过程中，成人将自己的经验变成大家公共的经验，将大家的公共经验变成自己个体经验的"分享经验"方式，将促使成人学员个体之间经验的互补和增生⑤，也会极大增强成人学习的幸福感和价值感。

（三）注重教师专业学习与发展的原则

根据国际社会研究，促进教师专业学习与发展的价值在于提高学生有价值的学业成就水平。促进教师专业学习与发展有十条原则，如表 1-2-4 所示⑥。

---

① 叶澜.教师角色与教师发展新探[M].北京：教育科学出版社，2001：268-271.
② 张铁道.教师研修2.0：理念、路径与方法[M].北京：教育科学出版社，2021：5.
③ 陈佑清.不同素质发展中的直接经验与间接经验的关系[J].上海教育科研，2002，11：26-29.
④ 张铁道.教师研修2.0：理念、路径与方法[M].北京：教育科学出版社，2021：15.
⑤ 曲振国.经验与对话：成人教育的教学策略[J].中国成人教育，2006，9：124-125.
⑥ 海伦·蒂姆勃雷.促进教师专业学习与发展的十条原则[J].教育研究，2009，30（8）：55-62.

表1-2-4 促进教师专业学习与发展的十条原则

原则	主题	说明
原则一	聚焦有价值的学生学习成就	教师所从事的专业学习活动及其对于提高学生有价值的学习成就水平所具有的相关性，是我们判断其价值的一条重要标准
原则二	学习有价值的内容	教师专业学习的内容应当是那些被证明能有效提高学生成就的知识与技能
原则三	整合知识和技能	整合教师的基本教学知识和技能有助于促使他们开展深入的学习和有效的实践变革
原则四	对于教学专业研究的评估	只有了解学生需要知道什么和做什么，才能确定教师需要知道什么和做什么
原则五	提供学习与应用信息的多重机会	教师若想对自身教学进行有意义的变革，就需要借助各种学习机会获得新的信息，并理解其对改进实践的启示。因此，应为教师创设充满信任、富有挑战性的环境，以便他们去积极体验这些学习机会
原则六	注重过程的学习方法	改善教师的专业学习可以采取不同的方法，但关键在于学习所提供的新思想与现行实践之间是否具有一致性
原则七	创设机会参加大学专业社团研讨	聚焦于学生学习成就的大学专业社团交流有助于教师将新的知识融入现有实践
原则八	利用外部专业人员的知识资源	借助更新教师现行教育观念、提高学生学习成绩水平所需要的新知识、新技能，仅靠特定教师群体参与学习还不够，还需要有外部专业人员的介入
原则九	实施积极主动的领导	领导者在激发、保持教师的学习兴趣，确保专业学习得以付诸实践方面需要发挥以下三种领导作用：提出新的发展愿景目标、引导学习进程、组织学习机会
原则十	保持持续性发展	为了保持学生的不断进步，需要教师具备扎实的教学理论知识、基于实证的探究技能，并能提供具有支持性的保障条件

上述十条原则不是独立运作的，而应将它们整合起来形成评估学习和改进行动的循环迭代过程，如图1-2-2所示。判断教师行为改变及其成效的高低最终取决于对学生学习的影响。这里综合原则为原则一（注重有价值的学生成就）、原则二（聚焦有价值的学习内容）和原则三（整合知识与技能）。最为重要的原则是原则四和原则十（专业学习的评价和保持持续性的进步）。其中特别强调要着重发展教师所需要的自主调节能力，以便判断自身教学对促进学生有价值学习的影响。

4. 将职后培训与职业实践作为终身学习的重要途径

教师是一门专门职业，参加职后培训是促进教师职业专业化的重要途

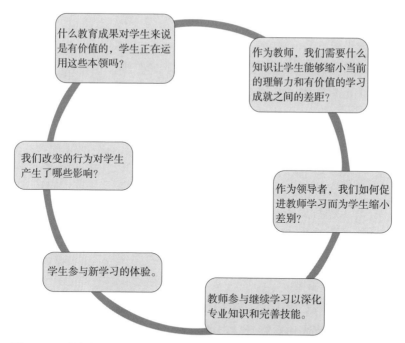

图 1-2-2　教师探究与知识更新循环迭代以推动学生获得有价值的学习图示

径①。《中国教育现代化 2035》提出"构建服务全民的终身学习体系","强化职前教师培养和职后教师发展的有机衔接。夯实教师专业发展体系,推动教师终身学习和专业自主发展"。作为一名职教教师,踏上教师岗位时就需要通过职后的学习来开启终身学习之路。2022 年 5 月,教育部办公厅发布的《关于开展职业教育教师队伍能力提升行动的通知》(教师厅函〔2022〕8 号),从完善职业教育教师标准框架、提高职业教育教师培养质量、健全职业教育教师培训体系、创新职业教育教师培训模式、畅通职业教育教师校企双向流动等方面提出了明确的举措,进一步深化职教教师培养培训体系改革,健全职教教师成长发展和能力提升机制②,教师要充分利用好这些培训和学习机会,在组织支持下积极开展学习活动。同时职教教师还要积极参与职业实践活动,通过多种培训方式,了解和体验产业发展、

---

① 张艳. 终身学习全球化趋势下的教师职后培训与角色定位 [J]. 比较教育研究,2001(5):49-52.
② 任有群. 发力"十四五",努力建设高质量职教教师队伍 [EB/OL].(2022-06-01)[2022-06-05]. https://baijiahao.baidu.com/s?id=1734399298529514258&wfr=spider&for=pc.

行业需求和职业岗位变化，不断推动技术进步和工艺更新。

综上所述，教师可以通过多种途径、采用多种方式开展终身学习，通过进行专业阅读、听取专题讲授等吸收知识，进行接受性学习；通过实地考察、与同伴交流、指导性实践的方式进行实践性学习；通过自主实践、借助网络优质资源进行学习、不断总结反思开展建构性学习。只有不断地持续学习与实践才能实现能力发展，如图1-2-3所示①。

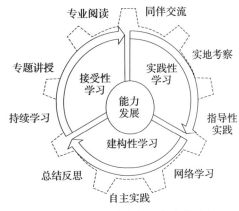

图 1-2-3　教师终身学习的多种途径

总之，教师的素质决定了教育的质量，优秀的教师才能培养出优秀的人才。教师必须牢固树立终身学习的理念，加强学习，拓展视野，更新知识，不断提高业务能力和教育教学质量，努力成为业务精湛、学生喜爱的高素质教师；努力做有理想信念、有道德情操、有扎实学识、有仁爱之心的"四有"好老师；"做学生为学、为事、为人的大先生，成为被社会尊重的楷模，成为世人效法的榜样"②，为发展具有中国特色、世界水平的现代职业教育做出贡献。

第三节　职业教育改革与教师能力发展

教师能力发展是职业教育质量提升的关键要素，是国内外职业教育相关政策及发展规划中密切关注的重要部分。世界各国及国际组织长期以来持续关注教师能力发展。围绕教师如何更好地适应信息社会这一主题，联合国教科文组织早在2011年就发布了《教师信息与通信技术能力

---

① 引自张铁道博士2022年5月"以名师工作室为载体　谋求共同发展"报告中的内容。
② 人民网. 当好学生成长的引路人 习近平对教师的嘱托与期望[EB/OL].（2022-03-20）[2022-09-29]. http://china.qianlong.com/2022/0320/6993187.shtml.

框架》(*UNESCO ICT Competency Framework for Teachers*),以技术素养、知识深化、知识创造三大方面为一级框架,从信息通信技术(Information Communication-Technology,ICT)、课程与评估、教师专业学习等多个维度细化了教师信息与通信技术能力要求。该框架自2011年来经历了多次修订和迭代,为职业教育教师能力发展提供了一定的借鉴和参考。2017年,欧盟在其2011年实施的"数字素养项目"(*A Project on Digital Competence,DIGCOMP*)的基础上,进一步将关注点聚焦到教师这一重要角色,发布了《欧盟教育工作者数字素养框架》(*European Framework for the Digital Competence of Educators*),为更好地评估和发展教师数字素养提供了理论支持。除此之外,联合国教科文组织国际职业技术教育与培训中心(UNESCO-UNEVOC)在全球开展的相关教师能力培训项目、联合国教科文组织"教师工作小组"(Teacher Task Force)发布的最新报告《2022—2025年战略计划》(*2022-2025 Strategic Plan of the International Task Force on Teachers for Education 2030*)等,均在一定程度上体现了国际社会对职业教育教师能力发展的政策支持。

在中国,职业教育是国民教育体系和人力资源开发的重要组成部分。目前,中国已建成全世界规模最大的职业教育体系,2021年高职学校招生557万人,相当于十年前的1.8倍;中职学校(不含技工学校)招生489万人,中高职学校每年培养1000万左右的高素质技术技能人才,为经济社会发展提供了源源不断的技术技能人才[①];2021年,全国职业学校专任教师规模达129万人,与2012年相比,增幅达到17%,为职业教育高质量发展提供了有力支撑[②]。

高质量的职业教育体系需要高质量的职业教育教师队伍,中国近年来高度重视职业教育改革发展工作,出台了一系列职业教育政策,其中不乏围绕职业教育教师能力发展的重要举措。作为首个专门面向教师队伍的政策文件,2018年中共中央、国务院发布的《关于全面深化新时代教师队伍

---

① 教育部.中国特色现代职业教育体系向纵深推进[EB/OL].[2022-6-5]. http://www.moe.gov.cn/fbh/live/2022/54487/sfcl/202205/t20220524_629748.html.
② 教育部.管理制度日臻完善 整体素质稳步提升——党的十八大以来职教师队伍面貌发生可喜变化[EB/OL].[2022-6-5].http://www.moe.gov.cn/fbh/live/2022/54487/sfcl/202205/t20220524_629747.html.

建设改革的意见》中明确提出,"全面提高职业院校教师质量,建设一支高素质双师型的教师队伍";2019年国务院印发《国家职业教育改革实施方案》,进一步提出"多措并举打造'双师型'教师队伍",随后教育部等四部门印发《深化新时代职业教育"双师型"教师队伍建设改革实施方案》,从教师专业标准、新教师准入制度、多元培养培训格局、教师资源配置机制等多个方面对职业教育教师工作进行了全面部署;2022年4月,新修订的《中华人民共和国职业教育法》正式施行,职业教育教师队伍建设相关政策体系进一步完善,对职业教育教师能力发展的政策支持力度不断加大。

围绕国家对职业教育改革发展及教师队伍建设的总体规划和宏观设计,近年来我国实施了一系列促进职业教育教师能力发展的政策或行动(见表1-3-1)。这些具体的行动往往以宏观的政策规划为出发点,从落实国家层面政策要求的角度,对职业教育教师能力或某些方面的特定能力提升给出具体的实施方案或支持途径。伴随着国家职业教育改革发展,政策层面对职业教育教师能力发展有以下几方面关注点和着力点。

表1-3-1　近年来职业教育教师能力发展相关政策(行动)及其表述一览

政策(行动)名称	涉及教师能力发展的具体表述
教育部关于印发《全国职业院校教师教学创新团队建设方案》的通知(教师函〔2019〕4号)	总体目标为"面向中等职业学校、高等职业学校和应用型本科高校,聚焦战略性重点产业领域和民生紧缺领域专业,分年度、分批次、分专业遴选建设国家级职业院校教师教学创新团队,示范引领各地各校因地制宜做好省级、校级团队整体规划和建设布局,按计划、分步骤建成一批覆盖骨干专业(群)、引领教育教学模式改革创新、推进人才培养质量持续提升的教师教学创新团队"; 建设任务之一为"加强团队教师能力建设","组织团队教师全员开展专业教学法、课程开发技术、信息技术应用培训以及专业教学标准、职业技能等级标准等专项培训,提升教师模块化教学设计实施能力、课程标准开发能力、教学评价能力、团队协作能力和信息技术应用能力"
教育部等四部门关于印发《深化新时代职业教育"双师型"教师队伍建设改革实施方案》的通知(教师〔2019〕6号)	总体目标要求中与教师能力发展相关的内容包括:"提高教师教育教学能力和专业实践能力,优化专兼职教师队伍结构,大力提升职业院校'双师型'教师队伍建设水平"; 相关具体举措包括:"创建高水平结构化教师教学创新团队","全面提升教师开展教学、培训和评价的能力以及团队协作能力,为提高复合型技术技能人才培养培训质量提供强有力的师资保证","全面提升教师信息化教学能力,促进信息技术与教育教学融合创新发展"

续表

政策（行动）名称	涉及教师能力发展的具体表述
教育部、财政部关于实施中国特色高水平高职学校和专业建设计划的意见（教职成〔2019〕5号）	打造高水平"双师型"队伍：建立健全教师职前培养、入职培训和在职研修体系。建设教师发展中心，提升教师教学和科研能力，促进教师职业发展
教育部等九部门关于印发《职业教育提质培优行动计划（2020—2023年）》的通知（教职成〔2020〕7号）	探索有条件的优质高职学校转型为职业技术师范类院校或开办职业技术师范专业，支持高水平工科院校分专业领域培养职业教育师资，构建"双师型"教师培养体系
人力资源社会保障部关于印发技工教育"十四五"规划的通知（人社部发〔2021〕86号）	实施一体化师资专项培训计划，扩大技工院校网络师资研修覆盖范围，分级打造师德高尚、技艺精湛、育人水平高超的教学名师、专业带头人、青年骨干教师等高层次人才队伍。遴选50个左右一体化师资研修基地，构建技工院校师资研修平台。定期举办全国技工院校教师职业能力大赛
教育部、财政部关于实施职业院校教师素质提高计划（2021—2025年）的通知（教师函〔2021〕6号）	重点任务包括"强化提升教育教学能力"："推进教师的理念转变、知识更新、技能提升，提高教师参与研制专业人才培养方案的能力、组织参与结构化模块式教学的能力、运用现代教育理论和方法开展教育教学的能力。加强职业教育心理学、德育与班主任工作、现代教育技术等方面内容培训。全面提升教师信息化教学能力、教材开发能力，促进信息技术与教育教学融合创新发展"
教育部办公厅关于开展职业教育教师队伍能力提升行动的通知（教师厅函〔2022〕8号）	2022年重点工作包括：完善职教师标准框架、提高职教教师培养质量、健全职教教师培训体系、创新职教教师培训模式、畅通职教教师校企双向流动、营造全社会关注职业教育教师队伍的良好氛围； 相关具体举措包括：支持高职院校在职教师学历提升、多主体协同参与职业院校教师培养、打造高水平职业院校教师培训基地等
教育部办公厅关于组织实施2022年"职教国培"示范项目的通知（教师厅函〔2022〕7号）	2022年"职教国培"示范项目共设置培训团队研修、教师培训、校长（书记）培训3大类8个项目24个子项目

一、重视教师能力建设：职业教育教师培训培养制度趋于完备

提升职业教育质量，教师是关键。对职业教育教师队伍建设的关注贯穿国家职业教育改革发展的全过程，制定完善的职业教育教师发展政策对促进职业教育整体发展具有重要意义。对改革开放以来的职业教育政策进行分析可以发现我国职业教育教师政策体系包含综合性政策、资格与聘任政策、培养培训政策和薪酬与奖励政策共四个维度，其中对职业教育教师能力建设的政策规划主要来源于教师培养培训政策，其中在职培训是教师能力提升的主要途径。

经过数年发展，国内有关职业教育教师培训培养的制度正在逐步完善，部分综合性的职业教育政策对职业教育教师的培养提出了较为明确的要求。例如2019年国务院印发的《国家职业教育改革实施方案》中提出"建立100个'双师型'教师培养培训基地，职业院校、应用型本科高校教师每年至少1个月在企业或实训基地实训，落实教师5年一周期的全员轮训制度"；2021年中共中央办公厅、国务院办公厅印发的《关于推动现代职业教育高质量发展的意见》中提出"强化双师型教师队伍建设。加强师德师风建设，全面提升教师素养"。之后，为进一步落实《国家职业教育改革实施方案》，教育部陆续发布了《深化新时代职业教育"双师型"教师队伍建设改革实施方案》《职业院校教师素质提高计划（2021—2025年）》《职业教育教师队伍能力提升行动》等，这些行动计划和实施方案进一步细化了职业教育教师的培养培训路径，为教师能力发展提供了政策保障。2022年5月，教育部组织实施2022年职业学校教师国家级培训（简称"职教国培"）示范项目，明确将职业教育教师培训纳入"国培计划"的体系中，在对职业教育教师能力发展高度重视的背景下，职业教育教师培训培养制度逐渐趋于完备。

二、突出职业教育教师特色：教学能力和专业实践能力并重

职业教育教师既需要具备教育教学能力，同时还应有较强的专业实践能力。在职业教育政策层面，对教学能力、专业实践能力的共同关注，表现为对职业教育"双师型"教师的一系列政策规划。在政策文本中，"双师型"教师通常是指同时具备教育教学能力和专业实践能力的职业教育教师。已有研究分析了我国教育政策文件中关于"双师型"教师的表述，将"双师型"教师界定为具备基本的教育和职业工作素质，精通特定专业工艺原理并具备专业实践能力，胜任教育和培训职业教育学习者工作的职业教育机构的教育者[1]。

国内已发布一系列专门针对"双师型"教师队伍建设的政策及相关规划，表明需要从教育教学和专业实践两方面加强职业教育教师能力，充分反映了职业教育教师特色。继2018年中共中央、国务院颁布《关于全面深

---

[1] 肖凤翔，张弛. "双师型"教师的内涵解读[J]. 中国职业技术教育，2012（15）：69-74.

化新时代教师队伍建设改革的意见》、2019年国务院印发《国家职业教育改革实施方案》之后，教育部等四部门又进一步印发了《深化新时代职业教育"双师型"教师队伍建设改革实施方案》，从教师培养补充、资格准入、培训发展、考核评价、待遇保障等方面提出了12条具体举措。其中第三项举措提出"构建以职业技术师范院校为主体、产教融合的多元培养培训格局"，具体包括开展在职教师的"双师"素质培训进修，建设100家校企合作的"双师型"教师培养培训基地和100个国家级企业实践基地，健全普通高等学校与地方政府、职业院校、行业企业联合培养教师机制等。自此，"双师型"教师队伍政策内容逐步完善，进一步对职业教育教师能力发展提供了更加全面的政策支持。

三、持续完善政策体系：职业教育教师专业标准进一步完善

教师标准是对教师的基本要求。没有标准就没有质量。2019年教育部等四部门印发的《深化新时代职业教育"双师型"教师队伍建设改革实施方案》中，第一条即提出"建设分层分类的教师专业标准体系"，"修订《中等职业学校教师专业标准（试行）》和《中等职业学校校长专业标准》，研制高等职业学校、应用型本科高校的教师专业标准。通过健全标准体系，规范教师培养培训、资格准入、招聘聘用、职称评聘、考核评价、薪酬分配等环节，推动教师聘用管理过程科学化"；2022年5月教育部办公厅印发的《关于开展职业教育教师队伍能力提升行动的通知》，第一条为"完善职教教师标准框架"："结合职业分类大典修订，修订完善中等职业学校教师、校长职业标准，研制高等职业学校教师职业标准，逐步建立层次分明，覆盖公共课、专业课、实习实践等各类课程的教师职业标准体系。研制新时代职业院校'双师型'教师标准"。

教师是一个需要不断学习、不断提高、不断发展的职业。教师专业标准是提高教师队伍整体素质的重要保障，也是教师专业发展的重要依据。现阶段国内有关职业教育教师能力发展的政策对教师专业标准越来越重视，职业教育教师专业标准进一步完善。2019年教育部还印发了《职业技术师范教育专业认证标准》，从课程与教学、合作与实践、师资队伍、支持条件四个维度考查职业技术师范教育专业办学基本条件，进一步促进各地各校加强职业技术师范教育专业基本建设。2022年10月，教育部发布《职业教

育"双师型"教师基本标准（试行）》，从专业知识和技能，教学研究与改革，企业实践经验等方面对初级"双师型"教师、中级"双师型"教师、高级"双师型"教师的能力标准进行了说明。

第四节 人工智能与教师能力发展

信息时代的教师具备终身学习者的身份特征。基于该前提，教师的发展路径有外生和内控两种模式，二者均需相应的信息技术辅助。从教师的发展路径和职业特点出发，教师在学习需求和方法上与一般学习者存在差异。当前研究以碎片化的人工智能技术工具的实践研究为主，余胜泉指出，教师应用人工智能具有四个阶段的特征，分别是：初步接触，将其作为重复性工作处理工具的阶段；逐渐熟练，将其作为生产力工具以提升常规事务处理效率的阶段；分工协作，将部分工作委托给人工智能，教师专注教学创新阶段；协同互信，与人工智能成为社会化合作伙伴，人工智能和教师的社会性不断增强阶段[1]。由此可见，要应用人工智能促进教师发展需要研究人工智能促进学习的机制和应用人工智能促进教师职业发展的模式。

一、促进学习的人工智能系统

促进学习的人工智能系统是为学习者提供个性化学习服务，适应学习者的学习过程，帮助学习者制定和调整学习策略的智能技术系统。近年来有多位研究者提出过这种智能技术系统的概念模型，如，万力勇提出了适应性 E-learning 系统的概念模型，其中包含了个性化学习服务、适应学习过程的系统构建概念[2]。姜强、赵蔚在自适应系统研究中提出了构建适应学生个性化学习需求、动态调整学生学习方案的系统设计思想[3]。对适应性学习系统的研究是促进学习的人工智能系统的基础。王萍等指出，在教学应

---

[1] 余胜泉.教师与人工智能的协作[J].中国教师，2021（11）：37-39.
[2] 万力勇.适应性 E-Learning 系统：现状与趋势[J].现代教育技术，2011，21（9）：94-97.
[3] 姜强，赵蔚.自适应学习系统述评及其优化机制研究[J].现代远距离教育，2011（6）：57-63.

用中构建人工智能系统要依据场景辨识不同的学习需求，以便提供不同的技术，探讨技术层面设计促进学习的人工智能系统所需的框架、功能模块、设计流程[1]。为进一步分析教育人工智能构建过程中对应的服务群体及需要的技术，有研究者提出了三层通用教育人工智能实现技术框架，包括"数据层""算法层""服务层"，在每一层面向使用技术的不同角色设计相应的功能，如，对应学习者的功能主要涉及分析学习者特征、追踪学习过程、增强学习反馈、动态评价学习等[2]。牟智佳提出了个性化学习特征的构成，指出人工智能系统的设计和构建应首先分析学习者的心智特征，并以此为依据构建学习内容、学习活动、学习路径和学习评价功能模块，帮助和促进学习者达成学习目标[3]。在具体教学实践中，王磊和张莹[4]探讨了人工智能与教学融合的方法、流程和部分结果。虽然当前教育人工智能系统研究者意识到要实现人工智能有效促进教学，需要根据学习者群体特性细分并设计人工智能系统[5]，然而针对特定学习群体的人工智能教学系统的设计较为缺乏，不同类型的学习者具有的特征及对应的人工智能系统设计仍然有待进一步研究。教师具有较强的自学能力，设计促进教师发展的人工智能系统应建立在当前人工智能教学系统通用设计模型的基础上，并加入适应教师学习者群体特征的功能和模块。

二、人工智能在教师发展中的应用

利用人工智能促进教师教学能力提升体现在教师教育课程资源建设、教师知识结构重构、教师发展方式变革等环节。教育部在《关于实施卓越教师培养计划2.0的意见》中提出"推动人工智能、智慧学习环境等新技术与教师教育课程全方位融合，充分利用虚拟现实、增强现实和混合现实等，

---

[1] 王萍，王陈欣，朱璇.基于自动化方法的教育人工智能系统设计与应用[J].中国电化教育，2020（6）：7–15.

[2] 吴永和，刘博文，马晓玲.构筑"人工智能+教育"的生态系统[J].远程教育杂志，2017, 35（5）：27–39. 10.15881/j.cnki.cn33–1304/g4.2017.05.003.

[3] 牟智佳."人工智能+"时代的个性化学习理论重思与开解[J].远程教育杂志，2017, 35（3）：22–30. 10.15881/j.cnki.cn33–1304/g4.2017.03.003.

[4] 王磊，张莹."AI数学课"：人工智能与在线教学的融合探索[J].现代教育技术，2020, 30（3）：125.

[5] 刘邦奇，王亚飞.智能教育：体系框架、核心技术平台构建与实施策略[J].中国电化教育，2019（10）：23–31.

建设开发一批交互性、情境化的教师教育课程资源"。基于人工智能技术、情境感知技术、认知技术、跨媒体技术、增强和虚拟现实技术的"智能+智慧"学习环境，能有效提升教师的知识结构和能力素养[①]。此外，在教师培训过程中，进行培训资源的按需推送、学习伙伴的智能推荐，对教师参与培训的学习过程实现全视角、全过程的数据记录，基于过程和结果数据的多元分析进行管理和评价，也使培训方式发生了巨大变化。

朱旭东[②]在调研的基础上，从一线教师的描述中提取出11种发生在中国学校的教师学习模式，包括基于教师培训的教师学习模式、基于大学初中小学合作的教师学习模式等。基于对常见的教师学习模式进行梳理，将促进教师教学能力提升的人工智能应用场域分为院校组织层面和教师个人层面。院校层面侧重于智能校园建设，以大数据教育生态系统与教育数据信息库建设为主要切入点，做好校园智能网络、智能教室、智能实验室的顶层推进，系统地支持教师教育教学创新[③]。教师向人工智能产品研发人员及时反馈需求和建议，帮助其完善与发展相关智能技术[④]。个人层面人工智能为教师提供海量教学资源，优化教师学习方式。与学生一样，教师获取教学资源的来源与途径也不再局限于校本培训，而是通过 Siri、Cortana、Alexa 等人工智能技术产品寻找相应的资源。有研究发现，教师专业发展项目越来越多地采用大规模在线开放课程（MOOCs）作为在线教学的模式[⑤]。此外，诸如基于数据的教研、远程协作教研等以"互联网+"为特色的教师研修案例也受益于人工智能的支撑，具体的教研工具有宣传发布类、检索制作类、互动直播类、知识管理类等[⑥]。

综上所述，当前研究分析了教育人工智能系统的通用架构，提出了架

---

① 邓国民，李云春，朱永海."人工智能+教育"驱动下的教师知识结构重构——论融入伦理的 AIPCEK 框架及其发展模式[J]. 远程教育杂志，2021，39（1）：63-73. 10.15881/j.cnki.cn33-1304/g4.2021.01.006.

② 朱旭东. 教师学习模式研究：中国的经验[M]. 北京：北京师范大学出版社，2017.

③ 易洋，江爱华，郭娟. 高校教师智能教学力研究：概念演进、影响因素和发展路径[J]. 教育探索，2020（11）：76-78.

④ 邓磊，钟颖. 智能化时代教师教育生态的反思与重构[J]. 教师教育学报，2020，7（5）：1-10.

⑤ Marcos-Garcia J A, Martinez-Mones A, Dimitriadis Y. DESPRO: A method based on roles to provide collaboration analysis support adapted to the participants in CSCL situations[J]. Computers & Education，2015，82：335-353.

⑥ 胡小勇，冯智慧. 在线教研实用指南[M]. 海口：南方出版社，2020.

构中对应的功能模块和技术实现路径，并指出应在分析不同特征群体需求的基础上，设计和实现教育人工智能系统。虽然有研究分析了个性化学习者的学习特征，并设计了对应的智能系统，但对教师学习群体，分析并实现促进其发展的对应人工智能系统的研究较少。教师发展有外控和内生两种模式，每种模式都有对应的技术手段和智能工具，当前研究仍聚焦在碎片化的智能工具研发中，尚未发现促进教师发展全过程的智能系统。

第五节　手册编写说明

一、背景与意义

职业教育旨在帮助青年和成年人发展就业前所需的知识和技能，做好教育与职场之间的衔接。在过去 10 年中，联合国教科文组织为在全球范围内推广职业教育作出了巨大努力，例如每 12 年举行一次的职业教育国际大会（The International Congresses on Technical and Vocational Education and Training，TVET）以及根据可持续教育发展目标和《教育 2030 行动框架》制定的《职业教育战略（2016—2021）》。

教科文组织会员国和职业教育利益攸关方正在就《职业教育战略（2022—2029）》进行磋商，预计很快就会发布。教科文组织的另一项示范工作是自 1993 年以来在 166 个教科文组织成员国建立了 250 多个教科文组织职业教育与培训中心。正如其在使命声明中所述，作为联合国教科文组织指定的职业教育中心，教科文组织职业教育培训中心支持会员国加强和升级其技术和职业教育与培训系统，自 2016 年以来，中心领导培训和支持了 654 名来自 112 个国家的职业教育领导者、管理人员及工作人员。

为促进职业教育从疫情的影响中恢复，2021 年的领导计划制定了"数字化转型的技能：职业教育机构如何应对未来需求"的主题。事实上，疫情从根本上改变了教育，给职业教育领域的学生和教师带来了不断变化的挑战和机遇。新的挑战和机遇不仅仅意味着要提高技能和重塑技能以应对后疫情时代全球工作场所面临的经济、社会和环境需求，现在比以往任何时候都更需要一种由前瞻性思维赋能的新思维模式。这种思维模式不仅让职业教育的学生和教师为数字化的不确定性工作世界做好准备，也让他们自己做好准备，更好地利用人工智能等新兴技术提供的机会。毋庸赘言，职业教育的教师迫切需要系统、持续和可持续的技术支持的教师教学能力发展来跟上我们社会的数字化转型，这不仅可以帮助教师和学生应对日益数字化的工作世界带来的不确定性，而且还可以帮助他们更好地利用新兴技术带来的机会，如人工智能。

高质量的职业教育需要一支高素质的职业教育教师队伍。但目前职业教育教师在入职前往往缺乏对教学（教师职业的主要内容）领域的了解，相关知识和方法准备不足，严重影响了职业院校教学的实施和质量的提升[1]。职业教育教师迫切需要有技术支持的系统化、不间断和可持续的发展，与社会的数字化转型保持同步。这本手册就是在此背景下编写的，这是联合国教科文组织高等教育创新中心（深圳）与中国和世界各地的职业教育专家共同努力的结果。

二、目的和范围

这本手册旨在满足职前和在职教师的需求，提升他们向数字世界转型所需的视野、知识、技能和行业经验方面的专业学习和发展水平。它也可以作为职业教育领导、管理人员和教师培训人员的有益参考，手册中包含的愿景、战略和实际例子可能对他们具有启发性和适应性。每一章都聚焦于教师专业发展从理论到实践的一个维度。

手册由五章组成，每一章由若干节组成。第一章为引言。第二章介绍了与职业教育和职业教育教师专业发展相关的主要理论，重点介绍了向数字化教育过渡所需的职业教育教师专业发展理论。第三章是相关理论在教师能力框架构建中的应用，提出评估教师能力的指标和工具，以及不同层面的利益相关者使用建议。第四章回顾了国家层面启动的技术教育方案、机构层面采取的策略以及职业教育教师本身的参与，并进一步补充世界各国教师发展的典范做法。第五章收集了一些在职业教育和职业教育教师发展领域实施混合学习的典型案例。

---

[1] 庄西真. 职业院校教师的专业发展：内涵特征、阶段划分与实现路径[J]. 中国高教研究, 2022（4）：97–102.

第二章　概念界定及理论基础

第一节　职业教育教师的概念及相关术语

一、职业教育

（一）不同国家、国际组织对职业教育内涵的界定及演变

什么是"职业教育"？不同国家、不同教育制度，甚至不同的价值观和思想方法均会对职业教育产生不同的概念界定。有研究者对国内外职业教育的表述进行了统计，得到 30 余种解释[①]，包括 Apprenticeship Training，Vocational Education，Technical Education，Technical-Vocational Education（TVE），Occupational Education（OE），Vocational Education and Training（VET），Career and Technical Education（CTE），Workforce Education（WE），Workplace Education（WE）等。从历史发展的角度来看，1999 年 4 月在韩国首都首尔召开的第二届国际职业技术教育大会正式使用了"技术和职业教育与培训"（technological and vocational education and training，TVET）这一术语，随后联合国教科文组织、国际劳工组织、世界银行等国际机构普遍采用这一术语来表述职业教育。

2000 年，联合国教科文组织在德国波恩建立了国际职业技术教育与培训中心（UNESCO-UNEVOC），并于 2002 年正式宣布成立。中心致力于帮助联合国教科文组织的成员国加强和提高职业技术教育与培训。中心的建立进一步推动了国际社会对职业教育事业发展的关注，也为职业技术教育

---

① 欧阳河. 试论职业教育的概念和内涵 [J]. 教育与职业，2003（1）：24-26.

与培训领域的国际和区域合作提供各种服务和平台方面发挥了关键作用。

2001年，联合国教科文组织发布的《关于技术和职业教育的建议书》指出，"职业技术教育与培训是一个涉及教育过程方面的综合术语，所包括的除了普通教育，还有技术和相关科学的学习，以及与经济和社会生活各部门的职业有关的实际技能、态度、理解力和知识"。从国际组织对职业教育内涵的阐释来看，职业教育的根本目的是培养人们各种能力，增加他们过上更好生活的机会。职业技术教育与培训在帮助青年为未来工作做准备方面发挥了重要的作用，为青年提供了（自主）就业所需的技能。

职业教育通常被认为是实现社会公平、包容和可持续发展的重要工具。根据联合国教科文组织最新发布的《全民教育监测报告2021—2022》，在过去的15年里，印度尼西亚、乌拉圭、巴西等国家大大增加了15至24岁年轻人参与职业教育的比例。在政府相关政策的支持下，这些国家都作出了相当大的努力，以扩大职业教育的影响并改革现有的培训体系①。

（二）我国职业教育的内涵及发展

职业存在于社会分工的社会中，可以将"职业"理解为"人为了作为独立的社会单位存在、谋求自己生计的维持，同时实现社会联系和自我实现而进行的持续的人类活动的方式"②。在中国职业教育发展史上，职业教育这一概念在名称上经历了"西艺教育—实业教育—实利主义教育—职业教育"③的演变过程。总体来看，狭义上的职业教育主要是指学校教育，即根据一定的社会要求和受教育者的职业生涯发展需要，有目的、有计划、有组织地对受教育者施加影响，以培养一定社会或阶层所需要的人的活动④。

1996年发布的《中华人民共和国职业教育法》第十二条提出，"国家根据不同地区的经济发展水平和教育普及程度，实施以初中后为重点的不同阶段的教育分流，建立、健全职业学校教育与职业培训并举，并与其他教育相互沟通、协调发展的职业教育体系"。由此"职业教育"成为法定名称。

2019年1月，国务院印发《国家职业教育改革实施方案》，开宗明义

---

① UNESCO. Global Education Monitoring Report 2021/2：Non-state actors in education：Who chooses? Who loses? [EB/OL]. [2022-04-21]. https://unesdoc.unesco.org/ark:/48223/pf0000379875.

② 社会学小词典 [M]. 上海：上海辞书出版社，1977：65.

③ 彭干梓，夏金星. "职业教育"概念与功能的历史观 [J]. 职业技术教育，2004，25（28）：58-61.

④ 顾明远. 教育大辞典（增订合编本）[M]. 上海：上海教育出版社，1988：725.

地指出"职业教育与普通教育是两种不同教育类型,具有同等重要地位",正式确定职业教育在我国教育体系中是一个单独种类的教育。这一重要定位一方面是对职业教育的重大理论贡献,明确了职业教育是一个教育类型,而不是教育层次,因而对于推进职业教育治理体系和治理能力现代化具有重要的发展战略意义;另一方面也极大地丰富了中国特色职业教育理论①。

同年,《中华人民共和国职业教育法修订草案(征求意见稿)》发布。其中对"职业教育"进行了明确定义,即:职业教育是指为了使受教育者具备从事某种职业或者职业发展所需要的职业道德、专业知识、技术技能和能力素质而实施的教育活动,包括各级各类职业学校教育和各种形式的职业培训。

二、职业教育教师

(一)国际语境下职业教育教师的概念及相关术语

职业教育教师队伍发展始终是联合国教科文组织及其他国际组织关注的重点领域。早在2015年联合国教科文组织发布的《仁川宣言》中就曾强调,教育系统需要部署高素质、训练有素、报酬充足和积极性高的教师,以确保优质教育。联合国教科文组织的《2016—2021年技术和职业教育与培训战略》(*TVET Strategy* 2016—2021)强调,高水平、高素质的职业教育教师对职业教育领域发展至关重要,他们在快速变化的劳动力市场中为青年和成年人提供创新技能,并增强社会可持续性。

然而,也有证据显示职业教育师资建设正面临着多维挑战。菲利普·葛洛曼等在其《职业教育教师:是濒危的群体还是专业化革新的主体?》一文中提出,职业教育者在寻求专业认同中面临的核心问题之一是基于这样的矛盾现象:一方面,从事职业教育的教师与培训者对于促进劳动力技能的发展起着至关重要的作用;另一方面,他们并未因这一角色而获得很高的地位。该研究将全球不同文化背景下的职业教育教师分为以下几类②:

① 在正规学校或大学工作,讲授职业课程的教师;

---

① 教育部职成司. 从"层次"到"类型"职业教育进入高质量发展新阶段[EB/OL]. [2022-4-21]. http://www.moe.gov.cn/fbh/live/2020/52735/sfcl/202012/t20201208_503998.html.
② 菲利普·葛洛曼, 菲利克斯·劳耐尔. 国际视野下的职业教育师资培养[M]. 北京:外语教学与研究出版社, 2011:6.

② 在学校（或大学）实验室的实训教师和实验室辅助人员、在职业研究中心工作的指导人员和实验室协助人员；

③ 在教学上享有高度自主权的教师，或有时协助其他职业教育教师的人员；

④ 在企业内的培训师、助教等人员；

⑤ 政府和公共机构赞助的劳动力市场培训机构中工作的指导人员和培训师；

⑥ 在雇主机构，比如商业会所、行业培训机构、私营培训公司或其他培训机构工作的指导人员和培训师。

赵志群等在其《中国职业教育教师及其专业化》一文中提到，在不同类型和培养目标的职业学校中，师资队伍的结构也不完全相同。通常，职业学校教师有两大类，即文化课教师和专业课教师，其中专业课教师又可大体分为专业理论课（又称技术理论课）教师和生产实习指导教师。但实际上，各种学校的教师结构要复杂得多。

（二）我国职业教育"双师型"教师内涵及发展

根据《中华人民共和国职业教育法修订草案（征求意见稿）》第四十条"职业学校的专业教师应当具有一定年限的相应工作经历或者实践经验，达到相应的技术技能水平"可以看出，职业性是职业教育教师的本质属性。分教育层次来看，职业教育教师包括中等职业学校教师和高等职业学校教师，但不同类型和培养目标的职业院校，其师资队伍的结构不尽相同；而分类型来看，总体包括专业课教师、理论课教师、实践课教师及"双师型"教师。

"双师型"教师是指同时具备教师资格和行业能力资格，从事职业教育工作的教师[①]。我国职业教育"双师型"教师的概念自20世纪80年代提出，大体经历了"双职称"说、"双能力"说、"双证书"说、"双证＋双能"说、"双师素质"说、"一证一职"说、"双元"说等多种变化。《中共中央国务院关于全面深化新时代教师队伍建设改革的意见》提出，要"全面提高职业院校教师质量，建设一支高素质双师型的教师队伍"。2019年，国务院发布《国家职业教育改革实施方案》，提出"多措并举打造'双师型'教

---

① 教育部．关于印发《中国教育监测与评价统计指标体系（2020年版）》的通知 [EB/OL]. [2020-04-21]. http://www.moe.gov.cn/srcsite/A03/s182/202101/t20210113_509619.html.

师队伍"，随后教育部、发改委、财政部、人力资源社会保障部四部门联合印发了《深化新时代职业教育"双师型"教师队伍建设改革实施方案》，提出"到2022年，职业院校'双师型'教师占专业课教师的比例超过一半，建设100家校企合作的'双师型'教师培养培训基地和100个国家级企业实践基地"等具体目标。

截至2019年10月，我国职业院校拥有专任教师133.2万人，其中"双师型"教师总量为45.56万人，其中，中职26.42万人，占专任教师比例为31.48%；高职19.14万人，占专任教师比例为39.70%。"双师型"教师数量稳步增长，教师队伍整体素质不断提高[①]。

三、教学能力

能力是准确、快速、有意识地完成某种实践性或思维活动所必需的要素组合，如智力、非智力、知识、技能行为等，它是多因素的复合体。作为教师职业的最根本能力要求，教师教学能力始终是学界研究和关注的重点问题之一。较早的研究提出，教学能力是指教师达到教学目标、取得教学成效所具有的潜在的可能性，它由许多具体的因素所组成，反映出个体顺利完成教学任务的直接有效的心理特征[②]。但也有研究者认为，学界对于什么是"教学能力"目前尚未达成一致的认识[③]。

与教师教学能力相关的研究主要集中在教师能力的内涵、构成、现状以及发展等几个方面。根据朱旭东在《教师教育标准体系的建立：未来教师教育的方向》一文中的阐释，教学能力可以从教学论的理论逻辑以及教师专业发展的实践逻辑两个方面来理解：教学论理论逻辑下的教学能力包括教学设计、教学实施和教学评价能力；而教师专业发展的实践逻辑下的教学能力包括"五课"的能力（备课能力、说课能力、上课能力、讲课能力、评议课能力）[④]。申继亮等则认为，教师的教学能力包括教学认知能力、教学操作能

---

① 教育部教师工作司. 多措并举加强职业教育"双师型"教师队伍建设 [EB/OL]. [2022-04-21]. http://www.moe.gov.cn/fbh/live/2019/51475/sfcl/201910/t20191017_403938.html

② 张大良，纪志成，周萍. 高校青年教师教学能力的评价体系与影响因素研究 [J]. 贵州社会科学，2009（9）：91-96.

③ 谢建. 教师精准教学能力模型构建研究 [D]. 长春：东北师范大学，2020.

④ 朱旭东. 教师教育标准体系的建立：未来教师教育的方向 [J]. 教育研究，2010，31（6）：30-36.

力、教学监控能力，这主要是从教学活动过程出发进行分类的[①]。

第二节　职业教育教师能力及相关理论

一、信息时代职业教育教师教学能力

（一）职业教育教师的能力

教师必须具备的能力包括基本能力和素质，如思想政治素质、良好的职业道德和身心素质、良好的教育教学能力等，以及专门的职业能力和素养，如行业职业道德、素养，创新、适应、管理、组织协调、社会交往等能力。教学能力是指教师为达到教学目标、顺利从事教学活动所表现的一种行为特征，由一般能力和特殊能力组成。一般能力指教学活动中所表现的认识能力，如了解学生学习情况和个性特点的观察能力，预测学生发展动态的思维能力等。特殊能力指教师从事具体教学活动的专门能力，如把握教材、运用教法的能力；深入浅出的语言表达能力；教学的组织管理能力；完成某一学科领域教学活动所必备的能力，如音乐教师对音高的辨别能力，语文教师的写作能力等。教师的表达能力、组织能力、诊断学生学习困难的能力以及他们行为的条理性、系统性、合理性与教学效果有关[②]。

（二）职业教育教师的信息化教学能力

对职业教育教师信息化教学能力的研究有多种表述，也有部分研究中提及"数字化教学能力"。有研究者认为职业教育教师的信息化教学能力主要由意识与态度、知识与技能、设计与开发、实施与评价构成[③]；也有研究者从能力应用的角度出发，提出职业院校教师信息技术应用能力应包括六个维度：信息化教学理念、课程组织与评价、教学法运用、信息技术和装备的熟练使用、信息化支撑下的学习环境创建、利用信息化环境提高自身

[①] 申继亮，王凯荣. 论教师的教学能力 [J]. 北京师范大学学报（人文社会科学版），2000（1）：64–71.

[②] 同①

[③] 韩锡斌，葛连升，程建钢. 职业教育信息化研究导论 [M]. 北京：清华大学出版社，2019：195.

学习能力①。从能力发展的实践现状来看，有研究者提出当前职业院校教师信息化教学能力发展中仍存在教师教学意识淡薄、创新能力不足以及学校培训体系缺失、环境建设不完善等诸多困境。②

二、角色理论与教师能力

角色（role）一词原是戏剧界的术语，用来描述演员所扮演的戏剧中的人物。20 世纪 20 年代，美国社会心理学家米德（G.Mead）将其引入社会心理学的研究中，后来角色理论逐渐发展成为社会学的基本理论之一③。西方主要教育理论流派都对教师角色进行过探讨，例如建构主义认为，新教师应该扮演"学习者"的角色，"分解、评价经验，通过反思发现教学的基本规律，并逐步构建教学活动"；人本主义认为，教师角色类似于"艺术家"，其教学艺术是"缄默知识"，无法直接传递给他人④。

三、信息时代职业教育教师能力分析的相关理论

教师能力研究是教师专业发展研究的重要部分。目前专门针对职业教育教师能力的研究较为缺乏，因此本部分试图关注教师能力研究的普适性理论，以期对信息时代职业教育教师能力理论有所贡献。

（一）TPACK 理论

整合技术的学科教学知识（technological pedagogical content knowledge, TPACK）于 2005 年由美国学者科勒（Koehler）和米什拉（Mishra）在舒尔曼（Shulman）的 PCK（学科教学知识）基础上加入技术知识而提出，它是"学科内容、教学法和技术"这三种知识要素之间的复杂互动，是整合了这三种知识以后而形成的一种新知识形式。相关研究提出，TPACK 是教师应当具备且必须具备的全新知识，它的贯彻、实施离不开教师，所以在推广、应用 TPACK 过程中，必须强调教师是教学改革的积极参与者，课堂教学的设计者、实施者；在教学过程中教师应起引导和监控作用。这种观点对教

---

① 张祺午，荣国丞.信息化带动职业教育走向现代化[J].职业技术教育，2011（36）：74–77.
② 马宽斌，黄丽丽.职业院校教师信息化教学能力的提升：内涵、问题与策略[J].职教论坛，2021，37（9）：90–97.
③ 奚从清.角色论：个人与社会的互动[M].杭州：浙江大学出版社，2010：24.
④ 蒋衡.西方二十世纪七十年代以来关于教师角色的研究[J].高等师范教育研究，2002（6）：72–77.

师教育和教师专业发展具有重要指导意义①。

随着信息技术的发展，逐渐有研究提出职业教育教师 TPACK 应随着时代的变迁和技术的升级而重解和重构。例如唐丹等提出，根据 5G 时代的技术特点可将职业教育教师 TPACK 重解为四部分，即 V-TK（融合职业背景的技术知识）、V-TCK（融合技术的职业教育知识）、V-TPK（融合技术的职业教育教学法知识）和 V-TPACK（融合技术的职业教育教学知识）。为更好响应 5G 时代对职业教育教师提出的诉求，可通过技术浸润加强职业教育教师 TPACK 的自我发展意识，利用技术赋能创新职业教育教师 TPACK 的提升方式，依托技术联盟构建职业教育教师 TPACK 再育共同体，从而实现 5G 时代职业教育教师 TPACK 的再育②。

还有部分研究以 TPACK 框架为理论基础，对职业教育教师的能力构成及现状进行了调查分析，为深入了解职业教育教师的能力发展特征提供了一定的实证研究基础。例如冉新义等以 TPACK 框架为基础，以中职学校"双师型"教师为调查对象进行分析，提出提升中职"双师型"教师 TPACK 水平需要完善教师企业实践制度、构建学习共同体、提高信息化教学设计能力、实行分层培养等③；缪巧玲等以重庆市 13 所职业院校为取样来源，对职业院校教师的 TPACK 能力现状进行调查与分析，发现重庆市职业院校教师 TPACK 各层面均处于中等偏下水平，同时存在重视技术知识，忽视教学法知识、学科教学内容知识的情况。由此提出：相关培训要注重理论与实践的衔接；加强技术能力的同时不能忽视教学法和学科教学内容的培养；提高职业教育职前教师技术与教学整合能力；加强相应的激励机制，提高自我提升意识；加强"双师型"师资队伍建设④。

（二）COMET 理论

大规模职业能力测评项目（competence measurement，COMET）是一个起

---

① 何克抗. TPACK——美国"信息技术与课程整合"途径与方法研究的新发展（下）[J]. 电化教育研究，2012，33（6）：47-56.

② 唐丹，白玲. 5G 时代职业教育教师 TPACK 的重解与再育 [J]. 职业教育研究，2021（8）：83-89.

③ 冉新义，蔡睿. 中等职业学校"双师型"教师 TPACK 知识结构分析——基于对福建省 5 所中职学校的调查 [J]. 职业技术教育，2017，38（34）：38-44.

④ 缪巧玲，马燕，范文翔，等. 职业院校教师 TPACK 能力现状调查与培养策略——以重庆市为例 [J]. 职业技术教育，2016，37（36）：51-57.

源于德国，由中国、瑞士和南非等多国参与的国际职业教育比较研究项目，其内涵相当于职业教育的 PISA（the program for international student assessment）[1]。COMET 采用大规模能力诊断方法，对学生的职业能力、职业承诺和职业认同感发展情况进行评价，在此基础上进行不同院校、地区间的教学质量比较，并为教学改革和政策制定提供依据[2]。

对 COMET 的关注是国内外加强职业能力研究的重要体现。依据国家颁布的职业技能鉴定规范，在广泛调研的基础上与行业企业专家共同制定学生职业能力标准，并运用诸如职业能力与职业认同感测评（COMET）等量化方法对学生的职业能力展开科学测评[3]，有利于更科学、规范地掌握学生职业能力现状，从而为后续职业能力标准的设计提供依据。

（三）SMART 理论

1. 概念溯源

SMART 理论是智慧教育（smart education）理念在教师发展理论与实践中的涵化、映射和应用。所谓智慧教育，是本着"精准决策、个性服务、优化过程、人机协同、发展思维、注重创造"的原则，通过人机协同作用以优化教学过程与促进学习者美好发展的未来教育范式[4]。

智慧教育的起源最早可以追溯到 IBM 的"智慧地球"战略，2008 年，IBM 在《智慧地球：下一代领导议程》（*A Smarter Planet: the Next Leadership Agenda*）中首次提出"智慧地球"概念。"智慧地球"的愿景是：借助新一代信息技术（如传感技术、物联网技术、移动通信技术、大数据分析、3D 打印等）的强力支持，让地球上所有东西实现被感知化、互联化和智能化（instrumented, interconnected and infused with intelligence）。在新一代技术的支持下，布满技术"神经"的世界将变得更小、更平、更开放、更智能。

智慧教育是"智慧地球"思想在教育领域的延伸。2009 年，IBM 发起智慧教育倡导，提出智慧教育的五大路标：学习者的技术沉浸；个性化和

---

[1] OECD. PISA[EB/OL]. [2022-04-21]. https://www.oecd-ilibrary.org/education/pisa_19963777.
[2] 赵志群，菲利克斯·劳耐尔. COMET 职业能力测评方法手册[J]. 教育学报，2020，16（1）：62.
[3] 赵志群，林来寿，张志新. 高等职业教育课程改革学习效果评价：一项实证研究[J]. 国家教育行政学院学报，2014（7）：74-79.
[4] 祝智庭，彭红超. 创新发展技术赋能的智慧教育——访我国智慧教育开拓者祝智庭教授[J]. 教师教育学报，2021，8（4）：21-29.

多元化的学习路径；服务型经济的知识技能；系统、文化与资源的全球整合；21世纪经济发展的关键作用。最早倡导智慧教育概念的IBM公司认为智慧教育的内涵是：以学生为中心、实时统计与分析、集成管理、多样化互动体验、共享资源①。

2. 意义演进

自IBM之后，对智慧教育之SMART的内涵阐释日益丰富起来。例如，韩国发展智慧教育（SMART Education，2011）的目标是培养在21世纪社会中能够引领国际社会、具有创造力和个性的全球化人力资源。韩国认为SMART Education与Intelligent Customized Teaching & Learning意义相同，即智慧教育是智能化的、可定制的个性化教与学。SMART的内涵包括：自我导向（self-directed）、通过兴趣激发学习动机（motivated with fun）、支持分层适应式教学（adaptive based on level）、丰富的免费教学资源（resource Free）、技术融入（technology embedded）②。

中国台湾学者张奕华则把SMART Education中的SMART阐释为以学生为中心的教学（student-centered approach）、通过多元取向引起学生学习动机（motivate students to learn）、无处不在的学习机会（accessing online education）、丰富的学习资源（resource availability and diversity）、技术支持与服务（technology support and service），其共性元素反映在自主、动机、资源、技术、个性化、泛在学习几个方面③。

显然，以上理解是阐释智慧教育语义中的SMART内涵，并未关涉智慧教育理念下的教师发展问题。教师是教育发展的第一资源，教师现代化是教育现代化的重要内容和前提。从智慧教育系统来看，智慧教师是智慧教育的核心要素之一，为了探讨智慧教育视域下的教师发展问题，中国学者钟志贤将智慧教师（smart teacher）中SMART的内涵阐释为Smart education idea directed（智慧教育理念导向）、self-Management（自我管理）、Adaptive professional development（自适应专业发展）、Reflective（反思性成长）和

---

① Rudd J, Sullivan P, King M, et al. Education for a smarter planet：The future of learning.[EB/OL].（2012-09-09）.

② KERIS. 넌 교육정보화백서[EB/OL]. [2022-04-22]. https://www.keris.or.kr/main/na/ntt/selectNttInfo.do?mi=1244&nttSn=16795&bbsId=1104.

③ 张奕华. 智慧教育与智慧学校理念[J]. 中国信息技术教育，2013（6）：15-17.

Technology-enriched（技术赋能）。SMART 五要素相辅相成，构成一个系统框架，如图 2-2-1 所示。

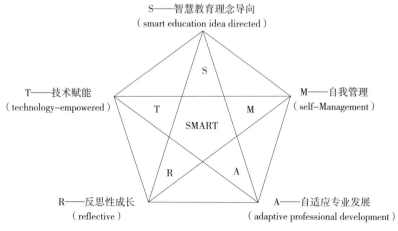

图 2-2-1　指向智慧教师发展的 SMART 理论框架

3. SMART 理论框架的内涵

（1）S——智慧教育理念导向

教育理念是一切教育行动的先导，SMART 理论框架中教师发展的首要之义是以智慧教育理念为导向。智慧教育是通过人机协同作用来优化教学过程与促进学习者更好发展的一种未来教育范式[①]。具体而言，智慧教育以技术融合的生态化学习环境为前提，注重培植教师在人机协同作用下的三大智慧——数据智慧、教学智慧、文化智慧，以"精准决策、个性服务、优化过程、人机协同、发展思维、注重创造"为六大原则，赋能教师高效的教学技能，学习者获得适宜的发展体验，从而培养具有良好"人性品性、行动能力、思维品质、创造潜能"的智慧人才。

智慧教育是一种教育理念，代表了人们对未来教育的美好追求。首先，它倡导以发展学生的高级思维能力与创新品质为追求，帮助学生成为善于学习、善于协作、善于沟通、善于研判、善于创造、善于解决复杂问题的学习者，体现了一种新的人才观。其次，智慧教育体现为一种教育方法，

---

① 祝智庭，彭红超. 创新发展技术赋能的智慧教育——访我国智慧教育开拓者祝智庭教授[J]. 教师教育学报，2021，8（4）：21-29.

通过智慧教学法的催化促导，更加强调信息技术在促进教学方式和教学过程变革方面的作用。第三，智慧教育倡导采用新的评估模式，在评估方面体现自动化、智能化、个性化与发展性[①]。智慧教师发展必须明确智慧教育理念要义并自觉以其为指导。

（2）M——自我管理

自我管理是针对教师终身发展而言的形成机制。SMART 理论视域中的教师发展是"作为具体而丰富的人"的整体性发展，而不是局限于专业发展，"教师专业发展"和"教师发展"是相互联系的概念。"教师专业发展"强调要有专业理论、专业技术与专业资格作保证，并具备行使专业自主权的能力和拥有与之相应的职业道德等。"教师发展"关注的是作为具体而丰富的人（而非工具）的整体性发展，它包括教师的品德、行为、才华、智慧等在内的多方面素质的发展，是教师作为一个完整的人健康、健全、健美地发展。专业发展是人的整体性发展的重要且与其他方面发展相关联的组成部分，但不是全部。"教师发展"不仅是为了应对时代的挑战和肩负社会的重托，也是为了使自己的人生更有生气、更有意义、更有光彩，为了过有意义的生活，使自己的生命更丰富、更有价值、更有质量[②]。

一个教师终身的、持续的职业生涯发展，实质上是一个自我管理的过程和结果，教师发展的程度或水平取决于自我管理的进阶或修炼。所谓自我管理就是主体在充分理解和把握自我的基础上，对自身的意识、情绪和行为实现有效管控和调节，以达成既定的目标和理想的境界[③]。它是主体从意识到行为方面对自身的活动过程进行能动的、有效的监控与调节。自我管理的核心是自我调节能力（self-regulation），即积极参与和负责自身活动的能力，主要包括策略性知识、自我效能、努力程度和自我反思。

中国学者钟志贤将自我管理分为十大范畴，即基本认识、自我认识、目标管理、资源管理、时间管理、压力管理、情绪管理、努力管理、人际管理、评价管理，可作为 SMART 理论下教师修炼自我管理能力的一种参考[④]。详述如下：

[①] 顾小清，杜华，彭红超，等.智慧教育的理论框架、实践路径、发展脉络及未来图景[J].华东师范大学学报（教育科学版），2021，39（8）：20-32.

[②] 叶澜，王枬.教师发展：在成己成人中创造教育新世界——专访华东师范大学叶澜教授[J].教师教育学报，2021，8（3）：1-11.

[③] 钟志贤.大学教学模式革新——教学设计视域[M].北京：教育科学出版社，2008：146.

[④] 钟志贤.远程学习者的自我管理[M].北京：中央广播电视大学出版社，2015：16.

- 修炼基本认识，理解自我管理，做自己的主人；
- 修炼自我认识，认识自我，成为真正的自己；
- 修炼目标管理，把握目标制定方法，聚焦心力；
- 修炼时间管理，利用时间管理心法，提升专注力；
- 修炼资源管理，善假于物，时空升维，拓展资源力；
- 修炼人际管理，虚实融合，塑造大我，升级关联力；
- 修炼情绪管理，修习制心之道，锤炼社会与情感的中和力；
- 修炼努力管理，积极归因，积极自我强化，凝聚意志力；
- 修炼压力管理，锻炼韧性，变压力为动力，促进转化力；
- 修炼评价管理，反求诸己，兼顾过程结果，提高反思力。

教师自我管理意识和能力的提高，有助于教师发展动力的持续性，以及教师发展动力广度和深度的增强[1]。自我管理是与每个教师职业生涯相伴的素质和能力，教师可以通过系列方略来提升自我管理能力，如明确自我价值观念，管理自己的长处或优势；确定最佳表现方式，谋求最好贡献；对学习/工作任务实施有效的计划、分析、监控和修正；对目标和任务有主人翁感、责任意识、义务感和成功的信念；运用深度学习/研究策略来完成学习/工作任务；对活动过程进行有效的反思和调节等。智慧教师必然是善于自我管理的教师。

（3）A——自适应专业发展

智能时代，自适应学习是一种"适性的"学习形态，自适应的教师专业发展是按需所求的教师发展方式。教师发展的动力来源是有清晰的自我意识和主动发展的内在需求，并把自己作为发展的主体来看待。SMART教师自适应专业发展的内涵包括以下几个方面：主体性理念引领、智适应技术支持、个性化发展导向、自助式学习方式。

① 主体性理念引领。主体是指从事认识和实践活动的人，主体性是人作为活动主体在同客体的相互作用中所表现出来的功能特性[2]。教师是专业自主发展、终身学习的主体人，具有主体地位和主体性，是积极的能动者，教师专业发展主要由教师自己负责，即具有高度的主人翁意识，

---

[1] 李飞.自我管理——教师可持续发展的有效途径[J].教学与管理，2011（1）：19-22.
[2] 钟志贤.深呼吸：素质教育进行时[M].北京：教育科学出版社，2003：354.

掌握专业自主学习与发展的主权。主体性理念是教师自适应专业发展的引领性理念。

② 智适应技术支持。教师的自适应专业发展需要通过智适应学习技术支持，适合不同教师的智适应数字资源和技术手段是教师自适应专业发展的基本物质条件。

③ 个性化发展导向。未来教师的发展遵循长板理论，将走向精细化、角色化和团队化。智慧教育并非专门服务于学生，并非只为了实现学生大规模个性化的教育，同时也启发教师走向个性化专业发展，而不是追求成为专业全才，教师应在智适应技术支持下将自己的优势发挥到极致。个性化发展是教师自适应发展的核心导向。

④ 自助式学习方式。自助式学习是基于工作场景的自组织学习，是技术赋能的、自燃型、终身的、个性化、适性的和随性的学习，本质上属于自我教育。自助式学习允许教师自己设计和推进专业发展，是教师生涯的续航动能或根本路径，蕴涵其中的是自适应专业自主发展的"六自"学习：自己的（为提高自己素养而学，发乎内心）、自知的（知晓自己的学习需求和个性特点，元认知水平高）、自律的（为自己的"学习行为"立法，自控能力强）、自求的（内在动机激发或驱使的，内源归因）、自足的（学习本身就是目的，不假外求）、自得的（安然自得，自得其乐）①。

自助式学习主要是以非正式学习方式发生，在教师专业发展生涯中占了绝大部分。非正式学习决定了教师发展的高度、广度和深度，它是一种自控、自授、自教的学习，有赖于教师的自我管理水准。

智能时代的教师专业发展走向是精细化、角色化、团队化。比如，根据教师角色精细化和长板理论，在学习设计师、资源工程师、教学评估师、情感陪护师、活动教练员等如此多的角色中，教师只要能够发挥自己的专长，胜任其中某个或某几个角色就可以了，即教师将自己的个体优势发挥到极致要比补足短板更为重要。此外，未来的教师是"群体协同"，一支优良的智慧教师队伍是由不同特长的教师组织起来的，这对传统的教师教育和相关管理提出了挑战。

---

① 钟志贤，邱婷. 终身学习的关键能力与培养[M]. 北京：中央广播电视大学出版社，2015.

(4) R——反思性成长

美国心理学家波斯纳（G. Posner）提出了教师成长的公式：成长 = 经验 + 反思。反思在教师专业成长中起着重要作用。教师的反思是指教师在教育教学实践中以自我行为表现及其行为为依据的"异位"解析和修正，进而不断提高自身教育教学效能和素养的过程，具有实践性、针对性、反省性、时效性、过程性五个主要特征。①

日本教育家佐藤学（Manabu Sato）提出教师从"技术熟练者"到"反思性实践家"模式的转型，"反思性实践家"模式的教师教育以作为反思性实践的教育与基于此种基础展开的实践性认识论为基础，实践性认识包括五个层面：①活动过程的认识（knowing-in-action），即"默会知识"（tacit knowledge）；②活动过程的反思（refection-in-action）；③同情境的对话（conversation with the situation）；④关于活动过程的认识与省思的反思（reflection-on-knowing and reflection-in-action）；⑤同反思性情境的对话（reflective conversation with the situation）。在"反思性实践家"模式中，实践、认识与实践主体的成长从某种意义上说是三位一体的，构成了同一种过程②。

教师的反思性成长的核心基础能力是元认知（meta-recognition）和元学习（meta-learning）。元认知是对思维进行反思的过程，它涉及自我反思个人当下的处境、未来的目标、潜在的行为与策略以及各种结果。元学习与元认知有密切关系，美国课程重构中心将元学习作为教育的四个维度之一，元学习通过建立目标和反馈的回路，让学习者在其间产生良性循环，即便没有外界环境的监控，也能展开高质量的学习，并且"学会学习"。对于教师发展来说更重要的一点在于元学习强调一种成长的心态，它始终坚信智力是可发展的，人始终处在变化发展当中，强调教师持续成长和发展的内在动机③。并且，教师的元认知和元学习以反思为前提，元学习和元认知又反过来推动教师的反思性成长。

正如考尔德希德（J. Calderhead）所说，"反思被广泛地看作教师职业

---

① 张立昌. 试论教师的反思及其策略 [J]. 教育研究, 2001（12）：17-21.
② 佐藤学. 课程与教师 [M]. 钟启泉, 译. 北京：教育科学出版社, 2003.
③ 查尔斯·菲尔德，玛雅·比亚利克，伯尼·特里林. 四个维度的教育 学习者迈向成功的必备素养 [M]. 罗德红, 译. 上海：华东师范大学出版社, 2017：135-144.

发展的决定性因素"①，没有反思就没有教师持续的专业成长和发展。

(5) T——技术赋能

智能技术与教育的深度融合是教育变革的必然趋势，包括改变教育主体关系的 AI 技术、改变教育教学决策模式的大数据技术、改变学习体验与认知模式的 XR 技术、改变教育信用治理结构的区块链技术等，这些新兴技术及技术集群成为推动教育全面变革的新引擎，技术全方位赋能教育要素，给教育带来了颠覆性的新生态，SMART 理论下的教师也必定是技术赋能的智慧教师。

中国学者祝智庭等给"智慧教育"下的定义中指出"……使其（教师）由不能变为可能、由小能变为大能……"就是指智慧环境的技术赋能。"使不能变为可能"，也就是"使能"；"由小能变为大能"，也就是"增能"。这两者的共同作用机制是"赋能"，即通过给主体赋权而增强活力②，技术赋能教师就是让教师"由不能变为可能，由小能变为大能"。此过程中最显著的表现是在确立底线思维——"把适合机器（智能技术）做的事让机器去做，把适合人（师生、管理者、服务者等）做的事让人来做，把适合于人机合作的事让人与机器一起来做"③的基础上，实现教学人机协同化、教师人机双师化，智能技术将与教师一起成为教师共同体，协作承担教育任务④。

SMART 教师是面向智慧教育的、融合机器智能与人类智慧的教育主体，SMART 理论下的教师，首先是指智能技术赋能的、具有智能教育素养的新型教师。所谓智能教育素养，是人工智能素养与教师专业素养的交集，是教师胜任智能时代教育教学工作的综合素养⑤，是支撑教师在人工智能时代教育教学实践和专业发展的知识、能力、态度与伦理的集合⑥。以创意为内核，借助人工智能赋能师生创意协同共生的教育实践过程⑦。人工智

---

① Calderhead J. Conceptualizing reflection in teacher development[M]. London：Falmer Press，1993：123.
② 祝智庭，彭红超. 创新发展技术赋能的智慧教育——访我国智慧教育开拓者祝智庭教授[J]. 教师教育学报，2021，8（4）：21-29.
③ 祝智庭，魏非. 教育信息化 2.0：智能教育启程，智慧教育领航[J]. 电化教育研究，2018，39（9）：5-16.
④ 钟志贤. 人工智能背景下的教师教育发展新样态[J]. 中国教师，2020（11）：33-37.
⑤ 李湘. 师范生智能教育素养的内涵、构成及培育路径[J]. 现代教育技术，2021，31（9）：5-12.
⑥ 刘斌. 人工智能时代教师的智能教育素养探究[J]. 现代教育技术，2020，30（11）：12-18.
⑦ 胡小勇，徐欢云. 面向 K-12 教师的智能教育素养框架构建[J]. 开放教育研究，2021，27（4）：59-70.

能时代，没有智能教育素养的教师必然无法适应智能技术带来的种种教育变革。因此，SMART 教师的首要素养即智能教育素养。

除智能教育素养外，教师还应具备数字素养，在教育数字化转型的趋势下，教师作为学生数字空间学习活动的监督者和引导者，为学生创设安全、健康的数字教育环境；应具备数据素养，能从可视化仪表盘或即席报表中迅速发现问题、规律或者趋势[①]，借助数据驱动正确的教育决策。

如果说从目前国际用词习惯来看，Smart Education 主要是指技术支持的智慧教育（education for wisdom with technology），那么，SMART 理论框架下的教师发展就是指技术赋能的教师发展，即教师成为技术赋能的智慧教师。

SMART 理论是丰富技术给养下的产物，建立在大数据支持的数据挖掘和教师画像分析、教学分析等技术的基础之上，它们是促进智慧教师发展的基石，指导教师的终身专业发展。新兴的智能技术是教师发展的强力引擎，理解和善用技术赋能是智能时代教师发展的应有之义。

值得注意的是，SMART 还是管理学中著名的目标管理理论的简称。它最初由有"现代管理学之父"之称的彼得·德鲁克（Peter Druker）于 1954 年首先提出，SMART 原则中的 S、M、A、R、T 五个字母分别对应五个英文单词：Specific（明确性）、Measurable（可衡量）、Achievable（实现性）、Relevant（相关性）和 Time-bound（时限性）。

SMART 原则对于教师发展的相关目标确立有一定的借鉴意义，如通过运用 SMART 原则确立职业教育教师进行绩效考核或相关教学目标等。尹璐提出，SMART 原则的理论基础是目标管理，它能使考评更加科学化、规范化，更能保证考核的公正、公开与公平，对中职学校教师进行绩效考核管理具有很强的启示意义和指导作用。具体包括：制定教师绩效考核目标时，应确认学校发展方向与发展阶段；建立中职学校考评体系时，定量指标一定要与定性指标相结合、相协调，同时定量指标一定要由表及里，要科学，不能只追求数量等[②]。

---

① 祝智庭，彭红超. 创新发展技术赋能的智慧教育——访我国智慧教育开拓者祝智庭教授[J]. 教师教育学报，2021，8（4）：21–29.

② 尹璐. SMART 原则对中职学校教师绩效考评的指导作用[J]. 管理观察，2018（23）：125–126.

第三节　教育领域的经典性教师发展理论

一、知识创生螺旋理论

匈牙利哲学家波兰尼（M.Polanyi）1958年在其《人的研究》一书中提出了"默会知识（亦称隐性知识）"和"明言知识（显性知识）"两种概念，日本知识经营专家野中郁次郎和组野登进一步用这两种知识构成的交互作用来说明知识的创生过程。野中郁次郎提出，我们可以借助"默会知识"与"明言知识"的组合，设想四个知识变化的范式，表明借助个人、组织层面的沟通与交互作用，知识的两个侧面得以变换的过程，称之为"知识创生螺旋"（SECI）[1]。

教育领域，尤其是教师教育领域谈及知识创生螺旋且引起一定讨论的当属钟启泉2008年发表的《从SECI理论看教师专业发展的特质》一文。该文借助知识创生螺旋理论的若干概念和思路，尝试解读教师实践性知识形成的机制，并描述教师专业发展的特质。研究提出，教师不仅是知识的传授者，而且是知识的建构者与创新者。根据教师的教学实践活动的线索推测教师的知识发展是一种具有如下周期的循环[2]：

① 基于设想教学的教材知识的"教学设计"（designing）；
② 基于默会知识的"教学实施"（doing）；
③ 基于明言知识的"教学对话"（discussing dialogue）；
④ 基于课堂事件的理解及其学习轨迹的"教学实践记录"（documenting）。

该循环正是教师"实践性知识"的合作建构过程。

由此可见，应用知识创生螺旋理论可以对教师实践性知识的获得机理进行很好的阐释，并得到一些启发。在这之后，开始陆续有研究基于实践性的知识创生理论开展具体实践，例如李锋等借助"知识创生螺旋"理论的若干概念和思路，尝试创设"知识创生"型网络学习环境，分析其中的要素特

---

[1] 张汉如. 科学探索中的思维、作风、方法 [M]. 天津：天津人民出版社，1984：57.
[2] 钟启泉. 从SECI理论看教师专业发展的特质 [J]. 全球教育展望，2008（2）：7-13+23.

点和技术需求,并且利用 Moodle 系统平台实现该网络学习环境,希望能达到促进网络学习过程中隐性知识和显性知识的转换,推动网络教育发展的目的[①];梁松林则对教师的实践性知识现状进行了调查,分析其实践性知识的生成、创新及共享现状,运用知识创生螺旋模型为教师实践性知识发展提供建议[②]。

汪晓凤等从教师实践性知识的特点出发,借助网络教研环境在知识创生方面的突出优势,构建了基于教师实践性知识创生的网络教研活动框架和策略,尝试突破网络教研活动深度不足的瓶颈,促进网络教研深度开展。他通过为期三个月的实证研究发现:从个体与组织实践性知识创生视角来设计教研活动能够提高教研的满意度;反思能够促进个体知识创生水平由浅入深;协作交流促进个体与组织知识创生水平同步进化。他的研究还认为,基于实践性知识创生的网络教研活动能够在一定程度上解决网络教研面临的问题,促进网络教研的深入有序发展,而教研顺利开展的同时,教师的个体知识也在不断发展[③]。

（一）知识管理视角中的知识创生螺旋

知识创生螺旋也叫知识转化/转换螺旋,与知识管理有密切的内在关系,其整体知识概念地图如图 2-3-1 所示。

（二）SECI——知识的螺旋/转换/创新模式

Nonaka 指出,知识的创新存在四种模式,这可以看作是知识的螺旋/转换或创新[④]。

（1）从隐性到隐性。个体与个体之间共享隐性知识。如拜师学艺,徒弟通过观察、模仿、练习,掌握了师傅的隐性技能,把它们变成自身隐性知识的一部分,此时,徒弟被"潜移默化"了。但是,这种潜移默化有相当的局限性——虽然徒弟能从师傅那里学习技能,但不管是师傅还是徒弟,

---

① 李锋,王荣良. 基于知识创生螺旋理论的网络学习环境建设[J]. 中国远程教育,2009（2）:70-72.
② 梁松林. 论中学英语教师实践性知识的生成、创新及共享——基于知识创生理论的视角[J]. 教育学术月刊,2013（9）:80-85.
③ 汪晓凤,陈玲,余胜泉. 基于实践性知识创生的网络教研实证研究[J]. 中国电化教育,2014（10）:16-22.
④ Takeuchi N H. The knowledge-creating company: How Japanese companies create the dynamics of innovation[J]. Long Range Planning,1996,4（29）:592.

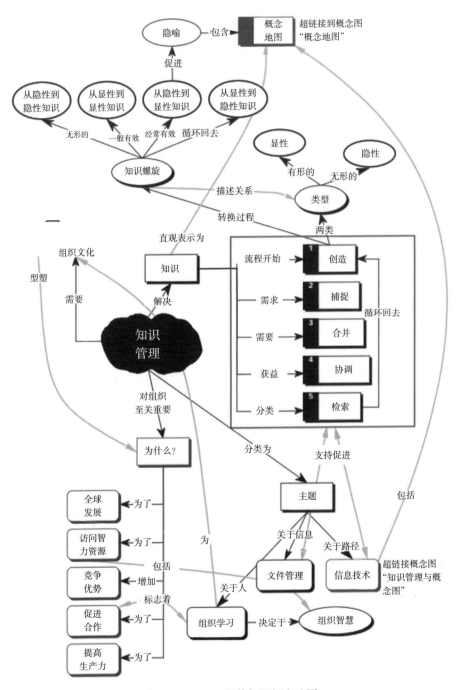

图 2-3-1　SECI 整体知识概念地图

都没有掌握技能背后的系统化的原理。他们所领会的知识从来都不能被清楚地表达出来，因此很难被组织更有效地综合利用。

（2）从显性到显性。个体将不连续的显性知识碎片合并成一个新的整体。如企业的审计师收集整个企业的信息，并将它们总结成一份财务报告。由于这份报告综合了许多不同来源的信息，所以它也是一种新知识。但是这种"综合"并没有真正增加公司已有的知识储备。

（3）从隐性到显性。当个体能清晰地表达隐性知识时，他就把它转换成了显性知识，使它能够被项目组的成员共同分享。审计师不去编制一个传统的财务计划，而是利用多年的工作经验开发新的预算控制方法，就是把隐性知识显性化的过程。当这种隐性知识转化为显性知识时，便能被组织/企业共享。

（4）从显性到隐性。随着新的显性知识在整个企业内得到共享，其他员工开始将其内化，用它来拓宽、延伸和重构自己的隐性知识系统。

知识的螺旋/转换/创新过程如图 2-3-2 所示。

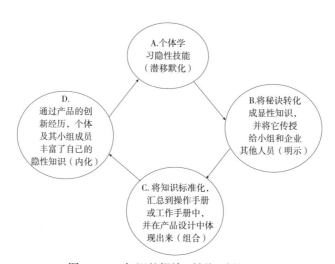

图 2-3-2　知识的螺旋/转换/创新过程

对知识的螺旋/转换/创新过程可作进一步的解释，如图 2-3-3、图 2-3-4 所示[①]。

---

① Nonaka I, Konno N. The Concept of "Ba": Building a Foundation for Knowledge Creation[J]. California Management Review, 1998, 40（3）: 40-54.

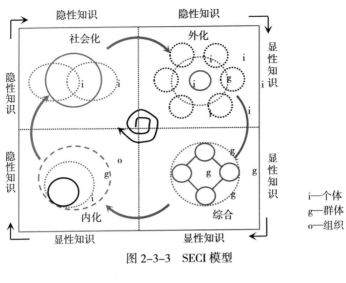

图 2-3-3 SECI 模型

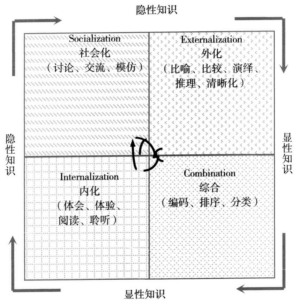

图 2-3-4 知识的转化过程

二、基于关注的采纳模式

"基于关注的采纳模式"（concerns based adoption model，CBAM）源于美国心理学家富勒（Frances Fuller）的教师职业发展四阶段理论：教师由入职前的准教师发展成为有经验的教师一般都要经历"无关关注""自我关注""任务关注"和"影响关注"四个阶段;但不同教师在不同发展阶段关注的焦点、时间以及强度有可能不同。在此基础上,霍尔等人于1970—1986年对美国各中小学及大学变革进行研究并总结形成了基于关注的采纳模式。"关注于教师为实施新课程材料和教学方式所经历的改变过程的测量、描述和解释,以及这一过程怎样通过干预促进改变过程中的个体行为而被影响",它包括三个工具:关心发展阶段、课程实施水平和革新构造[①]。

赖俊明于2010年利用"基于关注的采纳模式"构建课程实施评量工具,并将其本土化验证。此后,陆续有部分研究讨论了该模式的优点、局限性及不足等。例如,姜荣华等认为,"基于关注的采纳模式"是课程实施过程中比较重要的测量与促进模式之一,它包括三个诊断维度:关心发展阶段、课程实施水平和革新构造。通过使用关心发展阶段问卷对新课程改革中教师关注阶段进行测量,表明教师在面对变革时对影响的关注最高,其次是自我关注,对任务关注较低,关注最低的是不相关,这说明预测版关心发展阶段问卷不完全适合我国教育变革的情境,在使用时,需要根据实际情况进一步发展修订[②]。

2012年,姜荣华等进一步扩展了围绕"基于关注的采纳模式"的相关研究,认为"基于关注的采纳模式"是课程实施模式中较好地综合质性与量化研究方法的典范,通过对关心发展阶段与课程实施水平诊断维度的检验,可以不断拓展这一模式的理论内涵及其对教育变革研究的启发意义,也为我国课程改革、教育变革与教师专业发展提供了一个较好的视角。值得注意的是,研究者尤其提到,"基于关注的采纳模式"有其产生的文化背景与土壤,因为文化背景的差异,使工具所包含的概念有其具体的内涵,需要研究者去进一步实证与发展。我们的价值可能不只是问卷、工具、聚焦式访谈法,更重要的是通过这些工具与方法使我们把目光转移到对变革过程的关注,以一种找到关键点,采用促进、干预、提升的动态发展理念来完善变革的流程[③]。

[①] 赖俊明.基于教师视角的新课程实施程度评量模式研究——"关注为本采纳模式"的探索与应用[J].教育测量与评价(理论版),2010(2):23-28.
[②] 姜荣华,马云鹏.教师关注测量:"关注为本采纳模式"的本土化适合检验[J].教育理论与实践,2010,30(28):30-34.
[③] 姜荣华,马云鹏.关注为本采纳模式的优点、限制与研究建议[J].外国教育研究,2012,39(10):60-64.

三、DIKW 模型

DIKW 模型的提出相对较晚，但随着信息时代的快速发展，相关概念风靡已久。在探讨该理论概念时应首先明确：由于学科的不同，DIKW 并不是放之四海而皆准的"一揽子"理论①。

DIKW 模型即数据（data）、信息（information）、知识（knowledge）及智慧（wisdom），该模型常用于资讯科学及知识管理领域。教育领域的相关研究主要是基于该理论探索开发相关知识管理、能力改进模型。例如，王萍认为，为了满足在线学习者个性化学习需求并提高学习效果，在线课程开发不仅要关注资源的丰富性，更要关注以学习者为中心的多元评价与多重交互。因此她以 DIKW 理论为基础，构建了"从共享到共生"的在线课程开发模型，将学习者纳入课程建设者群体中，突出学习者在课程开发中的作用，实现学习从基于资源的"共享学习"到迸发智慧的"共生跃迁"的转变，试图为课程开发者与课程学习者提供在线课程教与学策略②。

数据、信息、知识和智慧之间是一种递进的关系，是一种精制化、凝练化的过程。前者是后者的基础，只有先掌握前者，才能获得后者。数据是信息的基础，信息是知识的基础，而知识是智慧的基础。智慧是处理知识的手段，知识是处理信息的手段③。

从数据到信息、知识和智慧的发展过程是一个不断情境化（contextualized）的过程，也是一个意义不断生成的过程；是一个学习者经验投入、理解力不断扩展/加深，或者知识不断内化、转化和智慧不断凝练的过程；是个体不断内化/建构知识的过程，也是一个不断提升迁移学习能力的过程。如果说数据、信息、知识以及解析结果有助于人们正确地做事，那么智慧则是为了确保人们能够"做正确的事"④。从数据到智慧的发展过程可以用图 2-3-5 表示⑤。

---

① 万里，韩雅鸣.从 DIIKW 到 DIKS[J].信息资源管理学报，2021，11（3）：59-66.
② 王萍.大数据时代提升教师数据智慧研究[J].开放教育研究，2015，21（3）：30-39.
③ 钟志贤.面向知识时代的教学设计框架 促进学习者发展[M].北京：中国社会科学出版社，2006：37-38.
④ 祝智庭，魏非.面向智慧教育的教师发展创新路径[J].中国教育学刊，2017（9）：21-28.
⑤ 同①

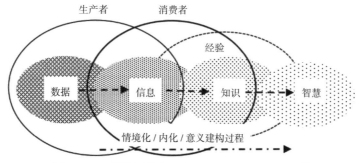

图 2-3-5 数据到信息、知识和智慧的发展过程[①]

在围绕"智慧教育"开展的相关研究中，DIKW 模型则主要用来诠释"智慧"的含义及理解其框架。例如，祝智庭提出，知识管理领域通常将"智慧"界定为一种面向未来的创新能力，由 DIKW 模型可以看出，从数据、信息、知识到智慧的演变，对情境性和理解力的要求随之增强。也就是说，要完成从数据、知识、信息到智慧的转换，一方面需要以相关的背景知识、情境知识和缄默知识作为支撑，另一方面需要人的主动理解[②]。胡小勇等在对于"教师画像"的研究中提出：面对新时代教师队伍建设的要求，教研有必要向个性化、精准化转型。依托各种智能技术对教师画像，成了破解精准教研难题的创新途径。然而，目前精准教研视域下的教师画像研究在国内尚属空白，如何破解？根据 DIKW 金字塔层次体系可知，处于上方的信息、知识和智慧都离不开数据的表征。教师画像的构建需要有效运用全过程多模态的教研数据，才能有效地表征教研情况、发现隐性信息和预测教师教研行为变化，以支持教研决策智慧的生成。可见，DIKW 模型通常被作为一种理论基础，甚至一种思辨方式。

四、自助式学习

教师发展固然要靠正规教育或正式学习，但从终身学习和可持续发展的角度看，主要依靠教师的非正式学习。联合国教科文组织（UNESCO）国际

---

① 本图设计参考：沃尔曼. 信息饥渴：信息选取、表达与透析[M]. 李银胜，等译. 北京：电子工业出版社，2001.

② 祝智庭. 智慧教育新发展：从翻转课堂到智慧课堂及智慧学习空间[J]. 开放教育研究，2016，22（1）：18-26+49.

教育发展委员会在《学会生存：教育世界的今天和明天》报告中指出，终身学习是人类的生存方式，也是他们应该承担的生存责任①。国际经合组织在《全民终身学习》和《教育政策分析 1998》中指出终身学习的重要性。身为教师更要牢固树立终身学习理念，不断学习。而这种学习更多的是一种自助式学习。

英国培生集团（Pearson）在 2019 年的"全球学习者调查"中发现，"自助式学习"（DIY learning）的观念正在重塑教育②。

自助式学习是基于工作场景的自组织学习，是技术赋能的、自然型、终身的、个性化、适性的和随性的学习，本质上属于自我教育。真正的教育是自我教育，这是苏联著名教育家苏霍姆林斯基的著名论断。他断言"只有学会进行自我教育，才可成为一个真正的人。不然用长远的眼光看去，我们造就的就只能是一个不幸的人"，而"不幸的人是我们社会的大灾祸"。关于这点，更早些时候的意大利物理学家伽利略也说过："人不可被教，只能帮助他发现自己。"德国教育家季斯捷尔维格则指出："不可能把文化修养和教育交给或者传授给任何一个人。任何一个想要获得文化修养和教育自己的人，他应该亲自参加活动，用自己的力量和自己的努力去获得，从外部只能得到激励而已。"

著名教育学家胡德海先生指出，自我教育也可称为学习或自学。此词的英译之一是 teach oneself，意为"自教"。这种译法颇能反映自学、自教这一活动的特点。教育和自我教育（自学或自教）是人类社会文化传承的两大手段。二者既相互联系，又具有不同的质的规定性。在文化传承过程中，教育的根本特点是师授性和他控性，自我教育的根本特点是自控性与自授性。对人的接受知识文化来说，前者具被动性，后者则有主动性；前者以外因为主，而后者以内因为主。对接受知识文化的学习者来说，前者是他授的、他控的，后者则是自取、自求、自得的；前者从社会整体出发，而后者则从社会个体着眼。

人既需要他教、他控、他授，也需要自控与自教，即需要双管齐下，二者的功能和价值要同时兼顾而不能偏废。国学大师钱钟书曾说：赫拉克

---

① 联合国教科文组织国际教育发展委员会. 学会生存：教育世界的今天和明天 [M]. 北京：教育科学出版社，1996.

② Pearson. The Global Learner Survey 2019.[EB/OL]. [2022-04-22]. https://www.pearson.com/content/dam/global-store/global/resources/Pearson_Global_Learner_Survey_2019.pdf.

利特是西方最早提出辩证法的哲学家，据仅存的古希腊《哲学家列传》第九卷第五节记载，他不承认是"任何人的学生"，只说得力于"自己的探讨"。《西游记》中，孙悟空怕闯了祸牵累师父，急忙声明："绝不敢提起师父，只说是我自家会的便罢！"赫拉克利特夸大口，孙悟空赔小心，都把话说过了头，但是都有同一个重点："自学"是主要的①。

在今天这个全民终身学习时代，学习型社会不仅是一个"人人皆学、时时能学、处处可学"的社会，更是一个"个个善学"的社会。"个个善学"，即每个学习者具备善于学习的基本素质。对于以学习为天职的教师来说，更需要"善学"，亦即具有完备的自我教育或自学能力。于教师的终身学习来说，自助式学习或"自我教育或自学"方式是主要的。一个合格的自主式学习者的最高境界就是学会了"自学"（self-directed learning），一个"得道"的自学者具有六大显著特点，即自己的、自知的、自律的、自求的、自足的和自得的②。相关教师培训研究也指出，要加大对教师"自学习"的研究力度，确保教师的主体地位。教师的学习力通常决定教师的专业素质能力和发展动力，教师的学习状态反映教师的精神境界与工作境况，关注教师学习意味着对教师专业成长与生命境界提升的理解和尊重。培训课程设计应尽可能以教师为主体，从教师学习的角度出发，从而发展"自学习"或自我教育（self learning，self-education）的能力③。

在数字化学习时代，学习者在内在动机的驱使下，以明晰目标为导向，借助各种学习技术，按需所求，综合各种学习资源自主设计、实施和负责学习过程，并且保持学习的持续性。《中国教育现代化2035》指出，要推动教师终身学习和专业自主发展。自助式学习对于教师专业发展来说，是一种实现终身学习和自主学习的普遍方式。

自助式学习的关键是学习者能够确立自身为学习主体角色，具备主体性意识。所谓主体性，是指人作为社会实践活动主体的质的规定性，是人在与客体相互作用中不断得到发展的自觉能动性和创造性④。学习者具备自

---

① 胡德海.论教育和自我教育[J].华东师范大学学报（教育科学版），1998（4）：17-24.
② 钟志贤，邱婷.终身学习的关键能力与培养[M].北京：中央广播电视大学出版社，2015.
③ 易凯谕，钟志贤."国培计划"研究热点探析[J].中国远程教育，2018（12）：43-49.
④ 冯建军.回到"人"——世纪之交教育基本理论研究的共同主题[J].基础教育，2013，10（1）：5-18.

觉能动性和创造性是保障自助式学习进行的重要因素。教师的自助式学习过程是一个自我教育的过程,在涵化主体性教育精髓的同时使教师承担作为学习主体的责任。

教师发展是常态化的、持续终身的角色要求,不仅涉及教师专业理论、技术、资格、专业自主权能力和职业道德,更涉及教师作为具体而丰富的人(而非工具)的整体性发展。教师的自主发展是指教师把自己作为发展的主体,有内在的动力源泉、清晰的自我意识和主动发展的内在需求。教师自主发展是一个"为己为人、育己育人、成己成人"的"文化成人"的过程,而终身自主学习或自助式学习是发展的续航动能或根本路径[1]。如此,基于自助式学习的教师发展需要融合职业适应性要素、主体性理论、成人学习理论、学习者主权理论、自我管理和智能技术等。

五、社会文化理论

为解决二元论和简化论影响下心理学研究的本体论和认识论危机,维果茨基建立了社会文化理论(sociocultural theory,SCT),基于发展观和历史观剖析人类心理机能发展机制的社会文化属性,社会文化理论是用于"解读人类思维功能与文化、历史和教育背景之间的关系的理论"。维果茨基将人的心理机能分成作为生物进化结果的低级心理机能和由社会文化历史发展形成的高级心理机能,后者指个体在思维指导下有意识改造世界的能力。围绕个体高级心理机能发展,维果茨基提出了内化(internalization)、中介(mediation)、最近发展区(zone of proximal development,ZPD)三个核心概念。社会文化理论认为所有知识的学习都从社会开始,然后才是个体,或者说人类的认知发展首先是在脑际(interpsychological)层面(即人与人之间的互动),然后才是脑内(intrapsychological)层面(即个体的大脑内部)。教师发展离不开教师的自主学习。维果茨基的社会文化理论是一种学习理论,或者更准确地说,更高阶的认知发展理论对理解教师学习的过程具有巨大的解释力。Johnson 和 Golombek 从社会文化理论的关键概念出发,将内化、转换、最近发展区、中介看作追踪教师学习内部认知过程的基本要素,论证了社会

---

[1] 叶澜,王枬.教师发展:在成己成人中创造教育新世界——专访华东师范大学叶澜教授[J].教师教育学报,2021,8(3):1-11.

文化视角对教师学习的相关性[1]。Valsiner 对维果茨基的概念进行了扩展，将社会环境、参与者的目标和行动结合起来，提出除了最近发展区，还存在两个额外的区域：自由移动区（ZFM）和促进行动区（ZPA），进一步完善了教师发展的理论基础[2]。Goos 将教师学习视为教师的社会文化实践参与活动，并使用 Valsiner 的"近端发展区""自由移动区"和"促进行动区"的概念，提供了一种动态的方式将教师学习转化为身份形成的理论[3]。

中国基于社会文化理论对教师专业发展进行研究的实践最早可追溯至 2005 年左右。当时相关研究的主要思路是基于社会文化理论分析二语习得的过程或机理。其后相关研究开始反思教师这一角色在语言习得中的重要作用，因此基于社会文化理论的相关研究开始转而关注教师能力发展。例如于书林从二语写作反馈的角度提出了写作反馈不仅是个体的学习行为，而且是一种集体社会实践活动，并从反馈主体的能动性、反馈客体的多样性和动态性、中介工具的使用方式和途径、反馈规则的作用、学习共同体各成员的劳动分工等视角揭示了教师和同伴反馈的差异及其产生的原因[4]。

在逐步脱离语言习得领域的关注后，围绕社会文化视角的相关研究开始扩展至课堂管理、教师身份认同、教师能动性等主题。王艳提出，社会文化理论冲击了人们对语言学习的传统认识。活动、中介、内化、最近发展区等核心概念涵盖了对教师作为积极的促进者、学生作为积极的参与者、教学促进发展等丰富思想，以及学生在与他人互动中发展等理念的阐述，为人们研究语言教学与学习过程中成功与失败的因素，从而更全面地认识学生的语言能力、学习过程以及课堂互动话语的作用提供了新的视角并奠定了理论基础，而实践层面的研究结果也说明社会文化视域是课堂互动话

---

[1] Johnson E, Golombek R. "Seeing" teacher learning[J]. Tesol Quarterly, 2003, 37（4）: 729-737.

[2] Rahardi R, Valsiner's. Zone theory as the teachers' zone of proximal development[C]// National Conference on Mathematics Education 2011: proceedings of the Fourth National Conference on Mathematics Education. 2011: 978-979.

[3] Goos M. A sociocultural analysis of the development of pre-service and beginning teachers' pedagogical identities as users of technology[J]. Journal of Mathematics Teacher Education, 2005, 8（1）, 35-59.

[4] 于书林. 教师反馈与同伴反馈——社会文化活动理论视角下的差异与融合[J]. 现代外语, 2013, 36（1）: 70-76+110.

语研究的较好的选择①。李允等则以"外语教师"为研究对象，从社会文化理论视角对于合作促进外语教师专业发展进行理论诠释，提出自身合作意识的培养和坚持是外语教师专业发展的根本，基于探究的专业发展模式是外语教师专业发展实践的有效参考，客观环境的改善支持是外语教师专业发展的保证②。高雪松等认为，课程改革需要高校外语教师追求自身发展来应对各种挑战，但少有研究探究这些议题。因此他们从教师能动性与教师身份认同之间的关系出发，对八位东南沿海某高校英语教师进行回顾性的深入访谈，同时运用社会文化理论来解读教师如何发挥能动性，做出与教学研究相关的"选择"，采取相应的"行动"，构建一条适合自身特点的职业发展道路③。

自维果茨基的研究之后，社会文化理论在不同的方向发展，其中一个是活动理论（activity theory，AT）。社会文化理论视角下，活动理论为教师发展提供了更具体的实现路径。活动理论起源于德国古典哲学、马克思辩证唯物主义和苏联心理学的社会–历史学派，它经历了S.Rubinshtein、维果茨基和A.Leont'ev等心理学家的发展。S.Rubinshtein认为活动不仅仅是外化的行为，它还与意识有密切的关系；维果茨基强调了工具和符号在活动中的重要性；A.Leont'ev是活动理论的集成者，建立了活动理论的整体框架。

活动理论的基本思想是：所有人类活动都处在由人和物组成的社会大系统中，人类的活动是人与社会、文化和物理环境之间的双向交互过程；人的意识与活动是辩证的统一体；人类活动都处在发展过程且分布在个体和文化之中；文化工具是活动的中介；活动理论的基本分析单位是活动④。

乔纳森和Rohrer-Murphy认为，活动理论是一种重在把活动系统作为分析单位的社会文化分析模式。活动系统是集体性人类建构活动。一个活

---

① 王艳.社会文化视域下的教师课堂话语研究[J].语文建设，2014（35）：81.
② 李允，徐锦芬.社会文化理论视角下的外语教师专业发展[J].中国成人教育，2015（23）：127-129.
③ 高雪松，陶坚，龚阳.课程改革中的教师能动性与教师身份认同——社会文化理论视野[J].外语与外语教学，2018（1）：19-28+146.
④ 钟志贤.面向知识时代的教学设计框架 促进学习者发展[M].北京：中国社会科学出版社，2006：37-38.

动系统是任何一个正在进行的、目标导向的、历史条件下的、具有辨证结构的、工具中介的人类互动[①]。

在教师发展方面，Feryok运用活动理论，通过模仿、形象运用和角色转换来展示教师的发展，思考教师的学习和发展是如何发生的[②]。教师个体发展离不开共同体的协同作用，Levine将活动理论作为概念工具之一，用以修正教师共同体的概念局限性，他指出活动理论最有价值的地方之一在于理解教师协作工作的意义，包括理解工具在共同学习中的作用[③]。张姗姗等人指出，活动理论能帮助我们从矛盾分析视角理解教师专业发展能动性：活动理论将教师专业发展置身于一个更大的教师活动体系内，从整体视角理解教师专业发展遇到的矛盾及制约因素；各级矛盾是推动活动前进的动力，有助于理解教师在追求专业发展的过程中如何发挥能动性解决矛盾，突破自我[④]。刘清堂等人从第三代活动理论的视角分析了研修活动主体的参与机制，构建活动理论支持的同侪研修活动系统的模型框架[⑤]。

总之，活动理论作为社会文化理论的补充和发展，为教师发展提供了具有操作性的理论框架。

六、长板理论

美国管理学家彼得曾提出著名的"木桶理论"，又称"短板理论"，指出决定木桶盛水量多少的关键因素不是最长的木板，而是最短的木板。随着时代的进步和经济的发展，与之相对应的另一种新兴的理论——"长板理论"应运而生。"长板理论"认为，在工业化时代"木桶理论"的确非常有效，但是在互联网时代，全球各行业都应更加重视"长板理论"：当个人

---

① Jonassen D H, Rohrer-Murphy L. Activity theory as a framework for designing constructivist learning environments[J]. Educational Technology Research and Development, 1999, 47（1）: 61-79.

② Feryok A. Activity theory, imitation and their role in teacher development[J]. Language Teaching Research, 2009, 13（3）: 279-299.

③ Levine T H. Tools for the study and design of collaborative teacher learning: The affordances of different conceptions of teacher community and activity theory[J]. Teacher Education Quarterly, 2010, 37（1）, 109-130.

④ 张姗姗, 龙在波. 活动理论视角下高校英语经验教师专业发展能动性研究[J]. 外语教学, 2021, 42（6）: 85-90.

⑤ 刘清堂, 卢国庆, 张妮, 等. 活动理论支持的区域同侪研修模式构建及实践探索[J]. 中国电化教育, 2021（1）: 118-127.

或者团队的木桶中有一块长板时，能够装满更多水的方法是将桶倾斜，通过围绕这块长板展开布局的方式，就可获取更大的成果，即一个工作团队或者个人，只要有一块足够长的长板，再加上统筹全局的规划设计，就可以利用合作的方法补齐短板[①]。

近年来"长板理论"始终在演绎、引申，形成了各种版本。孙喜新等演绎了木桶理论的9种新版本[②]："木桶斜放"理论——突出"长板"重要性、"木板密合"理论——突出木板之间紧密结合的整体性、"铁桶"理论——突出底板的决定性、"门槛"理论——突出短板限制作用的有限性、"木板互补"理论、"大木桶"理论、"木盆"理论、"箍桶"理论：着眼"大桶"着手"小桶"，及"木桶理论"的悖论——加长长板有利。他们指出，木桶理论中弥补短板并非唯一可取，在一定条件下，长板也可以成为决定性因素。

诸如"长板理论"此类的思路在教育研究中并不多见。金发起等在讨论职业教育相关专业建设的研究中曾提及"长板理论"，并将其解读为[③]：一只木桶的最大盛水量，不仅仅取决于其中的短板，还由木板间紧桶箍、密度、底板以及板与板之间的缝隙决定。木桶最长的一根木板决定了其特色与优势，在一个小范围内成为制高点；对组织而言，凭借其鲜明的特色，就能跳出大集团的游戏规则，独树一帜地建立自己的"王国"。如果将其应用于学校人才培养中，他们认为，企业更需要有鲜明特色和专长的"专才"，这样就具有就业、创业的优势。一个人要想成功就要有自己的长板，而非面面俱到；应用技术大学的培养目标不是要"通才"，而是有鲜明特色和专长的"专才"，即学生应该拥有自己的"长板"，这便是亮点工程的含义。

宋立华认为，教育领域要拒绝"短板理论"，学生的短板未必需要补长，而是在达到一定标准的基础上将精力放在如何让长板更长或者如何让长板带动短板上，这才是有个性、有创造性的发展[④]。王盼盼等则主张，当代大学生的培养应该以通才教育为目标，但尺有所短，寸有所长，不可能所有学

---

① 陈琳，魏冀. 木桶理论与长板理论在教学中的应用探讨[J]. 考试周刊，2017（42）：2-3.
② 孙喜新，贾风先，刘其先. 木桶理论：元意、新解与博弈[J]. 化工技术经济，2002（4）：47-49.
③ 金发起，周传爱，黄艳. 基于"长板理论"的电子商务专业亮点工程建设研究——以青岛滨海学院电子商务专业为例[J]. 赤峰学院学报（自然科学版），2017，33（16）：170-172.
④ 宋立华. 教育应拒绝短板理论的演绎[J]. 中国教育学刊，2016（11）：101.

生的每一方面都是强项。因此，针对当今大学生的培养应提倡"长板理论"，尽量使其发挥自己的长处，增强自己的优势，提高自身的核心竞争力[①]。

除此之外，中国学者祝智庭等认为，在教育过程中仅仅靠教师的"单兵作战"是不行的，教育管理者需要践行"长板理论"，即将具有不同特长的教师组织起来，将他们打造成一支优良的智慧教师队伍。另外一种思路是将教师角色精细化，即把教师按功能分为学习设计师、学习辅导师、学习评价师、学习促进师等角色，然后一方面按照"长板理论"，让教师依照个人优势扮演一个或多个角色；另一方面按照人机优势互补原则，让智能机器扮演部分教师角色[②]。

李元美则从职业院校师资建设的角度出发，以长板理论为依据，提出通过引进、选聘、培养、优化教师培养管理服务机制和激励约束机制等措施，提升高职院校教师的素质，组建卓越团队，提高职业教育人才培养质量[③]。

七、微认证

2014年，美国非营利组织数字承诺（Digital Promise）引入微认证（micro-credentials），旨在为教育工作者提供一种个性化的专业发展新模式。至今，数字承诺已建立了一套面向成人的微认证生态体系，与50多个高等教育机构、非营利组织、学区等合作组织、评估、颁发450余种微认证。

微认证具有五大特点：一是能力导向，微认证详细描述了专业实践所需要的特定能力，每项能力都有相对独立、个人需要提交基于实践的具体证据以证明其具有该项能力。如，将教师实施深度学习方面的相关能力划分为近40个微认证项目。教师需要提供教学实践成果诸如课程计划、课堂录像、学生作品、教师反思等对学生学习产生影响的证据以证明其已经具备对应的能力。二是研究支持，每一个微认证项目都是在全面合理的研究基础上开发的，这些研究充分说明了该项能力对职业发展的积极作用。三是个性化，微认证

---

① 王盼盼，陈雪娇. 基于"长板理论"的大学生核心竞争力培养[J]. 文教资料，2020（4）：150-151.

② 祝智庭，彭红超. 创新发展技术赋能的智慧教育——访我国智慧教育开拓者祝智庭教授[J]. 教师教育学报，2021，8（4）：21-29.

③ 李元美. 从"长板理论"的视域论职业院校教师的发展管理与效能[J]. 长江丛刊，2020（27）：107-108.

覆盖面广泛，个人可以根据自己的专长、专业需求等选择微认证项目。四是满足需求：个人可以按照自己的时间和方式开展学习或实践。五是易于分享：相对于传统的徽章或证书，通过微认证获得的数字徽章可以添加丰富的信息内容，且易于在网络媒体上展示分享。获得微认证的一般流程为：选择微证书，收集实践证据，提交认证材料，获得数字徽章，分享认证成果。

微认证顺应了美国"能力本位"的教师教育改革[①]，凸显了"结果驱动"的教师专业发展范式[②]，弥补了教师培训"一刀切"以及与工作情境和专业需求脱离的不足，有效衔接了教师正式学习与非正式学习及其成果，满足了教师终身学习的需要。自 2014 年以来，数字承诺与美国各州开展了广泛合作，同时该模式在其他国家也取得了一定的研究与应用成果。总的来看，相关研究主要聚焦微认证的具体内容、实践应用以及面临的问题和挑战。其中，微认证的具体内容包括微认证的概念、内涵、价值、目标、特点、要素、内容、申请流程等。实践应用方面包括微认证项目支持教师队伍建设、教师专业发展、教育教学与评价以及实践中的技术实现、建议等，此外还包括借鉴该模式开展本土化实践、开发新的微认证项目等。2018 年中国启动第一个微认证项目试点，2021 年推出《高中信息科技教师能力微认证》。在理论研究和实践应用过程中微认证的一些问题也逐渐显现，如证书价值、供需矛盾、基础设施、学习服务、技术支持、财务问题、公信力问题，以及在具体实施过程中如何鼓励教师将技能应用到课堂实践中、如何支持教育者进行更正式的学习、如何利用专业学习社区、支持校长参加培训、改变专业发展现状等问题都有待解决。

总体来说，微认证是一种教师专业发展范式，体现了成果导向的教育理念，以能力为认证成果，推动教师的实践与应用，促进教师的自主学习和发展。因此，微证书有可能成为教育工作者有效学习的重要来源，具有改变教师专业发展的潜力，是一种新的学习形式，是教师专业学习历程的自然延伸[③]。

---

① 祝刚. 微认证作为教师能力发展与评估的创新方式：背景、议题与展望[J]. 上海教育，2021（24）：62-65.

② 魏非，祝智庭. 微认证：能力为本的教师开放发展新路向[J]. 开放教育研究，2017，23（3）：71-79.

③ 魏非，祝智庭. 微认证：能力为本的教师开放发展新路向[J]. 开放教育研究，2017，23（3）：71-79.

第四节 职业教育领域教师发展相关理论

党中央、国务院高度重视职教教师队伍建设工作,对建设高素质"双师型"教师队伍制定了决策和行动部署。其中包括实施新周期职业院校教师素质提高计划,启动"十四五"时期职业院校教师国家级示范培训;设置"三教"改革研修、名师名校长培育、校企双向交流三大类培训项目;指导各地开展"1+X"证书制度种子教师培训、名师(名匠)培育、教师企业实践等10方面的培训,推进校企共建"双师型"教师培养培训基地[①]。在职业教育教师队伍规模基本稳定、素质不断提升的大背景下,产业结构的不断升级和社会人口结构的变化也对职业教育教师的能力提出了更高要求,亟须梳理职业教育教师发展的相关理论,构建反映职业教育类型特色的职业教育教师发展专业理论。

一、终身学习理论

联合国教科文组织终身教育科科长保罗·朗格朗于1965年首先提出"终身教育"的理念,他认为"终身教育所意味的并不是指一个具体的实体,而是泛指某种思想或原则"。其含义包括以下两方面[②]:

第一,每个人都要实现自己的抱负,发展自己的可能性,也都要适应社会不断投向他们的课题,因而未来的教育不再是"从任何一个学校毕业之后就算完结了,而应该是通过人的一生持续进行"。

第二,现行的教育是"以学校为中心的",而且是"闭锁的、僵硬的",未来的教育则将对社会教育与训练的全部机构和渠道加以统合,从而使人们"在其生存的所有部门,都能根据需要而方便地获得接受教育的机会"。

1996年,国际21世纪教育委员会主席雅克·德洛尔先生向联合国科教文组织提交了《教育——财富蕴藏其中》报告,对20世纪末世界面临的

---

① 教育部教师工作司.尊师重教暖人心 立德树人铸师魂 加快构建教师队伍建设新格局[EB/OL]. [2022-09-29]. http://www.moe.gov.cn/fbh/live/2021/53730/sfcl/202109/t20210908_560535.html.

② 高志敏.关于终身教育、终身学习与学习化社会理念的思考[J].教育研究,2003(1):79-85.

冲突矛盾、21世纪的教育问题开展了全面的探究和思考，并提出了迎接未来社会挑战的各种对策。在"终身学习"思想指导下，报告"界定了21世纪社会公民必备的基本素质"，即终身学习的四大支柱，包括学会求知、学会做事、学会共处以及学会生存[①]。2003年，联合国教科文组织教育研究所（UNESCO Institute for Education）又提出了学会改变的主张，并将其视为终身学习的第五支柱（见表2-4-1）。其中，学会求知是终身学习的基础，学习过程与工作经验的结合将日趋密切，教育应促进个人在工作内以及工作外的学习，使学习能够贯穿其一生。[②]

表2-4-1 终身学习的五大支柱

五大支柱	具体指标
学会求知	1. 学会学习
	2. 注意力
	3. 记忆力
	4. 思维品质
学会做事	1. 职业技能
	2. 社会行为
	3. 团队合作
	4. 创新进取
	5. 冒险精神
学会共处	1. 认识自己的能力
	2. 认识他人的能力
	3. 同理心
	4. 实现共同目标的能力
学会生存	1. 促进自我精神
	2. 丰富人格特质
	3. 多样化表达能力
	4. 责任承诺
学会改变	1. 接受改变
	2. 适应改变
	3. 主动改变
	4. 引领改变

---

① 联合国教科文组织. 教育——财富蕴藏其中[M]. 北京：教育科学出版社，1996：76–85.
② UNESCO Asia and Pacific Regional Bureau for Education. Learning to be: A holistic and integrated approach to values education for human development[EB/OL]. [2022-04-22]. http://unesdoc.unesco.org/images/0012/001279/127914e.pdf.

对教师能力发展的研究也常常以终身学习理论为指引。朱世东在引介国外教师教育相关研究及其启示时，专门提到"教师教育的终身性"：由于一般知识和教育知识不断地更新和发展，教育体制的频繁变化，教师角色的多样化，以及教育教学活动创造特性的不断增加，这些因素都要求教师不断学习，全面提高自身的科学文化素质，否则必将无法应对挑战，承担教育教学任务。"当代教育教学过程的特点，现代科学技术的迅猛发展，经济与社会方面的急剧变化，这些条件促使教师教育首先成为终身性事业，教师是最先感受到终身受教育必要性的社会职业工作者之一"。正是时代要求教师要不断完善自己的专业，经常地补充知识，理解学校周围世界生活的新现象。"可以说20世纪50年代以前没有一个国家有教师继续教育制度，但60年代以后，特别是近20多年，教师的终身教育即继续教育在世界各国都有迅速发展，成为世纪之交教师教育改革与发展的重要趋向"。[1]

唐松林则站在解决中国农村教师发展问题的角度，提出我国农村教师发展面临着"超编与缺人""人才溢流""人力资本贬值""素质提高难""劳动效益低：产品无出路"及"发展投入不足"等问题，对于这些问题的解决，政府、市场、教师教育机构、中小学校和教师个体五方主体必须承担一定的责任与义务，同时必须遵循"退出规则""吸入规则""价值规则"和"提高规则"，以达到有效解决农村教师发展问题、促进农村教师发展的目的。在讨论教师个体的责任时，提出教师教育事业管理理论，认为教师教育由一次性教育制度向终身教育制度转变进而向终身学习制度转变，这一过程不能完全依赖于教师个体以外的其他因素，关键还要依赖教师自己的发展。[2]

沈欣忆在终身学习的研究视域内，提出教师是为终身教育提供服务的重要窗口，教师的服务能力决定着终身学习服务体系的服务能力。然而随着终身教育的发展，教师队伍无法应对新形势下快速发展的终身教育趋势，跟国民教育体系的师资队伍相比，服务终身学习的师资队伍近乎被遗忘，各种问题不断涌现：数量不足、专业欠缺、年龄老化、劳动强度大、待遇低、无法满足社会需求、教师专业技术职务晋升通道不畅、专业化发展道

---

[1] 朱世东. 国外教师教育及其启示 [J]. 继续教育，2004（9）：61-62.
[2] 唐松林. 解决中国农村教师发展问题的理论框架 [J]. 河南师范大学学报（哲学社会科学版），2006（3）：188-191.

路受阻等。师资队伍的问题将严重影响终身教育的建设和发展。[1]

二、情境学习理论

早在20世纪初,杜威就提出把情境学习运用在课堂教学中,他认为"生活是真正的教育家,而学生求学的地方却成为世界上最难取得实际经验的地方,要把社会搬到学校和课堂中"。[2]

1989年,Brown等人从心理学视角对情境学习进行研究,强调知识与情境之间动态相互作用的过程,认为知识与活动是不可分的,知识在活动中、在其丰富的情境中不断被运用和发展,知识具有情境性。情境学习的组成因素应包含四大内涵。①内容:包括学科知识、捷思策略、控制策略及学习策略;②方法:包括示范、提供支架、开明、反省及探索;③顺序:包括复杂度逐渐增加、变化性逐渐增加、由部分技能到全面性技能等;④社会性:包括情境学习、专家演练环境、内在动机、开放性合作或竞争等。[3]

1991年,莱夫和温格从人类学的视角对情境学习进行研究,并出版著作《情景学习:合法的边缘性参与》,该书提出了情境学习理论的三个核心概念,即实践共同体、合法的边缘性参与以及学徒制。[4]

乔纳森等人认为,情境学习理论是关于学习过程的一种新观点。他们认为,理解学习,需要认真考虑学习发生的文化和情境因素,也即文化背景下的行为和价值指向。学习的产生需要情境,对教育/教学工作者来说,需要认真考虑的是,我们的情境是支持什么类型的学习?情境学习理论的精髓可以概述为如下五点:①知识是一种活动的产品/结果,而不是一种习得的过程;②学习是一种适应某种实践共同体文化的过程;③学习是作为某种实践共同体一员的身份发展过程;④意义的形成是通过协商的社会性建构过程;⑤情境中的学习需要不同的社会—认知过程,而不像学校教育

---

[1] 沈欣忆,史枫.首都终身学习服务体系教师发展动力研究:基于社会支持理论的分析[J].职教论坛,2019(7):103-109.

[2] 赵祥麟,王承绪.杜威教育论著选[M].上海:华东师范大学出版社,1981.

[3] Brown J S, Collins A, Duguid P. Situated Cognition and the Culture of Learning[J]. Educational Researcher, 1989, 18(1), 32-42.

[4] J. 莱夫,E. 温格.情景学习 合法的边缘性参与[M].王文静,译.上海:华东师范大学出版社,2004.

中的学习那样简单。①

情境学习理论作为对行为主义与认知主义的融合与超越,其立论基点在于"思维和学习本质上依赖于在即刻的行动情境中主体的参与和互动以及适当的功能与意义的建构和生成"。情境学习理论认为,行为主义与认知主义静止不变的、片面的论点不能够刻画人类学习的本质,因为人类是主观的、灵活应变的和适应性超强的,人类可以制造(改变)情境,而非一味地坚守被给定的定义。②

崔允漷和王中男从情境学习理论视域下的学习观出发,认为学习是一个参与情境的过程,并指出有利于学习发生的情境是一种真实的社会情境、实践情境和文化情境。③

陈玉红认为,情境学习理论为教师教育领域所引入,为促进教师学习能力提供了一种新的思路。基于情境学习理论,提升教师学习力可能有以下策略:通过校企合作模式在真实任务情境中转变教师学习观念;构建实践共同体营造教师互动交流的学习氛围;以"参与式"教师培训方式激励教师自主学习;创造多样化情境学习机会提供教师学习保障。④

周靖毅提出,随着"情境认知""合法的边缘参与""实践共同体"等情境学习理念的兴起,教师培训开始以培养教师的实践能力为目标,根据教师的实践问题设计内容,并在参与式的学习活动中辅以持续的支持。该研究认为,由于情境学习理论的介入,新的教师培训模式改变了传统的"传递—应用"思路,从短平快的粗放模式走向注重质量的精细模式,培训者开始关注教师学习的内在需求,从他们面临的实践问题着手,通过参与式的活动设计以及持续的支持机制建构学习共同体,教师在共同体的环境中建构对于知识的理解,提高自身的实践能力,并成长为一个自主学习者。⑤

---

① Carr A A,Jonassen D H,Marra R M,et al. Good Ideas to Foment Educational Revolution:the role of systemic change in advanced situated learning,constructivism,and feminist pedagogy[J]. Educational Technology,1998,38(1):5-15.
② 程耀忠. 教师学习理论的流变与融合[J]. 教学与管理,2015(6):61-64.
③ 崔允漷,王中男. 学习如何发生:情境学习理论的诠释[J]. 教育科学研究,2012(7):5.
④ 陈玉红. 从情境学习理论管窥教师学习力的培养[J]. 中国成人教育,2016(24):9-11.
⑤ 周靖毅. 情境学习理论视角下教师培训模式的变革[J]. 教育理论与实践,2017,37(4):33-37.

杨秀玉等从教育实习的角度，认为通过正式学习所获得的理论知识不能迁移到复杂的真实情境之中用于解决结构不良的问题，所以很多实习教师在接触真实的教育教学情境时容易产生茫然无措的感觉，并感到之前所学的理论似乎无用，都被现实的问题、困惑冲刷掉了。因此，一定要在教育实习期间加强实习教师的这种情境性学习，以避免入职后经历同样的"现实的震撼"。[①]

谢丽和李念认为教师培训是一种实践性、情境性很强的学习活动，教师培训的目的是改变教师的教学行为，提高教学效率。以前的教师培训效果不理想，主要原因是脱离真实的教学情境进行培训，而情境学习理论刚好弥补了这一缺陷，它强调学习的情境性、参与性。[②]

三、成人学习理论

成人学习理论对教师能力培养、能力发展等相关方面的影响研究起步较早，相关讨论较多。2010年，卢维兰在其《成人学习理论对教师培训的启示》一文中提出[③]：教师作为成人学习者，有其独特的学习特点，教师培训应遵循成人学习的特点和规律，以解决教育教学问题为契机促进教师专业发展，探索有效的参与式培训模式。

方明建根据成人学习理论和高校教师信息化教学能力内涵，提出高校教师信息化教学能力培养应遵循教学发展、设计整合、分层递进、问题导向、行动本位、服务支持等原则，设计建构了"三层次、六类型、五阶段"的高校教师信息化教学能力培养模式，并提出了从"政策驱动下的被动学习"到"技术驱动下的带动学习"，再到"发展驱动的主动学习"等高校教师信息化教学能力提升的重要策略。[④]

彭明成提出为提高"双师型"教师培训的有效性，必须以促进教师专业成长的理念创新作为前提，以问题为中心选择学员适合的培训模式作为

---

① 杨秀玉，常波. 教育实习的认识论分析：基于建构主义理论 [J]. 外国教育研究，2010（11）：6.
② 谢丽，李念. 情境学习理论对教师培训的启示 [J]. 师资培训研究，2006（1）：3.
③ 卢维兰. 成人学习理论对教师培训的启示 [J]. 继续教育研究，2010（1）：104-105.
④ 方明建. 基于成人学习理论的教师信息化教学能力培养原则和模式研究 [J]. 现代教育技术，2012，22（10）：33-36.

重点，以尊重学员自我建构的制度建设作为保障。① 裴淼等从成人学习理论视角，运用其中成人教育学理论、余力理论和熟练理论、知觉转换理论、自我指导学习理论以及嬗变学习理论的基本观点，解读了教师学习的取向、目标、动机和途径，提出在成人学习理论的解读视角下，教师学习主张回归教师的成人身份，注重教师的自我概念和个体经验以及教师基于现实需求的内部动机，将教师从"一次性""片段式"的被动的课堂学习中解放出来，使其立足于学校场域中，扎根于日常性的、真实的问题情境，通过学习共同体等社会性的形式和途径，借助于学校、社区、社会等复杂系统的支持，调动自身的已有经验，主动使自我概念和个体经验发生持续的积极变化。持续变化是教师学习的灵魂，体现为教师自身的变化，以及由于教师的变化所带动的学生的变化。这些变化包括知识、能力、精神、情感、价值观、身心健康等各个方面。②

四、认知学徒制

"认知学徒制"于 1989 年正式提出，研究者将典型的学校学习和传统学徒制中的学习进行对比发现：在真实的生产任务中，师傅示范并指导学徒的实践，所给予的支持逐渐减弱，直至撤除。因此，应发展传统学徒制用于认知技能的教学，运用一些特别的技术使思维过程外显，鼓励学生自我监控技能的发展。③

汤丰林等提出，认知学徒制的理论发展也启示研究者在新课程背景下的师资培训应注重参与性、互动性和合作性。在新课程的实施中，必须转变学生的学习方式和教师的教学方式。对于前者，要"倡导学生主动参与、乐于探究、勤于动手，培养学生搜集和处理信息的能力、获取新知识的能力、分析和解决问题的能力以及交流与合作的能力"。对于后者，则主张"教师在教学过程中应与学生积极互动、共同发展，要处理好传授知识与培养能力的关系，注重培养学生的独立性和自主性，引导学生质疑、调查、

---

① 彭明成.高职院校"双师型"教师有效培训研究——基于成人学习理论的视角[J].职业技术教育，2014，35（31）：66-69.
② 裴淼，李肖艳.成人学习理论视角下的"教师学习"解读：回归教师的成人身份[J].教师教育研究，2014，26（6）：16-21.
③ 陈家刚.认知学徒制二十年研究综述[J].远程教育杂志，2010，28（5）：97-104.

探究，在实践中学习，促进学生在教师的指导下主动地、富有个性地学习。教师应尊重学生的人格，关注个体差异，满足学生掌握和运用知识的态度和能力，使每个学生都能得到充分的发展"。① 这是较早利用认知学徒制分析教师能力发展的研究之一。

钟志贤提出，所谓认知学徒制，是一种从改造学校教育中的主要问题出发，将传统学徒制方法中的核心技术与学校教育整合起来的新型教学模式。其核心假设是：通过这种教学模式，能够培养学习者的高阶思维能力，即专家实践所需的思维能力、问题求解和处理复杂任务的能力。② 认知学徒制的特征主要表现在以下五个方面③：

① 重视专家在获取知识或将知识运用于解决复杂现实问题时所关涉的推理过程、认知和元认知策略。

② 使思维过程可视化，将原本教师（专家或学习者）隐蔽的内在认知过程显性化，便于学习者观察、重复演练和实践。

③ 将学校课程中的抽象学习内容置于有意义的情境之中，主张将学习与实际的工作环境关联起来，让学习者充分了解学习的目的与应用，理解工作的相关性，并参与专家行为。

④ 鼓励学习者反思并清晰表达不同任务之间的共同原理，使学习者逐渐独立地将所学知识和技能应用到新的问题情境中。

⑤ 允许学习者在完成复杂任务过程中参与不同的认知活动，通过讨论、角色扮演及小组问题求解等方法将复杂的认知过程外显化，以促进自我修正和自我监控等元认知技能的发展。

Collins、Brown 和 Holum 提出认知学徒制模式包括四个基本构成元素：内容、方法、序列和社会。他们认为，将这四个基本构成元素组合在一起，即可为创设有效支持认知学徒制的学习环境提供有价值的思维框架。认知学徒制的教学方法主要有六种，包括建模（model）、指导（coach）、脚手架的搭建与拆除（scaffold and fade）、清晰表达（articulation）、反思

---

① 汤丰林，申继亮. 认知学徒制与我国新课程背景下的师资培训 [J]. 教育研究与实验，2004（2）：58–62.
② 钟志贤. 大学教学模式革新：教学设计视域 [M]. 北京：教育科学出版社，2008：297.
③ 张琦，杨素君. 论情景学习视域中的认知学徒制 [J]. 现代远程教育研究，2005（4）：42–45+72.

(reflection)、探究(inquiry)。其中,建模、指导和搭建脚手架是核心方法,主要用于帮助学习者在学习活动中获得认知与元认知技能;清晰表达和反思方法,用于帮助学习者集中注意观察专家的问题求解过程,并获得和控制他们自己的问题求解策略;探究方法用于鼓励学习者自治,它不仅表现在专家问题求解的执行过程中,还表现在定义或阐明要解决的问题中。[1]

近几年,相关研究更关注基于认知学徒制中的重要元素,构建新型的教师培训模式。例如,胡峰光就依据认知学徒制的"真实任务""模仿""工作坊"等重要元素构建新教师培训模式,让新教师在培训期间始终浸润在真实的课堂教学情境中,以"模仿"为主要学习方式,运用"工作坊"的组织形式,在专家的指导下解决实际问题,通过实际操作逐渐获得专家的专长和默会知识。培训注重新教师运用所学知识和技能解决教学实践中的复杂问题,能有效缩短新教师在工作之初适应岗位、胜任工作的时长,提高新教师的职业成就感。[2] 覃霄等则提出,随着应用型院校青年教师教学能力培养研究从关注"教师行为"向关注"教师认知"转变,认知学徒制可以有效促进应用型院校青年教师教学能力的提升,进而从青年教师导师制和教师合作团队制两方面提出了认知学徒制视野下应用型院校青年教师教学能力的培养对策。[3] 认知学徒制要求有较小的师生比,当班级规模较小时,更容易采用学徒制形式,学习也会更加有深度。现在,学习已经开始拓展到校外,技术的介入可以帮助克服学徒制的这一弊端,可以创设计算机环境,在导师和学习者之间建立一种导师关系。关于在线环境中的认知学徒制的使用和设计的研究,是对认知学徒制的一个新发展。[4]

五、实践共同体

从人类学角度来说,实践共同体(community of practice)是情境学习理

---

[1] Collins A. Cognitive apprenticeship: making thinking visible[J]. American Educator: The Professional Journal of the American Federation of Teachers, 1991, 15 (5): 6–11, 38–46.

[2] 胡峰光. 走向真实情境:认知学徒制导向下的新教师培训探索 [J]. 中小学管理, 2019 (4): 43–45.

[3] 覃霄, 曾文华. 认知学徒制视野下应用型院校青年教师教学能力培养 [J]. 教育与职业, 2019 (14): 84–87.

[4] 陈家刚, 张静然. 认知学徒制、技术与第二次教育革命——美国西北大学 Allan Collins 教授访谈 [J]. 中国电化教育, 2009 (4): 1–5.

论的核心要素，实践是学习的本源，学习的隐喻是实践参与，实践参与的过程就是意义协商的过程，协商需要一群有共同目标和共同兴趣的人形成实践共同体。

（一）"实践共同体"的概念

"实践共同体"的概念是由美国学者莱夫和温格首次提出的。他们认为一个实践共同体包括了一系列个体共享的、相互明确的实践和信念以及长时间追求共同利益的理解。[①]

Wenger 和 Snyder 认为"实践共同体"是一个分享和创造真实知识的共同体，一个可供选择的知识创造模型，其强调学习者的积极性、参与性和创造性，学习者之间的深层次交互和知识共享，以及学习者在信任的基础上进行自主学习和协作学习。[②]Jameson 等人则认为实践共同体是在一个实践活动中，基于共同的兴趣和共享能力，非正式联系在一起的一群人（没有社会界限），他们能够以一种非正式的和创造的方式创造性地找到问题的解决方案。[③]

综合而言，"实践共同体"是具有共同兴趣，为达到某一目标或完成某项任务自然地聚集在一起的一群人，他们可以随时参与到实践活动中，成员之间进行协作、交互、讨论；成员加入没有身份界定，彼此相互信任，共享共同体资源（经验、知识），最终个体形成共同体内部身份并获得知识，从新手发展成老手，共同体不断发展，继承实践文化和集体知识。

（二）"实践共同体"的基本要素

"实践共同体"都有一个基本的结构。这个结构包含以下三个要素，这三个要素也是实践共同体与其他组织团体相区别的重要依据。

（1）**知识领域**。知识领域为共同体内活动的统一提供了平台。成员首先应认同一种共有的知识领域，才能倾注时间和精力。

（2）**社会情景**。共同体为成员之间的交流提供社会情景，为成员提供

---

① J. 莱夫，E. 温格. 情景学习 合法的边缘性参与[M]. 王文静, 译. 上海：华东师范大学出版社, 2004.

② Wenger E C, Snyder W M. Communities of Practice: The Organizational Frontier[J]. Harvard Business Review, 2000, 78（4）: 139-145.

③ Jameson J, Ferrell G, Kelly J, et al. Building trust and shared knowledge in communities of e-learning practice: collaborative leadership in the JISC eLISA and CAMEL lifelong learning projects[J]. British Journal of Educational Technology, 2010, 37（6）: 949-967.

参与机会，否则，协商与认同就不复存在。

（3）共同实践。共同实践是一种特殊的与成员相关的工作情景。

（三）"实践共同体"的构建原则

"实践共同体"是一个自行建立、组织起来的团体，在构建和发展的过程中实践共同体会形成一些约定和规范。从整体宏观的角度出发，构建一个有效的实践共同体可参照如下七条原则。

（1）**动态设计**。动态设计的关键在于立足于共同体的发展，根据共同体所处的环境和社会特征、成员的职业特征、成员的参与程度以及可共享的学习资源等来设计实践内容和活动。

（2）**内外兼顾**。立足于共同体内部，以内部成员的角度来思考实践共同体的特点和发展，鼓励其他共同体的成员成为"边缘参与者"。

（3）**参与者层次多元**。构建有效的实践共同体必须吸引不同层次的人群参与。根据成员在共同体中的参与程度，参与成员一般可分成三种类型：核心成员、活跃成员、边缘成员。

（4）**创设公共场所和可相互访问的个人空间**。实践共同体的关键是通过某项活动或主题讨论会议将成员聚集起来，需要一个公共场所来连接成员，创建成员关系网，以使成员相互交流、共同探讨/商量解决问题的办法，探索新的思路、工具和技术。

（5）**注重价值外显**。通过一定的技术将共同体的价值量化，才能将价值真正地外显出来，才能拥有具体的价值。

（6）**非正式的交流空间与成员的兴趣相结合**。实践共同体应为成员提供非正式的交流空间，为成员提供有吸引力、感兴趣的活动，以使成员不断擦出新的思想火花，吸引更多人加入共同体。

（7）**为共同体安排有规律的活动**。有规律的活动才能体现"实践共同体"的活力。无论是常规会议还是非正式的聚会，都必须是从属于"实践共同体"的活动。

（四）"实践共同体"与职业教师能力发展研究

"实践共同体"不仅是诠释知识产生于文化传承情境的理论工具，同时也是可以从设计的角度加以驾驭的实践策略。尤其是在教育领域，"实践共同体"理论经常被用作理论框架来探讨教师教学能力发展。

"实践共同体"理论认为学习者的知识构建存在于实践共同体当中，

学习首要是社会参与而不是单纯的知识传输，学习过程实际是知识构建和意义协商的过程。这促使教师们重新思考学习的含义，同时也强调了构建能够促进学生参与、加强学生和老师以及学生之间交流互动的课堂的重要性。教师要建设一个能使更多学生有热情参与，从课堂互动、课程安排、课堂教学素材选择、课堂活动设计、学生的学习方式、教师的教学语言、教学方法和课堂组织方式等方面建设更适于学生全面发展的课堂环境。

"实践共同体"与"专业学习共同体"同属教师学习共同体的研究范畴。"实践共同体"主要关注一群人通过持续互动提升专业知识和技能[①]的过程。蔡群青探讨了构建"大学—中小学教师研修共同体"的可能性，应遵循不法常可的思维向度，从文化内驱机制、跨界生成机制、结构能动机制三个维度深度探究大学—中小学教师研修共同体机制建构的实践逻辑问题。[②] 刘星喜等聚焦"综合科教师"这一群体，通过人类学研究方法，深入教师工作的"田野"中去，通过参与教师日常教学生活、教研活动以及与教师面对面访谈等形式获取最为真实的数据，探索解决以往教师实践共同体研究中几对悬而未决的矛盾，揭示出有效教师实践共同体的若干特征。[③]

六、专业成长互联模型

对事物发展过程的理解有助于优化该过程的结果。如果要促进教师的专业发展，就需要了解教师专业成长的过程，以及支持和促进教师成长的条件。Clarke 和 Hollingsworth 基于已有研究和实践经验，结合当代学习理论的关键特征，提出了一个教师专业成长互联模型（见图 2-4-1）。[④]

---

① 黄晓林，黄秦安. 实践共同体（CoPs）中教师学习的角色冲突与教师专业发展扎根理论研究[J]. 教师教育研究，2021（1）：86-92.
② 蔡群青. 大学—中小学教师研修共同体机制建构的实践逻辑[J]. 当代教育科学，2021（4）：72-81.
③ 刘星喜，黄杰，张建珍. 教师实践共同体：综合科教师知识之困及其解决之道——以浙江省历史与社会教师为例[J]. 教育发展研究，2020，40（12）：68-73.
④ Clarke D, Hollingsworth H. Elaborating a model of teacher professional growth[J]. Teaching and Teacher Education, 2002, 18（8）：947-967.

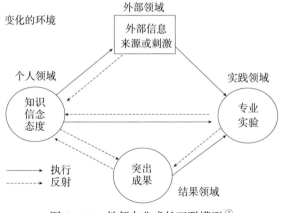

图 2-4-1　教师专业成长互联模型①

专业成长互联模型是由实践领域、个人领域和结果领域构成的教师个人的专业实践世界，包括教师的专业行为和这些行为的推断结果，以及促使和回应这些行为的知识和信念。Clarke 和 Hollingsworth 认为，有四个领域与教师的成长相关，分别是个人领域（教师的知识、信念、态度）、实践领域（专业实验）、结果领域（突出成果）和外部领域（外部信息来源或刺激）。②教师专业成长中的变化是通过"反射"和"执行"的中介作用而发生的。

专业成长互联模型是非线性的，并且呈现了教师专业成长是一个必须持续学习的过程。模型中反射和执行的中介作用是由一个领域转变为另一个领域的机制。模型中所指的教师专业成长过程要受到变化环境的支持或约束。③Clarke 引用了澳大利亚的三个研究来说明该模型的几个特定方面，并采用经验数据证明了模型的可行性。

该模型对研究教师的变化（成长）以及负责教师专业发展等方面的课题项目具有重大意义（一般对专业发展有更广泛的影响），且为其提供了一个强大的框架。教学复杂性的增加，要求在教学和教师专业成长方面都要有相应的发展。认识到教师专业成长的复杂性，有助于探索多元的教师专业发展路径。

---

①　Clarke D，et al. Elaborating a model of teacher professional growth[J]. Teaching and Teacher Education，2002，18（8）：947–967.

②　同①

③　Hollingsworth H . Teacher professional growth：a study of primary teachers involved in mathematics professional development[J]. Journal of Social Safety Science，1999：417–423.

第五节　信息时代职业教育教师教学能力研究进展

为全面了解信息时代职业教育教师教学能力的相关研究现状，通过反复多次搜索及初步的文献计量分析后，将研究选取的文献范围扩展：并不只考虑信息时代职业教育教师的教学能力，而是观察现有文献研究中所有涉及职业教育教师教学能力的研究成果。

以 CNKI 总库为文献样本来源，当使用检索式"SU='职业教育/职业院校'*'教师'*'教学能力'"，即以职业教育/职业院校、教师、教学能力为主题进行检索时，得到 1658 篇文献样本；为了更聚焦研究范围，使用检索式"TI='职业教育/职业院校'*'教师'*'教学能力'"，即以职业教育/职业院校、教师、教学能力为篇名进行检索时，得到 39 篇文献样本。因此使用大样本开展文献计量研究，使用小样本进行内容编码，以辅助文献计量结果。

使用 CNKI 自带的文献计量工具进行分析发现，相关研究自 1995 年开始出现，其规模基本处于持续上升状态（见图 2-5-1）。

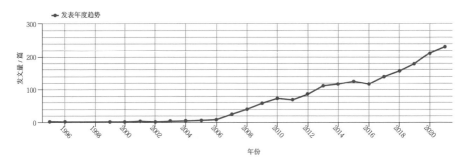

图 2-5-1　职业教育教师教学能力相关文献数量的年度变化情况

继续观察文献的研究主题分布发现，相关研究主要围绕高职院校教师这一群体展开，"双师型"教师是研究关注的主要教师类型。但就主题分布情况来看，暂未观察到相关研究关注教学能力的哪些方面（见图 2-5-2）。

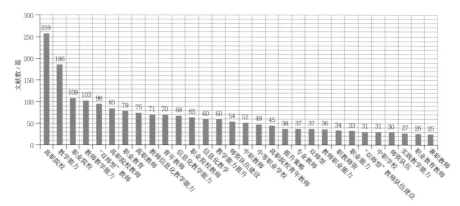

图 2-5-2 职业教育教师教学能力相关文献的研究主题分布情况

进一步分析相对聚焦的 39 篇文献样本，探索围绕职业教育教师教学能力的可能研究，发现相关研究大致包含以下 3 个方面。

一、教学能力现状调查

研究职业教育教师教学能力、探索相关理论构建，需要首先明确职业教育教师教学能力现状。因此在现有文献样本中，围绕不同类型职业教育教师的教学开展调查研究是最为常见的研究主题。王婧通过对高职院校青年教师教学能力的调查发现，高职院校青年教师教学能力亟须关注，部分青年教师在教学过程中缺乏教学经验，又有科研任务压身，教学工作往往会产生很多问题。青年教师教学能力的研究分析中，必须对高职院校青年教师的教学问题准确把握，从师资培训、学校体制、自身素质等方面入手，深入探讨构建青年教师教学质量保障体系，在高职院校培养一批优秀、高素质的青年教师队伍。[①]

盛振文等则重点关注了职业教育教师的"信息化教学能力"，提出将职业教育教师信息化教学能力建设作为职业教育现代化建设的核心，然而在职业教育信息化建设中遇到了政策导向不足、培训体系不健全、交流学习平台不完善等一系列问题，严重阻碍了我国职业教育教师信息化教学能力提升和职业教育的可持续健康发展。为此，他们提出通过采取深化政策

---

① 王婧. 基于推进职业教育现代化的高职院校青年教师教学能力现状调查研究[J]. 现代经济信息，2019（22）：379–380.

和制度建设、建立立体化培训体系、搭建信息化资源交流学习平台等措施，促进职业教育教师信息化教学能力建设稳步前行。[①]

陆春桃等将高职院校教师职业教育教学能力视作评价高职院校内涵建设和核心竞争力的重要指标。因此，其研究从分析高职院校教师职业教育教学能力构成出发，选择了广西一所示范性学院和一所示范性重点培育单位为范本，从职业素养、教学研究、教学组织、资源建设等四个方面，用翔实的数字，具体分析了两所高职院校教师职业教育教学能力的现状，得出广西高职院校教师队伍建设力度相当滞后，缺少"国家级"的教学名师和高层次人才，学历教师比例不足、资源建设差距较大的结论。[②]

邵建东通过对浙江省35所高职院校近600位教师进行调查，首先明确了高职教师职业教育教学能力的含义，即在培养学生职业素质的过程中所表现出来的各种能力的有机结合，是正确组织和驾驭职业教育资源，运用科学的教学手段，促进学生职业意识、职业态度、职业能力和职业素质等不断发展的综合素质。研究认为，高职教师在培养学生职业素质方面仍然存在明显不足，包括教师的教育教学缺乏针对性、教师的教学活动缺乏教育性、教师的教育教学能力缺乏发展性等。

王建等提出，高职院校坚持"以服务为宗旨，以就业为导向，走产学结合道路"的办学方针，需要有一支教学能力强的创新型、服务型教学团队支撑。然而，高职院校专业教师的能力水平不容乐观：一是教师自身的知识技能不能很好地适应新经济背景下行业企业转型升级的要求，新经济要求教师要更快地学习新知识、新技术；二是教师的管理能力不能很好地适应高职院校生源结构剧烈调整的要求，改革高职人才培养模式已经迫在眉睫；三是教师的科研能力不能很好地适应高职院校提高社会服务水平的要求，为企业进行科研技术攻关的高水平横向课题缺乏，具有行业话语权的专业带头人紧缺，当前高职院校专业教师的能力水平已成为高职院校内涵发展的瓶颈。[③]

[①] 盛振文，王素琴，徐少明. 职业教育教师信息化教学能力建设现状及展望[J]. 煤炭高等教育，2017，35（3）：90–94.

[②] 陆春桃，何宏华. 广西高职院校教师职业教育教学能力现状分析及建设思路[J]. 大众科技，2014，16（7）：271–274.

[③] 王建，姚水洪，何百通. 高职教师职业教育教学能力构成与提升途径[J]. 职业教育研究，2017（5）：45–47.

二、教学能力构成

职业教育教师教学能力结构研究相对较少，但开展相关研究的起始年份较早。2005 年，肖尚军在《高等职业教育教师教学能力结构》一文中从高职教育的主要功能说起，探索了高等职业教育教师应具备的教学能力结构。研究认为，高等职业教育的发展，要求必须建立一支既有扎实的专业基础和教育理论素质，又有丰富实践经验和较强专业技能，具有教师和技师的双重知识和能力结构的"双师型"教师队伍。

茶文琼等则更多考虑了职业教育的特殊性。其研究提出，目前在教学能力的构建中比较关注的是教师的课堂教学。对于职教教师而言，由于其来源的特殊性、职校学生的特性以及职业教育本身的实践性特征，使得他们对课堂教学的把握更加困难。积极提升职业教育教师的教学能力，以促进教师的快速成长，对当前我国职业教育的发展是极其重要的。因此，该研究重点对实践性知识的内在结构进行了分析探讨，提出实践性知识的四个层面：操作层面、案例层面、自主行动层面、自我信念层面。[①]

王建等从职业教育课程改革的角度出发，提出教师职业教育教学能力的培养离不开以课程为载体的改革与设计，若是在课程改革与建设中引入专家、项目、案例等企业元素，将会起到事半功倍的效果。因此应做到：一是从学校发展的宏观层面出发，推进校企合作、工学结合的课程开发，为团队整体教学能力提升提供合适的载体或平台；二是从教师个体成长的微观层面出发，通过培训、进修和企业岗位实习，学习先进技术、企业文化，参与企业产品研发，帮助企业解决难题，提升教师的社会实践能力，进而回馈课堂，使教师更能适应从传统的知识传授型教学转变为能力本位教学，更能在教学中渗透职业道德和职业素质。[②]

三、教学能力提升策略

综合以上相关研究成果可以发现，不论是对职业教育教师教学能力的

[①] 茶文琼，徐国庆. 职业教育教师教学能力的构建——基于实践性知识的视角 [J]. 职教论坛，2016（21）：23–27.

[②] 王建，姚水洪，何百通. 高职教师职业教育教学能力构成与提升途径 [J]. 职业教育研究，2017（5）：45–47.

现状调查，还是讨论职业教育教师教学能力的构成要素，其研究结果最终都是为职业教育教师的教学能力提升服务的。因此，围绕如何提升职业教育教师的教学能力，相关研究讨论相对丰富，但往往均聚焦于某一类型或某一种特定身份的职业教育教师，抑或只关注某一种特定维度的教学能力，因而缺乏对职业教育整体领域的师资能力发展的总体考虑。

例如，薛栋等聚焦于职业院校教师的数字教学能力，通过对联合国教科文组织《教师信息和通信技术能力框架》《欧盟教育工作者数字能力框架》以及我国《中小学教师信息技术应用能力标准（试行）》的分析，提出"遵循教师数字教学能力发展的纵向逻辑和厘清教师将数字技术应用于专业实践所需全部能力的横向逻辑，是构建教师数字能力框架的整体思路"。该研究参照了已有教师数字教学能力框架，梳理我国十年间职业院校教师信息化教学比赛，认为其呈现出"强调数字资源与工具设计开发能力、关注数字技术与传统教学融合能力、全面考察教学能力和团队协作能力"的三阶段特征。为提高职业教育教师数字教学能力，从思想共识、理论基础、实践逻辑三方面提出如下对策：实现从职业院校领导到一线教师的"全员数字化"发展、构建基于类型的职业教育教师数字教学能力框架以及建立从职前到职后的教师数字教学能力培养培训体系。[①]

刘运新同样立足于信息时代，构想了高职院校提升教师信息化教学能力的路径。高职院校教师信息化教学能力并不能简单地套用学生基于网络资源自主学习的模式，还应建立教师信息化教学能力的主客观相结合的评价标准。一方面，应当对高职院校教师信息化教学能力建立专业评价、学生评价和社会评价等相结合的主观性评价标准；另一方面，应当将学生的学业成绩和教师参加校级、省级、国家级信息化教学大赛的成绩作为重要的客观性评价标准。高职院校要充分利用校内外优质信息化教学的教师资源开展培训工作，补齐在职教师信息化教学能力不足的短板。教育行政部门组织高职院校教师信息化教学能力的评比活动，对于排名靠后的高职院

---

① 薛栋，武加霞. 职业教育教师数字教学能力：参考框架、发展脉络与提升策略——基于2010—2019年全国职业院校教师信息化教学能力比赛（1）的分析[J]. 职业技术教育，2021，42（12）：41~48.

校实施警告制度,对于连续三年排名靠后的高职院校采取限制办学措施。①

黄刚娅等从开展能力评价的角度出发,以教育部相关文件和2008年国家高职高专精品课程评审指标体系对高职院校教师职业教育教学能力的要求为依据,通过对高职院校教师职业教育教学能力与评价标准进行现状分析,构建了高职教师职业教育教学能力评价体系框架与原则。研究认为,我国高等职业院校教师教育教学能力认证是一个现实而且亟待解决的问题,它关系到高职教育质量的提高和学院的可持续发展,高职教师职业认证体系的构建应在加强研究前提下,依托教学指导委员会和行业协会,制定各专业教育教学能力评价标准,在部分院校和区域、行业进行试点,并在此基础上逐步推广,以达到职业教育教师教学能力稳步提升,促进高等职业教育健康发展的目的。②

---

① 刘运新. 高职院校提升教师信息化教学能力的路径——评《职业教育信息化研究导论》(第2版)[J]. 中国科技论文, 2020, 15 (7): 857.
② 黄刚娅, 张舸. 论高职教师职业教育教学能力的认证与培养[J]. 职教论坛, 2012 (11): 85-87.

第三章 教学能力框架及测评

第一节 目 标

一、提升职业教育教师的认可度和公众形象

教师在教育发展和人类发展中均发挥着重要作用，现代社会需要确保教师享有与之相称的地位，因为教师是保证优质教育的基本条件，教师需要在资源充足、效率高和管理有效的系统中得到支持。① 合格的职业教育教师对学员的技能发展至关重要，获得教育的机会、教育的公平和教育的质量在很大程度上取决于教师的技能和能力。在一些国家，合格的教师严重短缺，许多教师的工资和工作条件都很差，甚至在贫困和危险的环境中工作；招聘合格教师是一项紧迫的挑战，因为教学被认为是一项地位低下的职业。② 在关于如何提高教学质量的争论中，出现了一种新的模式，许多国家都明确规定了教师的学习内容及能力要求。行动理论指出，用来指导教师认证的标准及项目可以指导教师学习，并影响教师准入机制、继续教育以及资格认证。③

---

① ILO. ILO/UNESCO Recommendation concerning the Status of Teachers.[EB/OL].[2021-10-09]. https：//www.ilo.org/wcmsp5/groups/public/---ed_dialogue/--sector/documents/normativeinstrument/wcms_493315.pdf.

② UNESCO. What UNESCO Does in Teacher Development. [EB/OL].[2021-10-23]. https：//en.unesco.org/themes/teachers/action.

③ Darling-Hammond L，Lieberman A . Teacher education around the world：what can we learn from international practice?[J]. European Journal of Teacher Education，2017，40（4）：279.

二、识别专家型职业教育教师的共同能力

当前的教学能力框架侧重于信息时代职业教育教师的综合能力概况，反映了教师被期望获得的共同能力。教学能力框架不仅可以用于识别专家型职业教育教师的共同能力，其未来愿景还包括了框架的发展，如教师资格标准制订、教师教育课程开发、教师自我教学能力水平诊断等。一项适用于职业教育教师的、在全世界范围内适用、结构清晰且在地区认可的框架（包括地区框架课程）将支持不同国家和地区职业教育系统的不断改进，未来基于该框架的职业教育教师培训课程可能在联合国范围内被更大程度认可。

三、提升信息时代职业教育教师的教学能力

在未来的职业教育教师培养与培训中，需要进一步结合各国、各地区的职业教育教师综合教学能力标准的制订与完善，提高教师培训的质量，包括：根据教师所处的不同阶段及特征精准地开展教师培训；通过教师内部自主学习活动与外部培训双元推动，将日常教研与教师培训融合开展，打造教师发展的新样态；基于职业院校教师身份属性的多元特征，系统性设计教师培训方案等。[①]

第二节　原　则

一、科学性

"职业教育教师"可以指职业教育相关高等院校、传统大学、综合大学和技术大学的教学人员，工作场所的培训师，技能培训的指导者、评估者、认证者，以及对学习者进行教学、教育、培训或资质评估的专业人员。[②] 职业教育教师能力的发展与其职业学科细分的研究领域密切相关。职

[①] 杨娟，刁均峰.基于《ICT-CFT》框架论信息时代职教教师的角色属性与教学能力提升策略[J].教育与职业，2021（20）：90-96.
[②] UNESCO UNEVOC. TVET Standard Glossary of Terms. South African Qualification Authority（SAQA）South Africa [EB/OL].[2021-10-09]. https: //hr.saqa.co.za/glossary/pdf/v49SRKBUh2hk9ybw/Glossary%20of%20terms%2013112014.pdf.

业教育教师需要一个"双学科参考"（double subject reference）：一个职业领域中的职业作为学科的参考（a reference to the occupations in a vocational area as subjects）和相应的职业科学学科（a reference to the corresponding vocational scientific discipline）的参考。这种双重参考对于职业教育教师培训（发展职业能力和特定的教学能力）以及职业教育教师专业（确定作为典型教师任务的学习内容和方法）都是必不可少的。[1] 联合国教科文组织《ICT-CFT》综合考量了多个视角，尤其重点从管理学胜任力视角切入，基于角色理论，突出信息时代职业教育教师扮演着多重角色，包括：①政策参与者、教育改革者；②课程教学改革者、研究者；③专业实践者；④数字公民；⑤终身学习者。这些角色是一种和谐共生而非对立的关系。在疫情封锁期间，教师往往需要扮演多种社会角色，包括作为教学的设计者和实施者、学习活动的促进者、学习者的同伴、家庭成员，以及与父母、学校和社区联系的代理人。[2] 教师在不同情境中面对不同的问题与任务，展现出扮演不同角色的能力。[3]

二、可持续发展性

教育是一项基本人权，也是实现和平和推动可持续发展的基础，因而被视为教科文组织的重中之重。《2030年可持续发展议程》目标4和目标5明确提出"到2030年，确保所有男女平等获得负担得起的优质技术、职业和高等教育，包括大学教育"。[4] 许多国家对其教育事业的发展规划进行了审查，并开始将一些可持续发展目标融入国家教育发展规划中。中国就是

---

[1] Becker M, Spöttl H C, Georg. Guidelines to Vocational Disciplines.[EB/OL].[2021-10-23]. https：//www.sea-vet.net/images/seb/e-library/doc_file/867/aseanvocationaldisciplines.pdf.

[2] Miao C, Huang R, Liu D, et al. Ensuring Effective Distance Learning during COVID-19 Disruption：Guidance for Teachers.[EB/OL].[2021-10-23]. https：//neqmap.bangkok.unesco.org/wp-content/uploads/2021/02/EdSector_Ensuring-effective-distance-learning-during-COVID-19-disruption_Guidance-for-teachers.pdf.

[3] 杨娟, 刁均峰. 基于《ICT-CFT》框架论信息时代职教教师的角色属性与教学能力提升策略[J]. 教育与职业, 2021（20）：90-96.

[4] UNESCO. Leading SDG 4-Education 2030[EB/OL]. [2021-10-11]. https：//www.sdg4education2030.org/the-goal#:~:text=While%20the%20importance%20of%20scholarships%20is%20recognized%2C%20donor, transparently%20targeted%20at%20young%20people%20from%20disadvantaged%20backgrounds.

一个典型的例子,并已就此进行过多次咨询与协商。与过去大不相同的一个关键点在于,许多国家已经意识到学习成果在各级教育中的重要性;与此同时,许多国家还做出了一个转变,即在国家课程中纳入包括教育可持续发展、批判性思维、合作能力等在内的全球公民素养内容。为了应对拓展后的可持续发展议程,许多国家正在创新其课程内容设置,以培养学生的学术技能、读写与算术技能。越来越多的国家正将科技引入教育,比如人工智能等一些新科技,并重点关注数字素养。许多国家还引进更完善的评价体系来聚焦学习成果,它们不仅强化了全国范围的评价,而且也参与到周边地区与全球范围的评价中去。同时,一些国家在经济上也给予大量的投入,提高教育预算,这同样是一个很好的迹象。[1]教育可持续发展目标是一个很宏大的愿景,对大多数国家包括中国而言,都是一个巨大的挑战。虽然对有些目标仍存在争议,但全球已有193个成员国签署了这份框架协议。《2017—2018年全球教育监测报告》要求各国政府最终对全球教育目标的进展负责,无论是穷国还是富国,政府都要对其教育承诺、计划、实施和成果负责。显然,如果要实现当前的教育承诺,需要在人、财、物方面做出前所未有的努力和突破。[2]可持续发展需要满足当代人的需要,同时又不损害后代人满足自身需要的发展需求。职业教育作为未来劳动力的主要生产者,有责任使未来的工人能够承担有效响应可持续发展议程的原则和需求的责任。[3]职业教育教师有义务为绿色职业、经济和社会以及应对气候变化、保护环境完整性和确保自然基本生命支持系统的可持续发展价值观对学生进行引导。

三、适应性

适应性原则指的是有能力或者意愿为了适应不同的条件而改变。基于职业教育教师能力框架,建立透明、清晰、以结果为基础的资格体系,支

---

[1] 乔丹·奈多,王亭亭,吴玥,唐雅伦.聚力于教育的可持续发展[J].世界教育信息,2020,33(10):3-5+8.

[2] 张振助,王琰.实现教育可持续发展目标的挑战及路径探索——亚伦·贝纳沃特访谈综述[J].复旦教育论坛,2019,17(1):12-16.

[3] Latchem C. Using ICTs and blended learning in transforming TVET. Perspectives on Open and Distance Learning [J]. Commonwealth of Learning,2017.

持灵活的教师教学能力提升途径和个人学习的积累、认可和转移，以及资格的评估、认可和互认的可靠措施。[①] 本框架在制订过程中，旨在为不同地区、国家职业教育教师教学能力标准、教师教学能力提升方案等的研制提供基础，促使多样化教师教育实践形成。

四、易用性

联合国教科文组织对教育领域信息和通信技术的愿景是"一个没有边界的世界，技术支持教育建设包容性知识社会"。该组织一直在全面推广信息和通信技术的使用，并将其作为职业教育转型的一种方式。[②] 此外，考虑术语表达、框架结构、技术操作等在不同地区、国家，尤其是西亚、非洲等发展中、欠发达地区应用的差异性，进行通用设计，确保不同地区职业教育教师教学能力框架的使用，满足当地需求，增加框架在应用层面的可行性与可能性。

第三节 综　述

探索数字化转型背景下职业教育教师教学能力的要求，首先需要对国际性、区域性参考价值高的教师（教学能力）标准进行梳理，目的在于将通用性标准和特殊性标准进行分析、综合，探讨标准的开发逻辑、不同标准之间的区别与联系，以及各标准的可借鉴之处，旨在为构建本手册职业教育教师教学能力评价指标和测量工具提供参考。

[①] UNESCO. Shanghai Consensus：Recommendations of the Third International Congress on Technical and Vocational Education and Training. Transforming TVET：Building skills for work and life [EB/OL]. [2021-10-11]. http：//www.unesco.org/new/fileadmin/MULTIMEDIA/HQ/ED/pdf/concensus-en.pdf.

[②] Latchem C. Using ICTs and blended learning in transforming TVET. Perspectives on Open and Distancl Learning [J]. Commonwealth of Learning，2017.

一、基于教师信息化教学能力标准的要求

（一）联合国教科文组织 ICT-CFT

联合国教科文组织对教师利用信息通信技术优化教学能力的关注是兼具持续性和发展性的。自 2007 年与微软、英特尔、思科、国际教育技术协会（ISTE）及弗吉尼亚理工学院等合作，联合国教科文组织开始了面向世界范围内 100 余个国家和地区教师的信息通信技术能力标准的研究工作。2008 年颁布了《教师信息和通信技术能力标准》（ICT Competency Standards for Teachers），其中细化的指标与维度以及配套资源为所有教师提供了指导，特别是在规划教师教育计划和培训产品方面为教师培养具有技术能力的学生提供了重要指导[1]。基于全球范围内专家及用户对标准的反馈，2011 年 11 月联合国教科文组织在第 36 届大会上发布了《教师信息与通信技术能力框架》（ICT Competency Framework for Teachers，ICT-CFT）。2018 年，针对教师如何提升自己的信息技术应用能力的第三版框架也在国际信息处理联合会（IFIP）、微软、欧洲学校网络以及欧盟塞维利亚中心等组织的合作下迭代完成[2]。

表 3-3-1　联合国教科文组织 ICT-CFT 教师能力要求

	第三版		
	知识获取	知识深化	知识创造
理解教育中的信息技术	政策理解	政策应用	政策创新
课程与评估	基础知识	知识应用	知识社会技能
教学方法	信息技术辅助教学	复杂问题解决	自我管理
数字技能应用	应用	教导	转型
组织与管理	标准课堂	协作小组	学习组织
教师专业学习	数字素养	建立网络	创新型教师

---

[1]　UNESCO.UNESCO ICT Competency Standards for Teachers[EB/OL].[2020-10-11].http：//cst.unesco-ci.org/site.

[2]　同[1]

如表 3-3-1 所示，该框架作为一个通用类型的教师信息通信技术应用类标准，对全球不同国家和地区相关教师教学能力标准的开发和制定提供了重要参考。其包括教师发展的横向三阶段，分别是知识获取、知识深化和知识创造，以及纵向六个构成维度，分别是理解信息技术教育应用的政策、课程与评估、教学方法、数字技能应用、组织与管理、教师专业学习。横向发展阶段以及纵向构成维度形成一个二维框架，该框架共包含 18 项信息技术应用能力，即教师在不同阶段需要达成的标志性能力。框架主要从教学活动视角对教师教学能力标准进行划分与确定，聚焦教师对课程与教学的理解与掌握。该框架明确，教师需要加强对信息通信技术的研读、利用信息通信技术培养学生的知识社会技能、建立基于项目的学习共同体、利用数字工具进行泛在学习、培养教师信息化领导力、做信息时代创新型教师。

（二）ISTE

国际教育技术协会（International Society for Technology in Education, ISTE）是一个在教育技术领域占据重要地位的专业组织。国际教育技术协会通过提供技术运用于教学的指导，创建解决方案，颁布国际教育技术协会标准，并鼓励教育者在教学和学习方面进行创新。国际教育技术协会于 2017 年 6 月更新并颁布了教育者标准（ISTE Standards For Educators）。标准旨在促使教师的同伴合作、挑战和重新思考传统方法，并能够帮助学生为自己的学习做好准备。

国际教育技术协会标准从管理学胜任力视角出发，分析教师在信息时代需要扮演的角色以及相对应需要具备的核心能力，并基于角色理论，分析探讨了教师的七种角色（见图 3-3-1）。这七种角色与教师本身在社会实践中

图 3-3-1　国际教育技术协会教育者标准的能力维度

所形成的社会关系有关。包括其与教育内部各要素之间的关系，如与自我、同侪、学生的关系，相对应的角色是学习者、领导者、合作者、设计者、促进者、分析者；也有其与教育外部各要素的关系，如与社会的关系，相对应的角色是公民。该标准强调以学生核心素养的发展为教师一切工作的中心，强调教师的数字公民素养。国际教育技术协会标准不仅提供了一种信息技术融入教育教学的发展理念，还提供了教师教学理念的发展前瞻。

（三）IBSTPI

国际培训、绩效、教学标准委员会（IBSTPI）在2004年发布了教师通用能力标准，到目前为止，该标准在全世界已经被广泛使用。该标准针对面对面、在线和混合教学这三种不同教学环境提出了一个通用的教师教学能力标准，包括5个能力维度、18项能力（见表3-3-2）[1]和98条绩效指标。

表3-3-2 IBSTPI教师通用能力标准（2004）

维度	能　　力
专业基础	1. 有效地交流沟通
	2. 更新和提高自身专业知识和能力
	3. 职业道德
	4. 职业规范与声誉
教学设计与准备	5. 设计教学方法与教学内容
	6. 教学准备
教学方法与策略	7. 激发学习者动机和投入
	8. 有效的表达技巧
	9. 有效的促学技巧
	10. 有效的提问技能
	11. 反馈（提供阐释和反馈）
	12. 促进知识和技能的巩固
	13. 促进知识和技能的迁移
	14. 使用媒体和技术来加强学习、改进绩效

---

[1] International Board of Standards for Training, Performance and Instruction（IBSTPI）（2004）. Instructor Competencies [DB/OL]. [2004-06-01]. http：//ibstpi.org/instructor-competencies/.

续表

维度	能　力
评估与评价	15. 评估学习和绩效
	16. 开展教学评估
教学管理	17. 管理促进学习与改进绩效的环境
	18. 适当地使用技术管理教学过程

IBSTPI标准从教学活动视角出发，呈现了教师为了成功完成教学任务所需要具备的五项子能力：专业基础、教学设计与准备、教学方法与策略、评估与评价、教学管理，体现了教师参与课程教学的全过程。该标准是"教师职业"向"教师专业"发展的重要标志之一，对提高教师的专业地位、增强教师的专业性具有很大意义。从能力、绩效指标到行为要求，该标准的可操作性十分强，并且直接指向了有效教学，强调教师应该如何应用技术来进行教学，教师在教学时如何考虑技术的恰当性。

（四）联合国教科文组织高等教育创新中心高等教育工作者能力框架

基于UNESCO ICT-CFT框架，联合国教科文组织高等教育创新中心对亚洲和非洲高等教育数字化转型进行了多轮深入的分析和文献综述，开发了国际网格学院高等教育工作者能力框架（见图3-3-2）。

图3-3-2　国际网格学院高等教育工作者能力框架

框架从教师在高等院校工作需要具备的综合能力入手，将能力框架分为在线与混合教学能力、运用信息通信技术赋能教育行政管理、信息通信技术行业前沿知识与能力三部分。该框架十分关注教师对信息通信技术的了解、掌握与运用。能力认证分为三个阶段，分别为：初级——知识理解与意识、中级——技能应用与分析、高级——知识创造与创新。教师信息通信技术能力建设的整体方法包括职前培训、在职持续专业发展和高等教育专业人员之间的知识共享。该标准聚焦高等院校教师宏观教学能力的转型，侧重包括教学、管理、科研在内的综合能力，特别关注到了信息通信技术这一要素在不同能力维度的参与。

二、基于职业教育教师教学能力标准的要求

教学能力标准制订最主要的内容是教师能力的维度划分。本手册重点参考了五个职业教育教师教学能力的相关标准（见表3-3-3），分别是澳大利亚职业教育教师专业能力标准（TAE10）[1]、英国职业教育师资培养专业标准[2]、欧盟职业教育教师专业能力标准框架[3]、德国教师教育中专业科学与专业教学论内容上的州际共同要求[4]、中国中等职业学校教师专业标准（试行）[5]。

以上五个标准为构建职业教育教师教学能力标准带来启示：①可从管理学的人员胜任力视角入手，依据"胜任力洋葱模型"开发标准或指标，每个一级指标下都包含若干子类指标或者文字性表述，尤其关注导向功能，着眼对教师发展的引领。此外，上述标准也侧重衡量、判断和对比教师行

---

[1] TAE10 Training and Education [EB/OL].（2010–05 Page Not Found 404）[2020–08–15]. https：//training.gov.au/ Training/Details/TAE10.

[2] Education and Training Foundation. Initial guidance for users of the professional standards for teachers and trainers in education and training – England [EB/OL].（2014–05 Page Not Found 404）[2020–08–15]. https：//www.et-foundation.co.uk/ wp-content/uploads/2014/05/ETF-Prof-Standards-Guidance-v2-2.pdf.

[3] Volmari K. Competence framework for VET professions–handbook for practitioners. Finnish National Board of Education[M/OL].（2009 Page Not Found 404）[2021–08–30]. https：//www. researchgate.net/ publication/305683916_COMPETENCE_ FRAMEWORK_FOR_VET_PROFESSIONS_Handbook_for_practitioners.

[4] 唐慧，谢莉花，王继平. 职业教育视域下德国教师教育标准的规制作用研究[J]. 职业技术教育，2020，41（974）：74-80.

[5] 教育部关于印发《中等职业学校教师专业标准（试行）》的通知. [EB/OL].（2013-09 Page Not Found 404）[2020–08–15]. http：//old.moe.gov.cn/publicfiles/business/ htmlfiles/moe/s6991/201309/157939.html.

表 3-3-3　职业教育教师教学能力标准的比较分析表

标准名称	澳大利亚职业教育教师专业能力标准（TAE10）	英国职业教育师资培养的专业标准	欧盟职业教育教师专业能力标准框架	德国教师教育中专业科学与专业教学论共同要求	中国中等职业学校教师专业标准（试行）
背景信息	澳大利亚资格框架顾问委员会（ISC）在2004年编写第一版，于2010年发布TAE10	2014年英国教育与培训基金组织通过访谈950名职教教师后颁发	1998年欧洲职业培训发展中心颁布	从2013年到2019年逐步增设了16个专业	落实教育规划纲要精神，教育部于2013年9月制定
内容维度	11种能力，66个能力单元	包括二级指标。一级包括3个模块：专业知识与理解、专业价值与属性、专业技能。二级包括20项子能力	覆盖4个主要方面，包括管理、培训等	以职业性专业"汽车技术"为例，一级维度有3个，分别是特点、专业特性的能力概貌（知识、能力、态度）、学习内容（总述、专业科学、专业教学论）	3个一级维度，各自包括若干二级、三级维度
主要特点	（1）重视教师教学实践能力；（2）学历水平与是否获得工作关系不大	1. 增加教师与雇主的合作维度，优化教学与培训内容；2. 教师自我赋能，教师对教学过程中发生的突发事件进行评测与控制	关注职业教育教师以下方面：①行业合作；②团队内部合作；③培训；④管理	（1）通过具体的专业教师教学能力提出来对职教教师教学能力提出要求；（2）教师是兼具理论与实践能力的专家	（1）强调经验、专业和职业道德；（2）突出"双师型"教师培养意义和路径
应用范围	主要应用于澳大利亚的职业教育与继续教育领域，作为该国职教教师资最低资历要求	面向继续教育部门，志愿及社区群体、商业组织和独立培训机构、成人和社区学习提供者、监狱和罪犯学习机构、专科学院及机构等	应用对象包括教师、培训师和校长	高中教师、职业教育教师	中职职前师资、中职在职教师

动,关注教师的行为评价。教师专业化的要求使相关标准体现出导向优先、兼顾评价的特点。②TAE10在世界范围内被广泛认可,以培训包形式体现,具有很强的针对性、实操性、推广性和综合性,在具体的能力单元可以反映出不同视角的融合。首先,重视教师的实践能力、行业与社会关系能力、研究能力等,而这些工作过程相关领域的能力单元,与主要面向课堂教学的普通教育教师教学能力颇为不同,这为职业教育教师教学能力聚焦知行合一、从工作过程视角开展教学能力研究提供了必要支撑;其次,该标准也从教师发展视角出发,关注教师的学习、专业发展、研究;第三,在教学过程的各个活动环节突出了评价、教学与辅导、学习设计等的重要性。③英国职业教育师资培养的专业标准对教师本身的胜任力要求很高,主要从管理学胜任力视角入手,对教师专业价值属性、知识理解与技能提出要求,职业教育教师实际的工作场域复杂而多元,包括但不限于教育机构、社区、商业组织、监狱,整体而言,对职业教育教师个人素质要求很高,需要教师具备"双师"属性,兼具行业专家、教学专家两种身份。④欧盟职业教育教师专业能力标准框架以工作过程为导向,将行动导向、工作过程系统化、任务驱动等理念应用到标准研制过程中,体现了职业教育师资的特殊性,尤其是工作关系网构建、团队合作、操作范畴的培训和管理等。⑤德国职业教育教师标准首先对职业教育教师进行了界定,即"介于理论与实践中间的熟练教学法专家",强调了其教师身份,结合了工作过程与教学活动两种视角。此外,对职业教育教师能力的要求是基于具体专业而定,通过具体的专业概貌来细化教师能力标准。⑥中国中等职业学校教师专业标准(试行)针对三个一级维度提出了相应的标准,从教师胜任力的视角出发,指向了教师的专业理念、师德、专业知识与专业能力。该标准对教师的个人品德素养、职业道德要求很高,对教师综合性、通识性知识的掌握也十分重视;并从教学活动视角考虑,要求职业教育教师的知识结构覆盖教育知识、课程教学知识、通识性知识以及相关的教学能力。相比较而言,中国职业教育教师教学能力核心维度指向较为集中。

三、基于职业教育教师教学能力测量的要求

与量表相比,问卷的外延更为广泛。量表是问卷的一种,更适合计算和量度基于理论框架的定量数据。问卷测出的题项结果以次数计算,量表

结果以分数计算，可横向比较[1]。

（一）教师信息化教学能力测量的相关研究

教师信息化教学能力测量的相关研究基本来自两个主要的理论框架，一个是TPACK框架，另一个是DTC（digital teaching competence，即教师数字化教学能力）框架。

1. TPACK框架下教师信息化教学能力测量的研究

TPACK被引入教育研究领域，是对Shulman的PCK框架的扩展[2]。Schmidt等基于TPACK框架，开发了测量师范生教学能力的问卷，并对124名师范生进行预测试，共47个题目[3]。Archambault与Crippen开发了7个维度和24个题目的问卷，对美国596名中小学教师进行测量[4]。

Bostanciogğlu等开发了一套关于英语语言教学的自我报告问卷，首先基于文献回顾，建立初始题项库，之后与36名计算机辅助语言学习方面的国际专家评估初始题项的内容效度，并通过对542名英语教师的问卷调查，探索和验证其潜在的因素结构，最后形成包括76个题目的5点里克特量表[5]。基于TPACK框架的教师教学能力自陈量表的优势在于突出教师的个人视角，帮助教师反思，往往可以较好地检测教师的自我效能感；其局限在于准确评估自己的能力是一项困难的任务，人们可能没有意识到自己缺乏知识和能力，或者低估自己的能力[6]。有学者借鉴TPACK测量量表，编制了4个维度、30个题项的测量问卷[7]。

---

[1] 李媛，杨明，张言. 2013年图书馆学期刊问卷调查法文章的对比分析——问卷与量表[J]. 图书与情报，2014（6）：33–36.

[2] Mishra P, Koehler M J. Technological pedagogical content knowledge: a framework for integrating technology in teachers' knowledge[J]. Teachers College Record, 2006, 108（6）：1017–1054.

[3] Schmidt D A, Baran E, Thompson A D, et al. Technological pedagogical content knowledge (TPACK): the development and validation of an assessment instrument for preservice teachers.[J]. Journal of Research on Technology in Education, 2009, 42（2）：123–149.

[4] Archambault L, Crippen K. Examining TPACK among K–12 online distance educators in the United States[J]. Contemporary Issues in Technology and Teacher Education, 2009（9）：71–88.

[5] Bostancıoğlu A, Handley Z. Developing and validating a questionnaire for evaluating the EFL "Total PACKage": technological pedagogical content knowledge (TPACK) for English as a foreign language (EFL) [J]. Computer Assisted Language Learning, 2018, 31（5–6）：572–598.

[6] Willermark S. Technological pedagogical and content knowledge: a review of empirical studies published from 2011 to 2016[J]. Journal of Educational Computing Research, 2018, 56（3）：315–343.

[7] 韩锡斌，葛文双. 中国高校教师信息化教学能力调查研究[J]. 中国高教研究，2018，299（7）：53–59.

2. 教师数字能力视域下的教师信息素养测量的研究

教师数字化教学能力（digital teaching competence，DTC）框架是建立三个主要标准的基础。在欧盟，DigCompEdu 框架已经被用作教师开发一个自我评价工具的基础，也被称为 DigCompEdu CheckIn。这一工具目前在欧洲各成员国的教育工作者中进行预测试。在测试阶段该工具对全世界的教育者开放。该测量问卷按不同教育阶段分为三个版本，将教师的信息素养从低到高分为六个级别。该自我评价工具共 22 个问题，内容分为六个领域，分别是：第一，职业投入（professional engagement），该领域的重点在于强调教师利用信息技术进行优化教学及家校合作。第二，数字资源（digital resources），教师需要培养的关键能力之一是识别好的教育资源，并对资源加以改进；创建和分享适合学生的学习目标、小组合作。与此同时，教师需要尊重版权并保护个人数据。第三，教与学（teaching and learning），该领域聚焦 DigCompEdu 框架最基本的教学能力。第四，评价（assessment），数字技术可以优化现有的评估策略，通过对大量的数据进行分析，教师可以提供更有针对性的反馈和支持。第五，赋权学习者（empowering learners），主动增加学习投入。与此同时，也需要确保教育公平，尤其是面向那些有特殊学习需要的学生[①]。该量表在欧盟得到较为广泛的应用，如 Trindade 等将上述量表进行翻译并用其对葡萄牙中部和南部的 127 位中小学教师进行了研究，发现其具备较好的信效度[②]。

西班牙研究机构 INTEF 提出了"数字化教学能力共同框架"，该框架由五个领域组成，分别是：信息与信息素养、沟通和协作、数字内容创建、安全、问题解决。每个领域由 3~6 个能力构成，作为数字化教学能力（DTC）的基准，共 21 个问题，主要用于教师自我评价[③]。

Lázaro 等提出 COMDID（Competència Digital Docent）框架，在该框架中，DTC 分为四个维度：第一，教学、课程与方法（didactic，curricular and

---

① European Commission. Testing the check-in self-reflection tools[EB/OL]. [2021-08-30]. https://ec.europa.eu/jrc/en/digcompedu/self-assessment.

② Trindade S, Moreira J, Nunes C. Self-evaluation scale of teachers' digital competences: construction and validation procedures[J]. Texto Livre Linguagem e Tecnologia. 2019（6）：152-171.

③ Calderón-Garrido D, Farran X C. Adaptación del "marco común de competencia digital gocente" al área de educación musical[J]. Didacticae: Revista de Investigación en Didácticas Específicas, 2020（7）：74-85.

methodological）；第二，数字技术资源和空间的设计、组织和管理（planning, organization and management of digital technological resources and spaces）；第三，关系、伦理与安全（relational aspects, ethics and security）；第四，个人及专业（personal and professional aspects）。该测量问卷将教师的信息素养分为四个级别，分别为初级水平（principiant）、平均水平（werage）、专家水平（expert）以及变革水平（transformador）。问卷共23个问题[①]。COMDID测量问卷、INTEF测量问卷与欧盟DigCompEdu测量工具存在较为清晰的对应关系（见表3-3-4）。

表3-3-4 教师数字能力维度内部对应关系

COMDID	INTEF	DigCompEdu
D1.教学、课程与方法	A1.信息与信息素养 A5.问题解决	A3.数字化教学 A4.评价和反馈 A5.对学生的赋权 A6.提高学生的数字能力
D2.数字技术资源和空间的设计、组织和管理	A1.信息与信息素养 A3.数字内容创建	A2.数字化资源
D3.关系、伦理与安全	A2.沟通和协作 A3.数字内容创建 A4.安全	A1.专业承诺 A5.对学生的赋权 A6.提高学生的数字能力
D4.个人及专业	A5.问题解决	A1.专业承诺

2. 职业教育教师教学能力测量的研究

职业教育教师教学能力测量的相关研究切入点有所不同，例如，有的研究者将职业教育课程开发方法运用到职业教育教师教学能力开发层面，具有很大创新。有的学者利用DACUM分析法开发了10个能力领域并编制了教师职业能力水平测验问卷，共45道里克特五点计分题目，对全国372位教师进行能力调查。刘君义等应用DACUM方法进行职技高师教师能力测量工具开发，共计五个领域[②]。

有的学者从统计模型着手，开发相应问卷。如RASCH模型为社会科学

[①] Lázaro J L, Gisbert M. Elaboració d'una rúbrica per avaluar la competència digital del docent[J]. Universitas Tarraconensis. Revista de Ciències de l'Educació，2015，1（1）：48-63.

[②] 刘君义，方健，王冬铀，等.基于DACUM方法的职技高师教师能力标准构建[J].职业技术教育，2009，30（20）：80-82+95.

测量建立了标准[1]。Aziz 等基于 RASCH 模型构建职业教育教师教学能力测评量表，共 45 题，对某高职院校 53 名教师进行能力测评[2]。Yunos 等同样基于 RASCH 模型构建了职业教育教师教学能力测量问卷，共 84 道里克特五点计分题目，分为六个维度：活动本质、教师角色、教学活动、教学策略、学习者角色、过程可见性，针对马来西亚和印度尼西亚职业院校的 183 名教师检测信度和效度[3]。

有学者将学生职业能力测评模型运用到教师职业能力测评中。基于产出导向和以评促教的理念，开发了学习者职业能力测验模型并检验其信效度[4]。Rauner 在 COMET 的基础上，继续开发了教师职业能力测评模型。我国职业教育研究者基于该模型，将问卷分为四个维度，每个维度分别对应三个二级指标（除名义性能力），每个二级指标分别对应五个三级评分点。开发了 45 道 4 点计分的题目，经过两次测验可知，信效度良好[5]。

有学者首先利用质性研究方法，如访谈法和头脑风暴法等，在收集数据后进行分析，获得中等职业教育教师教学能力的 22 项子维度，编制了共 96 道里克特五点量表题项的中职专业课教师能力素质的自评问卷，然而该测量问卷未能满足教育与心理测量的信度、效度要求[6]。

通过文献回顾可以看出，目前自陈量表在相关量表开发中较为常见，它具有两个特征：①题目多，旨在通过测量明确个体某项特征；②计算得分便捷，受客观因素影响小，具有结构明确、计分方便的优点。如果自陈量表的编制是科学严谨的，那么在一定的信效度保证下，其能够搜集丰富的资料，可用于理论研究、教学能力诊断等[7]。

---

[1] 晏子. 心理科学领域内的客观测量——Rasch 模型之特点及发展趋势 [J]. 心理科学进展，2010，18（8）：1298–1305.

[2] Aziz N, Ahmad H, Nashir I. Validation of technical and vocational teachers' competency evaluation instrument using the Rasch model[J]. Journal Pendidikan Sains & Matematik Malaysia, 2019, 9（1）: 18–25.

[3] Yunus J M, Alias M, Mukhtar M I, et al. Validity of vocational pedagogy constructs using the Rasch measurement model[J]. Journal of Technical Education and Training, 2017（9）: 35–45.

[4] 张志新. 基于测评的职业教育教师职业能力研究 [M]. 北京：清华大学出版社，2019：18–19.

[5] 张志新. 基于测评的职业教育教师职业能力研究 [M]. 北京：清华大学出版社，2019：29–72.

[6] 徐丹阳. 中职专业课教师能力模型研究 [D]. 杭州：浙江工业大学教育科学与技术学院，2009.

[7] 一帆. 自陈量表 [J]. 教育测量与评价（理论版），2011（3）：16.

四、基于发展视角对教师能力测评的要求

国内外对于如何开展教师能力评测进行了一定的探索,其中柯氏评估模型、Kaufman 模型、Phillips 模型和 CIPP 模型的实践研究较为广泛。

(一)柯氏评估模型

1. 柯氏评估模型的产生与发展

柯氏评估模型的主要思想形成于 1954 年,Don Kirkpatrick 撰写的博士学位论文针对如何评价企业监督和管理培训项目的有效性展开分析。作者使用反应(reaction)、学习(learning)、行为(behavior)和结果(result)四个词语概括了实施培训评估的四个层次,被视为柯氏评估模型思想的起源。五年后,Don Kirkpatrick 又完成了四篇文章的写作,分别从反应、学习、行为和结果的评价展开分析,文章发表于美国培训与发展协会(ASTD)出版的《培训与发展》(Training and Development)杂志,标志着柯氏四级培训评估模型的诞生[1]。

此后,探讨柯氏评估模型及应用的文章不断出现,相关研究集中于反应和学习两个层次,柯氏评估模型逐渐发展成为培训评价的经典理论模型。1993 年,Kirkpatrick 等出版了系统介绍柯氏评估模型的专著 Evaluating Training Programs: The Four Levels 的第 1 版,该著作覆盖了作者多年来所收集的柯氏评估模型应用案例,对于培训评价实施可以提供很好的启发和指导。Kirkpatrick 等在该书中将进行评价的原因总结为三点:第一,通过衡量培训部门对组织目标的贡献来证明其存在的合理性;第二,帮助决策是否继续或终止某一培训项目;第三,为改进未来培训项目提供参考信息[2]。据此可以发现,第一、二点属于总结性评价,即判断某一培训的优劣;第三点属于形成性评价,通过即时评价反馈,为培训项目的调整、改进和完善提供支持。

2005 年,Don Kirkpatrick 和 Jim Kirkpatrick 共同出版了 Transferring Learning to Behavior 一书,标志着他们开始重点关注培训的高层次评价。

---

[1] Kirkpatrick J. The Kirkpatrick Model: Past, Present and Future[J]. chief learning officer, 2009, 8 (11): 20-55.

[2] McFarlane D A. Evaluating Training Programs: The Four Level[M]. San Francisco: Berrett-Koehler Publishers, 2006.

书中首先描述了柯氏评估模型的发展及变化,然后针对学习向行为的转化即培训迁移展开分析,在此基础上探讨了学习向行为转化的策略和方法,并结合案例解释如何通过促进行为转变来提高组织和个人绩效①。

2. 对柯氏评估模型的基本认识

柯氏模型被广泛采用的原因在于其具有简单易用的特点。其具有四个基本层次②(见表3-3-5)。

表3-3-5 柯氏评估模型的基本描述

评估层次	基本描述
反应层	培训参与者对学习事件的响应程度
学习层	培训参与者实现知识、技能和态度等学习目标的程度
行为层	培训参与者将所学内容应用到工作场所的程度
结果层	学习事件和后续强化促进目标结果实现的程度

Kirkpatrick等在其早期著作中将反应定义为参加培训人员对于培训项目的满意程度,即培训者调查学习者对项目的反应,其评价主要依靠培训结束时在学习者中发放的满意度问卷一类的调查。有三点值得注意,首先,反应层评价的对象不能仅限于学习者,来自管理层和培训实施者等其他项目参与者的反馈信息也具有参考价值③;其次,反应层评价的工具往往采用满意度问卷,要求学习者针对培训各方面进行三到五档次的评级,但该方式获取的反馈信息比较空泛,对今后项目改进的指导性和建设性不强;最后,反应层应该设置在培训的什么阶段也需要考量。Kirkpatrick等建议在培训后立即进行反应层评价,但培训刚结束的反馈通常带有较强主观色彩,如果希望得到更客观、全面的反馈信息,可以考虑在学习层和行为层等评价之后再进行跟踪反应层评价④。

---

① Kirkpatrick, Donald L, Kirkpatrick, James D. Transferring Learning to Behavior: using the four levels to improve performance[M]. Berrett-Koehlor Publishers,2005.

② McFarlane D A. Evaluating Training Programs : The Four Level[M]. San Francisco: Berrett-Koehler Publishers,2006.

③ 陈雁枫. 培训效果评估及其在企业的运用[J]. 上海交通大学学报,2007(S1):88-93.

④ 董洪学. 培训项目的评估方法——评Kirkpatrick"四层评估法"[J]. 燕山大学学报(哲学社会科学版),2003(2):75-78.

对于学习层而言，柯氏模型聚焦对知识、技能和态度的评价。学习层评价有赖于行之有效的测量方法和工具，同时，学习的产生与否体现为知识能力的具体变化。因此在条件允许的情况下，培训人员可以通过实验或者准实验的方法，用量化数据来测量学习者因培训而产生的变化。知识维度的评价主要采用成就测验，即测量个人在接触特定的学习资源后所增长的知识；态度评价主要采用问卷和访谈的形式；技能评价主要采用行为测验方式，即要求被测者表现出一些真实情境下的行为，例如制作一件产品[1]。

行为层主要评价培训迁移，相对于反应层和学习层，行为层评价较难开展。主要原因在于影响迁移的因素众多而复杂。姜蔺等对高校工作环境中影响教师混合教学培训迁移动机的因素进行分析，共总结出 10 类因素：领导支持、工作条件、管理措施、激励措施、设施建设、资源服务、交流辅导、技术支持、跟踪评价、组织管理[2]。目前只有少数企业能够开展行为层评价。在美国培训与发展协会（ASTD）2005 年培训实施年度报告中，相关数据显示了柯氏四级评价的开展情况，其中反应层占比 91%，学习层占比 54%，行为层占比 23%，结果层占比 8%[3]。对行为层开展跟踪评价十分重要，如在培训活动结束几周或几个月之后开展回顾性调查，对学习者及其上司、同伴和下属进行访谈，以确定学习者是否完成了知识、态度和技能方面的迁移。

柯氏模型中最重要也是难度最大的是对结果层的评价，这也是判断培训项目是否有效的最直接标准。影响结果层评价开展的主要原因在于培训人员不了解如何测量培训结果，并在此基础上与培训成本比较；结果层评价提供的往往是数据事实，而不是有说服力的证据，即不能判断哪些数据和事实才是导致目标达成的真正原因。事实上，培训只是促成组织目标实现的一个手段，组织目标实现是各种干预手段合力的结果，所以单独分析培训自身对组织目标实现的结果，其可信度较低。正是因为结果层评价难以得出有说服力的结论，一些学者将领导层和决策层的参与纳入到原有模

---

[1] 王凯. Kirkpatrick 评估模型的案例分析及应用策略研究[C]. 上海：上海外国语大学，2012.

[2] 姜蔺，韩锡斌，程建钢. 工作环境对高校教师混合教学培训迁移动机的影响[J]. 现代远程教育研究，2018, No.154：80—90.

[3] Reiser, Robert A., John V. Dempsey, trends and issues in instructional design and technology[M]. Boston MA: Pearson, 2012.

型结果层评价当中，以机构战略目标为导向，依次确定行为层、学习层和结果层的要求并制定目标[①]。

随着柯氏模型的不断发展，相关问题与挑战也开始出现，主要集中在模型的三个假设上面：假设一，四层次评价按照提供信息递增的方式排列，即靠后面的层次评价比前面的层次评价能够提供更多有价值的信息；假设二，四层次之间存在因果联系，即培训引起反应，反应产生学习，学习促进行为改变，行为改变导致组织变革[②]；假设三，四层次之间存在正相关关系[③]。

对于假设一而言，并非所有组织的培训项目都强调四个层次的全面评价，例如一些培训的目的是为了提升士气、塑造凝聚力等，只需在反应层收到效果即可；有的机构培训旨在介绍机构历史及文化，以增长知识为目标，只需在学习层收到效果即可。对于假设二而言，层次间因果联系很难确定，但可以从时间差异上来分析。行为层、结果评价在培训结束后一段时间后实施，而反应层、学习层评价通常在培训结束之后立即进行，时间上的间隔也在某种程度上说明层级之间的因果关系不强。一些教育实验证明反应和学习有时无关，甚至成负相关关系，例如幽默有趣的培训未必能够产生良好的学习效果。学习同时促进行为转变和结果产生，因为原理、事实和程序的掌握有利于行为和结果的改变。而行为层和结果层间存在相互作用，行为的改变产生特定结果，同时对结果有效的行为又得到了维持和强化[④]。

上述三个假设使人们重新开始思考模型四层次之间的关系及柯氏模型的局限性。此外，模型的完整性也渐渐受到质疑。柯氏模型以一种简化的方式进行培训评价，忽略了环境和个人因素对培训评价的影响。诸多培训评价研究证明了组织、个人、培训设计和实施等因素对培训效果的影响，并且上述因素在培训前、培训中和培训后等不同时期均发挥作用。例如，包括组织学习文化、组织目标和价值观、人际关系、学习迁移氛围、资源

---

① 王凯. Kirkpatrick 评估模型的案例分析及应用策略研究 [C]. 上海：上海外国语大学，2012.

② Bates R . A critical analysis of evaluation practice: the Kirkpatrick model and the principle of beneficence[J]. evaluation & program planning, 2004, 27（3）: 341–347.

③ Alliger G M , Janak E A . KIRKPATRICK\"S LEVELS OF TRAINING CRITERIA: THIRTY YEARS LATER[J]. 1989, 42（2）: 331–342.

④ 同③

充足与否等在内的环境因素对培训效果的影响不可忽视①。

3. Kaufman 对柯氏模型的改进

Roger Kaufman 是美国佛罗里达州立大学需求评价和规划中心的负责人,John Keller 是该中心负责教学系统研究的教授。他们认为柯氏模型仅仅关注培训本身,影响组织和迁移的复杂因素被忽略,导致行为层和结果层评价难以进行。Kaufman 等人建议在柯氏模型中加入培训之外的绩效干预手段,例如,质量发展、职业发展、团队合作、质量管理、持续改进等,尝试解决组织培训评价时面临的问题。他们按照第一客户和可交付成果的受益者的需求,将组织的计划和结果分为超宏观、宏观和微观三个层次,其中超宏观面向全社会层面,宏观面向组织本身,微观面向团队和个人②。Kaufman 将绩效改进干预分为五层次,分别为输入、过程、微观、宏观和超宏观,其与柯氏评估模型的对比见表 3-3-6。

4. Phillips 对柯氏模型的改进

对柯氏模型改进中较有代表性的为 Phillips 的五层评估模型。Phillips 认为由于培训结束后通常只统计费用、时间、人员、成绩等数据,并没有证明培训为组织带来多少价值,即由培训所带来的投资回报,而这正是企业决策者所关注的方面。因此,Phillips 在模型原有的基础上加入了第五层投资回报率(ROI),尝试将培训结果转化为具体的收益和回报③。

表 3-3-6 Kaufman 评估模型与柯氏模型对比

柯氏模型	兼容性	Kaufman 模型目标	Kaufman 模型干预层次
	柯氏模型缺失	F. 社会贡献	超宏观
4. 结果	是	E. 组织回报	宏观
3. 行为(绩效) 2. 学习(习得)	是	D. 团队和个人回报	微观
1. 反应	部分缺失;柯氏模型缺失效率和质量	B. 过程可接受性和效率	过程
		A. 资源可用性和质量	输入

---

① 王凯. Kirkpatrick 评估模型的案例分析及应用策略研究 [C]. 上海:上海外国语大学,2012.
② Kaufman R,Keller J,Watkins R. What works and what doesn't:Evaluation beyond kirkpatrick[J]. Performance Improvement,1996,35(2):8–12.
③ Phillips J J. ROI:The search for best practices[J]. Training & Development,1996,50(2):42–48.

(二) CIPP 评估模型

1. CIPP 模型的产生与发展

CIPP 模型由 Stufflebeam 于 1966 年在俄亥俄州立大学教育评价中心提出,他认为"评价的最主要的目的不是为了证明,而是为了改进"。Stufflebeam 认为评价不应局限于确定目标的实现程度,而应着眼于为决策者提供信息。最有用的评价应当为管理者、教师与学生等提供反馈信息,从而更好地为教育服务[1]。CIPP 模型又称为决策导向模型或改良导向模型,为影响最大的现代典型教育评价理论模型[2]。

2. 对 CIPP 模型的基本认识

CIPP 模型由背景评价(context evaluation)、输入评价(input evaluation)、过程评价(process evaluation)和成果评价(product evaluation)四个评价要素的英文单词首字母组成。

其中,背景评价为计划决策服务,是根据社会发展与评价对象(个人、单位、方案、活动等)的需要对方案目标本身做出的诊断性评价。背景评价为确定与描述方案目标提供有效信息,着眼方案目标的合理性判断。背景评价可以鉴别特定环境下的需求、问题、资源与机会。需求是指目标实现中必需而有用的事物,问题是指满足需求时必须克服的障碍,资源是指目标实现中可提供的服务,机会是指满足需求与解决问题的时机[3]。

输入评价为组织决策服务,是对所需且可能获取的资源、工具、方法等条件进行评价的要素。其间,对实现目标所需且可能获取的成本费用、人力物力等资源以及解决问题的策略方法的调研有助于鉴别与遴选出优质的教育方案。输入评价的实质是对教育方案的可行性评价。

过程评价为实施决策服务,将通过对教育方案实行状况的研判而获取的反馈信息作为改进教育方案的依据。过程评价关注取得预期成果的最佳流程,其实质是对教育方案的高效性评价。

成果评价为重复决策服务,是对教育方案实施成就的价值判断,即通过衡量、分析方案实施成果以确定是否继续使用、修正或终止方案,其实

---

[1] Stufflebeam D L, Madaus G F, Kellaghan T. Evaluation Models: Viewpoints on Educational and Human Services Evaluation[M]. Springer Netherlands, 2000.
[2] 葛莉. 基于 CIPP 的高校创业教育能力评价与提升策略研究[D]. 大连:大连理工大学, 2014.
[3] 同[1]

质是对教育方案的形成性评价。

从 CIPP 四个评级要素的目标、方法以及 CIPP 与教育决策关系的维度归纳出 CIPP 模型的特征（见表 3-3-7）。

表 3-3-7　CIPP 模型的特征

项目	背景评价	输入评价	过程评价	成果评价
目标	界定机构或服务的背景；确认对象及其需求；确认满足需求的可能方式；诊断需求所显示的困难；判断目标能否充分满足已知的需求	确认和评价系统的各种能力；确认和评价选择方案的策略；确认和评价实施策略的程序设计、预算及进度	确认或预测程序设计或实施中的缺点；为设计好的决策提供信息；记录和判断依次发生的各种事件及活动	搜集对结果的描述及判断；使其与目标以及背景、输入、及过程的信息相联系；解释其价值及意义
方法	使用系统分析、调查、文献综述、听证会、诊断测验以及德尔菲方法	调查和分析可用的人力和物力资源，解决问题的策略，及程序设计相应的可行性和经济性；利用文献探讨、访问典型方案、建议小组以及小型实验等方法	控制活动中的潜在障碍，并对非预期的障碍保持警觉；对方案决策获得特殊的信息；描述真实的过程；与方案工作人员不断交流，并观察他们的活动	制定可操作的、可测量的评价结果标准；搜集与方案有关的各种人员对结果的评判，并从质与量上加以分析
与教育决策的关系	为计划决策服务，决定方案实施的背景、与满足需要有关的目的或使用时机，以及与解决问题有关的目标提供判断结果的基础	为组织决策服务，选择资助来源、解决问题的策略以及程序设计，提供判断方案实施状况的基础	为实施决策服务，为有效的控制过程，实施和完善方案设计及程序，并为以后解释结果，提供大量真正过程的记录	为重复决策服务，为决定继续、终止、修正或重组变革活动，提供清晰的有关效果（预期的与非预期的、积极的与清晰的）的记录

CIPP 模型倡导评价是一个系统工程。Stufflebeam 提出了 CIPP 模型的设计原则与操作流程，以确保每一评价要素得到顺利运行与实施（见表 3-3-8）[1]。

表 3-3-8　CIPP 模型的设计原则与操作流程

操作流程	设计原则
确定评价任务	界定评价的对象
	确认评价的当事人与受评价影响的对象
	评价的目的：方案的改良、绩效评价和了解

---

[1] 肖远军. CIPP 教育评价模式探析 [J]. 教育科学，2003（3）：43-46.

续表

确定评价任务	采用的评价种类：背景、输入、过程和成果评价
	提出所要遵守的健全评价原则
获得信息的计划	一般的策略：调查、个案研究、建议小组或实地实验
	指导测量、分析、解释的假设
	信息的收集：取样、工具、资料搜集
	信息的分析：质与量的分析
	评价结果的解释：确认标准和处理判断
报告结果的计划	报告的准备
	报告的传播
	提供追踪活动以增加评价的影响力
实施评价的计划	评价进度的概述
	满足工作人员和资源需求的计划
	后设评价的提供
	评价设计的定期更新
	预算
	备忘录或合约

评价主体依据 CIPP 模型的四个评价要素为决策者提供教育决策的服务过程即为 CIPP 模型的操作流程。

与其他教育评估模型相比，CIPP 模型有着明显的优势：①该模型的评价理念符合当代教育评价的发展趋势，注重过程评价；②该模型评价全面，分别从背景、投入、过程、结果四个方面进行评价；③该模式评价流程清晰，易于操作；④该模型强调反馈的作用。[①]

第四节 框 架

一、信息时代职业教育教师的多重角色特征

教师是提高教育质量的关键，因此职业教育教师的专业化问题就成为

---

① 李景奇，韩锡斌，杨娟，刘英群. 基于 CIPP 模式的网络学习跟踪与评价系统设计 [J]. 电化教育研究，2009（7）：53-57.

事关人才培养质量的根本问题。"双师型"教师是职业教育教师的发展趋势。"双师"指兼具理论基础与实践能力的教师。① 欧盟职业培训发展中心根据职业将职业教育教师分为四类：普通学科教师、职业理论学科教师、学校实训基地或模拟教学环境的实践学科教师以及公司培训者。② 中国"双师型"教师多指职业理论学科教师和职业实践学科教师。信息时代对职业教育教师的教学能力提出了新的要求，有必要分析职业教育教学能力的概念和构成要素，继而形成信息时代职业教育教师教学能力的标准框架，为教师教学能力提升方面的研究与实践奠定基础。

职业教育与普通教育是两种不同类型的教育，信息时代的职业教育教师除了具备上节所述的教学能力之外，还应具备三种角色的特征：技师/工程师、数字公民和终身学习者。

（一）具有技师/工程师特征的职业教育教师

相较于普通教育，对职业教育教师教学能力结构的研究更加关注其行业能力，即社会能力、方法能力与专业能力（社会交往能力、问题解决能力与专业履职能力）。③ 目前在实践层面从师资队伍建设出发总结的"双师型"教师的案例较多，对职业教育教师个体的"双师型"教学能力结构探讨并不充分。相比公共课教师，专业课教师的职业属性更强，更具有职业教育"双师型"特征，因而职业教育教师教学能力的研究主要聚焦专业课教师，相关研究也多是从专业课教师视角切入的。有学者认为，职业教育"双师型"教师能力包括教学基础、专业实践、行业能力以及科研能力和素质四个一级要素。④ 有学者建立了职前职业教育教师教学能力模型，包括核心能力（core competence）、硬技能（hard skills）和软技能（soft skills）⑤。其中，核心能力包括教学知识、内容知识、技术知识；硬技能包括实操及专业理论课程教学能力、实操及专业课程内容掌握水平；软技能包括诚实可

---

① 宋明江. 高职院校"双师型"教师教学能力发展研究[D]. 重庆：西南大学，2015.
② CEDEFOP. Teachers and trainers' professional development [EB/OL].[2020-08-27]. https://www.cedefop.europa.eu/en/events-and-projects/projects/teachers-and-trainers-professional-development.
③ 赵志群. 职业能力研究的新进展[J]. 职业技术教育，2013（10）：5-11.
④ 詹先明. "双师型"教师发展论[M]. 合肥：合肥工业大学出版社，2010：39.
⑤ Wagiran W, Pardjono P, Suyanto W, et al. Competencies of future vocational teachers: Perspective of in-service teachers and educational experts[C]. Principles and Practice of Constraint Programming, 2019（2）：387-397.

靠、遵守纪律、争当模范等。有学者基于管理学胜任力视角、工作过程视角与教学活动视角，通过焦点小组讨论的方式构建了职业教育教师的教学能力框架，核心分为三项一级维度——个人特质和专业水平、课程教学和培训、技术和创新，以及对应的二级维度。[①] 一些学者认为，职前职业教育教师须具备教学（pedagogic）、专业（field of the expertise）、管理（managerial）、品格（personality）和社交（social）五个领域的能力。[②] 有学者结合工作过程视角、心理学认知视角、胜任力视角与教学活动视角，构建了旨在满足可持续发展目标的职业教育教师教学能力框架，包括六个能力维度。[③] 从哲学层面的社会实践与主体之间的辩证关系来看，职业教育的教学活动发生场域存在跨界性，即从院校延伸至企业、行业或社会，因此对职业教育教师个体的素质和能力提出了很高的要求。

以服务发展为宗旨，以促进就业为导向的职业教育，须培养学生的职业技能和职业精神，做到在专业、社会、个人情境中正确思考，在行动中承担个人和社会责任。以校企合作为办学模式，以工学结合为培养模式，将单一学校形式的教与学发展为校企合作的教与学，使得职业教育的教学结构或学习结构发生了与普通教育不同的、具有自身特点的深刻变化。

（二）具有数字公民特征的职业教育教师

信息时代对身处其中的所有人都提出了新的要求，教师作为数字公民，也应具备相应的信息素养，尤其是在信息化环境中优化教学的能力。移动互联、云计算、大数据、物联网、人工智能等层出不穷的新技术将对职业教育产生深远影响，信息技术的泛在化改变了个体的人际交流、工作生活、知识建构、信息获取，甚至行为方式和思维方式。[④] 教师需要具备相应的信息素养以及充分利用各类技术的潜力，引导学生为未来做好准备。

在信息时代，人的发展与社会发展的相互作用更加明显，体现在：

[①] Ismail A, Hassan R, Bakar A, et al. The development of TVET educator competencies for quality educator[J]. Journal of Technical Education and Training, 2018, 10（2）: 38-48.

[②] Rofiq Z, Surono S, Triyono M B, et al. Developing the standard competencies for vocational teacher candidates of mechanical engineering[C] Journal of Physics: Conference Series. IOP Publishing, 2019（1）: 12-32.

[③] Diep P C, Hartmann M. Green skills in vocational teacher education–a model of pedagogical competence for a world of sustainable development[J]. TVET@ Asia, 2016（6）: 1-19.

[④] 韩锡斌，陈明选. 互联网+教育：迈向职业教育现代化的必由之路——《国家职业教育改革实施方案》（职教20条）学习启示[J]. 中国职业技术教育，2019（16）: 27-31.

①劳动分工导致单一工种向复合工种转变；②技术进步导致简单职业向综合职业发展；③信息爆炸促进了学校教育向终身学习的跨越。① 信息技术与教育教学的整合存在三个层面，依次是工具手段层面的经验应用、逻辑系统层面的策略创新、人文价值层面的人性反思。将基于技术发展所需更高要求的技能习得及其知识掌握的过程与该技术功能更加有效地结合，就要求我们通过整合来营造新型教学环境、实现新的教学方式、变革传统的教学结构。② 过去20年来基于技术工具论的教师教学能力发展对提升教学质量的贡献不甚显著，"教育+信息技术"的思维范式仍被桎梏在狭隘的学科范畴。③ 教师的信息化教学能力不应受到技术工具论的裹挟，而需信息技术与教学深度融合，整合并重组信息时代相关教学能力的构成要素。信息时代"教与学"的内涵与外延日益多元，新技术、新模式重新定义了包括职业教育教师在内所有教师教学能力的应然要求。职业教育教师信息化教学能力与职业教育教学能力并非隶属关系，而应是合二为一的，信息化教学能力应是衡量职业教育教师的教学能力的重要指标之一。另外，信息时代既为教师国际沟通与协作提供了广阔的空间，也对教师在国际视野和国际交流能力等方面提出了新的要求。

职业教育教师要适应"互联网+职业教育"发展需求，面对"专业知识、职业技能和信息技术"三位一体的技术技能人才培养需求，要探索基于互联网的认知规律，构建校企跨界合作、教学环境和工作场所结合、虚实环境融合的新型职业教育教学方式。因而职业教育教师教学能力的内涵也应包括信息化教学能力这个关键要素。教师的信息化教学能力有不同的名称，多用"信息化教学能力""教育技术能力"等，而国外多用"教师ICT能力"。尽管名称不同，但其内涵具有历史发展上的一致性。特别是TPACK技术整合框架的提出，为更好地理解信息时代职业教育教师教学能力的内涵和构成提供了参考。

（三）具有终身学习者特征的职业教育教师

新科技革命和产业变革的时代浪潮奔腾而至，职业教育教师的教学知

---

① 姜大源.职业教育要义[M].北京：北京师范大学出版社，2017：10.
② 姜大源.职业教育要义[M].北京：北京师范大学出版社，2017：32.
③ 葛文双，韩锡斌.数字时代教师教学能力的标准框架[J].现代远程教育研究，2017（1）：59–67.

识、专业技能和信息素养等都时刻面临更新换代。本书研究团队通过访谈了解到，很多曾经十分热门的专业，尤其是在传统制造及加工业领域，已经慢慢萎缩成一门课程甚至不复存在，这对教师的发展提出了巨大挑战。基于泰勒主义的大批量生产方式强调服从，即每个员工只熟悉一种技能。而以精益生产为代表的团队作业方式强调每个员工都是多面手，都要不断提高、改进现有技术和管理水平，实现潜能最大限度的发挥[1]，因而职业教育教师需要不断提升自己的教学知识、专业技能和信息素养。

联合国教科文组织将职业教育作为教育与终身学习的组成部分，学习与工作相关的知识、技能和态度的各种形式，包括与职业领域、生产和生计有关的教育、培训和技能发展活动，横向技能、公民技能、终身学习技能是其重要组成部分。[2] 职业教育教师作为职业教育教学改革的核心要素，也需要将职业教育的终身学习理念映射到自身的专业发展上。

（四）信息时代职业教育"双师型"教师

综上所述，信息时代职业教育教师需要兼具教师、技师/工程师、数字公民、终身学习者等多种角色特征，其相互间的关系如图3-4-1所示。职业教育教师可分为七类：①不具备信息素养、研究与发展能力的职业教育教师；②有研究与发展能力但欠缺信息素养的职业教育教师；③有信息素养但欠缺研究与发展能力的职业教育教师；④有研究与发展能力但欠缺信息素养的技师/工程师；⑤有信息素养但欠缺研究与发展能力的技师/工程师；⑥不具备信息素养、研究与发展能力的技师/工程师；⑦信息时代职教"双师型"教师。第七类是职教教师教学能力发展的目标与方向。

"技师/工程师特征"使得职业教育教学活动的发生场域具有跨界特点，即从院校延伸至企业、行业甚至整个社会；"数字公民特征"需要职业教育教师实现信息技术与教学的深度融合，才能整合并重组信息时代教师教学能力的相关构成要素；"终身学习者特征"需要职业教育教师作为职业教育教学改革的核心，要将职业教育的终身学习理念投射到自身的专业发展上。基于信息时代职业教育教师的多重角色特征，可形成信息时代职业教育教

---

[1] 赵志群. 职业教育与培训学习新概念[M]. 北京：科学出版社，2007：12-13.
[2] Latchem C. Using ICTs and blended learning in transforming TVET[EB/OL]. (2017) [2020-08-27]. https://unevoc.unesco.org/home/UNESCO%20and%20COL%20Publication%20on%20ICTs%20and%20Blended%20Learning.

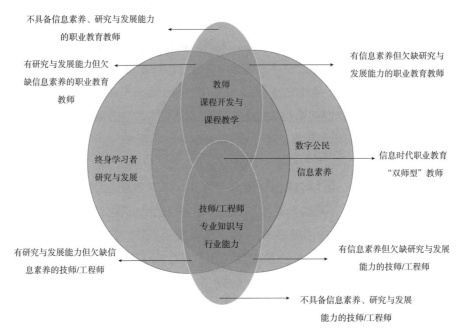

图 3-4-1 信息时代职业教育"双师型"教师多角色特征

师教学能力标准框架的一级指标：课程开发、课程教学、专业知识、行业能力、信息素养、研究与发展。其中，课程开发与课程教学属于教师角色的能力范畴，专业知识与行业能力属于技师/工程师角色的能力范畴，研究与发展属于终身学习者角色的能力范畴，信息素养属于数字公民角色的能力范畴。

二、信息时代职业教育教师教学能力标准框架

从认知发展视角来看，学习是从新手向专家转变的过程。[①] 从人力资源管理的视角来看，有学者将科技人才的成长规律划分为孕育期、成长期、成熟期、全盛期四个阶段。[②] 对于教师专业发展阶段的研究有以下四种理论：工作生涯周期、认知发展、教师社会化和"关注"研究框架。[③] 其中，"关注"研究框架旨在探讨教师在从新手到专家的成长历程内，不同发展阶

---

① 索耶. 剑桥学习科学手册 [M]. 徐晓东，等译. 北京：教育科学出版社，2010：11.
② 郭新艳. 科技人才成长规律研究 [J]. 科技管理研究，2007（9）：223-225.
③ 刘竑波. 一项关于教师专业发展的实践研究 [D]. 上海：华东师范大学教育学部，2002.

段所遇到的问题和解决方案。①

对于职业教育教师而言，信息时代的岗位分析即教师的教学能力分析。德国职业教育学家 Rauner 将职业教育学生按能力发展水平分为新手、有进步的初学者、内行的行动者、熟练的专业人员和专家五种，并据此划分了四个学习范畴②（见图3-4-2）。

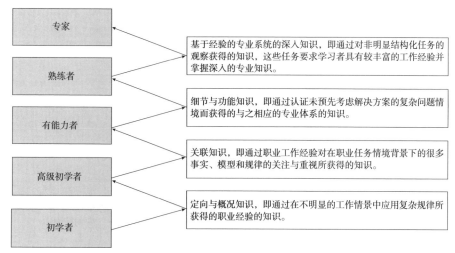

图 3-4-2　初学者到专家的学习范畴

Rauner 所提出的从新手到专家五阶段四学习范畴观点与教师发展"关注"研究框架出发点一致，都是由非专业人员（新手）向专业人员（专家）的成长过渡，而非教师全过程的职业/生命周期。从教学活动视角出发，基于信息时代职业教育教师的多重角色特征，构建的标准框架包括课程开发能力、课程教学能力、掌握专业知识的能力、行业能力、信息素养、研究与发展能力六个维度，和"初学者到高级初学者""高级初学者到有能力者""有能力者到熟练者""熟练者到专家"四个学习范畴。③本手册提出信息时代职业教育"双师型"教师教学能力标准框架，分为两个维度：教师教学能力的构成要素和发展阶段（见表3-4-1）。

---

① 梁成艾. 职业学校"双师型"教师专业化发展论[M]. 成都：西南交通大学出版社，2014：22-23.

② Rauner F. Berufliche kompetenzentwicklung-vom novizen zum experten[M]//Dehnbostel P, Elsholz J, Meister J, et al. Vernetzte kompetenzentwichklung：alternative positionen zur weiterbildunv. Berlin：Edition Sig-ma，2002：116.

③ 同②

表 3-4-1 信息时代职业教育教师教学能力标准框架

发展阶段 构成要素	初学者→高级初学者（完成职业定向性工作任务）	高级初学者→有能力者（完成程序性工作任务）	有能力者→熟练者（完成蕴含问题的特殊工作任务）	熟练者→专家（完成无法预测结果的工作任务）
课程开发	在外部指导下进行课程开发的能力	基于职业教育课程实践的课程开发能力	职业教育课程理论指导下的课程开发能力	理论与实践融会贯通的课程开发能力
课程教学	在外部指导下进行教学的能力	基于教学实践的教学能力	职业教育教学理论指导下的教学能力	理论与实践融会贯通的教学能力
专业知识	运用定向和概括性知识的能力	运用关联性知识的能力	综合运用专业知识的能力	运用专业知识系统化分析无法预测结果任务的能力
行业能力	实施职业定向性任务的能力	实施程序性任务的能力	实施蕴含问题的特殊任务的能力	实施无法预测结果任务的能力
信息素养	信息技术应用于教学的能力	借助信息技术改进教学的能力	借助信息技术解决教学难题的能力	借助信息技术创新教学的能力
研究与发展	在外部指导下进行教学研究的能力	基于多种途径进行自主教学研究的能力	结合理论与经验进行研究与创新的能力	基于研究与创新成果指导其他教师的能力

（一）职业教育教师教学能力的内容维度

职业教育教师教学能力的构成要素分为六个方面：课程开发、课程教学、专业知识、行业能力、信息素养、研究与发展。课程开发也被称为课程设计或课程编制，指进行教学计划、教学大纲和教材的编写，并对教学计划、大纲和教材应达到的目标、选择的内容和评价的标准进行可行性研究。① 课程教学是指根据一定的教育目的，以课程内容为中介，由综合能力领域教师的教和学生的学共同构成的一种教育活动。② 专业知识指的是教师所教专业领域的知识。③ 行业能力指的是教师所在行业的核心能力，包括行业沟通与合作能力、行业实践能力、行业服务能力。④ 信息素养指的是合理合法地利用各种信息工具，从而确定、获取、评估、应用、整合和创造信

---

① 赵志群. 职业教育与培训学习新概念 [M]. 北京：科学出版社，2007：107.
② 顾明远. 中国教育大百科全书 [M]. 上海：上海教育出版社，2012：606.
③ 赵文平. 职业院校"双师型"教师知识结构探讨 [J]. 职业技术教育，2012（25）：38-42.
④ 吴炳岳. 职业院校"双师型"教师专业标准及培养模式研究 [M]. 北京：教育科学出版社，2014：173-181.

息，以实现某种特定目的的能力。[1] 信息通信技术和数字化工具的应用可以提升优质教育的普及性；提升教育公平性，特别是对于边缘化群体，例如女性和农村学习者；为教师参与知识社会创造条件。[2] 研究与发展能力指的是教师的科学研究能力、教学研究能力及专业发展能力。联合国教科文组织高等教育创新中心制订了国际网络教育学院教师信息通信技术能力框架，将教师能力分为教学、管理和科研三大维度。[3]

（二）职业教育教师教学能力的发展阶段

第一个学习阶段：初学者到高级初学者（完成职业定向性工作任务）。在学习之初，职业教育教师首先需要对信息时代职业教育教师教学能力构成的不同要素及其工作范围有一个初步的认识。教师不仅要认识和理解本职业（教师）的地位、与其他职业的关联以及工作范围，而且还要认识和理解在劳动分工结构中本职业的工作过程。初学者通过了解有关工作的结构、重点和内容等信息，来理解与职业紧密相关的其他跨行业工作任务以及常规教学实践。初学者对职业领域内的入门和概括性知识进行学习是获取职业行动能力和教学设计能力的基础。[4] 在教学能力提升的初始阶段，教师要参与以工作过程为导向的教学任务，这样他们就能够最快地实现从初学者向高级初学者的提升。在本阶段中，职业教育教师教学能力的课程开发、课程教学、研究与发展要素需要教师在外部指导下习得；专业知识与行业能力要素则需要教师具备处理该领域定向性与目的性任务的能力；信息素养要素需要教师将信息技术应用于教学实践，并基于信息化教学的基本理念来理解信息化教学特点，使信息技术应用于教学的基本设计中。

第二个学习阶段：高级初学者到有能力者（完成程序性工作任务）。教师在了解了职业概况并获得初步技能后，就进入了第二个学习阶段，开始从事程序性的工作任务以掌握与职业有关联的知识。程序性的工作任务是

---

[1] 钟志贤. 面向终身学习：信息素养的内涵、演进与标准[J]. 中国远程教育，2013（8）：21-29+95.

[2] 毕小涵. 阿拉伯国家高等教育数字化转型调研报告[R/OL].[2021-10-11]. https：//www.ichei.org/Uploads/Download/2021-06-23/60d2e4d98719e.pdf.

[3] 毕小涵. 撒哈拉以南非洲高等教育数字化转型调研报告[R/OL].[2021-10-11]. https：//www.ichei.org/Uploads/Download/2021-06-07/60bd9222748fd.pdf.

[4] 徐涵. 工作过程为导向的职业教育理论与实证研究[M]. 北京：商务印书馆，2013：61-72.

指教师考虑教学内容的前后关联，以便系统地理解教学任务，从而建立一个整体化的职业观念。本阶段聚焦教师的知识内化与实践能力提升，这与第一阶段的学习（主要侧重教师的知识技能习得）不同。在该学习阶段，教师须将所学在教学实践中运用，这种基于工作场所的学习能够促使教师对职业关联性知识理解与掌握。在教学实践中，基于职业教育课程实践的课程开发能力、基于教学实践的教学能力、研究与发展能力均建立在教师对信息时代职业教育教学有一定的前期积累基础上，教师在此阶段可以较为独立地开展课程开发、课程教学及研究，而专业知识的获取在此阶段表现为教师对体系内若干项不同知识的整合和与之建立的关联。行业能力主要涉及教师完成行业工作任务的过程性行为和阶段性操作的熟练程度。教师的信息素养基于第一阶段信息技术应用的学习基础上，在第二个学习阶段更加突出对教学的优化，这是一个信息技术与教学整合的过程。

第三个学习阶段：有能力者到熟练者（完成蕴含问题的特殊工作任务）。教师在掌握了完成程序性工作任务的能力以后，就进入了第三个学习阶段，即解决蕴含问题的特殊工作任务。学者 Garfinkel 认为，"每个职业归根到底只能够在实践中学会"。① 故而，为解决问题仅依靠已有的规则和方案是不够的。在教学中，往往会出现一些不符合常规和职业标准的情境，这是用熟知的方案无法解决的问题。蕴含问题的特殊工作任务往往包含一些新的问题，之前的工作经验无益于新问题的解决。对于教师，这种新问题往往会在各种教学比赛中集中出现，为解决这些问题，教师常迫切需要对理论的学习与掌握。因此，教师有必要首先分析工作任务，然后通过构建理论分析框架找出问题所在，最后设计出解决方案。完成该工作任务，除了要求掌握必要的教学理论知识外，还需要有一定的教学技巧和经验的积累，这是建立在第二个学习阶段基础上的。到了本阶段，教师通常已在实践教学中对程序性任务反复实施多次，对教学流程及各个优化环节已经熟稔于心，需要从经验获得到理论认识过程的进一步提升。教师需要学习职业教育课程理论、教学理论、信息化教学理论等，从而更好地认识教育现象、解决教育问题，并在实践中强化自身综合运用专业知识的能力以及

---

① TAE10 Training and Education[EB/OL].（2010-05-31）.[2020-08-15].https：//training.gov.au/Training/Details/TAE10.

借助信息技术解决教学难题的能力。就教学能力构成中的研究与发展要素而言，教师需具备将理论与经验相结合的研究能力，从而解决真实的教学问题，达到创新的高度。

第四个学习阶段：熟练者到专家（完成无法预测结果的工作任务）。教师在掌握了完成蕴含问题的特殊工作任务的能力后，在理论和实践上均达到一定高度。这时，教师需要将自己的课程开发、课程教学案例整理后与同行分享，或者基于研究与创新成果来指导其他教师。该学习阶段是一个从实践到理论再到实践的过程，处于该阶段的教师在与其他教师的交流分享中会面对更加多元、复杂、难以预测的问题，并随着问题解决能力的不断提升，完成从熟练者型教师到专家型教师的跨越。本阶段，要求教师在课程开发、课程教学、信息素养、研究与发展等方面达到理论与实践上的融会贯通，同时在专业知识与行业能力方面，具有创造性地运用专业知识来系统分析无法预测结果的工作任务的能力，最终转变成为专家型教师。

第五节 测 评

评价指标体系的构建需要综合考虑完整性、有效性与可行性。其中，完整性指的是对评价对象尽量做到整体容纳，因此需要对相关领域具有较为全面的认知，本手册指对信息时代职业教育教师教学能力相关研究领域基本情况的掌握。有效性意味着各级指标都可以对评价对象的一些具体方面达成描述的预期效果，指标之间的冗余度最小，相交程度最低，不会产生冲突指标。美国学者巴比认为，在研究中应该尽量将指标的维度分开考察。① 本手册中，课程开发、课程教学、专业知识、行业能力、信息素养、研究与发展六个一级指标不存在冲突情况。可行性指的是指标可以被评价、可量化，操作性强。尤其层次结构应该清楚，为后续的信息时代职业教育教师教学能力测评、教师聚类等提供基础。

---

① 巴比.社会研究方法[M].邱泽奇,译.13版.北京:清华大学出版社,2020:197.

信息时代职业教育教师教学能力评价指标体系的构建,是提升职业教育教学质量的重点。这意味着职业教育摒弃按照学科发展规律的传统,转而关注工作过程和业务流程。这既反映了工作世界的客观要求,也体现了对教师教学能力的现实要求①。开发一套符合信息时代职业教育教学规律的教师教学能力评价指标体系变得尤为必要。职业教育教师要求兼具学校教师和企业技师的双重特征。学界对职业教育教师评价的关注视角有所差异,目前尚未形成统一观点,因此,在教育实践中,不同的主体也提出了不同的评价指标。

早在2004年,教育部就出台文件,进一步明确了职业教育教师评价指标。②2009年安徽省也在文件中突出了教师的专业实践和教学研究的能力要求。③2020年山东省教育厅提出以是否持证来认定职业教育"双师型"教师。④2020年12月江西印发文件,将教师分为专职教师和兼职教师两种,按照高级、中级、初级和兼职评聘。⑤

一些职业院校制定了本校教师评价与认定指标,在这些指标中对教师学历、学术功底、企业工作经历往往比较重视。如天津工业职业学院发布的《天津工业职业学院专业带头人、骨干教师遴选及管理办法》(试行)中规定,骨干教师需要具备本专业学历和学术背景,具有团队协作能力、宽阔的专业视野、专业理论经验和实践经验并能够掌握企业生产、服务流程,主持开展教科研工作。⑥

本手册基于信息时代职业教育教师多种角色特征,结合职业教育教师教学能力的内容维度,通过三轮专家咨询制定信息时代职业教育教师教学

---

① 赵志群,Rauner F. COMET 职业能力测评方法手册[M].北京:高等教育出版社,2018:42.
② 教育部办公厅.关于全面开展高职高专院校人才培养工作水平评估的通知(教高厅〔2004〕16号)[EB/OL].(2004-04-27)[2020-08-21]. http://old.moe.gov.cn/publicfiles/business/htmlfiles/moe/moe_42/200409/1182.html.
③ 安徽省教育厅.安徽省中等专业学校教师专业技术资格标准条件(试行)[EB/OL].(2009-10-15)[2020-11-09]. http://jyt.ah.gov.cn/xwzx/tzgg/33408561.html.
④ 山东省教育厅.山东省高等职业院校办学质量年度考核方案(试行)[EB/OL].(2020-06-23)[2020-11-06]. http://edu.shandong.gov.cn/art/2020/7/2/art_124276_9260539.html.
⑤ 江西省教育厅.江西省高等职业院校"双师型"教师认定标准[EB/OL].(2020-12-31)[2021-01-09]. http://jyt.jiangxi.gov.cn/art/2021/1/7/art_30378_3044334.html.
⑥ 天津工业职业学院办公室.天津工业职业学院专业带头人、骨干教师遴选及管理办法(试行)[EB/OL].(2019-05-23)[2021-08-31]. https://pctj.edu.cn/.

能力评价指标体系，共包含 6 个一级指标、19 个二级指标、56 个三级指标①（见表 3-5-1）。

一、职业教育教师教学能力评价指标

表 3-5-1　职业教育教师教学能力评价指标体系

一级指标	二级指标	三级指标
A. 课程开发	1. 岗位分析	（1）设计与组织专业（行业）调研
		（2）撰写专业建设调研报告与专业建设方案
		（3）调研行业职业能力标准
		（4）根据学生基础对职业能力标准进行调整后使用
	2. 典型工作任务分析	（1）设计工作任务分析会的方案
		（2）组织参加工作任务分析会
	3. 课程体系建设	（1）根据工作任务与职业能力分析表，确定课程结构
		（2）设计、编写教学进程表
		（3）根据工作任务与职业能力分析表，确定课程设置方案
		（4）根据专业课程体系，编写专业人才培养方案
		（5）明确课程建设与人才培养的逻辑关系
	4. 项目课程开发	（1）根据行业职业能力标准、学生实际开发课程标准
		（2）明确课程标准的具体要求
		（3）明确教学计划的具体要求
		（4）根据课程标准，进行项目课程设计
B. 课程教学	1. 教学设计	（1）设计教学目标
		（2）设计教学活动
		（3）设计教学资源
		（4）设计教学环境
		（5）设计教学评价
	2. 教学实施	（1）导入情境
		（2）组织教学活动
		（3）维护教学秩序

---

① Diao J, Yang J. Multiple-role perspective on assessing teaching ability: reframing TVET teachers' competency in the information age[J]. Journal of Educational Technology Development and Exchange（JETDE），2021，14（1）：57-77.

续表

一级指标	二级指标	三级指标
B.课程教学	3.实施评价	（1）对课程进行自我（他人）评价
		（2）对教师教学进行自我（他人）评价
		（3）对学生学习进行评价
C.专业知识	1.专业基础知识	（1）具备专业基础知识
		（2）应用专业基础知识
	2.新技术知识	（1）具备专业新技术知识
		（2）应用专业新技术知识
D.行业能力	1.行业沟通与合作	（1）构建校企合作网络
		（2）参与院校组织的为区域提供服务的活动
	2.行业实践	（1）具备课堂内行业实践技能
		（2）具备校内外课堂行业实践技能
		（3）具备校外行业实践技能
	3.行业服务	（1）参与行业培训服务工作
		（2）参与行业生产活动，提供技术支持
E.信息素养	1.信息意识与态度	（1）对重要性的认识
		（2）应用意识
		（3）评价与反思
	2.信息知识与技能	（1）基本知识
		（2）基本技能
	3.信息应用与创新	（1）合作与交流
		（2）教学模式创新
	4.信息社会责任	（1）公平利用
		（2）健康使用
		（3）规范行为
F.研究与发展	1.教学研究	（1）将科研成果应用于企业生产实践
		（2）开展职业教育教学研究
		（3）将科研成果应用于专业建设与教学
	2.专业发展	（1）提高专业知识水平和实践能力
		（2）制订个人职业成长规划
		（3）参加继续教育活动
		（4）组织、参加教研活动

续表

一级指标	二级指标	三级指标
F. 研究与发展	3. 职业道德教育	（1）示范职业道德
		（2）培养职业道德

二、职业教育教师教学能力测评工具

《国家职业教育改革实施方案》（"职教20条"）提出了"三教"改革的任务，旨在提升职业院校人才培养质量和社会服务能力。教师是教学改革的主体，是"三教"改革顺利实施的关键。[1] 教师教学能力评价是我国职业教育评价体系的核心组成，也是职业教育理论与实践共同关注的重要工作。[2] 各级各类教育行政机构、职业院校对教师教学能力评价立足于不同话语体系，视角不一，呈现多元样态。因此，建立符合科学性、时代性原则的职业教育教师教学能力测评工具，有利于识别职业教育专家型教师的共同能力，诊断能力水平，促进教师达成学习目标，进一步从宏观视角提升职业教育教师的认可度和公众形象。本手册根据指标体系进一步编制职业教育教师教学能力评测工具，在实践上为职业院校教师教学能力评价与诊断提供可操作性的依据和工具（见表3-5-2）。评测工具问卷采用里克特五级量表作为教师的自评量表，其中，1表示非常不符合，5表示非常符合，由教师在对应题项进行自我打分。后续可根据各类型教师在六个一级指标的特征值构建雷达图，为不同类别教师描绘教学能力画像。

表3-5-2　职业教育教师教学能力测评工具

一级指标	二级指标	测量题项
A 课程开发	1 岗位分析	（1）能根据专业调研方案要求，设计调研表格； （2）能对调研数据进行分析整理，撰写调研报告； （3）能参与撰写专业建设方案； （4）能搜集、分析行业职业能力标准； （5）能基于学生实际，合理使用职业能力标准

---

[1] 国务院. 关于印发《国家职业教育改革实施方案》的通知 [EB/OL].（2019-02-13）[2020-09-23]. http://www.gov.cn/zhengce/content/2019-02/13/content_5365341.htm.

[2] 韩锡斌，刁均峰，杨娟. 信息时代职业教育教师教学能力的内涵、构成及标准框架[J]. 教师教育学报，2021，8（2）：23-32.

续表

一级指标	二级指标	测量题项
A 课程开发	2 典型工作任务分析	（1）能根据调研情况，设计工作任务与职业能力分析表； （2）能按工作任务分析要求选好分析专家、行业企业专家； （3）能组织或参加工作任务分析会
	3 课程体系建设	（1）熟悉专业课程体系、课程内容要求、各门课程之间的接口问题，能构建专业课程体系； （2）能设计、编写教学进程表； （3）能参与制订课程设置方案； （4）能根据专业课程体系，编写专业人才培养方案； （5）能根据专业人才培养要求，设计综合实训教学方案、企业顶岗实习教学方案； （6）能解读行业从业人员职业能力标准与人才培养方案的逻辑关系
	4 项目课程开发	（1）能根据行业从业人员职业能力标准制订课程标准； （2）能制订课程标准的实施计划与主要措施； （3）能解读课程教学计划； （4）能进行项目课程设计
B 课程教学	1 教学设计	（1）明确知识、技能与态度目标； （2）能确定学习任务、项目； （3）能确定教学策略； （4）能准备实训材料、设备与工具； （5）能设计实训教学环境； （6）能设计诊断性评价； （7）能设计形成性评价
	2 教学实施	（1）能应用实物、媒体展示、教具演示、实验等情境引导方法； （2）能组织实践教学活动； （3）能组织模拟教学活动； （4）能组织实习教学活动； （5）具有敏锐的观察分析及应变能力
	3 实施评价	（1）能组织实施课程评价； （2）能分析和反馈课程评价； （3）能确定教学评价的内容及标准； （4）能组织实施教学评价； （5）能分析和反馈教学评价； （6）能组织实施学生学习评价； （7）能分析和反馈学生学习评价
C 专业知识	1 专业基础知识	（1）掌握与专业相关的基础知识； （2）具备与专业相关的工作经验； （3）掌握专业基础知识的实践应用方式
	2 新技术知识	（1）能够不断学习专业相关领域的先进技术知识； （2）了解并努力学会专业新技术知识的应用方式； （3）分析专业新技术知识的应用方式

续表

一级指标	二级指标	测量题项
D 行业能力	1 行业沟通与合作	（1）对行业信息的收集、分析； （2）与行业人员进行项目/培训等方面合作； （3）能辅助参与地方政府的服务活动
	2 行业实践	（1）能根据专业教学进程安排校内实训基地教学任务； （2）能检查评估校内实训基地的运行状态（如安全隐患）； （3）能指导学生考证考级； （4）能指导学生参加技能竞赛； （5）能对学生进行顶岗实习指导； （6）能参与组建校外专业实训基地
	3 行业服务	（1）能分析行业培训需求信息，确认行业培训需求； （2）能根据行业能力标准，确定培训计划； （3）能实施培训并评价其效果； （4）能参与行业企业的技术攻关活动； （5）具备产出行业企业技术成果的能力
E 信息素养	1 信息意识与态度	（1）理解信息技术的有效应用对于创新教学模式、提高职业教育质量、促进职业教育教学改革的重要作用； （2）具有在教学中开展信息技术与课程教学融合，并据此进行教育教学改革的意识； （3）具有建设和共享信息化课程、虚拟仿真实训系统等数字化教学资源的意识； （4）关注信息技术（如大数据、云计算、物联网、VR/AR、人工智能、5G网络、区块链等）和教育理念的最新发展，并尝试将其应用于职业教育的人才培养； （5）具有对信息化教学进行评价的意识
	2 信息知识与技能	（1）理解信息化教学的基本概念和理论基础； （2）理解数字化教学资源和教学工具的特点和作用； （3）掌握数字教学资源的制作方法与流程
	3 信息技术应用与创新	（1）能利用信息技术与学生进行学习方面的交流； （2）能利用信息技术进行家校合作； （3）能利用信息技术与同事在教学和科研方面开展合作与交流； （4）利用信息技术构建理实一体、工学结合的虚实融合教学模式； （5）利用信息技术实施教学过程与生产过程对接的校企合作教学模式； （6）利用移动终端、VR/AR、物联网、5G等技术构建新型实验、实训、实习教学模式
	4 信息社会责任	（1）确保所有学生在学习资源、学习工具、学习环境的利用上享有均等的机会； （2）培养学生的信息安全常识、保护自身和他人隐私的意识、分辨健康与有害信息的意识、安全健康地使用信息技术的意识； （3）能向学生传授与信息技术利用有关的法律法规知识和伦理道德观念，培养学生的法律意识，并示范相关的规范行为

续表

一级指标	二级指标	测量题项
F 研究与发展	1 教学研究	（1）能开展与本专业相关的应用型科技研究，并能为学校科研管理提出建设性意见； （2）能主持应用型科技研究项目； （3）能开展职业教育教学改革研究，并积极为学校教育教学改革提出建设性意见； （4）能主持职业教育教学研究项目； （5）能将科研成果转化为专业建设，并积极为学校专业建设提出建设性意见
	2 专业发展	（1）掌握与专业相关的职业技能； （2）能提出个人专业发展的目标、任务和措施； （3）能参加在职培训和短期培训； （4）能组织、设计、参与教研活动； （5）能带动团队建设发展
	3 职业道德教育	（1）熟悉并自觉遵守国家职业教育法律、法规、政策； （2）遵守职业道德、相关行业规章制度； （3）能对学生进行相关行业职业道德规范和法律法规教育； （4）能评价学生的职业道德表现

根据教师自评结果，对职业教育教师进行分析归类，基于不同教师的教学能力现状，为后续设计面向信息时代职业教育教师的教学能力提升方案、系统提升职业院校教师的教学水平、完善和创新职业院校教师专业发展机制提供目标指引，并为职业院校混合教学改革实践深化与效果提升提供保障。通过对815位教师教学能力特征的分析，可将职业教育教师分为六种类型（见表3-5-3）。

表3-5-3 六类教师信息化教学能力水平及特征

教师类型	总体水平特征	A 课程开发	B 课程教学	C 专业知识	D 行业能力	E 信息素养	F 研究与发展
一	较高	高	较高	较高	较高	高	较高但不均衡
二	较高	较高	较高	较高	较高	较高	较高且均衡
三	较低	较高	较高	较低	较高	较高	较高但不均衡
四	较低	较低	较低	较低	较低	较低	较低且均衡
五	低	低	低	低	低	低	低且均衡
六	极低	极低	极低	极低	极低	极低	极低且均衡

第六节 用途/使用建议

一、国家层面

第一，基于框架制订国家层面的职业教育相关政策。通过提升职业教育教师教学能力，使教师有能力、有意愿参与本国职业教育教学改革的项目。基于各国教师教学能力现状，分析和完善目前的职业教育政策。面对各国产业特点和职业教育结构与现状，以职业教育教师发展政策制订、师资标准制订作为引领，为各国开发培训方案、培训课程及培训资源提供参考，逐步加快各国职业教育教学改革。[1]尽管各国政府、国际组织、非政府组织和私营部门举办了很多教师培训讲习班、研讨会、其他能力建设活动，但其中许多是临时性的，缺乏定期的后续行动。[2]

第二，基于框架建设开放教育资源。为教师提供重复利用、修改、重组和分发开放教育资源。着重提升教师根据当地情况，使用当地语言搜集、整理并创造在线教学资源的能力。在此方面，应注意开放教育资源的全球运动，贯彻《2012年开放教育资源巴黎宣言》原则。[3]

第三，推动教师培训课程本地化。多数教师教育课程仍以本土语言进行授课，无法进行跨文化课程共享。将国际化的职业教育教师教育课程依据能力框架重新组织，可以帮助项目国不断完善现有资源，并进行查缺补漏，以更小的成本推动本国职业教育教学改革。[4]

---

[1] 李铭. 亚太地区高等教育数字化转型调研报告 [R/OL].（2021-06-07）[2021-10-11]. https://www.ichei.org/Uploads/Download/2021-06-07/60bd8e539a3b6.pdf.

[2] 毕小涵. 撒哈拉以南非洲高等教育数字化转型调研报告 [R/OL].（2021-06-07）[2021-10-11]. https://www.ichei.org/Uploads/Download/2021-06-07/60bd9222748fd.pdf.

[3] 毕小涵. 阿拉伯国家高等教育数字化转型调研报告 [R/OL].（2021-06-07）[2021-10-11]. https://www.ichei.org/Uploads/Download/2021-06-23/60d2e4d98719e.pdf.

[4] 李铭. 亚太地区高等教育数字化转型调研报告 [R/OL].（2021-06-07）[2021-10-11]. https://www.ichei.org/Uploads/Download/2021-06-07/60bd8e539a3b6.pdf.

二、院校层面

第一,院校层面应出台规章制度促进并保障教师职业发展。院校可以基于框架标准,实施培训、考核、能力诊断。例如,应为教师参加的职业培训,尤其是由此获得的能力提供认证,并作为教师职业发展的考核指标之一。① 对教师的培训不仅是教师个人的义务,也需要院校的支持与保障。事实上,很多非洲国家的院校为教师提供的培训无法跟上信息时代教学变革的需求。②

第二,院校可借助能力框架与测评工具,面向本校教师开展阶段性测试,在掌握教师教学能力水平动态变化情况的基础上,系统反思相关教师教育课程在课程内容、课程形式、课程师资等方面是否满足教师的终身发展目标要求。例如,有的院校侧重教师课程开发层面的培训,有的院校聚焦行业能力层面,也有院校重视如何提升教师的信息素养。那么,到底哪种教师教学能力提升课程配置更好?这需要结合能力框架和测评工具对教师教学能力提升体系进行反思,诊断并发现教师发展中的薄弱环节,才能有助于推动学校教师发展课程优化,改进教师发展策略。

第三,院校也可以通过教学能力评价指标、教学能力测评工具对教师进行测评,并依据测评反馈进一步对职教教师进行分析归类。针对不同教师的教学能力现状,设计面向信息时代职业教育教师的教学能力提升方案,系统提升职业院校教师的教学水平,为信息时代职业院校教师发展机制的完善和创新提供目标指引,并为职业院校混合教学改革实践深化与效果提升提供保障,将职业教育教师信息化教学能力标准化作为统领职业教育发展的突破口之一,完善职业教育体系,建立健全学校设置、师资队伍、教学材料、信息化建设等办学标准。

---

① 毕小涵. 阿拉伯国家高等教育数字化转型调研报告 [R/OL].(2021-06-07)[2021-10-11] https://www.ichei.org/Uploads/Download/2021-06-23/60d2e4d98719e.pdf.

② 毕小涵. 撒哈拉以南非洲高等教育数字化转型调研报告 [R/OL].(2021-06-07)[2021-10-11] https://www.ichei.org/Uploads/Download/2021-06-07/60bd9222748fd.pdf.

三、教师层面

第一，教师利用框架与测评工具进行自主测评，对自己在各个维度上的教学能力进行判断，了解所处阶段与自身教学能力特征水平。规划并制订教学能力自主提升方案，包括培训方案与基于开放教育资源的自主学习方案，确定符合自身教学能力提升的策略。

第二，教师可基于能力框架划分的教学能力阶段性特征及典型任务调整自己的学习内容与学习策略，明晰自己在专业上终身发展的阶段性目标，从新手、生手、熟手迈向能手与专家，尤其是在各个发展阶段，完成与学习共同体合作与交流的任务，实现系统性提升，并在成为领域内专家后进一步指导其他教师。教师合作的质量也至关重要，高度的社会资本和社会信任对于改变教师的认识信念和他们的技术教学实践至关重要。为了利用技术来扩展和深化学生的学习，教师需要一个协作和相互支持的关系网络。[①]

---

① Burns M. Background Paper Prepared for the 2023 Global Education Monitoring Report: Technology and Education [EB/OL].[2021-10-23]. https://unesdoc.unesco.org/ark:/48223/pf0000378951/PDF/378951eng.pdf.multi.

第四章　教学能力提升行动

第一节　概　述

教育是联合国教科文组织 2030 年可持续发展议程的中心要点，推进教育的可持续发展更是实现所有可持续发展目标不可或缺的部分。[①] 对职业教育而言，自身公平、优质、包容、发展不仅是全面实现 SDG4（确保包容和公平的优质教育，促进全民享有终身学习机会。）的关键方面，更是实现个体体面工作（SDG8）、促进第四次工业革命背景下产业—创新—基础设施发展（SDG9）、减少国家内部和国家之间的不平等（SDG10）等方面目标的重要途径。[②] 职业教育实现这一发展目标的基础是培育优质的职业教育教师。信息时代优的职业教育教师不仅需要赋能个体实现体面、优质就业、创业以及适应变化所需的知识和技能，而且需要基于人工智能、大数据等新技术的支持，通过更新职业教育理念、创新教学模式等实现教师自身培养产业数字化所需技能人才的能力持续提升。在促进教育实现可持续发展的过程中，联合国教科文组织在教师发展方面的工作主要集中在以下五个方面：监测关于教学专业的国际规范文书；支持会员国制定和审查教师政策及战略；发展教师优化教与学质量的能力；完善实施和监测"教育 2030"

[①] UNESCO. Incheon Declaration and Framework for Action for the implementation of Sustainable Development Goal 4[R/OL]. (2016) [2020-10-11]. https://unesdoc.unesco.org/ark:/48223/pf0000245656.

[②] UNESCO. Strategy for Technical and Vocational Education and Training (TVET) (2016—2021) [R/OL]. [2020-10-11]. https://unesdoc.unesco.org/ark:/48223/pf0000245239_chi.

中教师目标的知识和证据基础；开展宣传和知识分享，促进优质教与学。

因此，职业教育可持续发展目标的实现，迫切需要我们构建保障信息时代职业教育教师实现可持续发展的复合性提升行动计划。这一提升行动计划包括了国家层面、职业院校层面、职业教育教师层面的多样化措施（见图4-1-1）。

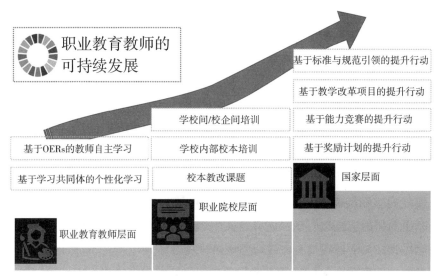

图4-1-1　职业教育教师的可持续发展

第二节　国家提升行动

在国家层面，政府机构通常通过完善和更新相关的制度、标准、规范，设置职业教育教师能力提升培训项目，开展职业教育教师教学能力比赛，建立职业教育教师奖励计划等多样化策略，保障信息时代职业教育和职业教育教师的可持续发展。教育作为公益性事业的特点决定了国家在教育事业发展过程中扮演主要承担人的角色，尤其是在制定和更新教育发展的相关标准与规范、推进教育实践改革与创新项目等方面。[①] 在推进教育可持

---

① Morgan W J, White I. Education for Global Development: Reconciling society, State, and Market[J]. Weiterbildung, 2014（1）：38-41.

续发展的实践中，将教育可持续发展目标与行动框架融入国家政治、经济、教育的优先发展事项和战略计划，是确保国家层面采取协调一致行动的前提。① 这一点同样适用于职业教育的改革与创新。

一、基于标准的提升行动

根据 Bergmann 和 Mulkeen 关于标准内涵和分类的观点，标准被认为是规范、要求和质量评价工具，旨在明确教育领域特定事物的预期发展目标，并体现广为人知、引领行动和避免非理性强制实行的特点。② 职业教育教师标准是明确职业教育教师在不同时代所应具备的知识、技能和素质的总体框架。职业教育教师基于标准的提升行动是指通过国家层面职业教育教师相关标准的制定、更新和完善，为明确不同时代职业教育教师发展目标、开发教师专业发展培训课程、确保职业教育教师专业发展行动规范化运行、研制职业教育教师发展评价指标提供依据和指导。

第四次工业革命背景下，产业数字化转型对技能人才在知识、技能和关键能力方面的新需求，对职业教育和职业教育教师发展提出了新要求，带来了新挑战。同时，联合国教科文组织在《教师信息和通信技术能力框架》中也指出：③ 新技术在教育领域多维度的深度应用，不仅日益重塑着教师的功能和角色，而且使得教与学呈现出新的发展样态。信息通信技术与学习环境的成功结合，取决于教师能否以新的方式组织学习，恰当对接技术与教学方法，建立社交活动活跃的课堂，并鼓励合作互动、协作学习与团队合作。对许多人来说，完成这些工作需要的技能与他们目前掌握的技能截然不同。教师未来的教学技能之一是能够运用创新方法来使用技术，智能化学习环境，鼓励获取知识、深化知识和创造知识。因此，更新和完善职业教育教师相关标准是引领和指导职业教育教师在信息时代实现可持续发展的必要条件。

---

① UNESCO. Education for Sustainable Development：A Roadmap [R/OL]. [2020–10–11]. https：//unesdoc.unesco.org/ark：/48223/pf0000374802.

② Bergmann H, Mulkeen A. Standards for Quality in Education. Experiences from Different Countries and Lessons Learnt[R]. Eschborn：Deutsche Gesellschaft für Internationale Zusammenarbeit（GIZ）GmbH，2011.

③ UNESCO Institute for Information Technologies in Education. ICT Competency Framework for Teachers [R/OL].（2018）[2020–10–13]. https：//iite.unesco.org/theme/ict–cft/.

在此背景下，不同国家和地区相继研制、发布符合信息时代多样化需求的职业教育教师标准，以推动本国、本地区职业教育教师能力的更新与教师质量的提升。2013 年，中国教育部发布了《中等职业学校教师专业标准》，为信息时代中等职业学校教师培养、准入、培训、考核等工作提供了基本依据。[①] 为促使区域内不同国家的职业教育更积极地应对和把握数字化带来的挑战与机遇，东盟 2020 年更新并发布了最新版的《区域职业教育教师能力标准》(Regional TVET Teachers Standard for ASEAN)，为各个国家正确认知数字化背景下职业教育教师的能力要求、设计有效可行的职业教育教师培训方案、开发可信的职业教育教师质量评价工具提供了通用性工具。

案例 4-2-1

东盟职业教育教师能力标准

数字化发展浪潮对社会经济、文化和教育等多方面的渗透，不仅使得劳动力市场的技能人才需求发生结构性变化，也对职业教育教师提出系列新挑战。鉴于东南亚国家职业技术教育和培训体系的多样性，为促使区域内不同国家对信息时代合格的职业教育教师形成共同认识、帮助各国开发评价职业教育教师质量的通用工具，东盟（ASEAN）2020 年发布了最新版的《区域职业教育教师能力标准》(Regional TVET Teachers Standard for ASEAN)。

东盟《区域职业教育教师能力标准》中职业教育教师的能力要求共分为两部分：①个体性和社会性能力（personal and social competences）；②有关职业研究、职业教学法等方面的综合能力（vocational research, discipline, didactics, pedagogical and management competences）。为提升此标准框架在各成员国的适应性，东盟还从职业教育教师培训设计和质量评价两个方面提

---

① 中国教育部.中等职业学校教师专业标准（试行）[EB/OL].（2013-09-20）[2021-10-13]. http://www.gov.cn/gongbao/content/2013/content_2547146.htm.

出了具体的实施建议。

资料来源：https://www.sea-vet.net/resources/467-regional-tvet-teacher-standard-for-asean.

中国教育部制定并发布了《职业院校数字校园规范》。数字校园是教育信息化的具体形式，已成为学校办学的基本条件，也是支撑职业院校教育教学、沟通校企合作、促进师生发展的必需环境。2018年6月，在教育部职业教育与成人教育司指导下，清华大学、山东大学、江南大学、北京师范大学、华中师范大学、西南大学、江西师范大学、广东技术师范大学、顺德职业技术学院9家院校的10位专家组成编制组，在原有《职业院校数字校园建设规范》基础上修订起草新的《职业院校数字校园规范》。

案例 4-2-2

中国《职业院校数字校园规范》职业教育教师信息化教学能力标准

中国教育部在《光明日报》刊文指出，"职业教育是中国教育的战略制高点，教师是制高点的制高点"。① 教师和学生是教学最重要的两大主体，教师的信息化教学能力是影响信息化教育教学成败的关键因素。2020年6月16日，为贯彻落实中国教育大会精神，落实《国家职业教育改革实施方案》《教育信息化"十三五"规划》和《教育信息化2.0行动计划》，发展"互联网+职业教育"，规范、引导职业院校在新形势下的信息化工作，中国教育部制定并发布了《职业院校数字校园规范》。

《职业院校数字校园规范》中的职教教师信息化教学能力标准从教学活动的视角及胜任力的视角出发，重点关注信息意识与态度、信息知识与技能、信息化应用与创新、信息化研究与发展、信息社会责任这五个维度，

---

① 教育部党组. 开启全面建设高素质专业化创新型教师队伍新征程 [EB/OL].（2020-10-06）[2020-10-07]. https://news.gmw.cn/2020-10/06/content_34245883.htm.

如图 4-2-1 所示。

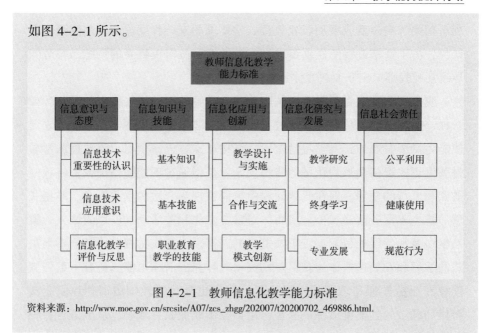

图 4-2-1　教师信息化教学能力标准
资料来源：http://www.moe.gov.cn/srcsite/A07/zcs_zhgg/202007/t20200702_469886.html。

伴随着信息通信技术在世界范围内推进产业经济、文化教育等方面变革的影响越来越深刻和广泛，通过信息通信技术赋能提升职业教育现代化水平成为新时期澳大利亚职业教育改革创新的突出特点。相关举措的目标在于将信息通信技术作为灵活授课的一部分，并逐渐摆脱僵化的课堂时间约束，以更好地满足雇主和学习者的需求，实现个体的个性化、定制性、泛在性学习的同时促使教师成为有效学习与有效教学的设计者与支持者。2020 年，澳大利亚国家职教研究中心（NCVER）发布了有关职业教育优质教学特征和教师能力框架与标准的研究报告，概述了职业教育教师在职业生涯各个阶段的行为、价值观、技能和知识。这一框架和标准的实施主体包括教师个体、学校、职业教育培训部门，为教师和领导者提供了可用于自我评估的标准，并使个人的专业发展需求与其组织的战略要求保持一致。一些地方制定职业教育教师能力框架和标准时依赖澳大利亚教师专业标准作为指导方针的、由澳大利亚创新与商业技能协会开发的职业教育培训从业者能力框架。该框架通常用于评估教师能力的绩效衡量指标，确定了教师绩效和教师发展计划中设定目标的实现程度。这一框架采用一种自上而下的发起方式，有助于实现国家政策制定与实施的一致性。但由于强制执行的培训与评估四级证书升级对职业教育培训教师队伍产生了不利影响，利益相关者对改变或增加职业教育入学要求的支持程度很低。一些受访者认为，由于资格升级的额外要求和成本被认为是对提供者的负担，其可能导致某些教师退出职业教育体系。①

澳大利亚维多利亚大学有关职业教育教师发展的报告指出，职业教育教师、培训师和评估员主要通过正式学习、非正规学习和非正式学习来促使能力持续发展。正式学习是指通过结构化课程进行学习，该课程通常通过获得正式资格而得到认可。非正规学习是指通过不能获得正式资格认证的课程进行的学习，但在此类课程中可能被视为合法的学习形式。非正式学习是个人发展活动、个人或团体对日常工作相关活动的反思的结果。虽然很多教师发展项目侧重于正式资格的获得，但不应忽视这些其他不太正式的学习和发展形式作为获得正式资格之补充的潜在可能。还有一系列其他更专业的教师和培训师发展计划可以为更具体的教师培训师和职业教育培训领域的其他群体提供服务，包括校本职业教育教师，从事语言、识字、算术以及教授其他语言的专家，从事国际教育工作的职业教育工作人员等。②

欧洲职业培训发展中心（CEDEFOP）作为推动和发展欧盟职业教育的官方机构，发布报告指出：欧盟职业教育专业人才未来发展的重点将放在新教师早期职业生涯的支持以及提供更多的机会来提高教职员工持续的专业发展上。职业教育教师的资格要求和培训因国家而异，因此教师、培训师和领导者的连贯能力框架可以支持欧洲职业教育和培训的发展。这些框架的意义在于明确了职业教育教师需要具备的基本技能和能力。欧洲资历框架（EQF）和国家资历框架（NQF）的发展可以被认为是对能力框架采取更积极态度的信号，并实现他们在发展个人及其学习共同体的专业方面的作用。该框架涵盖职业教育教师专业的核心活动和能力领域，以及最近出现的需要提升的技能和能力，例如教师在为学生及其父母提供咨询方面的作用。除了自上而下支持个人和组织的专业发展外，该框架还通过为专业

---

① Misko J, Guthrie H, Waters M. Building Capability and Quality in VET Teaching: Opportunities and Challenges[EB/OL].[2021-10-15]. https://www.ncver.edu.au/research-and-statistics/publications/all-publications/building-capability-and-quality-in-vet-teaching-opportunities-and-challenges.

② Hugh G, Pam E. VET Teacher, Trainer and Assessor Capabilities, Qualifications and Development: Issues and Option. [EB/OL].[2021-10-15]. http://hdl.voced.edu.au/10707/345486.

发展带来透明度提高教师的社会认可程度，也有助于增强教师职业的吸引力。在没有培训机构提供较多结构性支持的情况下，它尤其可以支持职业教育与培训的发展和质量，例如中小型企业的培训师在不依赖教学领导者或咨询服务的支持下孤立地开展培训。①

二、基于项目的提升行动

基于项目的职业教育教师能力提升行动，旨在通过国家层面职业教育改革项目亦或职业教育教师能力发展项目的实施，持续提升职业教育教师能力，确保整个国家职业教育教师能力得以更新与发展。促进职业教育教师发展的项目包括职业教育教师能力与素质提升的培训项目、职业教育课程与教学改革项目、职业教育教师教学创新团队建设项目等。数字化背景下工作场所和日常生活的快速变化以及当前学生"数字原住民"的特点，不仅要求职业教育教师具备能够胜任数字化工作任务所需的职业能力，而且需要借助信息技术来开展教学。②由此也更加凸显出职业教育教师需要在针对性、时代性、灵活性专业发展项目的支持下实现自身能力的动态更新与持续发展。

开展有关教师能力发展的实践项目是各国在宏观层面提升职业教育教师质量、促进职业教育教师持续发展的系列措施之一，有助于发挥优秀教师的辐射带动作用，示范引领地方政府、职业院校探索推进职业教育教师发展实践的新理念和新策略，从而以点带面推动职业教育教师发展模式、职业教育教学模式和人才培养模式的改革与创新。

在加拿大的高等职业教育中，政府鼓励高等职业教育机构及其教师从事应用研究以支持商业发展，此外职业教育教师也可能担任委员会和领导角色，这些变化和额外的职责要求教师在职业生涯中不断学习。为了满足教师的这种学习需求，职业院校传统上投资于课程或支持教师参与学术交

---

① Volmari K, Helakorpi S, Frimodt R. COMPETENCE FRAMEWORK FOR VET PROFESSIONS Handbook for Practitioners [EB/OL].[2021-10-15]. https://www.researchgate.net/publication/305683916_COMPETENCE_FRAMEWORK_FOR_VET_PROFESSIONS_Handbook_for_practitioners.

② Tyler M, Dymock D. Continuing professional development for a diverse VET practitioner workforce[R/OL].（2017）[2020-10-14]. https://www.ncver.edu.au/__data/assets/pdf_file/0036/496944/Continuing-professional-development.pdf.

流会议，以及创建和提供内部工作坊。①

2019年5月，中国教育部发布"全国职业院校教师教学创新团队建设项目"，旨在面向中等职业学校、高等职业学校和应用型本科高校，分年度、分批次、分专业遴选建设国家级职业院校教师教学创新团队。国家级职业院校教师教学创新团队不仅要求每个教师团队所在的学校重视教育教学改革与研究，而且要求团队的教师个体能够以信息技术与教育教学融合创新实现自身教学能力的优质与持续发展。该项目以高水平职业教育教师团队建设的要求为引领，促使职业院校教师个体不断提升自我能力，从而为信息技术支持下的教学创新、复合型技术技能人才的有效供给提供保障。

三、基于能力竞赛的提升行动

基于能力竞赛的提升行动旨在通过在国家层面举办与职业教育教师教学、科研、实践技能等方面相关的能力竞赛，挖掘不同时代背景下教师能力发展的优秀案例，为教师能力发展明确方向，营造教师能力持续发展的积极氛围，引领职业教育教学创新。

2010年12月在辽宁沈阳市举办首届"全国中等职业学校信息化教学大赛"。大赛由教育部职业教育与成人教育司和辽宁省教育厅共同组织，沈阳市教育局承办，以"运用现代信息技术改造中等职业教育传统教学"为主题，旨在以赛促建、以赛促改，推动中等职业教育教学改革创新，提高教师的信息素养、教育技术应用能力和信息化教学水平，促进信息技术在教育教学中的广泛应用。大赛设多媒体教学软件比赛和信息化教学设计比赛两个大项，语文组、数学组、土木水利类专业组、加工制造类专业组、信息技术类专业组5个组别。来自全国各省、自治区、直辖市、计划单列市和新疆生产建设兵团的共33个代表队参加了大赛。参加全国大赛的256名教师是从各地参加预赛的上万名中等职业学校教师中选拔出来的。工业和信息化部全程参与指导大赛，43家行业教学指导委员会、部分中等职业学校代表观摩了大赛。大赛产生了一等奖28人、二等奖50人、三等奖76人。大赛评判委员会专家对大赛给予了高度评价：认为大赛起点高、定位准，

---

① Hoekstra A，Crocker J R . Design，implementation，and evaluation of an ePortfolio approach to support faculty development in vocational education[J]. Studies in Educational Evaluation，2015，46：61–73.

抓住了教育信息化本质，适应了职业教育改革发展新形势的需要；参赛作品总体上水平较高，体现了职业教育的特点，特别是在仿真实训软件研究和开发方面很有特色，在信息化环境下开展的项目化教学、任务驱动性教学、案例教学、对接岗位教学等成效明显。专家及参赛教师都对大赛的积极意义和作用给予充分肯定，并期望建立常态化机制。

教育部副部长鲁昕出席了闭幕式，为获奖教师颁奖并发表讲话，指出教育规划纲要对加快教育信息化进程作了全面部署，要强化信息技术应用，提高教师信息技术应用水平，更新教学观念，改进教学方法，提高教学效果。实现信息技术在中等职业教育教学中的普及和应用，推进中等职业教育教学资源信息化建设，是深化中等职业教育教学改革、提高教育质量的重要保证，也是中等职业教育信息化建设的核心。

自2013年开始大赛参赛学校增加了高职院校，名称改为"全国职业院校信息化教学大赛"，地点移至江苏省南京市。中职组比赛项目增加为三个，即多媒体教学软件、信息化教学设计和信息化实训教学。高职组比赛项目也是三个：多媒体教学软件、信息化教学设计和网络课程。2013年来自全国37个地区的667件参赛作品参加了比赛，中职组、高职组共产生一等奖72名，二等奖119名，三等奖188名。2014年中职和高职两个组别取消了多媒体教学软件赛项，增加了信息化课堂教学。2015年增加了军事院校组，三个组别赛项统一为三个：信息化教学设计、信息化实训教学和信息化课堂教学。2016年大赛地点移至山东省济南市，共收到来自地方37个参赛队和军事职业组的1332件参赛作品。中职组、高职组共产生一等奖129名，二等奖187名，三等奖310名；军事职业组共产生一等奖12名，二等奖18名，三等奖30名。从2018年开始大赛名称改为"全国职业院校技能大赛教学能力比赛"。2019年比赛地点移至湖南省株洲市，共收到来自地方37个代表队和军事职业组的1045件参赛作品，比赛的一个重要变化是重点考察教学团队（2~4人）针对某门课程中部分教学内容完成教学设计、实施课堂教学、达成评价目标、进行反思改进的能力。经网络初评和决赛评审，中职组、高职组共产生一等奖85个，二等奖176个，三等奖268个；军事职业组共产生一等奖8个，二等奖16个，三等奖24个。

全国职业院校技能大赛教学能力比赛自"十三五"以来，校、市、省和全国竞赛体系日趋完善、深入。2018年起推出的支持东西协作、鼓励校企合作、允许跨校组队的比赛政策促进了不同地区、同一专业的教师在专业建设、课程改革和教学创新等方面的交流与合作。各代表队报名参赛比率连年攀高，2019—2021年先后达到88.1%、95.5%、99.3%，参赛教学团队涉及院校、覆盖专业、队均人数、人员组成等观测指标持续向好。各地省级比赛的参赛作品和参赛教师数量也屡创新高，近3年分别是1.69万件、1.75万件、1.63万件，3.58万人、4.58万人、5.81万人。2022年各地克服疫情防控带来的不利影响，创新开展线上线下相结合的教学竞赛，统计上报的校级比赛涉及教师数达22万人次之多。比赛旨在推动信息化教学应用的常态化，提高职业院校教师教学能力和信息素养，促进教师综合素质、专业化水平和创新能力全面发展，已成为推动职业教育教学改革的重要引擎。院校参与覆盖面不断扩大，赛项设置实现专业全覆盖。大赛始终坚持"以赛促教、以赛促研、以赛促建、以赛促改"的总体思路，引导各地各校围绕立德树人根本任务，构建"三全育人"体系，深化"课程思政"建设；引导各地各校切实推进国家教学标准落地，积极探索"岗课赛证"融合育人模式，创新发展线上线下混合式教学模式；引导各地各校持续深化教师、教材、教法"三教改革"，持续提升学校在确保质量型扩招等新形势下常态化改进教育教学管理的能力；引导各地各校推进高水平、结构化教师教学团队建设，提高教师的师德践行能力、专业教学能力、综合育人能力和自主发展能力，推动示范性教学，促进"能说会做"的"双师型"教师成长。

  教学能力比赛对于教师教学能力的提升作用主要体现在以下几个方面：第一，更新发展了教师的信息素养。教师在教学中更加注重以学生为中心，教学设计与教学实施过程中也能够合理、充分地运用信息技术、数字资源、信息化教学环境来完成教学任务。以比赛为契机，以教师所具有的专业能力为基础，将信息技术融入教学全过程，有效提升了教学效果，达成了教学目标，并提升了教师的信息素养。第二，提升了教师的教育教学理念和知识。比赛响应信息时代的号召，提出了创新教学方法、教学手段、考核评价等方面的要求。教师的教学要符合教学规律和学生认知特点，架构好知识结构体系。而这些要求也反过来加速了参赛教师在教学目标设计、教学活动设计、教学评价设计等方面的变化。教师教学模式在不断的探索、反思、改进过程中得到深化和完善，教师的教育思想和教育理念不断得到更新和发展。① 第三，锻炼了教师的专业技能。基于能力竞赛的提升行动，既可以提高教师的实践技术水平，又可以促进教师在教学过程中将竞赛内容与相关课程结合，尤其是通过竞赛中的技能训练，教师的职业素养和工匠精神得到进一步的培养，教师学习新工艺、新技能的热情得到激发，达到了提升教师实践教学能力的目的。此外，院校组织教师参加不同级别教学能力竞赛，教师通过分专业组队参加，教师之间相互观摩学习，交流心得，总结经验教训，结合自身的实际情况及专业特点，改进实践教学内容与方法，提高自身实践教学能力。

四、基于奖励计划的提升行动

基于奖励计划的提升行动主要指的是国家政府、行业协会以及雇主组织等在国家层面设立的教师发展奖励计划，旨在国家范围内奖励那些在教育教学改革、学生发展、教师能力提升等方面做出显著贡献的教师。

中国在国家层面的教师教学成果奖是中国教育教学改革实践领域的最高奖项。通过评审和颁发教学成果奖，以期培育和发现"反映教育教学规律，具有独创性、新颖性、实用性，对提高教学水平和教育质量、实现培养目标产生明显效果的教育教学方案"。② 2014年，中国教育部在部署国家级教学成果奖评选时，对奖项设置做了重大调整，在原来只评选"高等教育教学成果奖"的基础上，新增了"职业教育教学成果奖"和"基础教育教学成果奖"两大类奖项。在中国首届职业教育国家级教学成果奖评奖中，共评出获奖成果451个，占国家级教学成果奖总数1320项的34.17%。③ 国家级教学成果奖每4年评选一届，其成果一方面反映了近4年我国职业教育领域的最高教育教学成果，另一方面又昭示了今后一段时期内职业教育发展的努力方向。④ 获得国家级教学成果奖一般需要具备三

---

① 王立荣. 全国职业院校技能大赛教学能力比赛对教师教学能力提升的作用——以兰州石化职业技术学院为例[J]. 中国培训，2021（4）：37-38.

② 任君庆，王琪，王义，等. 2014年国家职业教育教学成果奖特征分析[J]. 中国高教研究，2014（12）：62-66.

③ 杜侦，王梦麟，池丽泉. 首届职业教育国家级教学成果奖：分布特征与培育策略[J]. 职业技术教育，2016，37（18）：39-46.

④ 郑永进，黄海燕. 近两届职业教育国家级教学成果奖获奖情况分析[J]. 中国高教研究，2019（2）：67-72.

个条件：一是国内首创；二是要经过两年以上教育教学实践检验；三是在全国产生一定影响。①

德国雇主联合会（Confederation of German Employers' Associations，BDA）作为德国最具影响力的雇主组织，在德国电信公司和德国铁路公司的支持下设置了德国雇主教育奖（The German Employer Award for Education）。② 该奖项由来自商界、科学界、基金会和政界的教育专家组成的评委会评选，遴选出幼儿教育、学校教育、职业教育和大学教育等领域的杰出学校，并给予1万欧元的奖励。以职业教育类为例，尽管该奖项是以学校为评选单位，但着重考察参评学校教师发展培训的参与情况、教师教学中数字媒体技术的应用情况、学生的就业情况等，以此来促使职业学校教师强化与企业界联系的同时，不断提升、更新自身的专业教学能力和职业实践技能。

第三节　学校提升行动

学校层面的职业教育教师能力提升行动，不仅是国家层面教师能力提升策略在学校层面的落实，更是学校基于所处区域的技能人才需求、教师能力发展现状、校企合作现状等情况，制定符合学校发展实际，并能有效支撑学校优质师资队伍建设需求的具体性行动。学校层面的职业教育教师能力提升行动在国家层面和教师个体层面的能力提升行动之间发挥着承上启下的作用。

在学校层面，职业院校主要是以多种形式的培训来对教师教学能力的持续提升予以支持和引导。学校层面常见的教师能力提升行动包括：基于学校间合作开展的教师培训、基于校企合作开展的教师培训、学校内部的校本培训、基于学校教学改革研究项目的能力提升等。这些能力提升行动的组织者都是学校的管理部门，不同于主要由政府来承担的培训，学校层

---

① 郑永进．关于职业教育国家级教学成果奖的思考——以江浙两省为例[J]．江苏教育，2019（52）：8-11．

② BDA. The German Employer Award for Education[EB/OL]. [2022-01-20]. https：//arbeitgeber.de/en/deutsche-arbeitgeberpreis-fuer-bildung-fuer-vier-einrichtungen/.

面的培训在教师培训师资团队、项目设计、质量评估等方面都具有较大的自主性和灵活性。学校提升行动的优势在于能够从教师入职开始就进行全过程跟踪，并针对教师不同的现实需求进行及时有效的培训内容调整。

一、学校间/校企间培训

职业教育教师角色的多重性，决定了职业教育教师的能力发展不仅需要持续提升与职业教育教学相关的知识与技能，而且需要不断提高任教专业所对应的职业的专业知识和技能，而这也是确保职业教育优质高效培养产业数字化转型背景下产业经济所需技能人才的前提。因此，通过强化职业学校与企业的合作关系，并基于此来开展教师能力提升培训，不仅是职业学校高质量发展的基础，更是提高教师质量的重要途径。

新加坡高职教师专业发展的特色非常鲜明，使新加坡的高职教师专业水平得到了良好的提升和发展。以南洋理工学院（Nanyang Polytechnic）为例，该学院针对教师专业发展，建立了"无货架寿命"（no shelf life）的组织文化。教师"无货架寿命"理念的提出，源于超市商品的货架期或保质期，也就是能放在货架上的寿命，其实质就是终身学习理念。教师不分年龄大小、专业类别，在职业教育岗位上必须不断学习、不断进取。每个人职业寿命的长短由自己决定，在工作面前不存在到期、过期和不能干的思想。学院派遣教师到国内外知名学府进修学习，参与企业项目研发。学院规定各学系20%的教师要进行专职项目开发1~2年，并实行轮换制。各系提升教师专项能力的工作，系主任起主导作用，在系主任工作计划中必须确定：哪些教师要懂科技，哪些教师要提升教学技能，哪些教师要掌握项目开发的专业技能，以便在专业调整时，教师具有转向、升职的机会。南洋理工学院招聘的教师不仅要有大学以上学历，而且要具备3~5年以上的企业工作经验。这些教师不仅带来了他们的学识，带来了他们的工作经验，同时也带来了企业的合作关系和项目。正是有了这些既有较高理论水平，又有企业实际工作经验的教师，才保证了"教学工厂"企业项目教学的实施。因此，南洋理工学院的教师扮演多重角色，既是教师，又是工程师；既是工作人员，又是管理者。与企业合作开展项目研究与开发，是"教学工厂"的重要内容，使教学与项目相融合。通过项目研究，为教师提供与企业沟通的机会，为学生提供参与企业项目开发的机会，这不仅有利于教师及时了解企业的前沿技术，积极超前地进行专业开发准备，在最短时间内迅速进行新专业与新课程的开发，同时使教师的专业能力得以提高，提升了教师自身的教科研能力。①

斯洛文尼亚高等职业教育课程有讲师和公司内部培训师两类人员，讲师必须符合以下标准：第一，相关硕士学位；第二，三年工作经验；第三，相关的专业成就，例如作为考试委员会成员的经验或编写的教育计划或教科书等。教师受雇于学校，工资由教育部支付。根据参加课程的学习者人数，他们可以全职或兼职受雇。他们可以晋升为职称导师、顾问、校长等，由学校理事会、教育部评估提案并授予晋升专业头衔，获得的头衔是永久的。教师有权每三年参加 15 天的持续专业发展课程。然而教师的专业发展不是强制性的，教师专业发展的费用由教育部和雇主或者学校承担，学校可以与公共或私人专业发展提供者合作。学校外公司的导师培训主要通过"环境与社会"项目进行，该项目免费为参与高中课程的导师提供 50 个小时的培训，为参加高等职业课程"基于工作的学习"的导师提供 60 个小时的培训。该培训侧重于教育学、青年心理学、沟通技巧、工作中的健康和安全以及监测和评估学习者等领域。②

二、学校内部校本培训

学校内部的校本培训是在学校内部组织的教师发展培训，主要是基于国家、地区职业教育改革以及教师队伍建设的总体部署和要求，立足学校教师能力发展现状，通过整合应用校外和校内的培训资源，以教师工作坊、教师研修班、专家讲座、示范课等形式，直接服务于学校教师队伍建设、学校的教学改革和教师能力提升。

校本培训因其短平快风格的讲座形式更符合现代教学的模式，颇受欢迎且高效。③ 学校举办内部校本培训时，需要关注专家进校与教师入企。相较普通院校教师而言，职业院校教师教育教学内容具有较强的技能性和实践性特征。因此，如果教师不能及时更新并掌握最新的前沿知识，就无法

---

① 徐华. 高职教师专业发展：困境与出路 [M]. 上海：上海交通大学出版社，2017：112-113.
② CEDEFOP. Vocational education and training in Slovenia：short description[EB/OL].[2020-10-19]. http://data.europa.eu/doi/10.2801/195991.
③ 经腾. 高职院校教师校本培训个案研究 [D]. 沈阳：沈阳师范大学，2017.

有效地进行教育教学。这需要职业院校和企业进行密切合作，邀请企业中的技术专家进校指导职业院校教师发展。另外，从企业引进的专家都是来自生产、技术或科研一线的人员，他们十分了解行业需求、工艺流程、关键程序、前沿技术及社会对从业人员素质要求的新标准等信息，故他们能及时更新职业院校的教育教学内容。

此外，职业院校教师应主动到合作企业中去调研，积极参与企业日常的生产活动，第一时间了解新的产业技术并及时将其融入学校的教育教学工作中。与此同时，职业院校教师在企业中的锻炼不但能很大程度提高其实际操作能力，而且还能使他们熟练地掌握各种设备的使用技巧，使他们有效地提高自身的实践能力。[①] 就学校长期系统培训而言，还需要关注以下方面。

（一）培训方案需系统、长期服务教师发展

职教教师培训方案必须从教师专业化角度出发，与职教教师教学能力发展阶段相适应。教师培训要以教师发展为最终目标，教师培训重视的不仅仅是培训阶段性的短暂成效，而是以学会学习、学会发展为目标取向。有效的培训方案可以提高培训针对性，系统性培训方案往往代表了结构化的培训知识体系，培训内容是实现培训方案的载体。目前大部分培训都是一次性、即时性的，不同培训的培训目标也没有明显联系。培训方案需要能够系统、长期地服务教师发展。建立完善的培训方案为提高教师培训有效性和针对性提供了有力的保障。按照后疫情时代的教育走向，新范式势必会涌现出来，职教教师如何更好地应对，教师培训方案如何更好地制订，都需要有长期、系统性的规划。未来教育将会发生翻天覆地的根本变化，而非简单的新旧范式共存，这一过程是不可逆转的。对应到职业教育教师教学能力上，简单技术培训无法实现教师教学能力的改革和真正提升。

（二）需从内容、方式角度改革培训思路

职业教育的数字化转型为职业院校教师的培训内容、培训方式带来新的思路。不同于传统教师培训中线下培训者与学员面对面交流的培训方式，数字化转型背景下的教师培训可在数字化网络技术支持下，教师在培训中采用网络学习、交流和解决教学问题的方式，这种培训方式逐渐为职业院

---

① 梁成艾. 职业学校"双师型"教师专业化发展论[M]. 成都：西南交通大学出版社，2014：136–137.

校所接纳和熟识。因此，教师能力提升与职业教育的数字化转型（如：数字校园建设）整体推进是众多国家在新时期职业教育现代化的重要策略。2020年6月24日，中国教育部发布《职业院校数字校园规范》（以下简称《规范》），其中明确指出，职教教师需要从信息意识与态度（包括对重要性的认识、应用意识、评价与反思）、信息知识与技能（包括基本知识、基本技能、职业教育教学的技能）、信息化应用与创新（包括教学设计与实施、合作与交流、教学模式创新）、信息化研究与发展（包括教学研究、终身学习、专业发展）、信息社会责任（包括公平利用、健康使用、规范行为）这五个方面提升其信息化教学能力。《规范》作为职业院校教师在新形势下的教育教学工作的指导性文件，也对职教教师培训内容提出了具体可操作的要求。就培训内容而言，不能止步于信息技术的运用，还应该继续深化，融合课程教学与认知视角，以职教教师信息化教学能力提升为目标[①]。工具本身不能唱"主角"，工具最适宜的角色是以一个消隐物的角色存在。就培训方式而言，需要发挥与调动每一个人的主观能动性，特别要充分赋能教师。疫情期间教师的在线教学能力提升培训已初具赋能雏形，全部在线、事出紧急的教师发展任务打破了传统教师培训的思维定势。以教师实际需求为逻辑起点，院校校本培训需要结合国家、院校层面对教师信息化教学能力发展的系统性规划，从培训内容、培训方式角度改革整体培训思路。

（三）需从对象、主体层面完善支持与保障举措

教师培训需要关注作为培训对象的参训教师以及作为培训主体的院校职能部门。首先从培训对象而言，应该在关注骨干教师的同时，给予全体教师信息化教学能力培训的机会。对于信息化教学确实有困难的教师，应该及时帮扶。就培训主体而言，教师发展涉及众多部门，培训、教学之间的职责关系非常复杂，分散化的管理模式导致教师发展工作缺乏协调，教师培训工作很难靠院校行政部门以一己之力做实。所以，有必要设立专门的教师发展中心，整合各部门业务职能，更好地强化教师教学专业认知与技能、提升教学专业伦理、培训教学专业文化，以及促进区域合作与交流等。除此之外，还需要各个部门通力合作，既包括政策文件指导、组织机构建立，也

---

① 教育部. 教育部关于发布《职业院校数字校园规范》的通知[EB/OL].（2020-06-16）[2020-08-09]. http://www.moe.gov.cn/srcsite/A07/zcs_zhgg/202007/t20200702_469886.html.

包括开展教师培训需求调研，在培训规划上从"自上而下"转向"自下而上"。教师信息化教学能力的提升工作无法一蹴而就，需要长期而持续的转变，因此更加需要所在院校持续的培训和专业发展支持。各个院校要针对教师不同阶段存在的问题，组织不同的精准培训，推动教师教学观念的转变和教学方法的创新，提高教师的信息素养和信息化教学能力。①

三、基于教师行动研究的提升行动

除了各类型的培训以外，鼓励教师积极参与学校设置的教育教学改革、教师能力发展、企业技术升级与产品优化等方面的行动研究也是职业院校实现教师教学能力发展的重要途径。

职业教育教师通过教改课题研究，不仅有助于提高对教学本质的认识，同时也提高了教学水平，增强了教学责任心。我国职业教育教学改革已经由数量规模扩张向内涵质量提升的方向发展，开展职业教育教学改革的研究是提高职业教育教学改革的科学化水平和促进职业教育内涵发展的重要途径。《教育部关于深化职业教育教学改革　全面提高人才培养质量的若干意见》（教职成〔2015〕6号）指出，职业教育要强化教育科研院所对教学改革的指导与服务功能，要针对教育教学改革与人才培养的热点、难点问题，设立一批专项课题，鼓励支持职业院校与行业、企业合作开展教学研究。②职业教育教学改革课题是针对职业教育教学面临问题而进行立项研究的课题，其突出特点是既注重理论性，又强调实践性。它要求在研究过程中，必须以科学的理论来指导教育教学改革实践，尤其强调实际应用的效果和成果，教改课题也是后续申报各级职业教育教学成果奖的基础。通过课题来研究和解决教育教学面临的难点、热点问题已经成为各级教育主管部门和各职业院校普遍采用的方式。

四、基于职业教育教师教学能力标准的提升行动

职业教育教师教学能力提升是一项系统工程，本手册基于信息时代职

---

① 刁均峰，韩锡斌，张屹. 防疫期间教师信息化教学能力培训的策略分析——基于28所职业院校的案例[J]. 电化教育研究，2021，42（1）：115–121.
② 谭永平. 职业教育教改课题申报与实施存在的问题及对策研究[J]. 中国职业技术教育，2018（1）：64–67+89.

业教育教师教学能力标准框架、评价指标体系以及测评工具，设计有助于职业教育教师有效发展教学能力的培训方案。

清华大学教育技术研究团队长期关注教师教学能力培训，创建了培训迁移模式（见图4-3-1）。人力资源发展领域的培训迁移理论是培训迁移模式的基础，该理论强调学习者将培训习得进行跨物理情境和跨时间情境的迁移，最终有效应用于工作实践并提升工作绩效。培训迁移模式包括教师学习与应用的过程，形成培训学习与教学应用两个阶段。每个阶段有学习环节、教学模式、支持手段、学习结果、效果评价、内容设计六个组成部分，其中学习环节是核心部分，教学模式、支持手段、学习结果、效果评价内容设计基于各学习环节的特点进行设计。

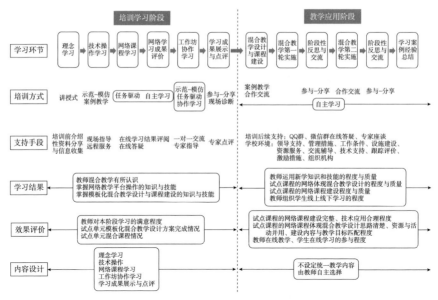

图4-3-1 教师教学能力培训迁移模式

该模式作为一个通用模式，并非基于职业教育特点构建，缺乏对信息时代职业教育教师多重角色特征的考虑，所以在内容设计上并不能完全满足职业教育教师的具体要求。此外，该模式缺乏对教师能力个性化的分析，并且只能关注到短期内教师是否将所学应用于实践，缺乏对职业教育教师从新手到专家不同阶段学习任务的系统规划和长期指导。

为了突出职业教育特色,本手册利用标准将教师分类,并依据该类教师特征进行内容设计与持续跟踪。在培训设计阶段,从设计环节、支持手段、培训内容三个方面进行干预。在培训学习阶段,增加了方案实施环节,采取相应支持手段,并动态调整培训内容。在培训结束后,即培训反思阶段,增加了效果评价和总结反思环节。通过多方面支持手段,对培训内容进行反思与优化。基于标准的培训方案如图4-3-2所示。

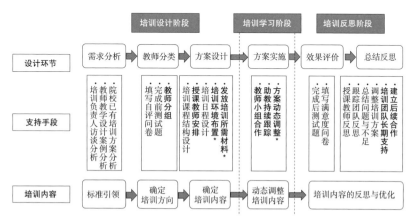

注:字体加粗条目代表优化,星号字体加粗代表补充。

图4-3-2 基于标准的教学能力培训方案

支持手段中的教师分组、授课教师安排、教师小组合作、助教持续跟踪、培训团队长期支持、建立后续合作等部分是在之前培训方案基础上进行的优化,而培训环境布置、发放培训材料、方案动态调整等部分是根据培训实施过程对方案的补充。

第四节 教师自身提升行动

教师能力的持续发展,不仅需要国家、学校等主体通过多元措施来对教师能力发展的理念、途径与结果评估等予以引导和干预,从而形成教师能力发展的外在驱动力,更需要教师在职业承诺与终身学习信念的驱动下自主开展有助于能力发展的多种学习活动。教师自主开展能力提升活动是教师能力得以持续提升的根本保障。伴随着信息技术的高度发展以及对个体终身学习的赋能，基于开放教育资源的自主学习、基于发展共同体的学习等成为教师提升自我能力的重要形式。

一、基于开放教育资源的教师自主学习

开放教育资源（open educational resources，OER）这一名词最早是由联合国教科文组织于2002年提出的，"通过使用信息和通信技术，开放供应教育资源，供非赢利的用户社区咨询、使用和改编"。还有其他一些机构和组织也曾给出了开放教育资源的定义，影响比较大的有经济合作与发展组织（OECD）和休利特基金会（Hewlett Foundation）。经济合作与发展组织2007年对开放教育资源的定义是"开放教育资源是免费和开放提供给教师、学生和自学者教学、学习和研究使用和重用的数字化材料"[1]。休利特基金会的定义目前也得到了广泛的认可，"开放教育资源是放置在公共区域或者在某一知识产权许可协议下发布的教学、学习和研究资源，允许他人免费使用和重新利用，开放教育资源包括完整的课程、课程材料、模块、教材、流媒体视频、测试、软件和任何其他支持知识访问的工具、材料或者技术"[2]。因此，开放教育资源不仅有助于教师能力发展过程中多样化、个性化、阶段化需求得以满足，形成支撑教师自我专业持续发展的在线资源库，而且有助于教师接收来自教育界、产业界等多领域的信息和资源，对教师的教学理念更新、教学策略多元化、教学评价手段科学化等发挥积极作用。有效地使用开放教育资源也会对教师带来新的要求。许多教师希望将教育资源与学生的经验、知识以及当地和当前的环境和背景相适应。但教育工作者需要新的技能和知识来充分利用开放教育资源，这不仅包括利用开放教育资源来进行教学，还包括使用开放教育资源自主学习。因此，在面向未来的职业教育教师培训计划和课程设计与开发时，发展教师在教学中使用开放教育资源的知识和技能也成为必需。首先，教师能够发现和使用开放教育资源是很重要的，找到开

---

[1] OECD. Giving knowledge for free: The emergence of open educational resources [EB/OL]. [2022-04-23]. http://www.oecd.org/dataoecd/35/7/38654317.pdf.

[2] Hammond A L, Atkins D E, Brown J S. A Review of the Open Educational Resources（OER）Movement: Achievements, Challenges, and New Opportunities[M]. Mountain View: Creative common, 2007.

放教育资源并不容易。它们分散在各处。教师需要具备必要的知识和技能，以发现和评估适合其特定语言、专业、教育水平的开放教育资源。①

二、基于学习共同体的教师个性化学习

构建教师学习共同体是促进职业院校教师群体发展和专业化、职业化成长的重要手段和途径，对于促进职业院校内部教师之间的合作、提高教学质量、增强教师对学生的关注以及教师的发展等具有重要意义和价值。以学校名师和校企专家为骨干的职业院校教师学习共同体作为一个重要平台，可以为职业院校教师间、名师间、专家间乃至师生间的相互交流提供一个活跃的互动平台，有效激发教师的自主发展意识与需求。在我国职业院校的发展过程中，教师的成长与发展长期以来主要是以教师个体形式为主进行的，强调教师的自我修养、自我成长。虽然这种方式在一定时期、一定程度上为职业院校教师发展提供了支持，但随着时代的发展也暴露了更多的缺陷和问题，因此在新的时代背景和职业院校发展新的需求下，构建一个基于教师之间相互协作的平台去实现教师的成长和专业化发展，解决传统成长方式带来的孤立和个人主义问题，就显得非常重要②。

职业院校教师学习共同体是指以职业院校教师为主体组成的以促进教师发展、学生成长和实现教育教学改革为目标的组织，这种组织以学习为目的、以学习关系为纽带、以学习作为永恒的理想追求，在教师之间、地方教育行政体系与学校之间构筑了多元化、多层次的交流、协作、互助的网络关系。教师学习共同体的形成和发展以社会合作理论、学习型组织理论、建构主义理论、团队协作理论等为依据，并被誉为未来学校的理想状态③。教师学习共同体尤其关注以下四点：

第一，以专业名师为引领。职业院校教师学习共同体是职业院校教师自愿参加的以专业教研为中心的学习型组织，其任务和目标在于解决教师发展中遇到的学术问题，这种非行政性的组织与常态化的备课组、教研组、

---

① Perifanou M, Economides A. DESIGNING TEACHERS' TRAINING ON ADOPTING OERS IN THEIR TEACHING [EB/OL]. （2021-07-30）[2022-04-23]. http: //end-educationconference.org/wp-content/uploads/2021/07/2021end002.pdf.

② 杨晓莉. 职业院校教师学习共同体构建中存在的问题及重构选择[J]. 职教论坛，2017（14）：9-12.

③ 王作亮. 教师专业化背景下的教师共同体构建[J]. 继续教育研究，2007（2）：62-63.

学科中心等基础性校本教研组织相辅相成，由专业名师为引导集中了同类专业的师资资源，学习共同体根据教师的学术影响力来确定带头人，同时根据科学的分工来进行内部学术管理。

第二，围绕教研开展具体活动。职业院校教师学习共同体的活动在本质上是一种校本教研方式。共同体中一线教师提出专业教研主题或教研需求，在共同体成员自愿参与下由专业名师对问题进行分析解决，专业名师的学术权威和学术能力在解决具体专业教研任务的过程中得到历练和提高，同时教师学习共同体以其集体智慧为共同体成员的教研任务提供智力支持。

第三，以整合优势促进教研互补。以专业名师和企业专家为引领的职业院校教师学习共同体能够保证学校教研活动的正确方向并使教学、科研紧密结合、互为补充。教师学习共同体针对由企业专家提出的具有极强市场需求和市场前景的实践问题，集体进行协商、分析、探究，从而创造和产生新的知识、方案、技术或理念，因此教师学习共同体可以通过经验共享和相互造就的整合优势实现对教研互补的促进。

第四，推动教师教学、研究、进修一体化的学校行政体制。职业院校的行政体制，应该注重建立健全和完善教研奖励、考核机制、联动机制等来促进学校专业教研资源配置的最优化，从而为教师学习共同体的运行提供体制上的保障。

三、教学设计能力提升

从教师自身角度提升教学设计能力有两个前提：第一，具备一定的教学设计理论基础；第二，了解在实践中提升自身教学设计能力的路径。因此，本部分首先对教学设计理念与模式进行介绍，其次对两种教学设计能力提升的路径进行介绍。

（一）教学设计理念与模式

教学设计不同于其他教育相关实践的独特之处在于它强调用系统方法来分析和解决教学问题。[1] 而教学设计理念与模式则是对这些系统化思想与系统方法的精准表达。本部分首先介绍教学设计发展史上经典的、在数字

---

① 张祖忻，章伟民，刘美凤，等. 教学设计——原理与应用 [M]. 北京：高等教育出版社，2011：6.

化转型背景下仍然对职业教育教师开展教学设计有借鉴价值的经典教学设计理念与模式，其次介绍信息化背景下与当今职业教育特点直接契合的教学设计理念与模式。

1. 经典教学设计理念与模式

（1）加涅的教学系统设计理论

① 理论概述

加涅教学系统设计理论的核心思想是"以学习为中心设计教学"，因此在开展教学设计的时候，需要考虑影响学习的各种因素，包括学习者的内部和外部因素，这些因素统称为学习的条件。[①] 其中外部因素包含学习的环境、学习资源、学习活动安排、学习者之间的关系等，而内部因素则是指学习者在学习活动开始前便拥有的、带到学习任务中的心理状态、个人目标、先验知识等，这两种因素相互作用，影响着学习的有效发生。教学设计的目的就是调控安排外部因素，以激发学习发生的内部因素。因此加涅从学习者内部加工过程出发，设计了描述学习过程的信息加工模型（见图4-4-1），并以该模型为依据安排学习环境，对应提出九大教学事件，以获取五种学习结果，即智慧技能、认知策略、言语信息、态度、动作技能，具体阐释如表4-4-1所示。

需要注意的是，这五种学习结果在每次教学中并不一定都要实现，可能需要实现几种结果的组合。其中九大教学事件基本描述如下。

引起注意：利用各种活动吸引学习者的注意，如动画演示、一些出乎意料的事件等。

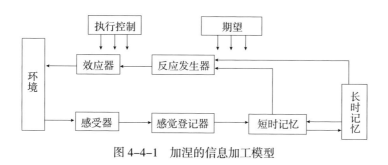

图4-4-1 加涅的信息加工模型

---

① 加涅. 学习的条件和教学论 [M]. 上海：华东师范大学出版社，2001：12.

表 4-4-1　加涅的学习种类划分表

学习结果	解　释
智慧技能	学习者使用辨别、概念、规则和问题解决技能来执行符号控制程序的能力
认知策略	学习者对自身学习过程实施监控的手段
言语信息	存储在学习者记忆中的事实以及有组织的关于"世界的知识"
态度	影响学习者个人做出行为选择的内部状态
动作技能	有组织的完成有目的的行为的骨骼肌运动

告知学习者目标：给学生呈现学习目标，表达对学生的期望，保证学生自身目标和教师希望达到的目标一致。

刺激回忆先前学过的内容：由于新的学习大部分建立在已知内容的基础上，因此需要帮助学生回忆先前学习过的内容，为新的学习做准备。

呈现刺激材料：将教学内容以适当的形式呈现给学生。

提供学习指导：为学习过程中的学习者提供支持（如支架），帮助学习者将已知内容和所学内容建立新的联系。

引出行为表现：在学习者理解学习内容后，引导学习者展示自己的理解。

提供反馈：提供外部反馈，证实学习者行为表现的正确性或正确的程度。

测量行为表现：当合适的行为表现被引导出来后，就直接标志着学习已经发生，这就是对学习结果的测量，需要保证测量结果的有效性。

促进保持和迁移：帮助学习者保持对知识、技能的记忆，并提高其回忆、迁移应用知识、技能的能力。

② 理论核心观点

加涅提出的九大教学事件是从教学角度提出一系列外部支持，以促进内部信息加工各个阶段的进行（二者之间的关系如表 4-4-2[①] 所示），最终实现学习结果。由此可知，加涅教学系统设计的实施，首先需要确定学习结果即学习目标，在目标指导下确定所需的外部条件，即确定对应的教学事件，据此五种学习结果和九大教学事件交叉形成了著名的"九五矩阵"，

---

① 加涅，布里格斯. 教学设计原理 [M]. 上海：华东师范大学出版社，1999.

该矩阵具体描述了对应学习结果的教学要求[①]。例如，智慧技能对应的教学事件 3 表述为：在学习之前向学习者提问，该问题需要与早期学习内容相关，以帮助学习者回忆起先前的概念技能等，将其提取到短时记忆当中。而态度对应的教学事件 3 则表述为帮助学生回忆起与个人选择有关的情境和行为，可以为学习者呈现人物榜样。

表 4-4-2　九大教学事件和信息加工过程对应表

教学事件	与信息加工过程的关系
1. 引起注意	接受各种神经冲动
2. 告知学生目标	激活执行控制过程
3. 刺激回忆先前学过的内容	把先前学过的内容提取到短时记忆中
4. 呈现刺激材料	有助于选择性知觉
5. 提供学习指导	语义编码，提取线索，有助于激活执行控制过程
6. 引出行为表现	激活反应器
7. 提供反馈	建立强化
8. 测量行为表现	激活提取，使强化成为可能
9. 促进保持和迁移	为提取提供线索和策略

③ 该理论在职业教育中的使用建议

加涅的九大教学事件提供了流畅的教学步骤，为职业教育提供了教学设计模板，但在应用九大教学事件时，需要根据职业教育的特殊性进行适应性修正。

第一，加涅的九大教学事件更偏向于对知识点的教学设计，而职业教育更多强调技能的获得，因此需要在加涅的九大教学事件的基础上，强调技能的回忆与运用，而非知识的简单记忆与理解。例如对于教学事件 3，以往应用加涅九大教学事件的案例，多数采用知识呈现的方式进行回顾，而在职业教育当中则需要唤起学生的问题解决流程和肌肉记忆等。

第二，加涅九大教学事件，自身具有强调知识内容分解、忽略综合的缺陷，但职业教育强调的是面向真实问题情境的问题解决，需要技能的迁

---

① 武振华. 基于加涅"九五矩阵"理论的生物教学设计与分析 [D]. 济南：山东师范大学，2017.

移应用，这就要求教学设计对学生综合能力的培养，而非单个知识、技能的获得，因此在职业教育当中可以围绕主题开展教学设计，而将加涅的教学事件作为基本流程的指导。

第三，职业教育强调培养学生在工作中面向多情景问题的解决能力，因此在根据加涅的九大教学事件进行教学设计时，需要特别强调工作情境的涉入，加强学生对职业的认同感、获得感，培养学生在工作中熟练解决问题的能力。

（2）瑞格卢斯的教学设计理论框架

① 理论概述

瑞格卢斯于1982年提出了精细化理论（elaboration theory），主要包括内容选择和排序选择，其中内容分为领域知识和任务知识：任务知识的主要目的是让学生完成任务，对此类任务的解决游刃有余；领域知识要求学生掌握某个领域的原理性知识，成为领域专家，如物理学家。而排序则是将所选择的内容进行精细化，整体从简到繁、从概括到详细地开展教学设计。因此，基于精细化理论的教学设计要求，在设计之初需要对整体教学内容有系统性规划，形成"框架—细节"的结构图，在设计时需要采用简化条件法选择具有代表性且认知负荷相对较低的学习任务，任务的难度也是逐渐升级的，以实现最终的教学目标。

② 理论核心观点

精细化理论的核心内容如图4-4-2所示，其核心是两个选择，即内容和排序。如上所述，内容主要包括领域知识和任务知识。任务知识根据目的又分为过程任务和启发任务，前者是过程性的，具有一系列操作步骤；后者是启发性的，引导学生在任务完成过程中掌握某些技能。而领域知识则涉及概念知识（是什么）和原理知识（为什么）。精细化理论针对以上两种任务知识和领域知识给出了不同的排序指南，以指导教学设计中的知识安排。[①]

在对概念的细化中，首先需要绘制具有层次关系的概念图，在教学安排中首先需要学习宽泛的概念，即上位概念，再学习更为细节的概念；而在对原理理论的细化中，则将其划分为若干规则，其中一些规则组合在一

---

① 查尔斯·M.瑞格卢斯，杨非.细化理论：学习内容选择和排序的指南[J].开放教育研究，2004（2）：23-26.

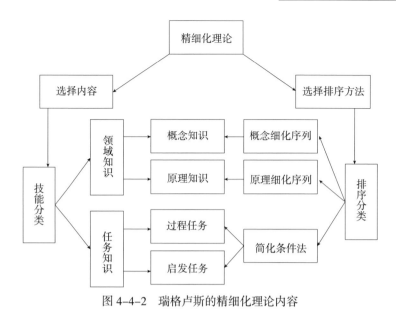

图 4-4-2 瑞格卢斯的精细化理论内容

起便形成了因果模型。原理理论的细化与概念细化相同，首先需要绘制理论结构图，阐明各个规则之间的细化关系，在教学安排中需要从通用的、大范围的规则教学逐渐细化到特定规则的教学。在对两类任务的细化中，需要采用简化条件法，与上述细化方法不同，该方法要求从复杂模型的简化版开始教学设计，其中简化版同复杂模型一样具有完整的任务，只是复杂度有所降低。

③ 该理论在职业教育中的使用建议

瑞格卢斯的精细化理论主要采用整体性思想对概念、规则、任务的顺序安排提供指导。在职业教育中进行应用时需要剖析的则是各种职业技能，形成职业技能序列图，按照从简单到复杂的顺序培养学生技能，同时在每个技能的培养中，任务设计需要遵循简化条件法，即使最简单的任务也应该具有最完备的框架。另外，在应用时需要注意学生已有的认知结构和能力，对技能培养顺序依据学生的需求进行适当调整。

（3）梅瑞尔的成分显示理论

① 理论概述

梅瑞尔最早提出成分显示理论（component display theory，CDT），围绕知识描述从目标和内容两个维度提出二维模型，以此指导教学设计。其中目标以行为表现水平来表示，该模型的横向是教学内容的类型，包含事实性、概念性、过程性、原理性内容，而纵向是行为水平的类型，包括记忆、运用、发现三种，二者交叉形成了该模型，如图4-4-3所示。该理论源于加涅的思想，但更注重教学实效。[①] 同时，梅瑞尔认为所有教学呈现都是由一系列具体呈现形式构成的，据此将教学呈现形式的策略分为三种，即基本呈现形式、辅助呈现形式和呈现之间的联系，如基本呈现形式由内容和呈现（讲解、探究）组成。

图4-4-3　梅瑞尔的"目标—内容"二维模型

② 理论核心观点

在"目标—内容"二维模型中，行为水平维度（即目标维度）中的"记忆"要求学习者能够回忆并确认头脑中存储的信息；"运用"要求学习者将所学内容（如规则）运用在新的情境事物中；"发现"则要求学习者能够自己归纳、推导一些规则、要求。而教学内容类型维度中的"事实"是指描述客观存在的知识、事件以及它们之间的关系；概念是指给予具有同一特征的事物统一的、综合的称呼、符号；过程是指为了解决问题、达成目标而采取的一系列步骤；原理则是指运用相关关系、因果关系等对事物的发生加以解释和预测。通过阐释、明晰横纵两个维度的内容，最终交叉形成了十二项基于不同目标的教学活动成分，而事实性的知识更多以记忆为主，因此将应用和发现事实成分从图中删除，最终形成十种成分，如表4-4-3所示。[②] 该理论要求呈现形式契合、对应每个教学活动成分，呈现形式越符合其要求，学生在该活动成分上的目标达成越有保障。

---

① 邱婧玲，吴秀君. 教学设计理论体系综述[J]. 河西学院学报，2008（5）：100-104.
② 刘树林. 信息技术与ET、CDT和4MAT理论视域下的英语语音习得能力培养模式研究[D]. 昆明：云南大学，2015.

表 4-4-3 教学活动成分与学生能力

教学活动成分	学生应达到的能力	
	行为目标	教学目标阐释
记忆事实	能够回忆事实	能够说出有关的事实内容
记忆概念	能够陈述定义	能够用自己的语言表述概念定义
记忆过程	能够陈述步骤	能够做出流程图、写出步骤、对步骤排序
记忆原理	能够说明关系	能够用文字或图表等表示原理中事物之间的关系
运用概念	能够分析概念	能够区分概念的本质属性和非本质属性
运用过程	能够演示过程	能够实际操作、演示过程、步骤
运用原理	能够运用原理	能够将所学的原理应用在新情境当中，并对结果作出预测和解释
发现概念	能够发现概念之间的关系	能够对概念进行分类，发现概念间的关系
发现过程	能够设计新的过程	能够设计、分析、验证新的过程，步骤
发现原理	能够发现事物的性质和规律	能够通过观察分析等发现事物之间的内在联系及性质

③该理论在职业教育中的使用建议

梅瑞尔的成分显示理论从事实、概念、过程、原理四个内容类型中逐级进阶设计，实现从事实性内容的学习到问题解决流程、活动的掌握再到原理的应用，该理论中内容类型的进阶与职业教育中从事实性知识到技能掌握，再到推理归纳能力的进阶相匹配，具有很强的适配性。由于该理论强调知识内容和目标行为表现的匹配，从学习效果上有所保障，因此职业教育教学设计可以将梅瑞尔的成分显示理论作为评价和目标设定的指导理论，以准确描述教学目标。

（4）肯普模式

①模式概述

肯普模式以行为主义的联结学习（即刺激－反应）作为其理论基础，是以"教"为中心的教学设计代表模型。该模式于1997年由肯普（J.E.Kemp）提出，起初模式中的各个要素按照顺时针连接，作为教学设计的序列，但肯普在随后的研究与实践中意识到，教师和相关的科研人员在实际教学中面临许多复杂问题和情况，真实的教学并不能完全遵循他所设计的顺序来实现，因此该模式又经过多次调整和逐步完善，形式上表现为不再采用线性方式排列，而是使用环形结构来表示各环节相互交叉、相互连接的关系，最终形成如图4-4-4所示的模式。

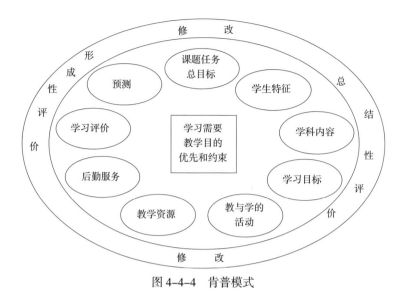

图 4-4-4 肯普模式

② 模式图及其阐释

肯普认为，教学设计中应强调四个基本要素，着重解决三个问题，以及适当安排十个教学环节。[①] 其中四个要素为学习者特征（学生）、教学目标、教学资源（方法）和教学评价，这些基本要素及其关系是教学系统开发的出发点，可以基于此构成整个教学设计框架。

肯普指出，任何教学设计都需要解决三个主要问题：首先，教学设计者需要明晰学生必须学习什么，即确定教学目标；其次，为达到预期的教学目标，教师应如何进行教学，这需要教师根据确定的教学目标选择教学内容和教学资源，分析学习者特征并以此为依据设置教学起点，在此基础上进一步确定教学策略、教学方法等；最后，如何检查和评定预期的教学效果，即如何进行教学评价。

模型图内部包含十个教学环节：确定学习需要和教学目的，为此应先了解教学条件，包括优先条件和限制条件；制定课题任务总目标，选择课题和任务；分析学习者的特征，明确教学起点；分析学科内容；阐明教学目标；实施教学活动；利用教学资源；提供辅助性服务，即学习支持服务；进行教学评价；预测学生的准备情况。

---

① 何克抗. 教学设计理论与方法研究评论（上）[J]. 电化教育研究，1998（2）：3-9.

③ 该模式在职业教育中的使用建议

以行为主义为理论指导的肯普模式与职业教育中科学文化及专业知识传授、技术技能培养方面十分契合。职业教育中教育工作者应以社会需求为出发点，结合学习者特征设立课程与教学目标，开辟多元化的人才培养路径，在此过程中教师应注重教学内容和资源的选择，提供全面的学习支持服务，制定教学评价方案以审视职业教育成效。肯普模式没有固定教学环节的顺序，在职业教育中教师需灵活处理这些教学设计因素，根据教学需要持续进行教学设计的评价和修改工作。

（5）史密斯–雷根模式

① 模式概述

史密斯–雷根（P. L. Smith & T. J. Regan）模式于1993年提出，是在"迪克—凯瑞模式"的基础上发展而来的，它吸收了瑞格卢斯的教学策略分类思想，将重点正确地放在教学组织策略上。史密斯–雷根模式较好地实现了行为主义与认知主义的结合，考虑到认知学习理论对教学内容组织的重要影响，充分体现了"连接–认知"学习理论的基本思想，在国际上有较大的影响力。该教学设计模式将教学目标、学习者的特点、教学资源、教学策略、形成性评价和修改教学等重要成分归类为三个阶段，分别为教学分析、策略设计和教学评价。

② 模式图及其阐释

史密斯–雷根模式如图4-4-5所示。在该模型的第一阶段，教学设计者需同步分析学习环境、学习者特征（一般特征、起点水平等）、学习任务（教学目标、学习类型、内容等），制定初步的设计项目。

分析结束后的第二阶段，需要针对教学目标设计三类教学策略，分别为组织策略、传递策略和管理策略。其中组织策略指向教学内容应按何种方式排列组合，涉及学习活动设计的具体决策，包括向学生提供的教学材料与资源的类型、次序、方式等，这一策略涉及认知学习理论的基本内容。而为了实现信息从教师到学生的有效传递，设计传递策略十分必要，它包含媒体、教学交互方式的选择，对于教学媒体有强烈的制约作用。管理策略是对需要得到帮助的学生与学习活动互动的方式做出决策，即如何对教学资源进行计划和分配。该阶段最终产出教学资料。

模型的第三阶段是进行形成性评价，并对教学分析和策略设计方案予

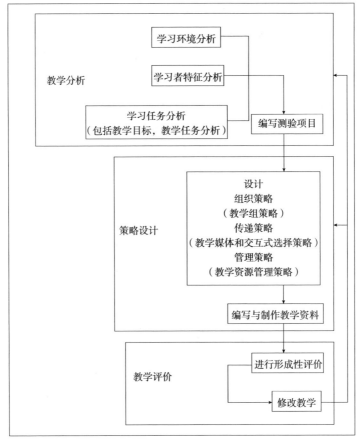

图 4-4-5　史密斯 – 雷根模式

以修正。这一过程模式中可以包含多种学习理论的内容,例如行为主义学习理论、信息加工学习理论、建构主义学习理论和人本主义学习理论。

③该模式在职业教育中的使用建议

史密斯 – 雷根模式明确指出教学设计中应设计的三种教学策略:组织策略、传递策略、管理策略。在由实践情境构成的、基于工作过程的行动体系的职业教育中,其教学组织过程应充分考虑学生、教师两个主体要素和教学目标、教学内容、教学方法、教学反馈四个过程要素[①],注重学习者原有认知结构,通过对学习内容、活动、材料资源的有机排列结合,开发

---

① 王雯,韩锡斌.信息时代职业教育混合教学要素及其关系[J].电化教育研究,2022,43(2):19–25+41.

模块式技能组合课程与教学设计模式，保障技术知识与思维模式的独立性，体现职业教育类型特色；信息技术的发展扩宽了教学空间，丰富的数字化学习环境、专业教学资源库为优质资源的共建共享提供可能①，教学设计者需设计传递策略，促进教师、学生、环境三方面的深度交互，保障教学信息流通，同时实现教学资源的规范管理、合理分配，为在校学生、企业职工及社会学习者提供优质实践教学资源。

（6）迪克－凯瑞模型

① 模型概述

迪克和凯瑞（W. Dick & L. Carey）于20世纪60年代提出了系统化教学设计模型（在本部分中，"模型"的内涵同"模式"，不作细致区分）。该模型充分吸收了行为主义、认知主义、建构主义三种主要流派的理论观点和技术，并进行合理采纳与调整。② 他们坚持教学的系统观，认为教学过程本身可以被视作一个系统，由学习者、教师、教学资源以及学习环境等成分构成。而为了达到教学目标，引发和促进学习，需要通过教学设计使这些成分之间产生互动。

迪克－凯瑞模型最大的特点是它不仅以教育教学理论和已有研究为构建模式的基础，而且它建立在大量的实践应用基础上，吸纳充足的教学经验，能够贴合教育工作者的实际教学情况。该教学设计模型涵盖十个相互连接的成分，这些成分代表的是教学设计人员在进行设计、开发、评价和调整教学时所使用的各种方法步骤、材料资源、技术工具等，如图4-4-6所示。

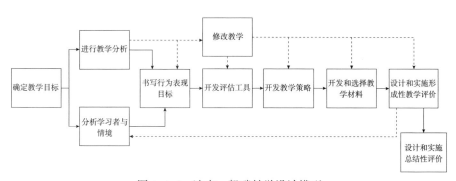

图4-4-6　迪克－凯瑞教学设计模型

---

① 陈琳. 中国职业教育信息化创新特色研究[J]. 现代教育技术，2014，24（3）：12-18.
② W. 迪克，L. 凯瑞，J. 凯瑞，等. 系统化教学设计[M]. 上海：华东师范大学出版社，2007.

② 模型图及其阐释

该模型的第一步是确定教学目标，即通过教学活动，学习者将掌握什么知识，他们能够做什么，此外还有学习者态度的转变，是否产生新的技能等。教学目标存在多样性，可以通过对社会需求、学科特点以及学习者特点进行综合分析得出。

在确定教学目标之后，将要进行教学分析。例如学生在教学开始前应达到的起点水平，包括入门的技能和知识、学生态度等，以及要实现预设目的，学生在整个过程中需要逐步做什么等问题。迪克和凯瑞强调，对于该过程中识别出的各种知识、技能之间的关系需要用一张示意图来描述。

与教学分析并行开展的工作是分析学习者与情境。分析学习者需要了解学生现有知识技能、学习风格、偏好、态度、学习动机、学业能力水平等方面，充分掌握个人特征和群体特征，这并不是将学生所具有的知识和技能都一一罗列出来，而是确定在即将开展的学习任务中学习者已经具备哪些能力，从而确定需要提供哪些学习资源；分析情境指向教学环境及技能运用的情境，例如教学场地（教室、操场等）、设施设备、学习条件、实践条件等，教学设计者应全面考虑适宜学习者的教学情境。

通过以上步骤，教学设计者能够书写行为表现目标，具体描述教学结束后学习者能够做什么。这包括：基于教学分析和入门技能编写目标；详细而清晰地描述学生将学习的技能、技能实施条件和相应的成功标准；学习结束后产出的结果物等。

接下来可以开发评估工具，用于评测学生对目标中所描述的行为和成功标准的达成情况。需要强调的是，评价应与教学目标中所描述的技能类型、行为种类对应。而后可以开发教学策略，确定为了达到目标，教师应该采用什么样的教学策略；开发和选择教学材料，主要包括准备教师手册、学习手册、课件，教师是否开发材料取决于教学策略、学习结果的类型、现有材料是否满足教学需求等因素。

教学的形成性评价包含一系列评价活动，用于审视教学效果。在整个过程中持续进行修改教学，通过整理和分析形成性评价所收集的数据确定学生在完成目标过程中遇到的问题，依据问题找出教学中存在的不足，必要时教师应重新思考教学需求和目标，并迭代改进。最后一步是开展总结性评价，然而它通常不属于教学设计过程，而是教学设计者之外的评估者对于整个教学有效性的判断，用以检验教学的价值。

③ 该模式在职业教育中的使用建议

职业教育中人才培养模式改革与教学建设是一个值得关注的话题，目前已有职业院校将教学设计作为切入点，推进核心课程的项目化教学改革与多媒体教学资源建设，为此首先应以先进理念引领，促成教师、学生固有角色和思想的转变，依据迪克和凯瑞的系统化教学设计模型，教师、学生不是系统中单一的、被特定强调的成分，而要关注两者及其互动对预期结果产生所发挥的作用。此外教师、学生作为系统中时刻处于动态变化的要素，需要大数据深度分析，以实现持续性的监控和调节，增强职业教育适应性；注重职业教育人才培养需求，加强信息化平台建设，制定教学内容，开发符合特定专业发展的、可持续使用的工具、资源和材料，完善教学评价体系，提高职业教育质量。

2. 信息化背景下职业教学设计理念与模式

（1）信息化背景下促进深度理解的教学设计

① 理解性教学概述

随着智能时代的到来，知识创新和技术进步对提升国家核心竞争力越来越重要，培养专业基础扎实、具有创新能力的高精尖技术应用型人才成为职业教育在数字化转型中所承担的使命。教学设计作为其开展人才培养的直接抓手也在新时代面临着新的挑战。有学者指出，长期以来教学设计理论存在着对教学现象解释力不够，只注重教学设计的流程，过分强调教学设计的形式范畴，而忽视了促进学生理解教学内容这个教学中的本质问题。[①] 基于此，如何在信息化背景下开展促进深度理解的教学设计，同样成为职业教育教学面临的问题。

② 理解性教学设计模式及其阐释

从事理解性教学研究的学者陈明选教授构建了信息化背景下促进深度理解的教学设计模式，该模式基于如下理念：理解的含义并不仅仅是"知道、明白和懂得意思"，更是一种应用知识的能力，也是进行创新的基础与前提。[②] 该模式如图 4-4-7 所示。

---

① 陈明选，刘径言. 教育信息化进程中教学设计的转型——基于理解的视角[J]. 电化教育研究，2012，33（8）：10-16.

② 陈明选，来智玲. 智能时代教学范式的转型与重构[J]. 现代远程教育研究，2020，32（4）：19-26.

界定理解性目标是教学设计的第一个步骤。对课程内容的理解是一种抽象的过程，表现出只可意会不可言传的性质。所以，理解的过程常常伴随着各种各样的误解。很多时候学生对课程内容可能知道但并没有理解。真正的理解意味着洞悉支持知识的内在依据，同时也指把孤立的技能转换成一种有意识的、自动化的指令系统。[①]达到对课程的理解意味着能够灵活地、创造性地运用知识。知识与技能是实现理解不可缺少的因素，但是，两者显然是不同的。因此，在界定理解性目标时需要注意以下几点：第一，理解性目标要具有高度聚焦性。理解性目标设计必须高度聚焦于理解主题的本质问题和容易出错、难以理解的要点，这些目标要能够引领学生迈向重要的学习目标中心，推动学生进行更深入复杂的理解。第二，理解性目标要具有深度挖掘性。理解性目标不局限于对知识的呈现，而是更加关注知识建构和生成的过程、知识之间的结构和关系，更能够调动学生的思维，要求其运用"高阶"思维，进行"高阶"认知发展。第三，理解性目标要明确化和公开化。理解性目标在教学设计中应被明确地表述，而且在理解活动之前公开呈现给学生，让学生带着目标进入学习活动的探索中。

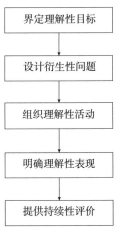

图 4-4-7　信息化背景下的理解性教学设计模式

设计衍生性问题是教学设计的第二个步骤。衍生性问题是那些能够派生、衍生出更多、更深入的新问题的问题。通常衍生性问题都具有开放性，答案也不唯一。它的呈现既简单又复杂，简单到每一个学生都能给出自己的答案，复杂到每种答案都体现出不同层次的理解水平，每一种回答之后又可以挖掘出新的问题。这样的问题可以被用来贯穿整个教学过程，使得单元和课程的连贯性、联系性得以体现和实现。而且衍生性问题往往是情境化的导入性问题，这种联系生活实际的体验能够吸引学生的注意力并激发学生思考那些他们曾不以为然的问题。正因为这样，衍生性问题往往是课程教学的核心问题。[②]在设计衍生性问题时需要注意以下几点：第一，衍

---

① 陈艳.以理解为目标的网络课程设计研究[D].无锡：江南大学，2009.
② 张鹤.初中理解性教学实验研究[D].无锡：江南大学，2013.

生性问题要在学科中占有核心地位。一个问题如果是相关范畴或学科的核心所在，或与学科的核心概念相关，并且具有启发意义，能够经得起持久的探讨，能够使学生利用信息资源在不断的探索中学习，这个问题就具有衍生性和理解价值。[①] 第二，衍生性问题要能够激发师生兴趣。要促进学生理解，教师对有关问题的投入程度举足轻重。问题若能使教师感兴趣，才有利于唤起学生的兴趣。而对于学生来说，该问题要具有大量的相关资料来帮助他们学习，并与他们已有经验和关注的事物相关，可以调动他们先前所学的知识。第三，衍生性问题要具有相关性和联系性。问题如果可以与学生的经验联系起来，可以与学科内、学科间的主要观念联系起来，那么对问题所作的探究会引申出更多、更深入的问题。如果教师通过讲授形式，或利用信息技术手段把这些课题表现为一系列正确的答案，那么任何衍生性都会荡然无存。

组织理解性活动是教学设计的第三步。理解性活动是在理解性教学中要求学生参与的一系列学习活动。通过这些活动，学生可以形成理解，纠正错误的理解，显示出他们理解和不理解的东西。理解是一种抓住事物本质的思维活动，而有意义的学习活动的关键，在于其作为一种思维活动而存在于学科教学当中。在组织理解性活动时需要注意以下几点：第一，理解性活动要能够利于学生建立良好的认知结构。理解性活动要帮助学生为知识建立丰富的联系，并形成良好的认知结构。这些联系包括学科内部知识之间的联系、学科之间的联系、学科知识与现实生活的联系等。各种联系相互关联就形成了学生内部的网状的认知结构，而这种建立联系的过程则需要参与理解性活动来完成。第二，理解性活动要充分体现网络环境的优势。理解不是一蹴而就的，需要学生在表达、交流、反思中逐渐形成。学生表达时需要梳理自身现有的想法，在该过程中有助于完善个人的认知结构；学生之间交流时，外部大量的信息刺激到其自身已有的旧知识经验，新旧知识经验间产生更多的联系，从而使得学生获得新的认知；反思对于理解来说也非常重要，学生在实践的过程中与人交流时，面对各种各样的观点、看法内心会出现挣扎，结合自身实践反思，意识到自我认识的不足，从而将反思形成的认识连接到旧有认知上，形成新的认知结构。而让学生

---

① 陈明选. 论网络环境中着重理解的教学设计[J]. 电化教育研究，2004（12）：49-51.

能自我表达、能与他人交流并自我反思的前提是，理解性活动充分体现网络环境的优势，让学生在参与活动的过程中，借助网络环境充分表达、交流、反思。①

明确理解性表现是教学设计的第四步。学生要学习某项事物，并要显示自己有所理解，就要把自己的理解表现出来。这就意味着在教学中要明确不同类型的理解性表现，这些表现包括：诠释、分析、建立关系、比较、展示作品等。运用各种富有创意的方式来表现理解，这要求学生建立自己的理解，而非只是复习或重建他人已建立的知识。在引导学生表现理解时应注意一方面关注学生的兴趣，另一方面使各种引导表现的方式具有衍生性和挑战性，通常有以下三个阶段②：第一，乱打乱撞。这是在初始阶段引导学生进行探究及表现理解的方式。这个阶段涉及的探究问题是开放性的，由学生自主确定主题开展探究活动，从而让教师清楚认识到学生已经掌握了哪些以及兴趣所在。这种方式可以推动学生把他们初始阶段已具备的理解表现出来。第二，引导式探究。在教师引导下对特定的问题进行探究，应用学科观点和方法达到某个理解性目标，这个阶段培养学生对复杂深奥问题的理解，并引导其把这种理解表现出来。第三，终极表现。这是指一个课程单元教学结束时要求学生完成的作品。作品可以清楚地显示学生对指定的理解性目标的掌握程度。与初级阶段相比，这个阶段要求学生独立学习，表现出具有综合理解的能力。

提供信息技术支持的持续性评价是贯穿于整个教学过程中的一步，也是教学设计时要考虑的最后一步。通常情况下采用一次性评价方法很难测定学生的理解水平。在理解性教学中需要将评价视为理解性教学不可或缺的一部分，通过评价结果调整教学节奏，利用评价为学生提供持续的学习反馈，支撑和追踪学生的理解。即：通过技术支持的过程性评价，促使教师不断调整自己的教学、学生不断调整自己的学习，加深对知识的理解与运用。同时，理解是一种内在的多层次心理建构过程，具有不同的表现方式，并没有绝对的是或非之分，因此要设计连续、系统性的参照标准，来评价理解性目标的实现。③提供持续性评价需要注意以下几点：第一，变传

---

① 任甜.网络环境下基于理解的初中数学活动设计研究[D].无锡：江南大学，2012.
② 陈明选.论网络环境中着重理解的教学设计[J].电化教育研究，2004（12）：49-51.
③ 徐旸.初中信息技术课程理解性教学实验研究[D].无锡：江南大学，2013.

统的总结性评价为形成性评价。将评价贯穿于教学活动的始终，在真实的环境中进行评价，以便为学生提供及时的反馈，让教师及时了解学生的理解状况并调整教学。第二，采用多元化的评价方法。将学生自评、同侪互评等多种评价方式相结合。第三，公开评价标准。在使用这些标准来评价学生的表现之前，教师需向学生说明这些评价标准，使学生及早了解和应用这些标准。

③ 理解性教学设计在职业教育中的使用建议

理解性教学设计强调围绕真实情境中的衍生性问题开展教学，这与职业教育特点充分契合。在职业教育中应用理解性教学设计时，教师需要凝练所教专业面临的职业场景中的劣构现实问题，并引导学生通过理解性学习活动来解决上述问题。在该过程中，教师不应该只注重将技术操作进行教学与训练，而应该围绕问题重构教学内容并设置理解性活动，引导学生在活动参与中用行为展示出自身的理解。在该过程中教师需要结合信息技术，持续追踪学生的理解性表现（而非技术操作熟练度），通过评价再次加深学生的理解水平。

（2）项目式教学理念指导下的教学设计

信息化教学设计是使学习者在意义丰富的情境中主动建构知识，强调现代信息技术的利用以及学习者的自主学习。项目式教学是以学习者为中心，教师提供充分的资源和引导帮助的教学模式，同时提倡多元化的评价方式，能较好地体现信息化背景下的教学设计理念。

① 项目式教学概述

美国巴克教育研究所把以课程标准为核心的"项目学习"描述为一套系统的教学方法，是对复杂、真实问题的探究过程，也是精心设计项目作品、规划和实施项目任务的过程。在这个过程中学生能够掌握所需的知识和技能。[1]该教学方式是基于课程标准以小组合作方式对真实问题进行探究，以学习者为中心，教师引导帮助，从而获得学科知识的核心概念和原理，发展创新意识和一定学科能力的教学活动。[2]

---

[1] 巴克教育研究所.项目学习教师指南——21世纪的中学教学法[M].北京：教育科学出版社，2007：4.
[2] 胡红杏.项目式学习：培养学生核心素养的课堂教学活动[J].兰州大学学报（社会科学版），2017，45（6）：165-172.

② 项目式教学设计模式及其阐释

项目式教学模式是项目式教学设计的基础，因此本部分重点阐述项目式教学在设计与实施过程中可以参考的成熟模式。项目式教学模式是指师生通过共同实施一个完整真实的项目工作而进行的教学活动，它改变了以往"教师讲，学生听"的被动教学模式，创造了学生主动参与、自主协作、探索创新的新型教学模式。① 该模式是基于建构主义学习理论、杜威的实用主义教育理论和情境学习理论而形成的一种教学模式，实质上是一种以职业实践活动为主导的理论与实践有机结合的"做中学"教学模式，这一模式在教学过程中突出以学生为主体、以素质为核心、以能力为本位、以职业活动为主线、以典型工作任务（项目）为载体、通过理论与实践的有机结合来组织教学。②

《项目学习教师指南》对项目式教学模式进行了详细介绍，主要包括启动项目、设计驱动问题、制定项目评价表、规划项目进程、管理项目进程和实施项目六个步骤，具体结构如图4-4-8所示。③ 一个成功的项目应从开始就对项目结果作规划；需要从项目主体和课程标准中提炼有意义的驱动问题，吸引学生积极投入项目进程；每个项目都应有明确的学习目标（核心知识与素养），需要对学生的学习成果进行有效且全面的评价，为此应制定项目评价表；规划和管理项目进程，使项目符合教学需求、学习井然有序。④

在项目式教学模式的基础上，仝月荣等⑤将产教融合与项目式教学结合，归纳总结产教深度融合背景下项目式教学的主要特征，提出了以学生为中心，以教师和企业双向指导为辅的项目式教学流程框架，主要经过确定项目、拟订计划、调研资料、设计制作、阶段评价、迭代优化、评定结果等7个步骤，强调产教融合背景下项目式教学过程中产、教、学三方明确角色定位，共同参与，协同发展的理念和思路。具体结构如图4-4-9所示。

综上所述，项目式教学模式是把课程理论知识融入项目中，以学生为

---

① 廖洪清，黄斯欣，苏烈翠.应用型本科项目式教学模式——基于建构主义学习理论的实践教学形式[J].教书育人（高教论坛），2017（30）：78-79.

② 谭永平，何宏华.项目化教学模式的基本特征及其实施策略[J].中国职业技术教育，2014（23）：49-52.

③ 任伟.项目学习教师指南[M].北京：教育科学出版社，2008.

④ 蔡艺鸣.《项目学习教师指南——21世纪的中学教学法》评介[J].地理教学，2021（16）：1.

⑤ 仝月荣，肖雄子彦，张执南，尹念.产教深度融合背景下项目式教学模式探析[J].实验室研究与探索，2021，40（7）：185-189.

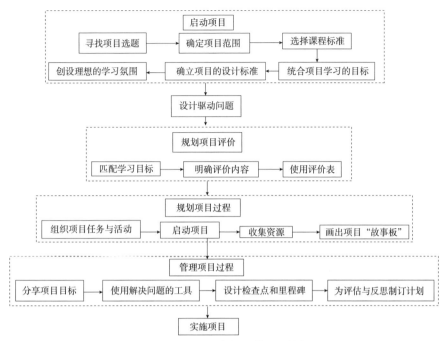

图 4-4-8 项目式教学模式的结构

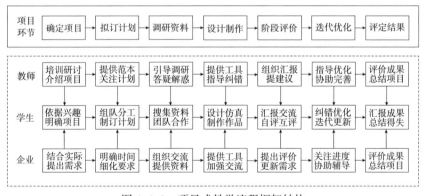

图 4-4-9 项目式教学流程框架结构

中心，在完成项目的过程中自己收集处理信息，将理论知识应用到项目解决中，教师在此过程中给予一定的帮助，从而提升学生的信息素养和实践能力。

③ 项目式教学设计在职业教育中的使用建议

职业教育项目式教学是以项目为载体、以主题任务为单位、以完成任务为途径的教学模式。它通过一系列措施来建构学生在实践活动中所需要的职业技能和职业道德，并让学生感受到快乐，最终从"要我学"转变到"我要学"，进而培养其创新精神和团队意识[①]。在具体设计、应用实施时，要充分考虑学生在职业实践活动中的地位和作用，结合学生、学校和企业的实际情况，因地制宜，才能充分发挥其作用。

首先，要研发基于校企合作基础之上的教学材料。教学材料是职业院校学生学习的主要载体，也是学生不断建构自己认知能力的客体，更是师生展开教学活动的媒介，学生心理结构的生成必须有教学材料的参与。在研发教学材料时，要保证其科学性、职业性等，充分了解企业在实践活动中的经营情况以及未来发展趋势，综合企业、行业等经营实践在职业教育项目式教学的经验。

其次，结合项目情景构建主体任务并规划其具体操作。结合学校情况，创新教学方案过程，确保项目情景的适切度和吻合度，从而对项目式教学方案不断创新和优化。要让学生在现有的教学资源基础上结合自己的知识结构、能力水平、思维特征、兴趣爱好，将主题任务分解成一系列具体的工作任务，同时要确保任务的可操作性、挑战性和关联性。由于知识的缺乏和技能的生疏学生在这一阶段也许会面临很多实践问题，教师要及时给予指导，打消学生的顾虑，促使他们对主体任务的靠近。

最后，产出、评估典型产品或服务。这个过程需要综合社会需求和学生个性的差异，在具体运作上要以"教师指导、同学协助和个人独立"的方式为主导，根据社会需求和学生个性的差异对两个方面进行评估：主体工作任务"完整性、有效性和主体性"三个维度的完成情况；产品或服务是否达到"数量准确、质量达标、尺寸适合、准确及时、经济实用、价廉物美、节能降耗、造型美观和结构新颖"等要求。评估的目的是让学生在这个过程中体验到效率、效果、效益和效应及学习乐趣、职业魅力。

综合来看，项目式教学模式是一种科学有效且可行的教学模式，其设计路径具有科学性、合理性和完善性，这种模式能够有效解决我国职业教育中价值主体在教学活动中的疑难，对我国职业教育教学质量的提高、教学理论的不断完善有促进作用和借鉴意义。

---

① 王翔. 职业教育"项目主题式"教学模式建构路径及实践效应研究 [J]. 中国成人教育，2014（11）：117–120.

(3)产教融合理念指导下的教学设计

① 产教融合理念概述

产教融合是我国职业教育发展的基本方式,已经成为构建现代职业教育体系、实现职业教育和经济社会协调发展的一项重要制度,是助推职业教育高质量发展,加强高技能人才培养的国家战略。

职业教育产教融合的理念界定包含三个层面。[①] 一是在宏观层面,将产教融合看作产业与教育的融合——产教融合是产业系统与教育系统相互融合而形成的有机整体。二是在中观层面,将产教融合看作企业与学校的融合——产教融合是一种学校、企业、行业以及社会相关部门共同参与下形成的产、学、研"三位一体"的紧密相连,密不可分的新的社会组织形式(如图4-4-10所示)[②],只有协同发挥作用,才能使校企合作系统整体效益最大化。三是在微观层面,将产教融合看作生产与教学的融合——产教融合即千方百计寻求与生产实际紧密结合的产品,以提高学生的质量意识、产品意识、时间观念及动手能力。

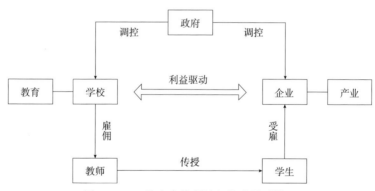

图 4-4-10 校企合作利益相关者关系模型

② 产教融合理念下基于"双元制"的教学设计思路

职业院校产教融合模式通常可以归纳为四种:产教融合研发模式、产

[①] 郝天聪,石伟平.从松散联结到实体嵌入:职业教育产教融合的困境及其突破[J].教育研究,2019,40(7):102-110.

[②] 杨慷慨.新经济背景下产教融合发展不同生命周期的动力机制构建[J].职教发展研究,2022(1):21-28.

教融合共建模式、项目牵引模式和人才培养与交流模式。①

目前在产教融合理念指导下的成熟教学设计模式除了上述项目式教学设计模式外,基于"双元制"开展教学设计的思路是值得借鉴的。双元制即为学校与企业相结合的一种职业教育模式,以培养具备理论知识和实践技能的应用型专门人才为主要目的,强调对接工作岗位、为未来工作而学,是产教融合理念的直接体现。基于该思路开展的教学设计直接对接工作岗位的现实问题、真实项目,动态调整教学目标与教学活动。

尽管对于产教融合理念下基于"双元制"的教学设计有没有广为流传的模式,学界和实践领域并未有统一定论,但诸如问题解决学习、做中学等,均可以在开展这类教学设计时作为构建模式的依据。

③产教融合教学设计在职业教育中的使用建议

2017年,《国务院办公厅关于深化产教融合的若干意见》出台,明确了职业教育产教融合的指导思想、原则和目标,全面系统地部署了深化产教融合的实践方案、路径和策略,标志着我国的职业教育产教融合由1.0时代迈向了2.0时代。在该阶段,如何选择职业教育产教融合的路径成为首需厘清的问题。为了在教学设计层面体现产教融合理念,教师首先应该打破思想桎梏,深刻认识职业教育的社会性,树立职业教育教学与产业统筹融合发展的新思维。

其次,产教融合理念指导下的教学设计不是教师单一群体能够完成的,需要学校从管理层面转变校企合作方式,增强校企合作机会。面对与优质企业合作机会较少、与小微企业合作预期不足的现实,职业院校可以通过转变校企合作方式来增加校企合作的机会。②与同一区域内的职业院校、小微企业组建产教融合联盟,职业院校与小微企业各自发挥自身的资源优势和能力特长,以资源整合的方式增强区域内碎片化职业教育资源与产业资源的利用效率,从而为开展"可落地"的教学设计提供环境和政策支持。

(二)教学设计能力提升与发展路径

教学设计与实施能力的提升是有迹可循的,本部分介绍两种常见的教

---

① 柳友荣,项桂娥,王剑程.应用型本科院校产教融合模式及其影响因素研究[J].中国高教研究,2015(5):64–68.

② 张志平.职业教育产教融合2.0时代的内涵演进、应然追寻、实然状态与路径抉择[J].成人教育,2022,42(3):66–73.

学设计与实施能力提升与发展路径。

1. 促进 IDE 的教学设计能力提升与发展路径

（1）路径阐释

教学设计专长，即 IDE（instructional design expertise），也被表述为 teacher's design expertise，即教师的设计专长。[①]IDE 是专家教师所拥有的不同于普通教师的分析和解决教学问题的能力，是专家教师表现出来的一种优秀的行为。

赫伊津哈对教师教学设计专长的结构和成分做出了划分，他认为教学设计专长是由"一般设计专长"（generic design and process expertise）和"特殊设计专长"（specific design expertise）两个维度构成的[②]。其中一般设计专长是指教师进行教学设计活动普遍所需的一般性知识与技能，特殊设计专长是指教师在制定具体课程时所需的特定的知识和技能，比如设计不同学科不同年级的具体课程所需的知识和技能，包括课程设计专长、学科内容知识、教学内容知识和课程一致性专长，如图 4-4-11 所示。

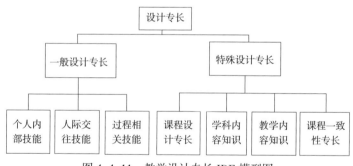

图 4-4-11 教学设计专长 IDE 模型图

解决复杂问题任务的专业知识的一个重要因素是专业知识的适应性。因为每个问题的具体特点不同，专家在解决复杂问题时必须能够识别和运用必要的原则，以开发与需求相匹配的解决方案。因此，教学设计专长的本质是开发出灵活的适应性技能，使设计者能够识别出基本的问题特征，

---

① Huizinga T, Handelzalts A, Nieveen N, et al. Teacher involvement in curriculum design: need for support to enhance teachers' design expertise [J]. Journal of Curriculum Studies, 2014, 46（1）: 33-57.

② 刘新阳. "教师 - 资源"互动视角下的教师教学设计能力研究 [D]. 上海：华东师范大学，2016: 28-29.

应用适当的设计原则,以一种独特的方式为每一个新的教学任务设计出能满足需求的解决方案,这就是由波多野谊余夫和稻垣佳世子共同提出的"适应性专长"(adaptive expertise)的概念[①][②]。具有适应性专长对于成功的学习和教学是非常重要的,它被认为是教师学习与专业发展的新目标。与IDE模型中所涉及的常规的两类专长相比,适应性专长把关注点从学习者如何获得既有知识并直接应用于问题解决转移到了学习者如何在没有现成知识可用的新问题情境中学习。适应性专长不仅包括专业知识和技能,更强调灵活、变革与创新能力。在以不断变革和创新为特征的知识社会背景下,以发展适应性专长为目标的教育观应运而生。鉴于此概念的研究尚处于起步阶段,国内倾向于采用学者王美的观点进行理解,将适应性专长的表现维度界定为深度的概念性理解、新情境中的适应性改变、学习的倾向与元认知。[③]

哈卓构建了促进IDE的教学设计能力提升模式,为新手教师成长为专家教师提供了清晰的路径,如图4-4-12所示。该模式描述了从教学设计新手到教学设计专家在思维、实践和产品这三个方面的发展,而这三方面的发展受知识、技能和元认知即反思的影响,为其所促进,即不仅受教学设计知识、技能增加的影响,还有设计者对自己的设计思想、设计实践及设计产品的深入反思,这些都能有效地促进教学设计专长的发展,从而推动教学设计新手朝向教学设计专家的方向迈进。[④]

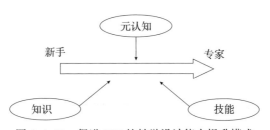

图4-4-12 促进IDE的教学设计能力提升模式

---

① Perez R S, Emery C D. Designer Thinking: How Novices and Experts Think About Instructional Design [J]. Performance Improvement Quarterly, 2010, 8 (3): 80–95.

② Hatano G. The nature of everyday science: A brief introduction[J]. British Journal of Developmental Psychology, 1990, 8 (3): 245–250.

③ 王美. 逼真教学问题解决情境中教师适应性专长表现的实验研究 [J]. 中国电化教育, 2011 (10): 24–32.

④ 乔新虹. KI课程促进职前科学教师教学设计能力发展的研究 [D]. 上海: 华东师范大学, 2019.

（2）职业教育教师使用该路径的建议

职业教育的核心是培养人的各种能力，从而帮助青年为未来工作、生活做好充分的准备。IDE 模式涉及的多维度技能与专长对职业教育教师提出了更高的要求，要求其不仅需要具备一般设计专长，更要在特殊设计专长上提升教学吸引力。

第一，职业教育强调面向真实生活情境，基于真实问题培养青年的多方面能力，对于职业教育教师来说，在教学与学科内容知识上，需体现职业教育教学过程的实践性和应用性特点，突出对学生实践能力的培养，通过工作场所中的真实经历获得培训章程中描述的特定能力，从而提高学生的知识和技能。

第二，IDE 模式的本质是开发适应性专长，而职业教育与行业联系紧密。作为一名职业学校教师，必须具备行业意识、行业联系能力和专业技术的操作技能。

第三，职业教育与社会的经济发展密切相关，职业技术的综合化趋势，使得职业教育的内容也必须不断地变化，以适应和服务丰富多彩的经济社会。现实环境要求教师在课程开发设计方面，必须具有根据社会需求、行业变化而设计开发与之相适应的课程的能力。

2. 促进 PDC 的教学设计能力提升与发展路径

（1）路径阐释

PDC 的全称是 pedagogical design capacity，又称为 teacher design capacity，即教师的设计能力。PDC 将教学视为受教学资源（如工具和专业发展）和教师资源（如信念和教学内容知识）影响的设计活动。

戈戴和特鲁克等研究者构建了 PDC 教学设计模型（见图 4-4-13），该模型以教师为主体，课程标准、教材等资源组为人工制品，教师利用资源组生成教学设计方案（图中的"文档"）的过程本质上是利用人工制品生成工具的过程，而教师的教学即是运用工具（文档）的过程。[①] 该过程受到制度和课堂情境的影响。

由于职业教育教学具有资源多元、应用性强等特点，因此资源配置与

---

① 乔新虹. KI 课程促进职前科学教师教学设计能力发展的研究 [D]. 上海：华东师范大学，2019.

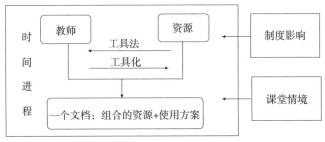

图 4-4-13　PDC 教学设计模型

应用在教学设计中占有很大比重。该模型为职业教师提升自身教学设计能力指明了一条"整合资源开展教学设计"的实践发展路径。

（2）职业教育教师使用该路径的建议

秉持资源整合观，充分利用资源开发教学设计方案，以此提升自身的教学设计能力，这本质上是一种迭代的路径。因此对职业教育教师使用该路径的建议有二：

第一，职业教育教师在开展教学设计的过程中，需要与资源进行充分互动，将资源构建过程整合到教学设计过程中，对资源进行充分梳理和统整。

第二，教学设计能力的提升不是一蹴而就的，更不是对资源的生硬拼接，而是要在对教学理念充分理解的基础上进行逐轮次提升，因此职业教育教师要在设计、行动、反思的循环迭代过程中优化资源本身的配置和教学设计方案。

四、思维导图及其应用能力提升

（一）思维导图的定义

思维导图（mind map）是 20 世纪 60 年代英国人托尼·巴赞（Tony Buzan）创造的一种笔记方法。托尼·巴赞认为：传统的草拟和笔记方法有重点不突出、不易记忆、浪费时间和不能有效地刺激大脑四大不利之处，而简洁、高效和积极的个人参与对笔记的质量提升有至关重要的作用。草拟和笔记的低效越来越成为大家的共识，于是高效便捷的思维导图便应运而生。尽管思维导图的初始目的只是改进笔记方法，但它的效用在其他领域的研究和应用中为了显现出来，目前已被广泛应用于个人、家庭和企业中。

托尼·巴赞认为思维导图是发散性思维的表达，是人类思维的自然呈现。同时，他认为思维导图也是一种非常有用的图形技术，是打开大脑潜能的万能钥匙，可以应用于生活的各个方面。使用思维导图可以促进人的学习能力，也有助于厘清思路，优化人的思维方式和行为表现。思维导图呈现的是一个思维过程，学习者能够借助思维导图促进发散思维，并可供自己或他人回顾整个思维过程。①

（二）思维导图的结构与分类②

思维导图的呈现形式多种多样，不同结构的思维导图功能也不同。最常见的有圆圈图、树状图、气泡图、双重气泡图、流程图、多重流程图、括号图、桥状图八种，如图4-4-14所示。

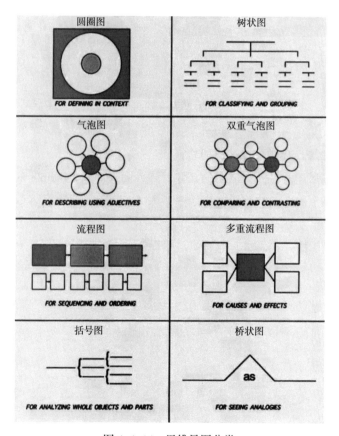

图4-4-14 思维导图分类

---

① 赵国庆，陆志坚."概念图"与"思维导图"辨析[J]. 中国电化教育，2004（8）：42-45.
② 思维导图在教学中的应用[EB/OL].（2020-02-01）[2022-06-02]. https：//www.jianshu.com/p/79b946850029.

1. 圆圈图，定义一件事

圆圈图（circle map）定义法主要用于把一个主题进行展开，来联想或描述细节。它有两个圆圈，里面的小圆圈是主题，外面的大圆圈中是和这个主题有关的细节或特征，如图 4-4-15 所示。

图 4-4-15　圆圈图

2. 气泡图，描述事物性质和特征

圆圈图强调的是一个概念的具体展开，而气泡图（bubble map）则更加侧重于对一个概念的特征描述，如图 4-4-16 所示。

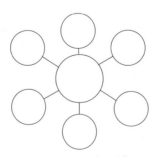

图 4-4-16　气泡图

3. 双重气泡图，用于比较和对照

气泡图还有一个"升级版"，叫双重气泡图（double bubble map），这也是一件分析"神器"。它的妙处在于可以帮人们对两个事物作比较和对照，找到它们的差别和共同点，如图 4-4-17 所示。

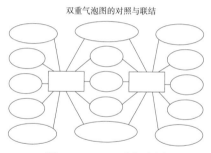

图 4-4-17　双重气泡图

4. 树状图，用于进行分类

树状图（tree map），主要用于分组或分类的。自上而下依次是主题，一级类别，二级类别，等等。可以用这种图来整理归纳一些知识，如图 4-4-18 所示。

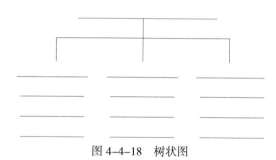

图 4-4-18　树状图

5. 流程图，表示次序

流程图（flow map），用于按先后顺序分析事物的发展、内在逻辑，如图 4-4-19 所示。

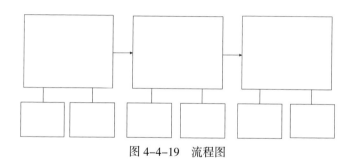

图 4-4-19　流程图

6. 多重流程图，表示因果关系

多重流程图（multi flow map）也称因果关系图，用来帮助人们分析事件产生的原因，和它导致的结果。图中，中间是事件，左边是事件产生的多种原因，右边是事件导致的多个结果，如图4-4-20所示。

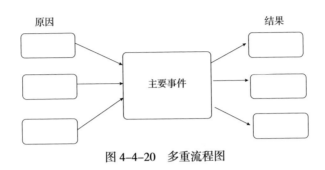

图 4-4-20　多重流程图

7. 括号图，表示局部和整体的关系

括号图（brace map）平时用得很多，用于分析整体与局部的关系，如图4-4-21所示。

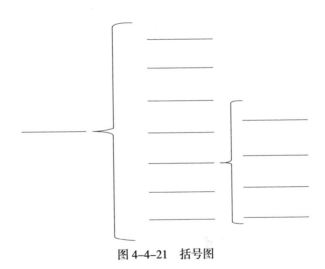

图 4-4-21　括号图

8. 桥状图，进行类比

桥状图（bridge map）主要用来进行类比和类推的图。在桥型横线的上面和下面写下具有相关性的一组事物，然后按照这种相关性列出更多具有类似相关性的事物，如图4-4-22所示。

图 4-4-22 桥状图

（三）思维导图的制作

1. 手工绘制思维导图[①]

手绘思维导图只需要一张纸和几支彩笔，一幅思维导图的制作只需要以下几个步骤就可以完成。

（1）**把主题摆在中央**。在纸中央写出或画出主题，应清晰并有强烈视觉效果。

（2）**向外扩张分支**。想象用树形格式排列题目的要点，从主题的中心向外扩张。从中心将有关联的要点分支出来，主要的分支最好维持 5~7 个。近中央的分支较粗，相关的主题可用箭号联结。

（3）**使用"关键词"表达各分支的内容**。思维导图的作用是把握事物的精髓，方便记忆。不要把完整的句子写在分支上，应多使用关键的动词和名词。

（4）**使用符号、颜色、文字、图画和其他形象表达内容**。可用不同颜色、图案、符号、数字、字形大小表示类型、次序……图像愈生动活泼愈好，使用容易辨识的符号。

（5）**用箭头把相关的分支连起来，以立体方式思考，将彼此间的关系显示出来**。如果某项目没有新要点，可在其他分支上再继续。只需将意念写下来，保持文字的简要，不用决定对错。

尽量发挥视觉上的想象力，利用自己的创意来制作自己的思维导图。这样一幅思维导图作品就基本制作完成了，我们可以在以后使用的过程中不断地修改和完善。

2. 制作思维导图的计算机软件

可以借助计算机来完成思维导图的制作。目前已经有很多专门的思维导

[①] 高丽，孟素红. 思维导图在教育教学中的应用[J]. 中国现代教育装备，2007（6）：123-125.

图软件或思维导图插件，利用这些软件可以更加快捷地制作思维导图作品。

　　思维导图只是一种图示的呈现形式，因此能绘制基本图形的软件基本都可以用来制作思维导图，如：MS Office 中的 Word、PowerPoint、Visio 和金山公司的 WPS 等常见办公软件，几乎所有可用于绘图的软件都可以用来绘制思维导图。此外，还有一些针对思维导图的设计特点而开发的思维导图专业制作软件，如：MindManager、Xmind、Mindmaster、Mindnow、百度脑图、亿图图等。另外还有一些内置思维导图功能的笔记软件，如印象笔记、marginnote3 等。

　　制作电子版思维导图有 6 个步骤。

　　（1）**创建中心主题**。在思维导图的中心输入主题名称，例如"世界各国首都"。

　　（2）**创建分支主题**。使用头脑风暴法，创建该主题下的主要分支主题并输入文字，如"伦敦""巴黎""纽约"和"北京"。

　　（3）**创建子主题**。通过创建子主题来详细阐述分支主题。确保使用非常短的短语或单个单词，例如"伦敦"分支主题下可设置"天气""交通工具""主要景点"等子主题，每个子主题下又可继续扩散分支，详尽地描述关于"伦敦"的信息。

　　（4）**重新排列顺序**。如果用户需要重新排列思维导图中的主题，可利用软件工具的直接拖放功能，这将使用户能够更有逻辑地组织头脑风暴的主题。

　　（5）**添加图片和格式**。根据思维导图理论，图像和颜色可以提高记忆力。因此可以使用不同的颜色和字体，并在分支上放置图像。

　　（6）**笔记和研究**。如果思维导图软件功能允许的话，可以对主题做注释笔记并附上研究文件。

　　（四）思维导图在教学中的应用

　　思维导图在教学中可以承担以下五种工具角色，用以促进师生的教学体验和教学效率：[①]

- 作为教学设计工具
- 作为教学准备和提示工具
- 作为课堂教学工具

[①] Edwards S，Cooper N. Mind mapping as a teaching resource[J]. The clinical teacher，2010，7（4）：236–239.

- 作为学生复习工具
- 作为教学评价工具

1. 作为教学设计工具

教学设计是指教师根据课程标准的要求和教学对象的特点,将教学诸要素有序安排,确定合适的教学方案的设想和计划。教学设计是一个系统的规划过程,它需要教师整体把握教学各要素之间的关系。思维导图为教师提供了一种新的教学设计思路,能够帮助教师设计和思考教学的完整过程。思维导图的创作过程就是教师汇集教学观点和经验,理解教学各要素及其之间的关系,明确教学重点和难点,并探索教学方案的过程。图4-4-23所示为应用于教学设计的思维导图,涵盖了弹力的重要内容,教师可以在开展教学设计前将本节课的知识点绘制成思维导图,这样有助于教师把握本节课的知识脉络,也可以将思维导图展示给学生,帮助他们对本节课的内容形成系统性的认知和理解。教师在具体进行教学设计时,可根据学生学情、教学条件等实际情况作适当修改和变动。思维导图的作用就是将隐藏于教师头脑中的教学内容、教学思路、教学经验和知识体系以一种可视化的方式展现出来,它以层次分明、逻辑清晰的结构展现各信息之间的关联,便于教师整体把握教学内容,明确知识间的逻辑关系,从而帮助教师高效率地完成课程与教学的设计和预案。[①] 此外,教学活动的安排也可以用思维导图的形式来呈现。

2. 作为教学准备和提示工具

忙碌的工作会影响教师上课前的情绪和节奏,如果在每节课之前只需要几分钟就能回顾这节课的课程内容和授课任务,就可以使教师在上课前的准备中不那么紧张。思维导图能帮助教师快速高效地准备和复习教学内容。

在开始一个新主题的教学之前,思维导图可以让教师迅速摘出资料文本中的关键笔记。确定了关键主题后,就可以在几张纸上总结绘制出所有信息分支,而不是逐字逐句地复制文本段落。思维导图可以帮助教师将通过多个来源获取到的信息压缩为几页关键主题和关键词,左脑的信息逻辑和右脑的图示认知将可以辅助教师观察到信息间是如何相互关联的。相反,如果没有文本资料,仅有几个这节课想讲的知识点,也即关键主题,那么教师可以根据这些关键主题展开头脑风暴,列出相关的知识点、教学目标、

[①] 董博清,彭前程.思维导图及其教学功能研究[J].中学物理,2018,36(15):2-6.

教学活动等信息,在思维导图中构建出将要上的课的整体结构和具体内容。此外,思维导图一旦形成,就会呈现出清晰、简洁、结构化的图示,相比于大段文字的教案,教师在课前看一遍思维导图中的关键主题即可回想起备课内容,便捷且节约时间(见图4-4-24)。

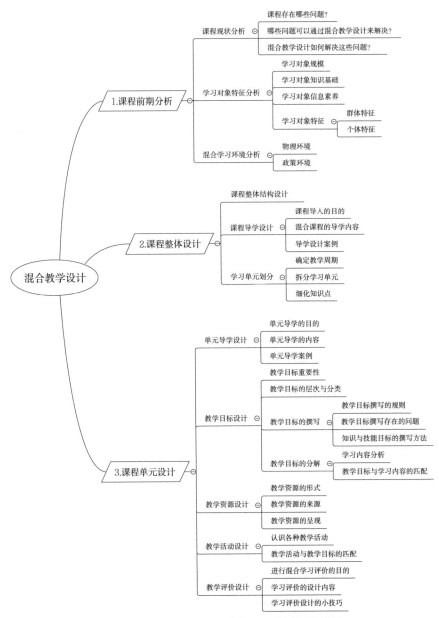

图 4-4-23　作为教学设计工具思维导图的示例

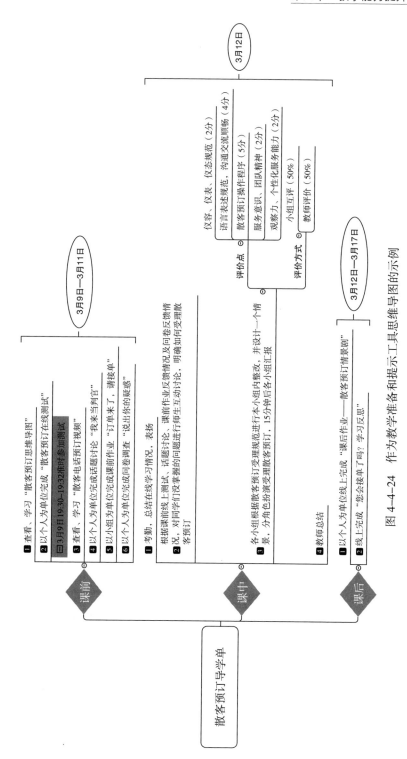

图 4-4-24 作为教学准备和提示工具思维导图的示例

3. 作为课堂教学工具

在新授课中应用思维导图建构知识结构，将教师单纯的"教"转变为"教"与"学"并举，可以运用思维导图式的板书呈现知识点之间的关系及科学探究的思路，对学生进行启发、辅导和因材施教，学生也真正有了自主学习的机会，并以此培养学生自学能力、统领概念、自我建构知识的能力。在习题课教学中可以呈现解决问题的思路或步骤；在复习课教学中可以用思维导图软件动态呈现每一章节的知识网络图，并能根据需要超链接一些典型例题，有效地激活学生的记忆。让学生根据知识脉络自己绘制思维导图，这样他们就主动参与了知识的回顾与提炼过程。整合新旧知识，建构知识网络，浓缩知识结构，达到灵活迁移知识的目的。[①]

思维导图还可以作为启发式教学的工具。在课堂中，将关键主题呈现在黑板上，让全班同学开展头脑风暴。教师和学生讨论他们认为的这一关键主题下的分支主题（知识点）。这将为学生创造参与讨论的机会，并鼓励他们将想法写下来。每个关键主题都将单独讨论，并绘制思维导图。这将允许学生们看到一个主题，以及这个主题中的一切知识点是如何联系在一起的。当学生参与到创建这个思维导图的过程中时，会激发他们的学习兴趣，提升他们思考的活跃程度。

另外，思维导图还可以作为组织学生开展小组学习的工具。小组共同创作思维导图，首先由各学习者画出自己已知的资料或想法，然后通过讨论将所有人的思维导图合并，并判定哪些资料或想法是较为重要的，再加入讨论后激发出的新想法，最后重组成为一个小组共同创造的思维导图。在此过程中，每个组员都需要主动参与建构，每个人的意见都被考虑，可以很好地提升团队归属感及合作能力。共同思考时，也可以发挥群体力量，激发学生产生更多创意及有用的新想法。最后产出的思维导图是小组共同的智慧结晶，是学生达成一致的想法或结论。

4. 作为学生复习工具

思维导图可以在很多方面辅助学生的学习，其中之一就是作为一种快速复习的工具。教师可以将思维导图作为提示卡。思维导图的关键主题需要与授课PPT的内容相匹配，关键主题和关键词需要被清楚地定义，这将

---

① 刘识华. 思维导图在高中数学复习课教学中的应用探索 [J]. 网络财富，2009（4）：179-180.

有助于确保所有需要教授的内容不被遗漏。一份完整的思维导图可以作为课堂的总结发给学生。这将帮助学生聚焦于关键知识点而不过于发散偏离（见图4-4-25）。

5. 作为教学评价工具

思维导图可以作为一种检查工具，例如在医科专业中探索传统的考试方式改革通常是让学生以文章的形式复述事实，或者使用多项选择题，广泛评估知识点的掌握。思维导图可以只提供给学生中心思想，例如心力衰竭。在给定的时间内，学生们必须在脑海中勾画出他们所知道的关于这个话题的一切，以及它与其他话题之间的联系；例如，在"病因学"的关键标题下，从"心力衰竭"的中心思想，学生将拓展出：缺血性心脏病、高血压、心脏瓣膜病等。从每一个关键标题，学生都能够更深入地探索这些主题，这样就可以向老师展示每个学生知识的广度和深度。

思维导图用于教学评价有两大优点：第一，层级结构可以反映学生搜索已有的概念、把握知识特点、联系和产出新知的能力；第二，由所举具体事例可获知学生对概念意义理解的清晰性和广阔性。正是因为具有这两大优点，思维导图可以成为有效地评价学生创造性思维水平的工具。教师可以从学生画的思维导图中判断学生对所学内容的掌握情况、学生的认知结构情况以及学习的思维情况，并及时予以评价、指导。另外，思维导图也是学生自我评价的有力工具。若学生在建造自己的思维导图时遇到困难，他会清楚地联想到自己在学习中还存在哪些不足；他的链接缺乏创造性，就说明自己的知识储备不足、不灵活，这样就会激励他努力去弥补不足。

（五）思维导图应用于教学的优势[①]

传统的笔记工具存在埋没关键词、不易记忆、浪费时间、不能有效刺激大脑等问题（见图4-4-26），而思维导图可以让这些问题迎刃而解。

思维导图在教育中的优势有很多，通过思维导图的应用，教师可以显著改善他们的课堂教学，学生可以更好地理解和掌握知识。将思维导图应用于教育可以将视觉型学习者和听觉型学习者的特质都照顾到，当视觉型学习者偏多时，这一点就显得尤为重要，所以教育者在他们的教学方法中使用适当的工

---

① Grace G. The role of mind mapping in education [EB/OL].（2019-10-29）[2022-06-02].https://blog.mindmanager.com/blog/2019/10/29/201910201910role-mind-mapping-education/.

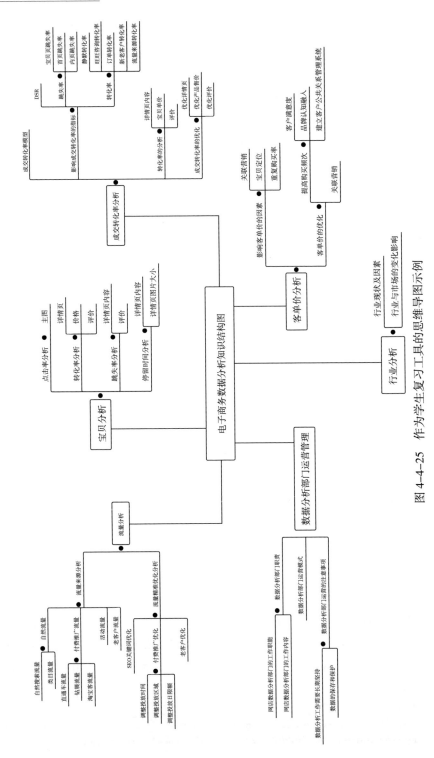

图 4-4-25 作为学生复习工具的思维导图示例

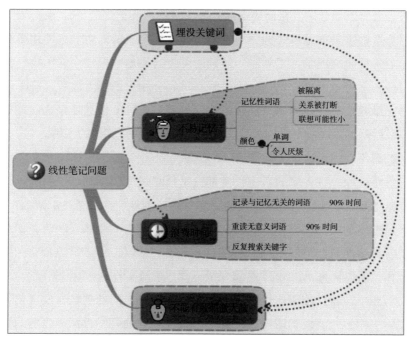

图 4-4-26　传统笔记的不足之处

具是必要的。思维导图不仅仅是一个有用的学习工具，它也是激发师生教学兴趣的工具。从教师的管理工作来说，收集学生的反馈和信息可能是乏味且繁复的，它通常需要多个文档、图表和链接，而这些文档、图表和链接不能放在一个页面上；从教师的授课角度来看，授课演示通常需要多个媒体渠道，教师需要在幻灯片、文档和视频之间来回切换，这可能会增加学生的认知负荷，给老师带来压力，最终导致产生重复的工作量。对于这些困扰而言思维导图是一个很有吸引力的解决方案，它把课程信息呈现在一个空间里并增加了视觉性，由于思维导图的视觉特性，学生可以更好地理解要学的主题。教师可以用思维导图创建完整的课程计划，并在一个界面里展示分享给学生。

1. 思维导图帮助学生掌握复杂的知识点

许多学生努力寻找适合他们的学习方法。事实上，传统的方法如阅读和记笔记，只适用于一小部分群体。对于那些寻求替代和更有效的方法的人来说，思维导图是个理想的选择。像 MindManager 这样的思维导图软件很容易操作，绘制一个思维导图对学生理解复杂的主题、结构和整体情况有非常大的帮助。为了充分理解和获取知识，我们的大脑需要激活多感官参与。之所以部分学生在使用标准学习工具学习和记忆信息时会感到困难,是因为这些工具都是以线性和一维的方式处理信息的。当学生使用思维导图作为一种研究或学习工具时,他们能够更容易地掌握概念,因为他们将自己融入学习过程中,这是一个学习、巩固和输出的学习流程。当学生们构建思维导图时,他们的大脑被迫在各种看似无关的信息片段之间建立联系,最后就可以对一个主题或概念有一个更清晰、更完整的了解。

2. 思维导图帮助学生更好地记住信息

各年龄段、各领域的学生肯定都熟悉信息过载的感觉,以及为了记住一个概念而绞尽脑汁所带来的压力,思维导图为他们提供了一个解决方案。它不是把多余的知识储存在我们的头脑中却不把它们联系在一起,而是提供了一种帮助我们理解信息的工具。人类的大脑以一种无组织和复杂的方式运作,所以大家的工作过程都有所不同。思维导图让学生充分参与到当前的话题中,通过使用信息可视化呈现概念想法之间的关联,反映出大脑的实际工作方式。换句话说,思维导图将大脑中的最终目标与当前的思维过程联系起来。通常,当我们的大脑为了解决一个问题而紧张地工作时,我们的思想就会发散飘忽,充满压力和困惑。我们不能很快地把自己的想法完整地写在纸上,而思维导图可以提供速记功能,它可以帮助学生在学业和以后的生活中更加高效地学习、工作。

五、混合教学能力提升

随着以互联网为基础的各类信息技术在课程中普及应用,混合教学日益成为新常态。本部分首先介绍混合教学的基本概念及混合教学模式应用于教学所具有的优势;接着讨论混合教学的核心要素及其关系;然后围绕混合教学的前期分析、设计、实施、评价、评估与反思等阶段对实施混合教学的具体方法进行介绍。

(一)混合教学的概念

混合教学的概念始于企业人力资源培训领域,旨在解决传统面授教学学员规模小、时效性差、培训成本高等问题。随着信息技术发展,20世纪90年代基于网络的E-Learning逐渐增多,面对面学习与E-Learning环境所使用的媒体、方法以及需要满足的对象需求不同,此阶段两种学习方式很大程度上处于分离状态。但E-Learning方式为学习者提供更加丰富的技术环境、更加便捷的资源获取方式的同时,其约束力弱、即时交互体验感差的弱点也显露出来,人们意识到学生在不受监督的纯网络环境下难以独立地完成学习任务。由此,更有效、更灵活的混合教学方式被教育领域的相关学者与实践者应用在教学当中,"混合教学"被作为专有名词提出。此时的混合教学更多地被视为纯面授教学与纯在线教学之间的过渡方式,被看作是二者基于信息技术的简单结合,是通过信息技术将部分传统课堂教学"搬家"到网上,或作为"补充"的课外延伸部分。之后,人们对于混合教学的认识也在逐渐发生转变。混合教学逐渐被理解为一种改进课堂教学、提升学习效果的教学形态,越来越多的研究者认识到,"混合"一词表示"整合""融合"等更加深刻丰富的内涵而非简单的"加和",混合的内容也不局限于面授与在线的环境混合,而是包含教学资源、教学方法、教学环境、教学工具、教学模式等多要素的系统性重构。

(二)混合教学的优势

混合教学有助于促进实现"每个学生发展"的教育本质。每个学生的智力结构不同,同时学生之间的学习基础、学习速度、学习兴趣、学习动机、学习需求、学习能力等方面也存在差异性,促进每个学生的发展要求学校进行有针对性的个性化教学。实现真正的个性化教学对于学校来说是一项巨大的挑战,为每一个学生配备一名辅导教师几乎是不可能的。而技术的发展为促进学生的个性化发展提供了可能性。混合教学是学校实现以学习者为中心的个性化教学的重要途径之一。一方面,混合教学融合了在线与面授教学的优势,既可以实施线下教学的多种教学模式,以学生为主体,与学生进行充分的互动与交流,又可以结合新兴技术,打破时间和空间的限制,为学生提供个性化的教学服务,在促进学生个性化发展方面有着独特的优势。另一方面,混合教学以多种教学理论为指导,结合多种教学方式,强调"在'适当的'时间,通过应用'适当的'学习技术与'适当的'学习风格相契合,对'适当的'学习者传递'适当的'技能"[1]。在这样的理念下,学习者能够以一种适合他们个人需要的方式来学习,而不是在一个以不变应万变的课堂中进行学习。

---

[1] Singh H, Reed C. A White Paper Achieving Success with Blended Learning [J]. Centra software, 2001, 1: 1–11.

混合教学有利于培养具备21世纪核心素养的人才。进入21世纪，知识更新速度加快、知识获取的途径多样化，传统的教育方式已无法适应人们日益复杂的生活、工作环境，社会对人才提出了创造性、多样化、个性化等更高的要求。荷兰学者沃格特等人对世界上著名的八个核心素养框架进行比较分析以后，得出如下结论：①所有框架都倡导以下4个共性核心素养，即协作与交往，信息通信技术素养，社会和/或文化技能、公民素养；②此外，还有以下4个核心素养是大部分框架都提到的，即创造性、批判性思维、问题解决，开发高质量产品的能力或生产性。这八大素养是人类在信息时代的共同追求，可称为"世界共同核心素养"（Voogt，Roblin，2012）[①]。同时关注认知性素养和非认知性素养体现了知识社会的新要求。对它们做进一步提炼，可化约为四大素养，即协作、交往、创造性、批判性思维，这就是享誉世界的"21世纪4C's"。世界共同核心素养即世界对信息时代人的发展目标的共同追求，体现了世界教育的发展趋势。混合教学既具有教师和学生面对面教学的优势，即通过授课和各种教学活动，可以促进师生和生生交流以及学生之间的协作，从而发展学生的交流、协作能力，同时又有线上教学形式多样、自定步调、分享观点、资源共享、共同探究解决问题等优势，有助于促进学生自主学习能力、鉴别能力、批判精神和创造能力的培养，适应信息社会发展对人才要求的大趋势，其产生和发展具有必然性。

（三）混合教学的核心要素及其关系

课程层面的混合教学是一个由多种要素构成的复杂的动态系统，核心要素包括课程的教学目标、学生、教师、教学内容、教学方法、教学评价与反馈、教学环境等[②]，混合课程教学的核心要素及其关系如图4-4-27所示。

（1）**课程目标**。混合教学情境下的课程目标强调信息时代所需的知识、技能、综合能力及素质的全面培养，以及网络学习空间中的态度、情感、价值观的塑造，需要将这些目标体现在具体的教学内容和教学活动中，培育适应21世纪的学生。

---

① Voogt J, Roblin N. A comparative analysis of international frameworks for 21st century competences: Implications for national curriculum policies [J]. Journal of Curriculum Studies, 2012, 44 (3): 299-321.

② 李秉德. 教学论 [M]. 北京：人民教育出版社，1991.

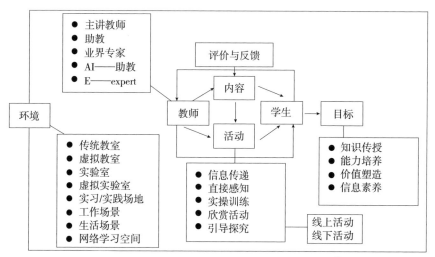

图 4-4-27　混合课程教学的七个要素及其关系①

（2）**学生**。学生是信息时代的"原住民"，从被动的信息受体、接受者和被支配者变为主动支配自己的行为、方法、偏好的主体，甚至参与学习内容的建构。这一角色定位的转变为混合教学提出了更高的要求，需要注重对学生在数字化环境中的学习行为、学习风格、学习效果、社会网络特征等进行分析，以掌握学生的学习特点，更好地促进学生的学习投入，提高学习效果。

（3）**教师**。在信息时代，教师由单一作战转变为团队协作，从主讲教师参与到包括助教、业界专家等的教学团队，同时还可引入人工智能（AI）助教及专家（expert，E）等，因此混合教学的教师不仅自己需要具备信息化教学能力，而且还需要有领导并掌控教学团队的能力。为了适应信息时代"原住民"学生的新特点，教师的角色也需要从传统的知识传授者、教学主导者变成学习活动的设计者、指导者和促进者。

（4）**学习内容**。信息时代学生获取知识的来源不再和以往一样单一，而是更为丰富多样，知识的呈现形式体现为多种媒体的融合，知识结构也由固定的、以课程大纲为准绳的结构化知识变成包含静态结构化和动态非结构化的各类知识。一方面，知识的爆炸性增长既有利于学生

---

① 韩锡斌，王玉萍，张铁道，等.迎接数字大学：纵论远程、混合与在线学习——翻译、解读与研究[M].北京：清华大学出版社，2016.

自主拓展学习内容，也可以为教师提供更为丰富的教学资源；另一方面，海量的信息也容易让学生陷入选择的困境，甚至造成认知负荷。[①] 教师在设计并实施混合教学时需要对各类形式的教学内容相应的选择、制作和应用能力。

（5）学习活动。在混合教学中学习活动由限定在特定实体空间的面授方法拓展为虚实融合空间中更加多元化的方式，学习的组织形式也由固定时间的班级授课拓展为线上和线下相结合的课前、课中和课后形式。

（6）学习评价与反馈。在混合教学中，新技术的不断涌现为学习评价与反馈提供了新的方法。可以借助教学过程中生成的大数据，开展多维度的学习分析、评价与动态反馈。评价与反馈的数据来源方面，既可以包含学习行为信息，还可以收集生理信号、心理意识活动、面部表情等多个方面的信息；评价与反馈的内容方面，除了日常的学习成绩，还可以实现学生学习满意度、学生学习过程等方面的评价；评价与反馈的途径更加便捷，可以及时、准确、个性化地进行学习指导。

（7）教学环境。信息技术深刻影响着社会和经济形态，形成了物理空间和网络空间二元共存的混合环境，物理的教学环境也相应地发生了变化，从传统实体的教室、实验室、实习/实践场地和工作场所延伸到学习者完全可以自己掌控的网络学习空间、虚拟仿真实验室、虚拟实习/实训基地和基于物联网工作场景等技术支撑的虚拟空间。

混合教学的七个核心要素之间存在既相互支撑又相互制约的辩证关系，在特定情境下对各要素及其关系的合理调配是提升混合教学质量的关键，也是教师实施混合教学的核心能力。教师对其他六个要素及其关系的动态掌控是其教学能力的体现，需要适应数字"原住民"学生的认知方式从个体认知向基于互联网的群体认知、分布式认知方式转变的特点。同时，基于虚实融合教学空间的混合教学，环境要素始终处于动态变化之中（如网络暂时中断，或者技术工具出现故障等），要求教师在整个教学过程中有能力调控各个要素（包括教师自己本身）之间的关系，使其达到特定情境下的最优化教学效果。

---

① Clark R E, Yates K, Early S, et al. An analysis of the failure of electronic media and discovery-based learning: Evidence for the performance benefits of guided training methods [J]. Handbook of Improving Porformance in the workplace: Volumes 1-3, 2009: 263-297.

（四）分析课程的现状、教学环境与学生特点

在进行混合课程的教学设计之前，首先需要对课程现状、教学环境以及学生特点进行分析，明确混合教学设计的需求和起点。课程现状分析的目的是了解课程当前情况与预期目标之间的差距；教学环境分析用于确定教学可能采用的物理教学环境和网络学习空间；学生特点分析的目的是为了充分了解学生的学习准备和学习风格，以便为后续学习内容、学习活动等方面的设计提供依据。

1. 分析混合课程的现状

在课程现状分析的过程中，首先，需要明确学生的需要，即分析其现状和目标的差距，并根据此差距归纳出课程现存问题。其次，需要明确混合教学设计是否是解决以上问题的最好途径，即进行混合教学设计的必要性分析。最后，需要明确如何利用混合教学设计解决以上问题，以确定进行混合教学设计的可行性。[1] 课程现状分析需要问答以下三类问题[2]：

第一，课程存在哪些问题？可以从目标、学生、内容、活动、评价、环境和教师。七个维度进行分析。值得注意的是，课程教学需要遵循一致性准则，即教学内容（资源）和教学活动的设计都要围绕设定的教学目标展开，并能够通过学习评价测量出设定目标是否达成。

第二，哪些问题是可以通过混合教学来解决的？采用混合教学并不能解决所有教学中的问题，因此需要对是否可以利用混合教学设计的方法解决进行问题区分，由此明确混合教学设计的必要性。同时，统筹考虑教学中产生的相关问题将会有助于系统性地破解教学难题。

第三，混合教学设计如何解决这些问题？在确定了需要解决的问题后，需要进一步考虑采用混合教学解决这些问题的方案。

2. 分析混合教学的环境

教学环境是教学活动开展的必要条件。信息时代教学环境从物理环境（如教室、实验室等）延伸到了配备丰富的数字化教学资源和多样化技术工具的网络学习空间。同时，物理教学环境也配置有多种技术设备，强调与网络学习空间的联通，以支持线上线下教学活动的有效融合。教师在进行

---

[1] 乌美娜. 教学设计 [M]. 北京：高等教育出版社，1994.
[2] 韩锡斌，王玉萍，张铁道，等. 迎接数字大学：纵论远程、混合与在线学习——翻译、解读与研究 [M]. 北京：清华大学出版社，2016.

混合教学的环境分析时，根据教学设计将物理教学环境和网络学习空间进行有机整合尤为重要。

教师在设计一门混合课程时需要了解可以采用的物理教学环境的特点，以便进行恰当的选择。物理教学环境的类型及其适用的课程教学目标和内容如表 4-4-4 所示。

表 4-4-4　物理教学环境的类型及其适用范围

物理教学环境的类型	适用的课程教学目标和内容
多媒体教室	适用于一般性教学目标，教师所教课程的教学目标主要是陈述性知识时，可以选择多媒体教室作为信息化物理环境
实体实验实训室	教师所教的课程以技能实操为主要教学目标，同时学校具备该课程教学所需实体实验实训室时，可以将实体实验实训室作为信息化物理环境
工作场所	适用于高阶技能训练，教师在进行岗位见习、实习等教学安排时可以选择工作场所作为信息化物理环境
智能教室	当学校具备智能教室这一信息化物理环境时，为更好地提升学生的学习体验和教学交互效果，原先选择多媒体教室作为一般性课程教学目标的教学环境，可以选择智能教室作为信息化物理环境
智能交互教室	教师对学生分组协作学习活动有较高要求，同时学校具备该课程教学所需智能交互教室时，可以选择智能交互教室作为信息化物理环境
网络互动教室	教师需要多地联动同时开展课程教学，同时学校具备该课程教学所需网络互动教室时，可以选择网络互动教室作为信息化物理环境
数字化技能室	教师所教的课程以数字化技能为主要教学目标，同时学校具备该课程教学所需数字化技能室时，可以将数字化技能室作为信息化物理环境
虚拟仿真实验实训室	教师所教的课程以技能训练为主要教学目标，但是不具备实体实验实训室或者学生尚未达到可以实操的水平时，可以将虚拟仿真实验实训室作为信息化物理环境
大场景虚拟仿真实训室	教师所教的课程教学活动以大面积观摩实训教学或多人技能训练为主，同时学校具备该课程教学所需大场景虚拟仿真实训室时，可将大场景虚拟仿真实训室作为信息化物理环境
虚实融合实验实训室	教师所教课程的教学目标为技能训练，既要求学生进行仿真训练又要求进行技能实操，同时学校具备该课程教学所需虚实融合实验实训室时，可以将虚实融合实验实训室作为信息化物理环境
多功能理实一体化室	教师所教课程的教学目标包含知识的传授与技能训练（含仿真与实操），同时学校具备该课程教学所需多功能理实一体化室时，可以将多功能理实一体化室作为信息化物理环境
情景化互动实验室	教师所教课程的教学目标以表达性技能为主，教学方法以角色扮演法为主，同时学校具备该课程教学所需情景化实验室时，可以选择情景化互动实验室作为信息化物理环境

续表

物理教学环境的类型	适用的课程教学目标和内容
强交互虚拟实验实训室	教师的教学目标以感觉与知觉技能训练为主,同时学校具备该课程教学所需强交互虚拟实验实训室时,可以将强交互虚拟实验实训室作为信息化物理环境

教师在设计一门混合课程时也需要了解可以采用到的网络学习空间的特点,以便进行恰当的选择。网络学习空间一般由三类技术系统构成:网络教学平台、视频会议系统和专用网络教学工具。

网络教学平台支持师生开展异步在线教学活动,承载在线课程,支持网络环境下的教与学的全过程。教师在选用网络教学平台时需要考虑学习管理工具、系统支持工具和系统技术特性三个方面。

视频会议系统的主要功能是提供在线视频或音频实时直播或录播同时具有互动白板、屏幕共享、实时消息、实时录制、随堂测评和教务管理等功能的网络学习空间。这类学习空间支持多种同步在线教学场景,如大班课、小班课、一对一等,支持视频直播和录播,支持随堂测验并具有相应的教务管理功能。学习者在学习过程中可以通过留言、弹幕、评论等多种方式与教师或同伴进行互动交流。

专用网络教学工具包括但不限于计算工具(如 MATLAB)、认知增强工具(如思维导图工具 Xmind,3D 制作动画工具 CoSpaces)、展示增强工具(创建多媒体演示文稿工具 Buncee)、翻译转换工具(Google Translator,IFLYTEK)、学科教学工具(FCS Biology,NOBOOK)、仿真实验软件(数控仿真系统 Machining)、仿真实训软件与仿真实习软件等[1]。

3. 分析混合课程的学生特点

混合教学的目的是为了有效促进学生的学习,因此需要清楚地了解学生的特点。学生作为学习活动的主体,所具有的认知、情感、社会等方面的特征都将对学习过程和结果产生影响[2]。已有研究发现,学生的年龄、早

---

[1] 中国教育部.教育部关于发布《职业院校数字校园规范》的通知(教职成函〔2020〕3号)[EB/OL].(2020-06-24)[2021-08-06]. http://www.moe.gov.cn/srcsite/A07/zcs_zhgg/202007/t20200702_469886.html.

[2] 何克抗,郑永柏,谢幼如.教学系统设计[M].北京:北京师范大学出版社,2002.

期网络学习经验、对授课形式的偏好、平均学习时间、自我管理和监督能力等个体因素会导致不同的混合学习效果。[1][2]

整体而言,学习者个体方面对于混合教学效果的影响因素可分为以下四类,对应地混合教学中学习者分析也可以从这些方面展开:学生基本特征,例如性别、年龄、所处学段等;学生先验知识、技能和态度,例如早期成绩、先验经历、混合学习态度(如感知有用性、感知易用性、感知娱乐性)等;学生学习风格,如学习风格、对授课方式的偏好、学习动机、成效期望等;学习者的信息化设备情况,如学习者所具备的软/硬件设备情况等。

(五)明确混合课程教学目标

教学目标是混合教学的出发点,支配着教学的全过程,并规定了教与学的方向[3]。首先要确定课程整体目标,然后再分解为各个学习单元的目标。

1. 确定混合课程总体目标

教师可以从知识、技能与态度三个维度确定混合课程的总体教学目标,混合课程的教学目标更加强调数字时代所需的信息素养的形成,包括信息化专业能力和信息化学习能力等。需要预设出学生在教学活动结束后得到的成果,然后可通过回答如下三个问题确定教学的核心目标:①这门课最核心的/关键性内容是什么?②学生最希望获得什么?③学生学习中的关键难点在哪?

将确定的核心目标进行分解。教师应考虑的是,为达成这个核心目标学生需要有哪些关键性产出?需要从学生学习的视角提出学习目标,目标的表述应清晰、明确、易评判,并明确说明在学习过后学生将有什么收获,将能解决什么问题。

作为混合课程整体教学目标的下位目标,学习单元教学目标是对课程整体教学目标的细化。因此,课程整体教学目标决定了后续各学习单元混

---

[1] Lim D H, Morris M L. Learner and instructional factors influencing learning outcomes within a blended learning environment[J]. Journal of Educational Technology & Society, 2009: 12(4), 282-293.

[2] Woltering V, Herrler A, Spitzer K, et al. Blended learning positively affects students' satisfaction and the role of the tutor in the problem-based learning process: Results of amixed-method evaluation[J]. Advances in Health Sciences Education, 2009: 14, 725-738.

[3] 崔允漷. 教学目标——不该被遗忘的教学起点 [J]. 人民教育, 2004(Z2): 16-18.

合教学的有效实施，需要优先确定。

2. 划分学习单元

课程的学习单元是指由一系列知识、技能等要素组成并具有内在一致性的、相对完整的一个学习单位。一般来说，一门课程由不同的学习单元组成，每个学习单元则由不同的知识点组成。可按照章节内容、任务、模块、项目、专题、教学周等将课程内容划分成学习单元。单元划分一是要考虑课程本身知识之间的逻辑关系；二是要结合学习者的认知规律；三是要参考以往教学情况和学生的反馈。划分学习单元时既需要关注知识点的相对独立性和完整性，还需要考虑到知识点之间的前后关联性。对于认知类教学目标为主的内容，如英语、数学、物理、教育学等课程，建议按照章/节等形式进行组织；技能类目标为主的内容，如绘画、雕刻加工、设备操作等课程，建议按照项目、模块、任务等形式进行组织；态度类目标为主的内容，如思想品德、心理健康等课程，建议按照主题的形式进行组织。一个学习单元的内容应该有相对的完整性，前后两个学习单元的内容应具有连续性和连贯性。

3. 确定学习单元目标

与混合课程整体教学目标对应，学习单元目标可分为认知目标、技能目标和态度目标。

撰写认知目标时首先确定所学知识的类型，分为"事实性知识""概念知识""程序性知识"和"元认知知识"四类[1]；然后再确定预期达到的学习水平，包括记住、理解、运用、分析、评价、创造六个层次。[2]

撰写技能目标时首先确定技能的类型，分为感觉和知觉技能、体力或实践技能、表达技能、智慧技能四类，然后再确定预期达到的技能发展阶段。

撰写学习单元的态度目标时可以从学生对事物的认知状态（如群体意识、责任感、承受力、自我管理等）、情感状态（如自信、热情、忠诚、诚实、正直等）和行为倾向（如主动和进取精神、与人合作、学习与业绩的自我提高等）三个方面考虑。

---

[1] Bloom B S, Engelhart M D, Furst E J, et al.Taxonomy of Educational Objectives：handbook I：cognitive domain[M].New York：Longman，1956.

[2] Anderson L W, Krathwohl D R, Airasian P W, et al. A Taxonomy for Learning, Teaching, and Assessing.：a Revision of Bloom's Taxonomy of Educational Objectives[M].New York：Longman，2001：38–62.

学习单元目标是混合课程整体目标的细化,在设计完所有学习单元的教学目标后,需要对照课程整体教学目标检查整体目标是否是所有学习单元目标的概括,而单元目标是否是整体目标的细化。学习单元目标确定后,单元学习内容选择、学习活动设置、学习评价设计都要围绕其展开,做到目标、内容、活动、评价四者之间的一致性。

(六)确定混合课程学习内容与呈现形式

课程的学习内容是根据特定的课程目标,有目地从人类的知识经验体系中选择出来,并按照一定的逻辑序列组织、编排而成的知识体系和经验体系的总和。学习资源是学习内容的载体,决定了学习内容的媒体呈现形式。教材是根据课程目标和标准编制的教学用书,是使用最为广泛的教学资源,有纸质版和电子版两种形式。信息时代产生了多种媒体的数字化学习资源,可以通过互联网广为传播。教师在选择混合教学内容时,一般以教材为主要来源,还可选择其他学习资源,特别是基于网络的数字化学习资源。本部分首先介绍如何组织混合课程的学习内容,接着介绍如何确定混合教学内容的呈现形式,最后介绍如何通过选用开放教育资源或自行开发的方式获得所需的课程教学资源。

1. 组织混合课程的学习内容

混合课程的学习内容应当围绕课程总体目标以及各个学习单元的目标进行组织。学习内容选择是否适当,其检验标准就是学生是否通过学习给定的内容能够达成预定的学习目标。

学习单元的内容组织通常涉及三个方面:范围、重点和序列。范围主要是指学习内容的广度和深度,在决定单元范围时要从课程的连续性以及真实世界、学生的特点出发,确定单元内容中各种事实、概念的相对重要性,从而选取难度适当的核心内容;学习单元的重点通常围绕特定的主题与观点展开,是内容中的关键部分,主题又由若干子主题构成,从而形成特定的知识框架;学习单元的序列是内容展开的顺序,一般在确定材料的序列时要注意新旧知识之间的联系,保证新的学习以原有学习为基础展开。

学习单元的内容确定后,其呈现可以选择多种媒体形式,由此形成混合课程中的数字化学习资源。学习资源的选择需要考虑内容与形式的匹配,还需要考虑学习者的特点、学习环境及终端设备及线上和线下学习内容的分解与逻辑安排等(如表4-4-5所示)。

表 4-4-5　混合课程线上线下学习内容安排建议

适合线上安排的学习内容	适合线下安排的学习内容
• 学生提前自主预习，课前预备知识 • 学生需要重复学习的内容 • 事实性知识和概念性知识内容 • 占用课堂时间太长但对学习有辅助作用的内容 • 课后巩固、深化的内容 • 课外拓展的读物，补充教材的内容	• 学生自主学习遇到困难的内容 • 学生需要老师答疑解惑的内容 • 教师重点讲解的内容 • 需要教师和学生面对面交流与沟通的内容 • 课堂讨论、集中展示的内容 • 与线上学习互相补充的内容

2. 确定混合教学内容呈现形式

混合教学内容呈现形式的选择，通常需要遵循以下原则[1][2]：①一致性原则：不要呈现与教学目标无关的文字、图像、声音等资料，以免分散学习者对关键信息的注意力。尤其是一些为了增添课堂趣味性而插入的文本、图片、背景音等，当它们与课程内容的主题无关时反而会适得其反、降低学习效果。②提示性原则：呈现教学资源时可给予重要信息一些提示，从而减少学习者的信息搜索量。同时，一组学习行动完成时给予学生结束信息提示，让他们为下一组行动做准备。③冗余原则：去除重复信息。例如当使用"动画＋解说"的方式呈现信息时，不要再呈现与解说内容一致的文字。④空间邻近原则：存在一致性的图片与文字在空间布局方面应邻近。即画面与解释该画面的文字应紧邻呈现，从而减少学习者检索与整合信息的认知加工，减少短期信息存储的认知负荷。⑤时间邻近原则：相互关联的信息在时间上应紧邻出现或同步呈现，从而方便学生建立连贯的心理表征，减少短期信息存储的认知负荷。⑥分块并减轻短期记忆负担原则：将一个复杂任务分割为几个连续的独立片段，同时避免要求学生从一个界面必须记住信息再到另一个界面使用信息。例如在动画或视频中通过设置转场进行内容分隔，方便学习者把控学习节奏，避免一次性接受全部信息而造成认知负荷，但同时需要关联学习的内容应该做到压缩到一块来显示，如一张表格应在一页显示。⑦预训练原则：呈现复杂任务或

---

[1] Mayer R E. Multimedia aids to problem-solving transfer[J]. International Journal of Educational Research, 1999, 31 (7): 611-623.

[2] Ben S, Catherine P, Maxine C, et al. Designing the User Interface: Strategies for Effective Human-Computer Interaction [M]. 6th ed. Pearson Education, 2017: 95-97.

新的教学内容时，通过预先提供材料帮助学习者对复杂关键概念进行预学习。⑧多媒体原则：在呈现信息时，同时使用文本和图像的方式要比单独呈现文本材料的效果要好，这是因为前者有益于帮助学习者整合言语心理表征和图像心理表征，从而促进生成性认知加工。⑨双通道原则：在呈现教学资源时考虑将视觉通道和听觉通道同时激活，减少过度使用其中一种通道造成负荷。例如"图像＋旁白"的方式要比"图像＋屏幕文本"的方式效果更好。⑩个性化原则：通过对话风格呈现言语信息要优于正式文本语言，在拍摄视频时以第一人称视角的效果要优于第三人称视角，因为前者能够提升学习者的代入感、提升参与的主动性。⑪声音原则：在呈现声音解说时，采用真实人声的效果要优于使用机器生成的声音。⑫图像原则：在呈现信息时，注意屏幕上所呈现的图像与文字之间的关系，避免学习者的注意力因被某些真人或卡通人物的图像所吸引，反而分散了对于学习内容的注意力。

3. 选用开放教育资源

数字化学习资源可以分为开放资源、引进资源和自主开发资源。开放教育资源通常指基于非商业用途、遵循资源版权要求、借助网络技术自由使用和修改的数字资源，包括开放在线课程（如 MOOCs）、开放课件（如微课）、开放教学材料、开放软件等①。混合课程的数字化学习资源应优先引用开放教育资源，当开放教育资源无法满足教学需求时，可以建议学校以购买、接受捐赠等形式从校外引入，最后的选择才是进行自主开发。教师可以从开放教育资源的网页设计和内容设计两个维度考虑是否选用该开放教育资源。

4. 开发数字化学习资源

在开发多媒体资源时，可以通过一定的途径将未数字化的文本、图像、音频、视频等媒体资料将数字化。将媒体素材上传到网络教学平台时需要注意媒体素材的组织结构、文件格式、大小（如图像是否需要压缩等）、制作难度和成本、发布时间等因素。基于上述的多媒体素材资源可以开发课件、案例、参考资料等。

---

① UNESCO. Forum on the Impact of Open Courseware for Higher Education in Developing Countries, Final Report [EB/OL].[2022–09–29]. http://unesdoc.unesco.org/images/0012/001285/128515e.pdf，2002.

（七）设计与实施混合课程学习活动

学习活动是学习者为达到既定的学习目标需要完成的操作总和[①]。混合课程学习活动的设计包括课程活动的整体安排和每个单元的学习活动设置，还需要关注线上、线下场景学习活动的不同特点以及彼此有机衔接。

1. 课程学习活动的整体安排

学校课程持续的时间都是以学期为计算单位的，在每个学期课程的学习活动可以分为三个阶段：初期、中期和后期。每个阶段的学习活动安排有各自的侧重点。[②]

（1）**课程初期阶段**：通常指课程的前两周，是学生了解课程目标、课程内容、教学方式以及师生相互认识的阶段。可从以下几方面设计与实施此阶段的学习活动：①帮助学生建立身份认同和归属感，形成友好、活跃的交流氛围。典型活动包含破冰活动、介绍混合教学环境、集体答疑、组织构建小组并开展协作活动、给与学生自由表达的机会等。②帮助学生加强对课程的了解，构建良好的师生关系。典型活动包含向学生介绍课程内容与安排、提出学习期望与考核方式、说明课程对学生发展与人才培养的意义，向学生做自我介绍拉近师生距离。③激发学生对混合学习的兴趣和动机。相关的教学活动包含呈现明确的奖惩标准、提出课程目标、说明课程意义设计与学生先验基础、群体特征、需求相适应的教学情境，组织有吸引力的教学活动，提出具有启发性的问题等。

（2）**课程中期阶段**：指课程学习活动的主体部分，不同课程时长不一。可从以下几方面考虑设计与实施此阶段的混合教学活动：①通过组织和实施恰当的教学活动引导学生有效学习。有效的活动包含教师的直接指导、聆听学生的表达并与其进行对话交流，并通过开展案例分析、互动讨论等方式增强师生、生生间的互动对话。②促进个人及小组通过持续交流实现知识建构，深化认知。可开展的活动包含头脑风暴、焦点讨论等引发学生思考的活动，辩论、角色扮演、问题分析等帮助学生获取信息、汇聚群体智慧的活动等。③激励学生持续参与，避免混合教学中期为学生带来倦怠

[①] 何克抗，林君芬，张文兰. 教学系统设计（教育技术学专业系列教材）[M]. 北京：高等教育出版社，2006.
[②] 冯晓英，吴怡君，曹洁婷，等. "互联网+"时代混合式学习活动设计的策略 [J]. 中国远程教育，2021（6）：60–67+77.

感。教师的相关行动包含及时激励与表扬、树立同伴学习榜样、同伴互评等，注重提升学生的自我效能感和学习参与。

（3）**课程后期阶段**：指课程的最后两周，课程主体内容教学已基本完成，处于总结反思、作品展示的阶段。可从以下几方面考虑设计与实施此阶段的混合教学活动：①开展综合展示类教学活动。以面向高阶目标、促进综合进阶为主线，通过创设认知临场感，支持学生将所学知识、技能进行迁移应用、解决真实或复杂的问题，并通过完成综合类学习任务、将作品产出进行展示的活动方式促进学生综合应用所学内容。②支持学生自我反思与评价。开展反思评价类活动，促进学生实现意义建构。具体包含教师评价、同伴互评、自我反思等多元主体、多种形式的活动，通过提供过程性支架、呈现导航地图或思维导图、给予及时反馈指导等方式促进上述活动顺利开展。

2. 混合课程线上线下学习活动的安排

学校课程的时间安排从长到短依次包括整个学期、教学周和学习单元。一个学期有16~20个教学周，每个教学周安排1~3次面授教学，每次2~4个学时，教师的授课需要按照学校对课程的时间安排来进行。混合课程的鲜明特征就是既有线下学习活动，也有线上学习活动，而且线上线下活动相互交织，贯穿整个课程的始终。[①]因此，与仅仅面授课程相比，混合课程在线学习活动的安排及其与线下学习活动的衔接就是需要重点考虑的。为了使线上和线下活动更加紧密地衔接，建议通过设置在线测验、问答等活动检测学生的线上学习效果，刺激学生回忆线上学习的内容，并根据学生对线上学习的掌握情况及时调整线下课堂学习活动；通过线下课堂提问、测验、讨论等形式对学生线上自主学习进行督促并给予及时反馈指导。

（1）**适宜线上进行的活动**。①学习内容方面：在学生已有的知识水平上，能够通过自学达到既定的学习目标的学习内容，例如通过自学完成相关概念的学习；需要学生重复进行的活动，比如观看制作动画的流程；有助于帮助学生理解学习内容和扩展知识面的活动，并且是学生可以独立完成活动，比如观看电影和历史记录资料等。②学习过程方面，以下情况

---

① Neumeier P. A closer look at blended learning — parameters for designing a blended learning environment for language teaching and learning[J]. Recall, 2005, 17（2）: 163-178.

适合将学习活动放在网上：需要给学生及时反馈的活动，比如线上测试、线上提交作业；需要提前与学生进行沟通和交流的活动，例如通过学生提交预习报告，提前了解学生在学习过程中遇到的问题；需要针对学生个体差异性进行的活动，例如学生们可以根据自己的偏好选择文字或者视频的方式来进行学习。③学习时间方面：可以灵活进行的活动适合放到线上，例如学生们可以根据自己的空闲时间在网上讨论区参与讨论。

（2）**适宜线下进行的活动**。①学习内容：动手实操类活动需要在线下完成，需要操作实际设备；需要学生在具体实体空间内完成的活动，如发生在具体实训室、模拟工厂、真实工作场域的活动。②学习过程：需要师生之间、生生之间频繁交互、协作完成的活动，例如角色扮演、协作完成一项任务，更方便面对面讨论。③学习时间：任何类型的活动都可以放到线下，采用面对面的方式开展。

3. 学习单元活动的设计与实施

信息技术拓展了教师和学生教学活动的空间和时间，围绕一个学习单元设计活动不仅需要考虑发生在课堂（课中）的活动，还需考虑课前和课后的活动。①②

（1）**组织课前混合学习活动**。依据教学目标构建并发布导学信息和学习资源、发布学习任务和活动；组织学生在课前根据导学信息进行自主在线学习，并根据学生的在线学习情况进行在线答疑；对学生的课前学习行为和学习结果进行评价，据此调整课中的学习活动。

（2）**组织课中混合学习活动**。根据课前学习者反馈的在线学习结果，针对重难点和共性问题进行重点讲授与答疑；在学习者通过自学已经掌握了教学知识点或技能点的情况下，教师可酌情压缩知识点和技能点讲解所花费的时间用于发布和组织课堂学习任务，学习者自主或同侪间协作完成；组织学生以个体或小组方式开展自主研讨与探究、巡视，进行课堂任务引导，及时提供给学习者个性化反馈。

（3）**组织课后混合学习活动**。批改作业，对学生的学习表现及任务完

---

① Anders N，CD Dziuban，Moskal P M. A time based blended learning model[J]. On the Horizon，2011，19（3）：207-216.
② Day J A，Foley J D . Evaluating a Web Lecture Intervention in a Human-Computer Interaction Course[J]. IEEE Transactions on Education，2006，49：420-431.

成情况进行评价与反馈；为学习者提供优秀案例，引导学习者完成学习反思，可给学习者提供一些问题，如"混合学习中，我遇到了哪些问题和困难？"、"我和优秀案例之间的差距有哪些，我该如何改进？"等。

（八）评价学生的混合学习效果并反馈指导

混合学习的评价是以学习目标为依据，制定科学的标准，运用一切有效的技术手段，对混合学习活动过程及其结果进行测定、衡量，并给以价值判断，从而为教育决策提供依据，以及改进教育服务的过程。[①] 学习评价不仅评估学生在混合课程中最终的学习效果，更重要的是诊断学生学习过程中存在的疑难问题并给予及时的反馈和指导。

1. 混合课程学习评价的策略

（1）定量评价与定性评价相结合。完善的学习评价体系应将定量评价与定性评价相结合，将二者进行相互验证。有些学习活动采用量化评价效率和准确率高，比如测试知识记忆和理解情况的客观题；有些学习活动采用质性评价更为合适，比如学生在小组合作中的投入程度、学习热情、对同伴的支持和帮助等合作表现；有些学习活动则需要两者结合，比如两位同学在线上提交学习反思的次数及字数大体相同，但其具体表述所体现出的分析深入程度有所区别，体现出两位学习者的学习态度和认知程度存在差异。

（2）过程与结果、线上与线下的评价相结合。过程性评价与结果性评价相结合，线上数据与线下数据相结合，确保学习评价的全面性。[②] 过程性评价是通过信息技术实时记录学习者的学习过程，通过对整个教学过程进行实时监控精准了解学生学习情况，包含学生在在线课程学习平台上的自主学习情况、在课堂上的学习表现、课程主题学习讨论情况、课后布置的作业完成质量和对课程学习的反思与总结；结果性评价主要在期中和期末进行，着重测评学生整体学习情况，依据于阶段性的考试成绩、期末提交的方案、小组合作进行期末项目汇报的情况等。线上评价手段包括小测、在线作业和作品点评、个人学习反思及反馈以及对讨论等一系列在线学习行为表现的观察和测量；线下评价手段主要包括阶段性测试、线下作业和

---

① 何克抗，林君芬，张文兰. 教学系统设计（教育技术学专业系列教材）[M]. 北京：高等教育出版社，2006.

② Choules A P. The use of elearning in medical education: a review of the current situation[J]. Postgraduate Medical Journal, 2007, 83（978）：212-216.

作品点评、课堂学习行为观察、记录和评估等,其中课堂学习行为包括课堂中学生的出勤、课堂规则遵守、专题小组讨论、问答和小组活动等。

(3)**教师评价、同伴评价与自我评价相结合**。混合学习有线上和线下两个部分,教师有时在场有时又不在场,因此除了教师评价还要充分发挥同伴评价和自我评价的作用,用于获取更全面的信息。[①] 学生自评是主观性评价,有利于养成他们不断反思总结并实现发展的良性行为习惯;教师评价与学生互评偏重于客观性,从不同维度、视角对学生水平进行考量,有益于评价结果的客观性、全面性;课堂上同伴作为共同参与者对彼此的学习行为、态度和效果有更直接的体验。需要注意的是,评价主体多元化并不是弱化教师评价的地位,而是强调注意多主体评价从而使得评价角度更加多元、评价结果更加客观全面。三类评价主体均有其优势,需要在整体评价框架结构下科学分配不同维度评价的分值。

(4)**注重评分标准明确性,评价结果可用**。在课程开始时让学生了解学习评价的标准并尽量达成一致意见,包含过程性成绩与结果性成绩的构成、线上线下评价活动的构成、来自教师与学生不同主体的评价结果的比例等。在混合学习开展过程中严格按照最初制定的评价标准进行赋分,既可以保障评分标准的公开性与评价结果的公平性,也发挥评价的"指挥棒"作用,为学生的过程性学习提供指导。需要分析评价结果的可用性,这既包含测试题目的语义、情境应是通用的,公平地面向所有学生,避免测量学上的"题目功能性差异"(differential item functioning)[②];也需要明确区分有效数据和无效数据,例如把学生在线时长、阅读和观看材料的次数、活跃程度(比如点赞数、被点赞数、发帖量、回帖量等)等作为衡量学生积极性的依据时需要设置限制条件以免评价结果失真。例如,对于学生线上自主学习情况的评价,如果学期一半或以上的周数在线时长很少,而在某短时间内激增,则认为无效或作降分处理;对于讨论区参与情况的评价,发帖字数过少(如少于10个字)则认为是无效帖等。

(5)**以指导学生学习为评价目的**。对评价的功能与目的建立正确的认

---

① Vo H M, Zhu C, Diep N A. The effect of blended learning on student performance at course-level in higher education: A meta-analysis[J]. Studies In Educational Evaluation,2017,53:17-28.
② Camilli G, Shepard L A. Methods for Identifying Biased Test Items[M]. Thousand Oaks: Sage Publications,1994.

识,这需要教师提前将清晰的评价目标告知学生,帮助学生认识到他们需要达到的标准,激励学生学会给自己"把脉",认识到自己目前所达到的程度、离目标的差距、问题在哪儿,进而主动采取措施解决问题、缩小差距、实现既定目标,从而真正达到"以评促学"的目的。混合课程的在线学习数据记录可以让每个学生看到自己的学习进度和效果。教师要据此鼓励学生分享自己的学习经验和不足,积极进行自我反省,及时思考并调整他们的学习。[1] 在评分项的设置上,建议给予学生鼓励性的加分项,减少带有惩罚性的扣分项,体现评价对学生积极参与的引导作用。

2. 混合课程的学习效果评价

混合课程的学习效果评价一般采用总结性评价的方法,目的是评价学生是否达到课程所设定的知识、能力及素质目标要求,可以采用开/闭卷考试、项目报告、课程论文、成果答辩等形式进行。人文社科类课程可以采用调查报告、论文等方式进行评价,理科课程可以通过期末考试进行评价,工科、医科类课程可以通过在模拟场景中的实操演练进行评价,设计类课程可以通过呈现设计的作品设计报告、课堂汇报的形式进行评价。

3. 学习单元的效果评价及反馈指导

在混合课程每个单元的课前、课中、课后都会围绕不同的学习目标开展相应的学习活动,对这三个阶段的学生学习效果都应进行评价,从而判断每个阶段的学习目标达成情况,并为调整下一阶段的混合学习活动提供参考。在进行单元混合学习评价时,需要分析学生在学习单元中每个学习阶段的表现,并据此给学生提供及时的反馈与指导。

(1)课前学习的评价。学生课前通过线上自主学习、教师在线指导、学生提问交流、同伴相互讨论和研讨等完成预习,此时课前的混合学习评价的主要内容是学生的学习参与情况与学生课前自主学习的结果,包括对混合学习的适应性及接受度、任务完成情况、在线学习行为、学习效果等。以上可以通过网络教学平台的学生学习行为数据、学生完成任务情况、问卷调查结果等进行评价。这个阶段给学生的反馈指导可以是教师线上的动态答疑与指导、测评结果的即时呈现等,也可以是在接

---

[1] Davies A, Pantzopoulos K, Gray K. Emphasising assessment 'as' learning by assessing wiki writing assignments collaboratively and publicly online[J]. Australasian Journal of Educational Technology,2011,27(5):798-812.

下来的课堂进行统一点评。教师可以针对学生的学习情况以及疑难之处及时调整课堂（课中）的学习活动，利用学生课前学习所反映出来的实际情况和过程数据进行教学目标与教学大纲的适当调整，并为学生课堂阶段的评价做好铺垫。

（2）**课中学习的评价**。课堂学习阶段仍然以线下的教学活动为主，教师可以借鉴已成型的一系列课堂观察工具和个人教学经验，评价内容包括学生线上参与评价、学生课堂参与评价、课堂任务完成情况和课堂学习结果等。除了教师采用课堂观察、提问、测验等方式评价课中学习效果外，还可以调动学生开展同伴间的互评和学习者自评。教师根据评价结果提供有针对性的课后学习资源，布置课后学习任务。这个阶段的反馈与指导可以在课堂上及时进行。学生学习参与包括学生的行为参与、认知参与和情感参与。行为参与是最基本的参与形态，是外显的、可观察的，如按时上课、遵守课堂规则、完成作业任务等。此外，行为参与还反映在参与活动强度（如注意力、坚持度、时间投入、努力程度）和活动参与（如参与线上和线下的讨论等）方面。认知参与主要指学习策略的使用，不同的学习策略会引起不同层次的思维活动。学生使用练习、总结等策略来牢记、组织和理解学习内容，使用时间管理策略来规划学习任务。情感参与主要指学生的情感反应，包括感兴趣、无聊、快乐、悲伤、焦虑等，也可以理解为归属感和价值观。在混合课程中学生的学习参与度可通过在线学习行为数据进行评价，如进入在线课程、访问学习资源、完成在线测试、完成在线作业、讨论区发帖与回帖等。

（3）**课后学习的评价**。课后评价的主要内容是作业完成情况和学生对单元学习的总结反思情况。通过学生课后作业、反思与总结报告、课后拓展任务等考评学生单元学习目标的达成情况。还可以将课后学习评价与课前学习评价相对比，检查学生的学习效果和进度，并结合学生的学习反思及时对原来设置的学习目标、设计的学习资源以及学习活动进行调整。这个阶段的反馈与指导可以通过线上与学生进行个别化辅导实现，也可以对课中和课后任务完成情况在下一次课堂统一进行点评与总结。

（九）混合课程实施效果的评估与反思

混合课程教学实施一个学期结束之时，教师需要对实施效果进行评估，评估结果成为下一轮课程实施的重要依据。评估可以从两个方面进行：教师自评与反思、学生学习感受调查。

（1）**教师自评与反思**。教师自评实施效果，反思和改进混合教学中存在的不足。学生每个单元的学习情况以及课程网站中积累的数据都可以作为教师评估自己课程的重要依据。通过课程网站上的测试题、讨论等了解学生单元预习目标达成的情况；通过课堂提问、分组讨论、实验、结果展示等了解学生课堂任务完成情况；通过课程网站的练习题、作业、拓展讨论、反思报告等获取学生整个单元的学习目标达成情况。

（2）**学生学习感受调查**。学生通过整个学期的学习，对混合课程的感受是进一步改进课程质量的重要依据。学生的一种重要感受就是学习满意度。学习满意度是学习者对学习活动的愉快感受或态度，高兴的感觉或积极的态度就是"满意"，反之则是"不满意"。[1] 影响学生学习满意度的因素很多，包括课程人数规模、学生先前学习经验、学生年龄、师生关系、学生参与程度、媒体使用等。通常采用调查问卷的方式来了解学生的主观感受，进而完成学习满意度的测量。

第五节 职业教育教师教学能力提升效果的评价

《中共中央 国务院关于全面深化新时代教师队伍建设改革的意见》《全面提升新时代高校教师教育教学能力》等文件指出"新时代教师队伍建设应突显教师作用，提升其专业能力，推进高等教育的质量革命"。中共中央、国务院印发的《深化新时代教育评价改革总体方案》提出教师评价应突出教育教学实绩，对于职业院校教师来说，应健全"'双师型'教师认定、聘用、考核等评价标准，突出实践技能水平和专业教学能力"。信息时代人们的信息交流空间得到了极大的扩展，不同领域、不同行业、不同机构之间的界限呈现模糊化的趋势。在职业教育领域，人才培养过程的集中性和阶段性被弱化，人才培养向人才应用的行业领域延伸，学习与

---

[1] Long H B. Contradictory expectations? Achievement and satisfaction in adult learning[J]. Journal of Continuing Higher Education, 1989, 33（3）: 10-12.

应用实现了融合。对学生实践应用能力的强调促使教师教学能力发生转变，职业教育领域的"双师型"教师应运而生，职业教育教师能力评价的内容得以拓展。人工智能、大数据等技术的发展丰富了教师教学能力评价的工具和手段，对于提高教师评价的科学性、专业性、客观性起到了促进作用。在这种情况下，职业教育教师教学能力评价发生哪些变化？本部分将阐述职业教育教师教学能力评价的特点与趋势，以及教师教学能力评价的各个要素。

一、职业教育教师教学能力评价的特点与趋势

基于职业教育教师教学能力的发展变化以及信息技术对评价的支撑，职业教育教师教学能力评价呈现出以下特点。

（1）**教师教学能力评价的内容从单一转向多样化**。高校教师的教学能力不仅局限于教学技能方面，还包括教师将信息技术与教学的融合、应用教学知识于教学实践中的能力等。教学能力是一种融合多种知识和技能的实践能力，对于职业教育"双师型"教师，同时强调实践技能的评价。对教师教学能力多样化的需求，促使过去单一的教学技能评价转变为多层次、多样化的目标。

（2）**教师教学能力评价方式由单一、分散转向多元、集中**。传统面授教学的教师教学能力评价主要通过学生评教、同行听评课的方式评价，评价方式较为单一。信息技术支持的教学丰富了教师的教学实践，对教师教学能力的评价方式也得到了扩展，如基于教师在线教学与辅导行为分析的评价，补充了教师评价的途径和手段。多元主体的评价结果的集中分析与整合使得评价数据的利用更加充分。

（3）**教师教学能力评价由定期转向常态化、由抽样转向全量**。传统的教师教学评价通常以学期为周期，仅选取部分教师、课程开展抽样评价。评价反馈的及时性、评价结果的准确性不足，对教学的促进作用受限。数据驱动的智能化评价提高了测量、评价、反馈等环节的时效性，教学质量评价的常态化、全量化成为可能。

（4）**教师教学能力评价结果的应用由注重总结转向突出发展**。信息技术支撑的教师教学能力评价样本更为广泛，评价数据的分析更加综合，评价结果的反馈更加及时，对教师发展的作用更加突出。

二、职业教育教师教学能力评价的目标

教师教学能力是影响职业教育教学质量的关键因素，培养适应社会的新时代实践应用型专业人才关键在教师，对教师教学能力进行评价是保障职业院校师资质量的重要手段。

职业院校层面教师教学能力评价目标体现在如下方面：首先，从整体上了解职业教育教师队伍的教学能力水平，生成相应的教师发展项目与活动。针对紧缺行业或重点产业领域的教师开展评价，有针对性地开展培训，如智能制造专业的职业教育教师培训项目；基于对教师产教融合方面能力的评价生成"双师型"教师教学能力发展项目；对全校教师信息化教学能力进行评价，获得教师在信息意识、信息技能、在教学中整合信息技术的能力情况，及时发现教师开展混合教学过程中的问题，从而有针对性地组织教师发展与提升活动。教师教学能力中专业知识维度的评价能够形成不同层次的教师研修项目，如专业领军教师高级研修、专业骨干教师示范培训等。其次，通过评价发现教师发展过程中遇到的问题与困难。对教师教学能力的评价能够在一定程度上反映所组织的教师发展项目或活动存在的问题，及时采取措施，调整项目实施策略。最后，通过评价能够检验教师发展措施的成效，如在学校组织的各种形式的培训活动过程中或培训活动结束后，对教师进行评价，发现培训中出现的问题、评价培训的成效，形成新的培训需求，构建教师发展的支撑体系。

教师团队层面教师教学能力评价的目标体现在两个方面：一方面，评价有助于教师团队的整体发展，评价能够检查教师团队发展存在的问题，为教师团队发展提供方向。在职教领域，目前比较典型的团队建设有全国职业院校教师教学创新团队建设、国家级"双师型"名师（名匠）工作室建设。另一方面，评价有助于教师团队建设资源的调配。对于虚拟教研室建设试点单位，教育部提出要加强建设质量监测和评价；结合虚拟教研室成员队伍建设情况、教研活动组织频次、教研资源建设数量与质量等监测指标，基于常态化质量监测与评价情况，对试点名单进行动态调整。

教师个人发展层面，评价有助于推动教师持续发展。评价不仅是教师选聘、任用、薪酬、奖惩等人事管理的基础和依据，还有助于确定教师教学能力的发展水平及所处阶段，使教师对自己的发展状态有更加全面、清

晰的认识，为教师发展确定新的方向。

三、职业教育教师教学能力评价的主体

教师教学能力评价主体呈现出多元化的特点，体现了利益相关者共同参与的理念，有利于提升评价的全面性、客观性和准确性。学校应实行教师自评、学生评价、同行评价、督导评价等多种形式相结合的教学质量综合评价。[①]

教师是教学的实践者，也是实践的反思者。教师自评是教师通过教学态度、行为和成效的反思而形成的对自我教学能力的价值判断，该过程是一个元认知过程，也是一个动态的发展过程。通常情况下，教师自评包含了教师与他的学生、同行、校长、专家的交互作用中不断反馈、接纳、纠正，是教师素质不断提升的过程。[②] 教师自评结果能够直接转化为教师发展的明确需求和强大的内驱力，实现教学能力的持续提升。

学生是教学活动的参与者，也是教学活动的受益者，以第一视角经历预设的教学活动，形成了直观的学习体验。学生评教作为反映学生意见、保障学生权益、改进教学效果的重要手段，是"以学生为中心"理念的重要体现，作为相对"客观"、可量化的手段很自然地成为大多数高校教学质量评价的核心内容。[③] 学生评价较多地体现了教师的教学对学生需求的满足程度，缺少对教学设计、教学思路、教学理念以及教学效果等信息的全面了解[④]，同时，受学生态度、动机、兴趣、师生关系以及非教学因素等多方面的影响[⑤]，被认为带有"有限理性"的特征。因此，学生评教是对教师教学能力的间接体现。

教师同行评价是由同一领域内工作的教师运用一定的评价技术对其他教师的教学行为和过程、教学效果和业绩进行测定、分析并给予客观的评

[①] 教育部.关于深化高校教师考核评价制度改革的指导意见[EB/OL].（2016-09-20）[2022-09-29]. http：//www.moe.gov.cn/srcsite/A10/s7151/201609/t20160920_281586.html.

[②] 李淑兰.教师自评的机制与运用技术[J].教育探索，2007（5）：83-84.

[③] 王寅谊.以学生为中心不代表由学生决定——基于高校学生评教的广义和狭义理解[J].高教发展与评估，2020，36（6）：30-38+118.

[④] 周继良.破译高校学生评教问题症结之新解——基于信息不对称理论的检视[J].教育科学，2010，26（6）：30-38.

[⑤] 同③

价。客观公正的同行评价有利于合作型教师团队的建立，有助于教师的自省与反思。同行评价的重点不是分数或等级，而是明确指出被评价人在教学过程中可能忽略的问题。[①] 同行评价的结果通常更为全面，既包括专业知识、实践技能，也包括教学通用能力。

督导评价是由专家形成的督导组对教师教学进行评价，通过督导过程、反馈和报告直接指导教师发展，通过督导明确行动关键点，构建"计划—回顾—改善"发展机制[②]。督导小组通常包括各种专业背景的人员，对教师教学能力的评价更偏向通用能力维度。

不同利益相关主体全面参与、协商对话、共同建构、共同承担责任，开展相互制衡的公正监督。相关主体应及时表达自身需求和价值诉求，不同评价主体交流协商，增进评价主体之间、评价主体和评价客体之间的交流。当前，以数据为核心的评价在一定程度上克服了评价认知的有限性和模糊性，使评价更加全面、精准，为重构评价权利分配体系提供了解决方案。

四、职业教育教师教学能力评价的内容

教师教学能力的评价的内容既包括通用教学能力，也包括专业教学能力，对于职业教育教师尤其突出实践技能。具体来说，职业教育教师的教学能力体现在以下六个方面：课程开发、课程教学、专业知识、行业能力、信息素养、研究与发展（详见"第三章 教学能力框架及测评第四节 框架二、信息时代职业教育教师教学能力标准框架"）。借助于人工智能、大数据等现代信息技术，对职业教育教师的教学能力评价既包括六个方面的具体指标的横向评价，也包括教师发展的各个阶段的纵向评价。

五、职业教育教师教学能力评价的标准

对职业教育教师教学能力进行评价的依据是评价标准，标准是教师教学能力评价的尺子。由于教师教学能力内涵丰富，对教师教学能力评价

---

① 韩敏, 孙磊. 同行评价与大学教师专业发展 [J]. 内蒙古工业大学学报（社会科学版）, 2015, 24（1）: 86-89.

② Framework for the Inspection of Schools（1995）, OFSTED, P5. 转引自：丁笑梅. 英国学校发展性督导评价改革及其启示 [J]. 比较教育研究, 2003（8）: 31-36.

的标准也呈现出多样化的特点，不同的标准用于评测教师教学能力的不同侧面。因此，职业教育教师教学能力评价标准包括面向教师教学综合能力、面向教师教学能力发展阶段和面向教师教学能力某个维度等类型。职业教育教师教学能力发展分为四个阶段。第一个阶段：初学者到高级初学者（完成职业定向性工作任务）。第二个阶段：高级初学者到有能力者（完成程序性工作任务）。第三个阶段：有能力者到熟练者（完成蕴含问题的特殊工作任务）。第四个阶段：熟练者到专家（完成无法预测结果的工作任务）。（详见"第三章 教学能力框架及测评第四节 框架二、信息时代职业教育教师教学能力标准框架"）。不同阶段能力的各个方面有不同的要求，基于标准框架开发具体的教师教学能力评价标准。针对评价内容的各个维度，有侧重点地开发该维度的评价指标，如教师通用能力标准、在线与混合教学能力标准、专业能力标准等。对于同一能力维度的测量，也有不同的标准或标准框架测量，如对于教师的信息化教学能力维度的测量，联合国教科文组织发布了《教师信息与通信技术能力框架》（*UNESCO ICT Competency Framework for Teachers*），作为一个通用类型的教师信通技术应用类标准，为全球不同国家和地区教师信息化教学能力标准的开发和制定提供了重要参考。

在使用教师教学能力评价标准时，可以选择现有的比较成熟的评价标准。教师在对自己进行自评时可以采用现成的评价量表（如，基于TPACK框架的教师教学能力自陈量表），教学名师评选时所提供的评选指标体系如高等学校教学名师奖评选指标体系（高职高专部分）（见表4-5-1）。也可以结合自身情况在已有标准基础上进行调整或者开发新的评价标准，如针对不同领域或行业，开发有针对性的教师教学能力评价标准。

表4-5-1 第六届高等学校教学名师奖评选指标体系（高职高专部分）

评选项目	分值	评选内容
1.教师风范与教学经历	10	政治立场坚定，以教书育人为己任；敬业爱岗，以全身心投入为常态；治学严谨，知行统一，师德高尚，为人师表
2.企业经历与行业影响力	15	累计具有企业相关技术岗位3年以上工作经历，拥有至少一项中级（国家职业资格四级）以上有效职业资格；一直在行业协会（或企业、单位、机构等）中兼任相关技术职务或担任一定职务，在行业企业的技术领域具有一定影响力，且近3年取得有实质性工作成果

续表

评选项目		分值	评选内容
3.教学能力与水平	教学效果	18	教学效果好。注重分析学生个体特点，坚持因材施教、个性化发展；关心学生成长，注重培养学生的职业道德和职业精神；教学设计重视学生在校学习与实践工作的一致性，积极开展行动导向教学实践；教学方法灵活多样，有效激发学生学习兴趣；通过导师制等形式提高学生自主学习能力；合理利用信息技术和现代教育技术，建立了先进的现代教学环境，以提高教学效率。教学效果学生反映良好
	教学研究	18	教学研究能力强。学习、借鉴先进职业教育理念和经验，结合我国国情，积极研究高等职业教育教学特点与规律，发展高等职业教育理论；及时跟踪产业发展趋势和行业动态，制定科学的专业发展规划和实施方案；分析职业岗位（群）任职要求和变化，积极开展人才培养模式改革研究与实践，成效显著
	资源建设	10	资源整合能力强。有效整合社会资源，开展教学条件特别是实训实习条件的建设，开发实训项目，建设各类实训平台；编写先进、适用的高职（数字化）教材，开展以企业为核心的教学资源建设，并为其他高职院校共享，社会认可度高
3.教学能力与水平	教学管理	7	教学管理水平高。根据高职教育特点，探索出校企合作、工学结合人才培养的有效教学组织、实施形式；在教学做合一、生产性实训、顶岗实习等方面的机制、制度建设有创新举措；改革学生学习评价方法，利用信息技术平台，提高教学管理水平，成效显著
4.社会服务能力		15	面向行业企业实际需求，开展相关培训、生产和技术服务项目，取得良好实际效果，服务收益高；独立或与行业企业合作开展技术应用性研究及应用推广，成效显著
5.教学团队建设		7	利用自身影响力，有效吸引行业企业一线技术骨干参与专业人才培养，兼职教师队伍水平高；指导专业教师参与教学实践和项目实施，不断提高青年教师教学水平；重视师德教风建设，促进教师职业素质养成，带动形成良好的"传、帮、带"团队文化。教学团队建设水平高

六、职业教育教师教学能力评价的方式

教师教学能力评价通常采用问卷、量表等方式，信息技术拓宽了教学空间，使教学从传统的面授教学转向混合教学，同时教育教学数字化转型促使教师教学能力评价方式转向数据驱动、形式化建模和智能计算与分析。传统的问卷调查、课堂教学行为观察、量表评价、访谈等方法存在耗时长、数据不准确、过程性数据遗漏或者无法采集等弊端，且数据在纵向时间维度缺少持续性，在横向维度缺乏完整性和整合性，数据内部隐含的信息连

接被割裂，基于这些数据的分析结果缺乏综合性。大数据、人工智能、移动通信、云计算等数字技术的发展，促使教育数据爆炸式增长，大量高维或非结构化数据以较低的成本持续生成和存储，可以采集教学全过程中的师生表现信息，动态捕捉和深度挖掘教学活动中实时产生的海量数据。[①] 人机结合的智能评价充分利用多源数据，综合处理结构化、半结构化和非结构化数据，将定量评价和定性评价进行统整，基于数据进行教学质量的持续监控、测量和改进，增强了评价结论的即时性、连续性和科学性。

在数据采集和分析方面，数字技术支撑下的教师教学能力评价的数据采集囊括全时段、全空间，采集的数据在真实性、客观性和准确性方面有所提高，数据识别与分析范围扩大、类型更加多元。智能技术的介入，使得数据的收集和分析更加便利。充分利用教室内安装的摄像头等实时地采集课堂教学的图像与声音信号，通过师生的声音、面部表情与身体姿态等数据开展课堂情绪识别，得出教师与学生动态的情感变化信息。借助网络教学平台、可穿戴设备等新技术，对教师和学生的全过程教学数据进行捕捉、存储与分析。基于教师教学能力模型对教师行为数据进行分析，快速得出教师的教学现状。数据采集与分析过程的加快，大大提高了评价结果的反馈效率，信息技术的支持也使得评价结果的呈现具有多样性、可视化的特点。

信息技术支持的评价所具有的整合性特点在纵向维度便于形成教师个体的教学能力发展轨迹，通过数据挖掘预测教师教学能力的发展方向和空间，在横向维度对教师群体进行画像，有助于描述教师队伍整体的教学能力状况及存在的问题。

七、职业教育教师教学能力评价结果的应用

职业教育教师教学能力评价结果不仅是职称（职务）评定、绩效分配、评优评先、继续培养的重要依据，更可以综合发挥评价的导向、鉴定、诊断、调控和改进作用，为提升教学质量及教师发展服务。

首先，对职业教育教师教学能力评价的结果能够反映教学过程中出现的问题，为教师及时调整教学提供依据。大数据驱动的教学评价成为一个

---

① Fan J, Han F, Liu H. Challenges of Big Data Analysis [J]. National Science Review, 2014（1）: 293-314.

智能化的动态信息反馈系统，能够对教学活动进行动态监测，持续搜集和处理与教学相关的信息，并及时将评价结果反馈给利益相关主体，为全面、精准决策提供依据。根据教学评价结果，教师可以及时调整课程资源，改进教学策略，对学生进行个别化辅导，实现因材施教。其次，评价有助于教师发现教学能力中存在的短板，便于教师有针对性地调整、改进。通过评价教师能够更加清晰地认识自身的教学能力，发现自己的不足之处，形成新的专业发展需求和实践。最后，评价结果有助于管理者从宏观层面调整教师发展政策，优化教师发展机制，为教师发展配置资源、提供服务。如针对职业教师知识应用能力不强、实践操作水平不高的问题，从学校层面创设实习基地、兴办专业产业，为教师参加实践提供条件和机会；同时制定相应的教师实践能力发展政策，对专业教师参与实践的时长、内容、产出作出明确规定，形成教师实践能力发展的制度。

第五章 教师发展实践案例

第一节 国家层面教师教学能力提升案例

一、借助国家级教学技能竞赛大面积提升教师教学能力——来自中国的案例

（一）背景

我国教育部于 2010 年开始举办首届"全国中等职业学校信息化教学大赛",于 2018 年将大赛更名为"全国职业院校技能大赛教学能力比赛"（以下简称"教学大赛"）。该赛事是我国职业院校教师教学能力比赛的最高级别赛事。教学大赛始终坚持"以赛促教、以赛促研、以赛促建、以赛促改"的总体思路,引导全国职业院校积极探索"岗课赛证"融合育人模式,创新发展线上线下混合教学模式；提高教师的师德践行能力、专业教学能力、综合育人能力和自主发展能力,推动示范性教学,促进"能说、会做、善导"的"双师型"教师成长。通过十多年来的不断完善,这项国家级赛事已经成为我国全面提升职业教育领域教师数字化教学能力的一项有效制度。

（二）教学大赛的基本制度

教学大赛针对提升一线教师数字化教学创新的实践能力需求,引导进行线上线下混合教学实践探索且取得显著成效的教师携教学成果参赛。参赛作品主要包括公共基础课程和专业（技能）课程两大类。

1. 公共基础课程评分指标

公共基础课程教学内容应突出思想性、注重基础性、体现职业性、反映时代性。比赛鼓励推荐落实公共基础课程标准、推进"1+X 证书"制

度试点、针对高职扩招生源特点创新教学模式、实施线上线下混合教学且效果好的成果参赛。公共基础课程的评分主要从目标与学情、内容与策略、实施与成效、教学素养、特色创新等维度展开，具体的评分标准如表 5-1-1 所示。

表 5-1-1　公共基础课程评分指标

评价指标	分值	评价要素
目标与学情	20	（1）适应新时代对技术技能人才培养的新要求，作品应符合教育部发布的公共基础课程标准有关要求，紧扣学校专业人才培养方案和课程教学安排，强调培育学生的学习能力、信息素养、精益求精的工匠精神和爱岗敬业的劳动态度。 （2）教学目标表述明确、相互关联，重点突出、可评可测。 （3）客观分析学生知识基础、认知能力、学习特点、专业特性等，翔实反映学生整体与个体情况数据，准确预判教学难点及学生掌握该难点的可能性
内容与策略	20	（1）思政课程按照"八个相统一"要求扎实推进创优建设，其他课程注重落实课程思政要求；联系时代发展和社会生活，结合课程特点有机融入劳动教育内容，融通专业（技能）课程和职业能力，培育创新意识。 （2）教学内容有效支撑教学目标的实现，选择科学严谨，容量适度，安排合理、衔接有序、结构清晰。 （3）教材选用、使用符合《职业院校教材管理办法》等文件规定和要求，配套提供丰富、优质学习资源，教案完整、规范、简明、真实。 （4）教学过程系统优化，流程环节构思得当，技术应用预想合理，方法手段设计恰当，评价考核科学有效
实施与成效	30	（1）体现先进教育思想和教学理念，遵循学生认知规律，符合课内外教学实际。 （2）按照教学设计实施教学，关注重点、难点的解决，能够针对学习反馈及时调整教学，突出学生中心，实行因材施教。 （3）教学环境满足需求，教学活动开展有序，教学互动深入有效，教学气氛生动活泼。 （4）关注教与学行为采集，针对目标要求开展考核与评价。 （5）合理运用信息技术、教学资源、设施设备提高教学与管理成效
教学素养	15	（1）充分展现新时代职业院校教师良好的师德师风、教学技能和信息素养，发挥教学团队协作优势；老中青传帮带效果显著。 （2）教师课堂教学态度认真、严谨规范、表述清晰、亲和力强。 （3）教学实施报告客观记载、真实反映、深刻反思教与学的成效与不足，提出教学设计与课堂实施的改进设想。 （4）决赛现场的内容介绍、教学展示和回答提问聚焦主题、科学准确、思路清晰、逻辑严谨、研究深入、手段得当、简洁明了、表达流畅
特色创新	15	（1）能够引导学生树立正确的理想信念、学会正确的思维方法、培育正确的劳动观念，增强学生职业荣誉感。 （2）能够创新教学模式，给学生深刻的学习体验。 （3）能够与时俱进地提高信息技术应用能力、教研科研能力。 （4）具有较大借鉴和推广价值

2. 专业（技能）课程评分指标

大赛鼓励专业（技能）课程按照生产实际和岗位需求设计模块化课程，强化工学结合、理实一体，实施项目教学、案例教学、情景教学等行动导向教学。专业（技能）课程应积极引入典型生产案例，使用新型活页式、工作手册式教材及配套的信息化学习资源；实训教学应运用虚拟仿真、虚拟现实、增强现实和混合现实等信息技术手段，通过教师规范操作、有效示教提高学生基于任务（项目）分析问题、解决问题的能力。专业（技能）课程的评分也是从目标与学情、内容与策略、实施与成效、教学素养、特色创新等维度展开，具体的评分标准如表5-1-2所示。

表5-1-2 专业（技能）课程评分指标

评价指标	分值	评价要素
目标与学情	20	（1）适应新时代对高素质技术技能人才培养的新要求，强调培育学生学习能力、信息素养、职业能力、精益求精的工匠精神和爱岗敬业的劳动态度。 （2）教学目标表述明确、相互关联，重点突出、可评可测。 （3）客观分析学生的知识和技能基础、认知和实践能力、学习特点等，翔实反映学生整体与个体情况数据，准确预判教学难点及其掌握可能
内容与策略	20	（1）深入挖掘课程思政元素，开展劳动精神、劳模精神、工匠精神专题教育。针对基于职业工作过程建设模块化课程的需求，优化教学内容。 （2）教学内容有效支撑教学目标的实现，选择科学严谨、容量适度，安排合理、衔接有序、结构清晰。实训教学内容源于真实工作任务、项目或工作流程、过程等。 （3）教材选用符合《职业院校教材管理办法》等文件规定和要求，探索使用新型活页式、工作手册式教材并配套信息化资源，引入典型生产案例。教案完整、规范、简明、真实。 （4）根据项目式、案例式等教学需要，教学过程系统优化，流程环节构思得当，技术应用预想合理，方法手段设计恰当，评价考核考虑周全
实施与成效	30	（1）体现先进教育思想和教学理念，遵循学生认知规律，符合课内外教学实际，落实德技并修、工学结合。 （2）按照教学设计实施教学，关注技术技能教学重点、难点的解决，能够针对学习和实践反馈及时调整教学，突出学生中心，强调知行合一，实行因材施教。针对不同生源特点，体现灵活的教学组织形式。 （3）教学环境满足需求，教学活动安全有序，教学互动深入有效，教学气氛生动活泼。 （4）关注教与学行为采集，针对目标要求开展教学与实践的考核与评价。 （5）合理运用云计算、大数据、物联网、虚拟仿真、增强现实、人工智能、区块链等信息技术以及教学资源、设施设备改造传统教学与实践方式、提高管理成效

续表

评价指标	分值	评价要素
教学素养	15	（1）充分展现新时代职业院校教师良好的师德师风、教学技能、实践能力和信息素养，发挥教学团队协作优势；老中青传帮带效果显著。 （2）课堂教学态度认真、严谨规范、表述清晰、亲和力强。 （3）实训教学讲解和操作配合恰当，规范娴熟、示范有效，符合职业岗位要求，展现良好"双师"素养。 （4）教学实施报告客观记载、真实反映、深刻反思理论、实践教与学的成效与不足，提出教学设计与课堂实施的改进设想。 （5）决赛现场的内容介绍、教学展示和回答提问聚焦主题、科学准确、思路清晰、逻辑严谨、研究深入、手段得当、简洁明了、表达流畅
特色创新	15	（1）能够引导学生树立正确的理想信念、学会正确的思维方法、培育正确的劳动观念，增强学生职业荣誉感。 （2）能够创新教学与实训模式，给学生深刻的学习与实践体验。 （3）能够与时俱进地更新专业知识、积累实践技能、提高信息技术应用能力和教研科研能力。 （4）具有较大借鉴和推广价值

（三）教学大赛的实施

为有效应对全国疫情多点散发带来的不利影响，2021年教学能力比赛创新比赛方式，首次采用"校内场所、学生参与、线上抽题、实时录制、限时上传、取消答辩"以及"网络评审、综合评定"的组织形式进行。2021年继续强化校赛、省赛到国赛三级赛事，参赛教师需经过校赛、省赛网评初赛、省赛现场决赛、国赛选拔赛、国赛网评初赛、国赛线上决赛共六轮考验。决赛教学展示由承办校指定场地改为本校自定场所，由"无学生"改为"有学生"，回归真实课堂，考察教师的应变能力，展示教师运用平台、技术、设备和资源等开展教学的综合能力，以及分析和解决实际问题、达成教学目标的能力。同时，大赛也带动了一大批教学经验丰富、教研能力突出的中年教师、兼职教师加入，提升了教学团队整体实力和竞技水平，实现了参赛教学团队人员结构的优化。

（四）教学大赛的实施效果

（1）**参赛规模持续扩大**。2021年参赛作品、参赛院校、参赛教师数量均再创新高，带动全国职业院校22万教师参赛，占全国职业教育教师总量的18.3%，且2021年比赛首次对照职业教育专业新版目录，实现了对中职专业技能课程16个专业大类（共19个大类）、高职专业技能课程19个专业大类的全覆盖。[①]

（2）**办赛机制不断完善**。从首届大赛由教育部职成司举办发展到现在由教育部主办，职成司、教师司、科技司以及工信部人教司、中央军委训管部院校局共同组织，形成了多方合力推动顶层设计的良性机制。大赛设立组织委员会，由教育部分管领导牵头，主办单位、承办单位、协办单位、支持单位等有关负责同志组成。大赛组委会设立专家委员会、裁判委员会、仲裁委员会、监督委员会、保障委员会等，保证大赛有序开展工作。

（3）**教学方式推陈出新**。大量的参赛作品依托校本课程教学平台、智慧职教等公共平台以及多样的移动终端学习平台开展线上线下混合教学，在不同程度上实现了翻转课堂的课前学习理论、课上内化实践、课后拓展应用，推进了教学模式改革。

（4）**技术运用紧跟前沿**。随着网络通信、虚拟仿真、增强现实、物联感知、云计算和云存储等技术的快速发展，共享型网络教学平台、虚拟仿真学习产品、移动端应用程序软件被广泛应用于教学大赛之中。

全国职业院校教师教学能力比赛在推动职业教育运用现代信息技术改造传统教学方面取得了显著成效，提高了教师的信息素养和信息化教学水平，对教师信息化教学能力提升的拉动作用逐渐显现，有力促进了信息技术在职业教育教学中的广泛应用。大赛对职业院校信息化理念更新、信息化基础设施建设、数字化教学资源开发等方面引领作用十分突出，已经成为一项全面驱动职业院校教学改革，提升教师数字化教学能力的有效措施。

二、职业教育教师能力发展实践探索——来自德国的案例

（一）案例背景

2011年，德国政府在汉诺威工业博览会上提出了"高科技战略"（Die Neue Hightech-Strategie Innovationen für Deutschland）[②]，首次提及工业4.0（Industry 4.0）这一概念。2013年，德国政府通过"工业4.0平台"的建立

[①] 曾天山，陈永，房风文.全国职业院校技能大赛教学能力比赛历程与展望[J].中国职业技术教育，2022（11）：17-22.

[②] Bundesministerium für Bildung und Forschung. Die Neue Hightech-Strategie Innovationen für Deutschland [R/OL].[2022-09-29]. https://www.bmbf.de/bmbf/shareddocs/downloads/upload_filestore/pub_hts/hts_broschure_web.pdf?__blob=publicationFile&v=1.

开启了工业 4.0 制度化发展进程，并汇集了各种行业协会、公司等参与到"工业 4.0 平台"的建设行列，使其逐渐成为一个政府主导的推进工业 4.0 的大型发展网络。[①] 职业教育 4.0 描述的德国职业教育是为适应未来工业 4.0 培养具有相应职业行动能力人才的职业教育。职业教育 4.0 也对职业教育教师的数字媒体应用、数字技术能力培养、数字化教学能力等提出了新的要求。

（二）工业 4.0 背景下的教师能力提升策略

在德国职业教育 4.0 建设过程中，为不断强化职业教育教师（职业学校教师、企业培训师）推进职业教育与培训数字化转型的能力，德国政府联合职业学校、培训企业等主体，通过研制数字化背景下职业教育教师能力标准、企业培训师媒体教学能力框架，构建企业培训师基于互联网平台的能力可持续发展模式，制定职业教育教师能力发展支持财政计划等途径，促使数字化背景下职业教育教师能力得以更新和提升。

1. 数字化背景下职业教育教师能力标准的制定

2016 年 10 月，德国联邦教研部在发布的《面向数字化知识社会的教育行动》战略文件中强调，实现教学数字化必须使教师具备相应的传授数字技术的能力。随后，德国各州文教部长联席会议（KMK）发布了《数字化世界中的教育》，将职业教育教师培养作为职业教育数字化的重要领域，明确了数字时代职业教育教师的能力标准和要求，并发布了职业教育教师发展不同阶段提升数字技术能力和数字化教学能力的参考指南。文件还对提升未来职业教育教师数字化教学胜任力给出了以下建议：

① 不断发展自身通用性的数字媒体能力，即安全可靠地运用技术设备、程序、学习与工作平台，从而确保其胜任职业教育教学，包括与同事的协调、不同群体间的网络连接、教学管理任务、在课堂教学中顺利应用数字媒体以及安全处理教育教学数据等。

② 了解媒体及数字化在学生生活中的意义，并在此基础上开发有效的媒体教育教学方案，确保学生具备运用数字媒体的能力。

③ 结合数字化世界中个体学习的前提条件及交流沟通行为的变化，规

---

① Federal Minstry for Economic Affairs and Climate Action. What is the Plattform Industrie 4.0? [EB/OL].（2019-04-02）[2022-09-29]. https：//www.plattform-i40.de/IP/Navigation/EN/Home/home.html.

划、实施和反思如何切合实际地应用数字媒体和工具；使数字媒体和工具的应用能够对个性化的及合作式学习的"过程"进行控制并对学习成果产生积极作用，提供新的学习和教学的可能性。

④ 利用数字媒体在学习理论和教学法方面带来的可能性，为学生课内、课外的个人学习或群体学习提供个性化支持。

⑤ 根据相应职业教育教学质量标准，能从众多数字媒体（如出版社的商业性供给及开放教育资源）中为学生和小组项目选择合适的教学和学习材料和程序。

⑥ 支持学生借助和运用媒体学习，学习运用并设计制作数字媒体，从而使其能够对不断增加的媒体供给进行批判性反思，从中有效选择并适当地、创新性地、富有社会责任感地加以利用。

⑦ 基于自身专业经验，在教学计划和设计中与其他教师及校内外其他专家合作，共同开发和实施学习项目或辅助项目。

⑧ 深入分析当前有关数字化世界中的教育的研究成果，强化提升自我能力的责任感，并将能力提升的结果应用于职业教育与培训。

⑨ 运用自身有关版权、数据保护与数据安全以及青少年媒体保护的知识，将课堂教学构建为安全的空间，使学生有能力、有意识、理性地在数字化空间中与媒体和数据打交道，并能意识到自身行为的后果。

2. 企业培训师数字媒体教学能力模型的研制

2016年，德国联邦职业教育和培训研究所（BIBB）推出"职业教育和培训中的数字媒体——企业培训人员日常实践中的媒体占有和使用"项目，围绕三个问题开展需求调研：公司培训人员如何在培训实践中选择数字媒体；数字媒体如何被整合到初始和继续培训过程中；为了能够将数字媒体有效纳入培训，公司培训人员需要什么支持。

3. 企业培训师能力持续发展在线平台的建设

为实现数字时代企业内培训师能力发展，BIBB开发了一个互联网门户网站（foraus.de），目的在于为企业内部培训师提供高质量的专业支持。该网站提供的所有内容和功能都可以通过移动终端设备获取，并且可以免费使用。该网站提供的互联网服务包括关于公司培训的各类重要信息，企业内培训师可通过该门户网站来支持自身承担初始和继续培训实践，从而为提高企业培训质量做出有针对性的贡献。foraus.de 目前拥有约11500名注册会员，已经成为德国最大的企业内培训师社区。

该门户网站有四个主要功能：为企业培训师能力发展提供持续的培训，门户网站提供免费的在线学习模块；提供有关技术和行业发展新趋势的广泛性信息；促使企业培训师之间的信息交流；形成支持企业内培训师能力持续发展的支持网络，实现不同区域企业内培训师的能力发展共同体。

该门户网站具有四部分内容：新闻，即关于初始和继续职业培训主题的文章、报告和访谈；论坛，培训师可以在这里与其他培训师或专家交换意见并建立联系；专题，即与培训师相关的信息，例如，有关公司内部培训的规定、在公司范围内提供培训的创新做法等，以及在工业4.0背景下提供培训的创新做法，并通过文本、视频的浓缩形式呈现；学习中心，即与公司内培训的特定领域有关的方法和教学指南及工具实践。

4. 职业教育教师能力发展财政计划的制订

为了促使职业教育教师能力持续发展，德国联邦教研部于2016年发布《"职业教育4.0"框架倡议》，旨在资助各类职业教育机构改善培训设备，促进职业教育与培训中数字媒体的使用。其中一项资助计划便是《职业教育中的数字媒体：职业教育中数字媒体的应用》。该计划资助期限为2012—2019年，资助金额为1.52亿欧元。此项计划开发了适应产业需求的职业教育与培训的数字化学习与教学方案，包括移动学习、基于互联网的教学等，也致力于提升职业教育教师的媒体教学能力。

三、设立国家标准，引领企业培训师能力持续发展——来自菲律宾的案例

（一）案例背景

自1994年菲律宾《双元培训制度法案》（*Dual Training System Act*）发布以来，双元制培训已发展成为菲律宾职业教育与培训三大发展模式之一，并在解决技能短缺、培养优质技能人才方面具有重要作用。第四次工业革命背景下信息技术发展诱致的产业变革与劳动力市场技能需求的变化，要求构建更具优质性和未来导向性特征的双元制培训。这一目标实现的前提是促使企业内培训师（in-company trainer）的能力实现更新和提升。因此，为填补双元制培训发展过程中企业内培训师认定标准缺失的问题，菲律宾技术教育与技能发展局（The Technical Education and Skills Development

Authority，TESDA）联合菲律宾商业和产业协会（The Philippine Chamber of Commerce and Industry，PCCI），基于东盟 2018 年发布的《企业内培训师标准》(*The Standard for In-Company Trainer in ASEAN Countries*)，开发了面向企业内培训师资格认定与能力发展的《培训条例》(*Training Regulations*)。《培训条例》不仅对第四次工业革命背景下菲律宾企业内培训师的能力标准进行了规定，而且成为引领、指导企业内培训师能力持续发展的行动指南。

（二）企业内培训师能力标准框架

《培训条例》从角色内涵、准入要求、基本能力要求、核心能力要求等四个方面，对企业内培训师能力标准进行了介绍。[①]

第一，角色内涵。双元制培训中，企业内培训师负责实施企业内培训，同时担任培训协调员，并负责计划、组织、实施、评估和协调工作场所。

第二，准入要求。具体包括五个方面：①资格认证。一方面，如果企业内培训师任职的培训职业受《培训条例》管控，则申请者必须拥有企业或特定行业协会的认证，并且至少有 5 年的相关行业工作经验；另一方面，如果企业内培训师任职的培训职业不受《培训条例》管控，则申请者只需持有企业或既定行业协会的认证，并有至少 5 年的相关行业经验即可。②教育水平达到 10 年级。③能够阅读和书写。④能进行基本的数学计算。⑤能够进行口头和非口头的交流。

第三，基本能力要求。企业内培训师的基本能力要求包括 12 个方面，具体为：技术培训中信息技术的应用，工作场所中的沟通，在技术培训中应用数学和科学原理，应用环境原则与倡导保护环境，团队协作，应用工作道德、价值观和质量原则，在企业内培训中有效工作，培养和促进学习文化，确保一个健康和安全的学习环境，保持和加强专业实践，培养和促进对技术培训成本效益的认识，培养和促进对全球劳动力市场的了解。

第四，核心能力要求。企业内培训师的核心能力要求包括四个方面[②]：

[①] Deutsche Gesellschaft für Internationale Zusammenarbeit（GIZ）GmbH, The Technical Education and Skills Development Authority, & the Philippine Chamber of Commerce and Industry. IMPLEMENTING THE STANDARD FOR IN-COMPANY TRAINERS IN ASEAN COUNTRIES--Country Case Studies：Philippines [EB/OL]. [2022-03-21]. https：//www.plattform-i40.de/IP/Navigation/EN/Home/home.html.

[②] ASEAN. Standard for In-Company Trainers in ASEAN Countries [EB/OL]. [2022-03-21]. https：//www.bibb.de/dokumente/pdf/ab1.2_standard_in-companytrainers_ASEAN_regions.pdf.

①进行工作分析，如分析数字化背景下的新技术、工作场所的特点以及学生的学习领域和要求；②为培训做准备，如分析企业内培训的目标群体，确定特定目标群体的工作内容与学习任务，选择适当的培训方法、材料与设施（如企业内培训师基于培训内容与学生特点在培训计划制定过程中选用适宜的数字技术设备与工具、数字教育学资源和教学方法），模拟某一教学情境并反思培训过程（如设计运用仿真技术呈现数字工作世界中的工作模式与工作环境）等；③进行培训，如提出并解释工作内容与学习任务，运用适当的培训方法，监测和支持受训者的学习过程，评价培训实施情况；④进行培训结果评估与改进，如提供以任务为导向的评估方法，评估受训者的能力发展，给予和接受培训反馈，持续改善培训。

（三）企业内培训师能力标准的具体内容

菲律宾企业内培训师能力标准的具体内容见表 5-1-3。[①]

表 5-1-3 菲律宾企业内培训师能力标准的具体内容

能力/技能/经历	备注说明
技术技能	基于国家发展目标、总统指令、优先发展的产业部门、新兴的资格要求，TESDA 通过国家职业教育与培训培训师学院（National TVET Trainers Academy）为企业内培训师提供在职培训，帮助培训师实现技能更新与拥有新兴能力
新兴的和未来导向的技能	
产业经历	TESDA 在《关于提供与教学经验相当的行业工作经验、双元制培训项目、技术咨询、国际行业浸入式培训和国际培训模式的指导方针》中明确强调了行业工作经验的重要性
教学法	尤其是在数字技术设备与工具的支持下，实现教学方法的多样化和个性化，如虚拟仿真教学、翻转课堂、游戏化教学等
以学习者为中心的教学法	实现教学重点由教向学转变
促进性别平等	《培训条例》中强调企业内培训师在理念和实践层面促进性别平等的重要性。同时，TESDA 强调企业内培训师培训实施时的灵活性
全纳性教学法	
管理语言与文化多样性的能力	
教授有特殊需要的学习者	培训师应为有特殊需要的受训者提供资源、设备和支持服务。同时，培训师可利用数字技术，为学习者提供远程的同步或异步在线教学
职业教学法	根据工作的能力要求、工作过程与环境特点等设计、组织与评估教学

---

① TESDA. The TVET Trainer: In the Future of Work and Learning [EB/OL]. [2022-03-21]. https://tesda.gov.ph/Uploads/File/LMIR/2021/LMIR%20on%20Skills%20of%20TVET%20Trainers.pdf.

续表

能力/技能/经历	备注说明
数字能力	培训师应融合应用面授教学和基于数字技术支持的在线教学，并不断提升数字技术设备与工具、材料的应用能力，通过数字技术支持下的教学与学习模式优化，提升企业内培训质量
跨职业能力	即逐步形成胜任与自身职业相关的其他职业所需的知识、技能和态度
通用技能	如问题解决、创新思维、交流与协作、语言表达等
计划、组织和提供脱产培训	有关计划、组织和提供脱产培训的能力是企业内培训师角色内涵的必然要求
与伙伴企业的培训师互动	同行之间通过在线或线下面对面的形式，开展有关企业内培训、专业能力等方面的经验分享与交流
监测受训者学习进度和技能发展情况	即能够根据培训计划，对受训者的学习进度、学习成果进行过程监测，以及阶段性和终结性评价
更新自己专业领域的知识、技能和能力	TESDA通过国家职业教育与培训培训师学院，以在线学习方式，为企业内培训师提供技能提升课程以及各种专业课程。在此过程中，也需要提升企业内培训师运用数字技术支持自身开展在线学习的能力、数字素养、基于数字技术的能力发展动机等
更新企业内培训方法	培训方法应考虑到情境性与体验性原则，并借助数字技术设备与工具实现培训方法的多元化和个性化
具有教学热情	TESDA认为，培养培训师的个人良好特质（即热情、专注、公平、有同情心、耐心、稳定、可靠、善良）和通用技能（即解决问题、合作）的重要性怎么强调都不为过。如果为企业内培训师提供发展这些技能的机会，他们就能更加有效地开展企业内职业培训
促进学习者学习的能力	
优秀的沟通能力	
能够激励学习者	
具有良好的反思能力	
具有创新解决问题的能力	
尊重学习者，并能识别学习者的需求	
终身学习能力	
教学效果评估的能力	
有耐心、同情心、可靠、善良	
能够倾听他人	

（四）实践特色

第一，在能力标准的开发逻辑方面，注重国际化与本土化的融合。用于明确菲律宾企业内培训师能力标准的《培训条例》，在开发过程中，一方面，基于2018年东盟面向东盟国家发布的《企业内培训师标准》(*The Standard for In-Company Trainer in ASEAN Countries*)；另一方面，基于TESDA

发布的《菲律宾职业教育与培训培训师资格框架》(Philippine TVET Trainers Qualification Framework，PTTQF)。这充分体现了菲律宾企业内培训师能力标准既融合了东盟层面对企业内培训师能力标准的国际性、共同性要求，又在本国已有职业教育教师资格标准的基础上结合企业内培训师的特点设计了企业内培训师的能力标准框架及具体的能力要求。

第二，在能力标准的内容维度方面，尤为强调数字能力的培养。菲律宾企业内培训师能力标准从胜任数字化背景下的产业工作和培训教学两方面对企业内培训师在数字能力进行了规定。一方面，数字化背景下企业内部工作模式、内容、环境等方面的变化，使得数字能力的具备成为企业内培训师胜任所在工作岗位的必然要求；另一方面，各类数字技术设备与工具在现有教学与学习中的渗透，尤其是新冠疫情期间在线教学的开展，使得数字能力的具备成为企业内培训师胜任企业内培训的必然要求。

第三，在能力标准的实践运行方面，通过多元路径促进培训师能力持续发展。《培训条例》规定了企业内培训师特定的能力标准，以及如何获得、评估和认可这些能力标准；同时，它也是开发企业内培训师培训课程、能力评估和资格认证安排以及实施企业内培训计划的基础。为促使数字化背景下尤其是新冠疫情期间企业内培训师能力持续发展，菲律宾的企业内培训师通过在线学习共同体、专家型教师主持的研讨会、学校提供的线上或线下一对一专业指导、社会媒体平台、在线课程、开放教育资源（OERs）等途径，开展有助于自身能力提升的学习活动。

第二节 学校层面职业教育教师教学能力提升案例

一、整合技术—教学法—专业知识的教师能力提升模式——深圳职业技术学院的实践案例[①]

（一）案例背景

深圳职业技术学院（简称"深职院"）创建于1993年，是中国最早独

---

① 本案例基于深圳职业技术学院杨开亮、杨文明提供的素材整理。

立设置的高等职业技术教育院校之一。学校目前有全日制在校生24257人，教职工2508人（具有硕士及以上学位教师占比85%），专业85个，且每个专业都对接深圳主导产业、支柱产业、战略性新兴产业或优势产业。

（二）教师专业整合能力培训框架设计

1. 设计统筹定位

为了适应现代信息技术与教学深度融合的趋势，满足教师教学能力发展的需求，深职院专门设立了教师发展中心，并研制开发了以"整合技术—教学法—专业知识"的TPACK（technological pedagogical and content knowledge）能力发展模式及操作体系，以便有效应对与数字时代发展相适应的教师培训服务需求。在大规模在线教学成功实践基础上，学院借鉴TPACK理论框架，全面开展教师教学能力提升培训，以整合专业设计能力、教学设计能力、资源应用能力为重点，重建智能时代教师能力结构，着力提升教师的数字化思维能力、数字化授课能力、整合知识能力、人机协同能力、跨界融合能力、技术研发能力，实现由一元授课能力到"整合"多元知识及技术能力的转型。同时，通过构建与"整合能力"相适应的培训框架体系，实现教师对理实一体教学能力、专业实践技能、信息技术应用能力的整合及拓展。

2. 培训设计原则

① 数字化转型原则。顺应智能科技发展趋势，积极打造"互联网＋职业教育"模式，运用现代信息技术改进教学方法与手段，推进虚拟工厂等网络学习空间建设和普遍应用。紧跟数字经济社会发展步伐，切实提升教学方法、教学手段的数字化内涵。在教学实践过程中不断反思教学策略与课堂效果的关系，不断优化与创新教学培训方法与手段，有效解决教学中的重点、难点，有效达成教学目标。

② 师生本位原则。坚持教师主导、学生主体的师生观。既要选择教师能够熟练驾驭、适合教师个体教学的方法与手段，更要开展民主性、参与性、互动性、自觉性、创造性的教学，积极选择适合职业教育学生的教学方式，帮助学生找到恰当的学习方法、学习手段，最大限度降低学生的认知难度，实现学生的建构式学习。

③ 多元培训原则。根据混合培训理念，基于综合集成思维，结合教师培训特点、学生认知规律和学情特征，对不同的教学方法及手段进行优化重组，有效探索与特定教学内容和特定学习对象最佳匹配的教学方法及手

段。要实现探究式、合作式、启发式等教学策略的灵活应用,充分发挥团队学习、交流协作等社会化学习优势,促进师生之间的交流互动、资源共享,全面提升教师培训效果。

3. 培训框架设计

为培养教师"上得了课堂,下得了工厂"的混合能力,深职院提出了基于 TPACK 的专业整合能力模型(见图 5-2-1)。该模型将教师专业整合能力分解为三种能力,即:基于 PCK(pedagogical content knowledge,教学法—专业内容知识)的专业教学能力,是指具体的教学过程实施;基于 TPK(technological pedagogical knowledge,技术—教学法知识)的教学设计能力,包含专业整体、每门课程、每次课程设计;基于 TCK(technological content knowledge,技术—专业内容知识)的资源应用能力,是对教学资源、教学团队资源、校企合作资源进行有效应用、收集鉴别、加工处理、设计开发等。而在教学情境之中,能将这三种能力进行"相乘"①而融合形成的综合能力,称为"专业整合能力"。

教师教学能力提升培训的方法和路径可能有很多,但结合以上对"教师专业整合能力"的认识,选择嵌入 TPACK 框架的应用拓展研究显示"组

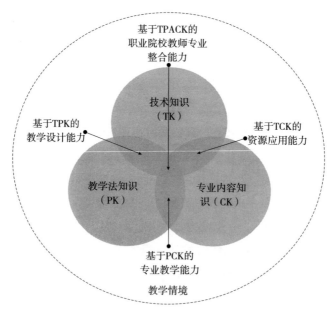

图 5-2-1 基于 TPACK 的教师专业整合能力框架②

---

① 南国农.信息化教育概论[M].2 版.北京:高等教育出版社,2021.
② 资料来源:杨开亮《基于 TPACK 框架的高职专业主任现代教育技术培训策略》(2022).

合式培训"的效能比单个"要素培训"更胜一筹。为此,对"基于TPACK的教师专业整合能力要素或组合"与实际的教学情景内容进行对应分析,如表5-2-1所示。

表5-2-1 "教师专业整合能力要素或组合"与对应的教学情景内容分析

能力要素或组合	能力要素或组合全称	实际的教学情景内容
CK要素	专业内容知识（content knowledge）	结合现代产业人才需求,教师需要传授给学生的专业基础知识、实践技能
PK要素	教学法知识（pedagogical knowledge））	为因材施教开展教学,教师促进学生学习的各种教学策略、方法等知识
TK要素	技术知识（technological knowledge）	基于现代产业关键技术需求,教师应具备的相关设计、开发、管理、应用等可持续变化知识
PCK组合	教学法—专业内容知识（pedagogical content knowledge）	为适配学生学习需求,通过适当的教学方法将专业知识进行转化的教学组织过程实施
TCK组合	技术—专业内容知识（technological content knowledge）	需要教学资源与产业前沿技术有机对接,由技术与专业内容双向互动产生的相关知识
TPK组合	技术—教学法知识（technological pedagogical knowledge）	需要加强教学设计的适应性、前沿性与实践性,由技术与相关教学法双向互动产生相关知识

借鉴非线性学习空间层次架构[①],教师专业整合能力的培训工作可由包括实体层、虚拟层、服务层等要素在内的理论框架支持,培训内容应分别适配专业教师的专业知识内容、教学方法和教育技术要求,培训组织建设应是一个迭代优化、螺旋上升的过程。由此,基于TPACK的"职业院校教师专业整合能力"培训框架应运而生。该培训内容框架的核心是提升教师在混合教学设计与实施、教育资源等方面的综合能力,且培训包含三个层面的内容,具体如下（如图5-2-2所示）：

第一是基于教学法—专业内容知识（PCK）的专业教学能力培训,主要包含提升教师教学组织与实施、教学监控、教学评价等方面能力的培训模块。该类培训主要帮助老师基于学生的学习基础与学习困难,强化专业

---

① 王继新,郑旭东,黄涛.非线性学习空间的设计与创建[J].中国电化教育,2010（1）:19-22.

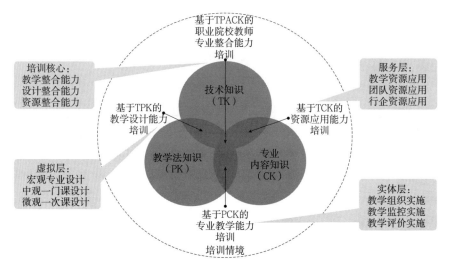

图 5-2-2　基于 TPACK 的教师专业整合能力培训框架
资料来源：根据王继新《非线性学习空间的层次架构》(2010) 修改设计。

教学诊断能力、规划能力、组织能力、管理能力等。

第二是基于技术—教学法知识（TPK）的教学设计能力培训，主要包含提升教师在宏观层面的专业设计、中观层面的课程设计、微观层面的某一次课程教学设计方面能力的培训模块。该类培训主要促使教师基于学生的学习需求分析提出用于解决专业、某一门课程或是某一节课程教学存在问题的最佳方案，使得教学绩效得到显著提升。

第三是基于技术—专业内容知识（TCK）的资源应用能力培训。主要包含提升教师在教学资源应用、团队资源应用、行企资源应用等方面能力的培训模块。该类培训主要强调专业建设资源的开发与应用是一项复杂工程，专业主任需要组建融合校内外人力资源的专项工作团队，积极整合学校、行业、企业相关资源，保障专业教学资源的可持续开发。

（三）基于 TPACK 的教师专业整合能力培训方案实施

1. 培训方案组织策略

一个完整的高职教师教学能力培训项目，最基本应包含项目的需求分析、方案规划、申报批准、详细设计、组织实施、管理评价等环节。其中，主要通过"需求分析与详细设计"两个核心要素来"动态适配"培训需求与培训供给的平衡，实现同一个成长性培训项目的循序渐进优化。培训组织方法上主要以导师培训示范实践引领，培训学员个人与团队研修为抓手，采取学校引导与教学单位落实相结合、集中培训与跟踪指导相结合、理论学习与实践锤炼相结合的"三结合"方式,构建出一套适合"合格教师—骨干教师—教学名师"成长路径的培训提升体系。

深职院自 2020 年以来坚持每学期开展全校专业骨干教师培训,现已完成 5 期,培训规模达 500 多人次。共开设培训讲座课程 74 门,涉及 65 个高职专科专业、10 个高职本科专业。教师发展中心基于 TPACK 的专业整合能力培训课程体系围绕设定的不同培训目标,特别注重穿插、补充对应"基于 PCK、TPK、TCK"的专业教学能力、教学设计能力、资源应用能力培训模块及子模块,具体内容如表 5-2-2 所示。

表 5-2-2　高职院校教师专业整合能力培训内容

培训模块	培训子模块	培训目标设定	培训课程主题列举
基于 PCK 的专业教学能力培训	教学组织实施	围绕教学过程建设的有效性,如何通过工学结合进行模块化的专业建设结构设计	《新专业名称与新工作岗位指引下专业人才培养方案的转型与升级》
	教学监控实施		《教学质量控制与质量保证》
	教学评价实施		《教学评价解读与教学事故预防》
基于 TPK 的教学设计能力培训	学科标准设计	围绕教学目标建设的适应性,如何从学科标准、专业标准到课程标准进行培训	《世界一流学科建设与双高专业建设之间的比较分析》
	专业标准设计		《专业标准开发背景、范式与应用前瞻》
	课程标准设计		《课程标准建设及应用研究》
基于 TCK 的资源应用能力培训	教学资源应用	围绕教学内容建设的先进性,如何进行项目化教学资源建设	《专业资源库建设与推广》
	团队资源应用		《高水平双师团队建设与大师名匠培养产业变化和我们的差距》
	行企资源应用		《产业变化发展和高职院校办学差距》

资料来源:根据深圳职业技术学院专业教师系列培训方案整理。

2."专业教学能力"培训

引导教师学会在教学实践和教学管理中运用微视频、动画、虚拟仿真、云计算、大数据、区块链等数字技术,坚持"以学生为中心",探索翻转课堂、混合式、探究式、参与式、个性化教学、头脑风暴法、讨论法、思维导图教学法等教学方法,掌握项目教学法、任务驱动教学法、模块化教学法、角色扮演法、张贴板教学法、问题导向教学法、情景教学法、案例教学法等教学模式，助力学生在知识习得与技能训练中获得成长，促进师生之间、学生之间进行资源共享、互动交流和自主式与协作式学习。

引导教师从三个方面完善整个专业的教学监控实施工作。①完善监控主体。促进职能部门、院系领导、教师、学生、毕业生、用人单位、家长等多方立体参与，保证教学质量监控客观合理性。②完善监控并重。重点对课堂教学环节与课外各教学环节的监控并重、对理论教学与实践教学的监控并重、对教师"教"与学生"学"的监控并重。③完善监控机制。主要将教学计划、教学实施、教学保障、教学考核等重要过程都纳入到教学质量监控体系之中，强化全员性、全方位、全过程监控。

学院还引导教师借助评价充分了解专业建设：一是主要采取多元化主体评价方式，注重学生自我评价、同伴评价、教师评价、企业评价等综合评价；二是将诊断性评价、过程性评价、终结性评价有机结合，目的是从知识、技能、素质等层面促进学生全面发展；三是积极探索校企合作开发课程模式、"课证融通"模式、"赛教融通"模式等，在教学内容、模式、策略、方法、手段、多元评价等方面创新开展工作。

3. "教学设计能力"培训

① 宏观专业设计的培训。通过引导教师顺应人工智能发展趋势，积极打造"数字化+专业与课程建设"模式，大胆运用现代教育技术改进专业教学方法与手段，推进虚拟工厂等网络学习空间建设和普遍应用，注重将整个专业的知识点、技能点和素质要求等进行颗粒化设计和规划，以利于专业知识网络框架的建立，最终引导、帮助教师对所在专业进行"数字化转型或升级"。

② 聚焦一门课设计的培训。该培训旨在帮助教师对一门课程进行整体的系统教学设计。按照教学内容的开发流程，以课程目标为工作任务，分析并找出对应的素养、知识及技能项目，将所有项目分解出不同的子任务，形成素养树、知识树及技能树，完成子任务—项目—工作任务的教学过程，形成模块化教学内容，并厘清一门课建设与专业建设之间的关联性和逻辑性。

③ 微观一次课设计培训。该培训旨在帮助教师对一次课的教学方案进行设计。按照教育教学认知规律，一次课的教学设计应包含四个环节：一

是认知激励，激发学生学习动机，告知学生本次课的教学目标；二是指导和示范，用多元方式展示教学内容，为学生示范各个要点；三是实践引导，通过引导学生自己动手，完成课堂教学的实践任务；四是评估学习目标和结果，培养学生发现问题、解决问题的能力。

4."资源应用能力"培训

① 基本教学资源开发。基本资源是指教学必备的课程资料和教学资源，包括课程标准、教材、教案、演示文稿、微视频、习题库、案例库、试题库系统、作业系统等。在开发过程中，一要做好课程标准和教案等基础性资源的开发。课程标准应以职业岗位能力和专业教学标准为依据，以职业能力培养为重点，由校企共同编制。课程标准一般包括课程定位、课程目标、内容设计、教学组织实施和课程考核方式等基本要素。教案应以课程标准中的教学任务为单元进行完整的教学活动设计。教案一般包括教学单元基本信息、内容分析、学情分析、教学目标及重难点、教学策略、教学过程、课后反思等基本内容。二要做好演示文稿、微视频等支撑性资源的开发。需要结合不同资源的形式特点，采用不同的开发方法流程，例如微视频教学资源制作时应首先跟拍摄团队沟通，选取典型任务拍摄课程样片，召开样片研讨会，反复修改确认拍摄风格后再进行脚本编写、视频拍摄和后期制作等。三要做好习题库等巩固性资源的开发。以课程目标预设的学生素质要求为先导，以具体课程内容为主要依据，结合教学过程中师生互动的实际效果，按照体现差异、突出增值的理念，积极开展习题库、案例库和试题库的开发设计。

② 拓展教学资源开发。拓展资源是指可以更好地支持教与学、拓展学习空间，以达到更好教学效果的教学资源，包括动画、虚拟仿真、AR或VR资源、虚拟实训、专题讲座库、素材资料库、专业知识检索系统等。在拓展性教学资源开发时，一要做好情境化资源的开发。要尊重职业院校学生的认知规律，提升教学资源的生动化、趣味化水平，通过动画、虚拟仿真、AR或VR等教学资源把抽象的基本理论和复杂的操作方式进行立体呈现，提高学生的认知效率，增强课程教学的吸引力。二要做好特色资源的开发。根据课程本身的知识结构以及学生的发展意愿，积极拓展教学资源，通过专题讲座库、素材资料库、专业知识检索系统等资源的开发，满足学生高阶发展的学习需求，满足教师灵活教学和专业成长的需求。三要做好

资源共建共享。鼓励基础相通、技术领域相近、工作岗位相关的专业共同开发、共同分享教学资源；鼓励校际资源共建共享，通过组建虚拟教研室、组建跨校课程开发团队等形式，与兄弟院校共建共享教学资源，提升教学资源的体量和质量。

③ 高效应用教学空间。该类培训内容主要包括：①高效应用智慧教室开展教学。重点充分利用大数据、人脸识别、物联网、人工智能等技术与传统课堂深度融合的智慧教室，优化教学内容呈现方式，方便学生获取学习资源，促进课堂教学深度互动。②广泛使用基于 XR 的学习空间。重点依托虚拟现实、增强现实及混合现实等相关技术带来的"可视化"和"身临其境"优势，让学生切身体会到教学内容中所描绘的时空意境。通过打造虚拟仿真实训平台，将一些精准性的操作技能训练以及危险性的实验实训等在虚拟环境下展开，不断提升学生的操作技能。③充分运用"智慧教学平台"。重点利用集管理、教学、评价、数据反馈等功能在内的大数据平台，全面提升课程教学效果。积极开展翻转课堂教学，利用平台资源引导学生课前自学，通过平台测评掌握学生自学效果、优化课堂教学设计；要积极开展混合式教学，依托平台做好线上、线下教学衔接，为学生提供灵活泛在的学习空间；积极开展教学效果分析，依托平台的过程性评价和总结性评价报告，进行课程教学反思和行动优化，促进教学水平持续提升。

④ 团队资源应用培训。专业及课程建设需要业务精良的专业负责人，但绝不能靠负责人单打独斗。因此该培训模块主要帮助教师组建具有明确发展目标、良好合作精神，且知识结构、年龄结构、职称结构、学历结构、"双师"结构、专兼结构及任务分工合理的教师团队。同时，按照课程内容设计对课程资源的组织形态和媒体形式进行整体规划，按照课程团队成员的专业特长合理分配设计任务、制定进度计划表。鼓励教师与基础相通、技术领域相近、工作岗位相关的专业人员共同开发、共同分享教学资源。

⑤ 行企资源应用培训。该培训协助教师进一步理解与相关行业、企业合作开发资源的重要性，重点做好情境化资源的开发及应用。要尊重职业院校学生的认知规律，以真实工作任务及其工作过程为依据，深化课证融通、赛教融通，提升教学资源的生动化、趣味化，通过动画、虚拟仿真、AR 或 VR 等教学资源，把抽象的基本理论和复杂的操作方式进行立体呈现，提高学生的认知效率，增强课程教学的吸引力。

5. 培训组织保障

积极构建、发挥学校与教学单位"两级"联动机制。教师教学发展中心负责牵头开展全校教师教学能力培养及提升工作，负责相关沟通组织协调等工作。各教学单位结合教学实际情况制定本单位教师教学能力提升工作计划，为教师参加教学研修提供必要的条件；主动结合教学实际，创新提升活动内容与形式，围绕校级顶层设计和指导意见，形成教师教学能力提升常态化运行机制。

针对"合格教师—骨干教师—教学能手—教学名师"四个层级培训目标，采取专项培训班、工作坊、专题研讨、网络学习等形式，每年组织针对每一层级的教师专业整合能力提升专项培训。根据各层级的提升目标，不断优化提升培训项目，有针对性地解决教师在教学中的难题，开发一批具有学院特色、体现学院水平的教学能力提升培训微课程，形成"深职院教师专业整合能力培训清单"。

针对学院曾出现过的网络教学平台过多、功能不一、数据与其他信息化教学平台难以融合等问题，为加强教学过程的数据积累，为教学资源库建设提供完善、系统的保障，学院定制开发出具有个性化的"智慧教学共享共建平台"，该平台模型如图5-2-3所示。该平台的功能主要包括：能促进学校教学资源数量和满足"互联网+"时代教育新要求，建设数字化教学与信息化平台；能贯彻"以资源使用者为中心"的理念，加强专业教学资源库项目建设；能促进优质课程教学资源共享，加强精品在线开放课程项目建设；紧密结合专业建设与特色，加强精品教材或规划教材项目建设；开拓教学方法与交互方式，加强虚拟实践教学资源建设。

图5-2-3 职业院校智慧教学共建共享平台模型

（四）成效与影响

通过基于TPACK理论框架的专业教师整合能力提升培训，深职院已取得专业化、制度化、常态化成效。专业化方面，现已聘请国家级、省级教学名师 12 名作为培训导师，积极协同校内各教学单位，通过教师专业发展培训和教学改革，已形成并获得国家级教学团队 1 个，培育省级优秀青年教师 11 人、金课种子教师 38 人；制度化方面，已出台《关于教师教学能力提升工程的实施意见》等多个文件；常态化方面，已开发教师培训课程 22 门，对接深圳 140 多家企业，建立 8 个技能大师工作室，参训教师累计达到 7300 多人次。

深职院的教师团队教学设计与信息技术应用能力得到显著提高，大批优秀教师涌现。学院教学资源得到极大丰富。拥有国家重点支持建设示范专业 12 个，国家级教学成果奖 14 项（其中特等奖 1 项、一等奖 3 项），国家职业教育专业教学资源库 5 个，中央财政支持实训基地 9 个，国家精品课程 53 门，国家级精品资源共享课程 43 门。人才培养质量在全国名列前茅，学校累计培养全日制毕业生 14.2 万余名，毕业生初次就业率始终保持在 96% 以上。毕业生在世界 500 强企业及行业领军企业就业率、毕业生创新创业率、毕业生起薪水平高于全国同类院校平均水平，多项人才培养质量指标位居全国高职院校前列。

展望未来，深圳的经济社会发展与深圳职业教育的发展具有共生共长的耦合关系，二者相互促进，相得益彰。通过深职院探索凝练而成的"教师专业整合能力培训框架设计以及实施方案"还会不断整合、优化解析、迭代推进。

二、"设立标准—分层培训—内化资源"的教师能力提升实践——成都职业技术学院案例①

（一）背景与现状

成都职业技术学院主要培养面向现代服务业的技术技能人才。学校开办与地方产业经济紧密相关的专业 38 个，构建了软件技术、智慧旅游、智能建造、智慧康养等 7 大专业群，并已开设软件技术、旅游管理两个职教本科试点专业。学校在校学生 1.1 万余人，现有专任教师 597 人，校外兼职教师 202 人。为破解信息时代学校教师在信息化应用主动性，积极性不高，信息化理论与技术学习内容较为分散，缺乏新技术应用能力，实际应用层

---

① 本案例基于成都职业技术学院黄露提供的素材整理。

次分化明显,外在激励措施偏少等方面的问题,学校规划编制了《成都职院教师信息化能力标准》及实施指南,组织面对广大教师的、多层次的教学信息化能力提升培训活动,确立目标和资源投入,构建了基于"设立标准—分层培训—内化资源"的教师信息化能力发展体系。

（二）特色与创新

学校以"设立标准—分层培训—内化资源"的教学信息化能力发展体系为主体,协同实施了"外派内培、分层实施"多层次的能力提升实践。

1. 出台相关能力提升标准

为规范与引领教师信息化能力的有效提升,学校于2021年初编制并出台了《教师信息化能力标准（试行）》《〈教师信息化能力标准〉实施指南（试行）》,分别从责任与意识、课程与教学、工具与应用、评价与改进、科研与创新等五个方面对学校教师信息化素养与实践能力提出了具体要求。为培训方案的设计提供基本参考,也为在线培训课程和电子教材开发提供基本依据。

2. 构建常态的分层培训体系

面对学校教师信息化能力提升的需求,学校组织人事处、教务处按教师入职先后、任教时间长短构建起教师信息化能力提升"常规培训"的四个标准培训层次,分别是新入职教师能力培训、入职三年内教师能力培训、5年以上教龄教师能力培训以及50岁以上教师能力培训。具体培训要求与成职院《教师信息化能力标准》实施指南中的初、中、高级要求相对应。

同时,组织信息化能力提升的专项培训,如信息化能力大赛培训、云班课电子教材开发与使用培训、移动端有效资源培训、PPT课件设计与制作技法培训、微课制作工具使用培训等,各分院、各专业群通过"外派内培"相结合、"线上线下"相混合的方式,按计划进行教师轮训。学校内培每年的相关培训内容主要包括：针对教师及技术人员开展教学及专业信息技术培训,培训400人次/年以上；针对学生开展信息技术培训（含网络安全知识）,覆盖学生5000人次/年以上；针对校院（园）企地用户开展培训,培训达到500人次/年以上。

3. 定期开展线上线下等多种方式的培训

学校组织教师利用现有的"优慕课""学堂在线""蓝墨云""清华在线"等学习平台自主学习；邀请校外专家进行系列专题讲座。内容涵盖了《教师信息化能力标准（试行）》中所要求的信息化责任与意识、课程与教学、工具与应用、评价与运用、科研与创新等方面的内容，引导教师运用新的教育信息化理论指导自身的教学模式改革，提高自身教学中有效应用信息化工具的能力，促进教学质量的提升。

4. 充分调动教师教学资源的内化

利用观摩和参加全国教师教学能力大赛机会，积极开发丰富多彩的虚拟仿真资源；利用线上直播录播和在线教育平台等工具，开展"教师信息化能力提升培训"和课程教学；倡导教师积极参与开展"多模式混合教育教学改革"并开发优质精品课程资源。此外，还指导教师编写开发云教材，从而形成了教师信息化能力内化的标志性成果。

5. 构建多元教师信息化能力评价体系

学校组织制定教师信息化素养等级认定办法，对参加信息化能力培训达标的教师分级认定并发放培训学时证明证书，为教师职业晋升、学习深造、教学能力提供专业证书。

2021 年 10—11 月，学校面向全体一线教师先后推出为期 5 天的线上教师教学信息化能力提升集中培训 10 次。此次全员集中培训以在线教育平台为载体，混合式教学模式改革与实践为主题，涵盖混合课程教学活动设计原则与方法，微视频、微资源制作方法与技术，思维导图工具使用及多媒体教学设计优化，混合式教学模式改革与实践，PowerPoint 制作及应用实例等方面的内容。

（三）成果与影响

通过基于"设立标准—分层培训—内化资源"的教师信息化能力发展体系建设，学校教师的信息化素养、教学设计与实施能力均有了显著提高。2020—2021 年教师获全国教师教学能力大赛奖项 1 项；学生在全国职业院校技能大赛获一等奖 3 个、二等奖 3 个、三等奖 7 个；在中国"互联网+"大学生创新创业大赛上获金奖 1 项，银奖 2 项，铜奖 2 项；获全国职业院校中华优秀传统文化微课教学比赛二等奖 1 项；全国外语课程思政比赛特等奖 1 项。

在近两届国家教学成果奖评选过程中，学校获奖 3 项，位列全省职业院校第 2 名；获四川省职业教育教学成果奖特等奖 1 项、一等奖 3 项、二等奖 6 项；获首届全国教材奖 1 项、职业教育示范性虚拟仿真实训基地培训项目 1 个、课程思政示范项目 1 个；入选"十三五"职业教育国家规划教材 3 部；建成国家级生产性实训基地 3 个。

（四）经验与启示

高校教师信息化教学能力的提升，是一项长期的、多维度、分层次的、与时俱进式的努力过程。基于"设立标准—分层培训—内化资源"的教学信息化能力发展体系为学校实现教师信息化教学能力提升提供了有力保障。

① 在信息时代，提升教师信息化能力是实现教学改革的关键。每个教师都要不断提高教育信息化理论水平与技术能力，才能有效利用并开发线上教学资源，更有效地传授知识与技能。

② 教师教学信息化教学能力的提升，要注重培训体系的建立。首先，根据学校教师队伍的实际情况，建立教师信息化教学能力提升标准，以"分级定标"的原则，针对不同的教师群体制订出不同的培训标准，进行分层培训与考核；其次，充分利用"外派内培"相混合的优势，聘请国内及兄弟院校中的专家、教授为教师做专题培训，运用典型案例，快速提升教师队伍信息化理论与技术水平；再次，搭建相关信息化教学与资源平台，做好技术支撑；最后，做好及时反馈与评价。

③ 提升教师信息化能力，要做好运行保障工作。制定相关奖励制度，打造良好的运行环境，鼓励教师进行混合教学实践，实现教学与信息技术的深度融合；为教师提供各方面的信息技术支持，助力教师参加各种层次的教学能力大赛；为数字化教材与电子资源的开发积极做好政策与资金的支持。

三、多维推进、多元建设，提升教师信息化能力——兰州职业技术学院实践案例[①]

（一）背景

兰州职业技术学院是兰州市政府所属的一所全日制普通高等职业院校，现设 10 个院系、3 个教学部。在校生 1.2 万余人，教职工 749 人。学院是全国职业院校数字校园建设样板校。学院通过信息化平台搭建、信息化能力提升、信息化资源建设、信息化手段应用、信息化技术支撑、信息化数据保障等六个方面的系统建设，着力解决学院现代化发展进程中存在的人才培养模式与信息化技术发展适应度不高，现有教学条件对信息技术与教

---

① 本案例基于兰州职业技术学院景兰提供的素材整理。

育教学深度融合支撑度不强,管理体制和机制对信息技术与教育教学深度融合保障不力等问题。

（二）实践探索

① 提升教师能力,打造教师信息化教学能力提升工作坊。

以师德建设为基础提升教师能力,打造教师信息化教学能力提升工作坊,建设"线上+线下"教师发展中心。线上教师发展中心开通教学论坛,建立学习社区,引进教师培训数字资源,协助教师制订个人发展规划,开展在线师资培训,实现教师信息化教学能力提升。开展教师信息化教学能力调查和信息素养分析诊断,根据诊断结果,按新手入门、熟手精通、高手创新进行信息化能力提升培训,设计理论理解深化、教学设计能力进阶、技术应用能力进阶三个层次培训内容,如图5-2-4所示。

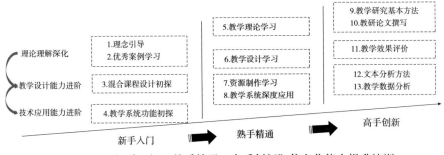

图5-2-4 "新手入门、熟手精通、高手创新"信息化能力提升培训

② 丰富教学资源,聚焦"三平台、三机制、三过程"共促课程建设,如图5-2-5所示。

同步部署"一平三端""优慕课""蓝墨云班课"三大教学平台,以共建、共享、共管、共营的理念,方便教师自选平台建设课程,数字资源平台间互迁,实现了"资源→课程→平台"的信息化重构与共享。通过建立教师职业能力评价、教师职称评聘量化赋分、增加教学工作量绩效系数等机制,激励教师积极开展教学资源建设。资源建设进行项目化运行和管理,每年通过前期申报、中期评审、终期验收等过程,建设一批基于混合教学模式改革的数字化课程,丰富了学校的信息化教学资源。

③ 推进混合教学,开展四阶递进式教学和评价,如图5-2-6所示。

图 5-2-5 "三平台、三机制、三过程"促进数字化课程建设

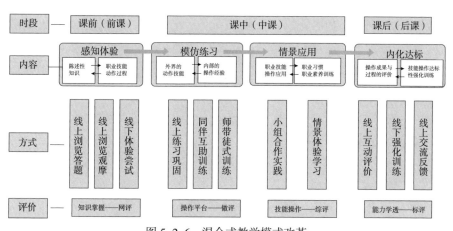

图 5-2-6 混合式教学模式改革

推行混合教学模式改革。每年建设基于混合教学模式的数字化课程，构建"线上""线下"相融合的教学环境。教师对知识体系进行模块化分解，设定"感知体验、模仿练习、情景应用、内化达标"递进式的学习目标；学生在课前、课中、课后全过程，交替完成线上资源的学习任务和线下课堂教学活动。按照"知识学懂、操作学会、技能学好、能力学透"四个阶段，分别采用"网评、做评、综评、标评"推动混合教学过程性评价改革，激发学生作为学习过程主体的主动性、积极性与创造性，提升学生自主学习能力和终身学习能力。

④ 深化教学诊改，采用"一中心、多系统"搭建测评诊改治理体系，如图5-2-7所示。

图5-2-7　"一中心、多系统"测评诊改治理体系

依托"内部质量监控大数据中心"，打造大数据分析与决策预警系统，实现教学诊断与改进。教师在课前通过平台备课，上传课程资料，设定教学目标，组织教学内容，策划互动环节，了解学生预习情况，实现了对课程"目标、标准、设计、组织"的静态环诊改。在授课过程中，教师通过引导学生积极参与线上课堂活动，实现了对课程"实施、监测、预警、改进"的动态环诊改。课堂教学结束后，教师利用数据分析对授课环节进行总结改进，实现了对课程"实施、诊断、激励、学习、创新、提升"的静态环诊改，如图5-2-8所示。

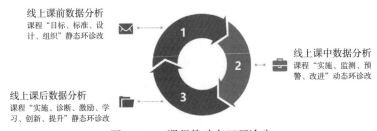

图5-2-8　课程静动态双环诊改

制定教师三级职业能力测评标准，包括师德师风、教育教学、技术技能、科学研究、创新服务、校企联动等6个一级指标测评点（见图5-2-9），30个二级指标测评点。依据测评标准按教师自我发展规划定期对教学行为进行画像，反复修正找到教师精准的发展方向，提高教师的素养和能力，帮助教师职业发展。

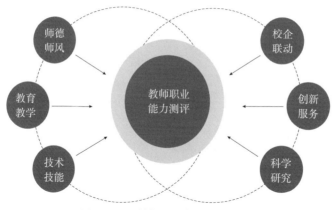

图 5-2-9 教师职业能力测评标准

（三）成效与影响

（1）承办信息化建设工作交流会。学校先后承办了全国"职业院校校长信息化领导力高级研修班""甘肃职业教育信息化研讨会""甘肃省职业院校教学工作诊断与改进研讨会"，主办了以"引领·突破·创新——高校教学方式与学习方式变革"为主题的"甘肃省职业院校信息化教学研讨会"。

（2）**凝练特色案例，分享建设经验**。凝练了"网上多彩新课堂、线上云端育新人""兰州职业技术学院首建'课程思政一分钟'教学资源库"特色案例，被全国职业教育信息化联席会议评为在线教学及实践优秀案例。凝练了"数字兰职助力教学诊改质量体系保障人才培养"特色案例，获评全国职业院校教学工作诊断与改进制度建设优秀案例。凝练了信息化应用案例"数字校园助力双高建设，诊改体系保障人才培养"，入选全国职业院校信息化建设与应用成果典型案例。

（3）**承接国家和省级信息化相关建设项目**。学院承担甘肃省职业教育信息化能力提升建设项目"专业课程协同建设平台""教师信息化教学能力提升项目"建设任务。完成甘肃省职业教育教学改革研究项目"教育信息化下的高职教学模式变革研究"。

（4）**撰写和发表学术论文，推进交流探索与实践**。在国内/国际期刊发表了《互联网+视域下高职教师信息化教学能力的培养与提升》《高职院校智慧校园建设的探索与实践》等5篇成果研究论文。

(四)经验与启示

学校将"信息化"作为学校发展战略,实施顶层设计,从打造智慧校园、提升教师能力、丰富教学资源、推进混合教学、深化教学诊改等多个维度,围绕教育教学工作对学校的基础平台建设、师资队伍建设、课程资源建设、教学方法改革、育人模式创新和教学诊断改进进行系统性建设,多维推进、多元建设,提升教师信息化能力。

学校通过软硬一体建设打造智慧校园,通过数字化、网络化丰富教学资源,打破教学时空界限,解决教学资源的延伸问题。通过线上线下结合,推进混合教学,深化课堂革命,解决教学方法的效能问题。通过多源数据采集,深化教学诊改,提升培养水平,解决教学质量保障问题。

学校以信息化作为职业教育系统变革的内生变量,坚持信息技术与教育教学深度融合,融通技术赋能职业教育,增强教师信息化教学能力与素养,促进职业教育改革与发展目标的实现。

四、产学研合作共促教师教学能力提升——广州市轻工职业学校实践案例[①]

(一)背景与现状

广州市轻工职业学校创办于1958年,是一所以智能制造专业为主的国家级重点职业学校,构建了以数控技术应用、工业机器人技术应用为核心专业群,以工业电商和岭南轻工为特色专业群,学历教育与技能培训齐并发展的办学格局,学生规模3300人。学校还是教育部工业机器人领域职业教育合作项目"工业机器人应用人才培养中心"建设单位,英特尔人工智能教育教研、师资培训基地。

为了提升教师信息技术应用能力,学校组织全体教师参加各级各类教师信息技术应用能力提升培训班,同时也实现了信息化基础设施升级,为教师开展信息化教学应用提供了基础条件。学校在此过程中也存在一些问题,尚待解决:①教师个体的信息技术应用基于不同的平台和应用软件,难于实现学校层面的整体布局和管理;②教师的信息技术应用基本为个体行为,尚未体现为全员教学优势。

---
① 根据广州市轻工职业学校周伟贤提供的案例素材整理。

（二）特色与创新

基于教师发展的要素，学校开展了"产学研合作、五位一体"共促教师教学能力再提升项目，采取了以下举措：

（1）**学校层面整体推进**。由清华大学教育研究院开展校领导、中层干部、骨干教师以及全体教职员工的分层培训，达成了对"混合教学改革实施"的统一认识。

（2）**建立机制**。制订《广州市轻工职业学校混合教学改革实施方案》，细化实施计划，激励教师积极开展基于优慕课平台建课的教研教改实践。

（3）**引入平台**。选取结构化的优慕课平台作为教师专业发展的支撑（教师建课的"自留地""良田"），为学生搭建自主学习的"知识宫殿"。平台为教师的终身学习提供了支撑，教师可以在"自留地"上不断播种、施肥、收获。

（4）**组建先行先试团队**。创建广州市轻工职业学校混合教改"先行先试"团队，成员由清华大学教育研究院、优慕课公司和培训、建课成绩优秀者组成。"先行先试"小组成员具有积极性高、教改意愿强、信息化教学知识转化快等特点，为学校混合教改"以点带面、逐步推进"策略的实施迈出了坚实的一步。实现了教师发展行动研究、教学反思、同伴互研的示范。

（5）**与合作研究机构及企业紧密合作**。清华大学教育研究院为我校提供混合教学模式等教学理念和信息技术应用的指导，并借助优慕课（北京）科技股份有限公司为我校提供优慕课平台建课的技术指导。

（6）**"培训＋建课＋教研＋教改＋比赛"五位一体为教师发展护航**。我校与清华大学教育研究院合作，开展了基于优慕课平台建课的混合教学模式的研究课题和精品课程开发项目；制订教师教学能力比赛的校赛、市赛、省赛到国赛的机制和奖励措施；与企业（优慕课、雨课堂、智慧职教等）合作，以课程建设、教学模式改革、教材开发、教学能力比赛为载体支持教师的全面发展；组织开展相关混合教学研究成果的分享。在教师层面，开展了混合教学的实践，组建团队参加各级教学能力比赛、精品课程建设和教学成果申报；积极分享个人的研究成果，达到开放共享、共同成长的成效。

（三）成果与影响

学校通过与清华大学教育研究院、优慕课（北京）科技股份有限公司共同实施融"培训＋建课＋教研＋教改＋比赛"五位一体的教学改革系列活动，教师基于优慕课混合教学平台建设了近 30 门在线课程，学生通过课程伴侣、雨课堂、蓝墨云班课等 APP 开展线上线下混合教学模式的学习。通过实践探索，教师的教育教学能力得到大跨度的提升，在 2020 年教师教学能力比赛、学生技能竞赛以及在线课程建设和教材建设等方面，均取得了丰硕的成果。

我校在教改实践过程中，编著出版的《印刷色彩基础与实务》教材入选为国家"十三五"规划教材；开发的《印刷色彩基础与实务》慕课获批为中国轻工业"十三五"数字化项目；主持的"基于慕课＋雨课堂的教学改革实践研究"课题，荣获广州市教育局智慧校园首批实践研究项目优秀等级结项、中国职业技术教育学会教学工作委员会与教材工作委员会 2017—2018 年度优秀课题三等奖；智能控制教学部作为代表广东省中职专业技能二组唯一一支进入现场决赛的加工制造类队伍，经过激烈的角逐，团队最终凭借作品《工业机器人激光雕刻工作站的安装与调试》斩获 2020 全国职业院校技能大赛教学能力比赛中职专业课程一等奖。

（四）经验与启示

上述实践显示，制定可实施、可操作的行动计划，并持续推进，可有效推动混合教学改革并取得较大成果。赋予激励机制，激发教师内在驱动力；实践混合教学模式有效实现了课堂的延伸，有效提升教师的教学能力；不断完善课程框架，丰富学习资源，多模式混合，动态推进混合教学改革；混合教学改革实践有效激发了学生个性化自主学习能力。

五、校企深度融合共促教师能力提升——山东工业职业学院实践案例[①]

（一）背景

山东工业职业学院始建于 1959 年。学院现有在校生 1.3 万余人，开设材料能源、装备制造、生物化工、电子信息、财经商贸、土木建筑、交通运输、文化艺术、公共服务等 11 个专业大类、42 个专业。

校企合作被视为职业教育人才培养的重要载体和机制创新的重要途径，但长期以来校企利益契合度不高、企业职工在岗培训滞后，致使学院优质信息化资源和人才资源不能有效服务社会。为打破这一局面，山东工业职

---

① 根据山东工业职业学院吕小茜提供的案例素材整理。

业学院提出了"利用信息技术整合校企优质教育资源，为合作企业提供在线职工培训和开展协同创新科技服务，助力企业生产与经营"的思路，并参与了"数字校园试点校"建设项目。

（二）实践特色

学院为了促进有效校企合作开展了以下特色实践探索：

第一，搭建了"互联网+"全国冶金行业教育培训及资源共享平台。学院依托行业办学的先天优势，借力"数字校园示范校"建设项目，与中国钢铁工业协会、山东钢铁集团有限公司合作搭建了具有远程教育、实景传输和资源共享等功能的网络平台，实现了跨行业、跨区域的教育培训资源共享。学院对企业开放校内专业教学资源库、精品资源共享课程库、培训项目库、图书信息库等数字化教学和培训资源，通过在线传输系统，将教师授课实况实时传输到企业，实现企业员工培训不脱产，扩大了培训覆盖面，实现了处处能学、时时可学，创立了行业示范引领的金蓝领培训品牌资源。

第二，创建职工在线培训新模式。学院牵头组建了"全国冶金行业职工和职业培训联盟"、"山东冶金职教集团"，在山东钢铁集团日照公司等30余家联盟成员企业建立了资源共享型、个性定制型的企业职工在线培训工作站，有针对性地制定培训项目，开发教学资源，开展职工线上培训。学校还主动对接区域社会培训需求，与淄博市桓台县道路运输管理局合作开发了"桓台县道路运输驾驶员继续教育平台"，累计培训学员5万余人次。数字校园试点校项目实施以来，学院在不断深化校企合作开发数字化教学资源的同时，还注重内部现有零散、碎片化资源的组合与重构，开发了山东工业职业学院虚拟仿真实训平台，将原有的仿真模拟软件按工种有序衔接，并与实际生产线精准对接，整合为"板带中宽带生产线""高炉炼铁生产线""转炉炼钢生产线"等7个模拟仿真车间，整合后的仿真实训平台既面向校内学生教学使用，又为企业员工提供入职培训与技能鉴定服务。截至目前，山东钢铁集团有限公司及权属企业90%以上的新入职员工均可通过学院虚拟仿真实训平台进行生产实训，每年为企业员工开展技能鉴定服务5万余人次。其中，莱芜钢铁集团、山东钢铁集团日照公司等企业直接将仿真平台引入企业内网，便于职工开展移动、泛在学习。

学院发挥全国冶金专门人才继续教育示范基地的功能，并受中国钢铁工业协会委托自主开发了"全国钢铁行业技能知识网络竞赛"网络平台和竞赛试题库,连年承办"全国钢铁行业技能知识网络竞赛",全国80%以上的钢铁企业参与网络竞赛,36万人次参与线上培训,共有4万余人参赛。

第三,建设校城协同创新科技服务平台。学院充分发挥信息化资源和教科研专业人才优势,精准对接服务淄博市互联网和大数据项目,推动校城融合,实现共赢发展。组建了由计算机应用技术、计算机网络技术、物联网应用技术、应用化工技术、电气自动化技术等专业的教师和学生组成的平台运维和技术研发团队,极大地提高了教师的信息化服务能力和学生的实践动手能力。

第四,建设"互联网+"云端产业学院。2017年实施数字校园实验校建设以来,学校充分发挥信息化技术在职业教育改革中的引领与驱动作用,以云计算、大数据、虚拟现实、实景传输、5G、数字孪生等新一代信息技术赋能产教融合。在总结线下产业学院的建设经验和"山东冶金职教集团管理与服务平台"的基础上,与山东钢铁集团有限公司紧密合作,在全国冶金类高职院校中率先组建了集人才培养、技术研发、社会服务及培训为一体的"山工职院·山钢集团"云端产业学院。

目前,"山工职院·山钢集团"云端产业学院已开设在线课程160门,80%以上的教师应用手机和互联网进行日常教学工作。通过"清华教育在线""超星""蓝墨云班课"等信息化教学平台,采用微课、慕课、翻转课堂等教学方式,激发了学生的学习兴趣,提高了教学质量。在新冠肺炎疫情暴发后,产业学院立即制订并启动了网络教学/培训计划,增开线上课程50余门,最多时超过80位教师同时在线授课(培训),成功实现了企业"停工不停训",学校"停课不停学"。

(三)成果与影响

学院以平台建设为纽带,强化了校企间相互服务的能力,与山东钢铁集团有限公司等10余家企业共同创建山东钢铁集团教育培训与资源共享平台。在各企业生产一线设置远程网络教学视频采集点60余处,专任教师与企业工程技术人员合作编写活页式/工作单式教材6部,建设并发布精品资源共享课40余门,其中12门获批山东省精品资源共享课,校内外同时在线学习人数最多时超过1500人。山东钢铁集团教育培训与资源共享平台已成为学院与企业合作效能新的增长点,校企合作的内涵与质量得到进一步提升。

2018年以来，学院通过搭建校城融合发展信息化平台，不断推动与地方产业对接，实现优势专业群、科技创新链与区域产业链的紧密对接，驱动科技创新步伐，加速科研成果转化，增强了学院的办学实力和创新活力，进一步加快了省优质高等职业院校建设进程。

六、"培训—比赛—教研—教学—反思"一体化的教师教学能力提升实践——寿光市职业教育中心学校案例[①]

（一）背景与现状

山东省寿光市职业教育中心学校是一所公办中等职业学校，现有专任教师490名，全日制在校生7355人。学校设有现代农艺、海洋科技、现代服务、机械数控、汽车工程、计算机、物联网、创业学院、城市轨道交通等11个教学部，开设现代农艺技术、学前教育、机电一体化、汽车运用与维修、计算机应用、电子商务等31个专业。针对当前信息化教学推进过程中普遍存在的教师自身发展动力不足、提升路径不明、提升持续性不够的问题，学校借助教学能力比赛，探索教师信息化教学能力提升模式，促进教师持续发展。

（二）特色与创新

（1）**坚持顶层设计，形成整体推进机制**。学校将教师信息化教学能力提升作为"十三五"（2016—2020年）建设目标中的核心任务之一。2016年，学校在清华大学教育研究院与优慕课公司的指导与支持下，承担了山东省"精品资源共享课程建设项目"，开始推进混合教学改革。2017年，学校承担了山东省职业教育教学改革重点研究项目"中职学校混合教学改革策略研究"、第三批全国职业院校数字校园建设实验校项目等，将教师信息化教学能力提升与混合教学模式改革、课程内容数字化建设、教学与学习评价模式创新整体推进。

（2）**构建教师发展模式，持续提升教学能力**。学校依托国家、山东省、潍坊市和学校四级教学能力比赛，构建了教师信息化教学能力提升模式。该模式将教师教学能力提升活动分为培训、比赛、教研、教学和反思五个步骤，教师信息化教学能力沿着四个阶段实现递进式发展，即：关注技术阶段（提升信息化教学意识）、学习模仿阶段（增强信息化教学认知）、

---

① 本案例基于寿光市职业教育中心学校王家洋提供的素材整理。

迁移应用阶段（开展信息化教学实践）、融合创造阶段（实现信息化教学创新）（见图5-2-10）。

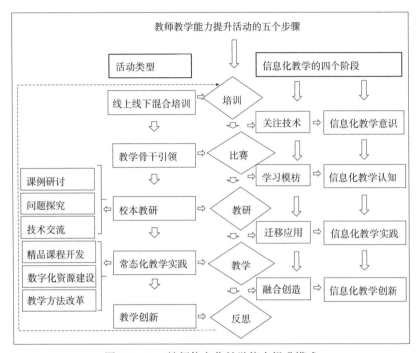

图5-2-10 教师信息化教学能力提升模式

步骤一，培训：实行"专家培训＋骨干校本教研"的混合培训模式。聚焦解决当前教师培训中存在的覆盖面有限、培训内容陈旧、培训效果无法延续、培训与教学教研不能有效衔接等问题，学校实行"专家培训＋骨干校本教研"的线上线下混合培训模式。部分骨干教师参训后，在全校范围内开展分享交流，率先开展公开课、示范课活动，并通过课例研讨、问题探究、技术交流为主的校本教研，提升教师对信息化教学基本规律及其重要性的认识。学校将数字化培训资源上传到网络教学平台中，形成了200多个以信息化教学理论、信息化教学案例、信息化技术应用、专家讲座等优质培训资源为主的线上培训资源库，为教师培训提供资源基础。

步骤二，比赛：引导教师广泛参与信息化教学大赛。学校坚持"目标导向、竞赛推动、广泛参与"原则，组建"骨干引领、学科联动、团队互助、整体提升"的信息化教学共同体，按照制度化、规范化、常态化的要求,引领教师广泛参与学校、潍坊市、山东省和国家四级教学能力比赛,持续提升教师信息化教学能力。

步骤三,教研:通过校本教研提升教师信息化教学反思能力。开展形式多样的教研活动,如组织校内论坛、研讨工作坊、全校教学经验分享会,并鼓励教师外出学习、参加教学会议、到校外分享经验等,促进教师间广泛共享教学能力比赛成果以及教师信息化教学研究成果,营造研究性学习氛围,提升教师信息化教学反思能力。

步骤四,教学:推动信息化教学常态化应用。学校为促进信息化教学常态化应用,一方面提升教师日常教学业务开展的信息化水平。例如在学期初期,学校在网络教学平台中展示在线课程活动,包括线上资源、在线测试、答疑讨论、问卷调查等;对学生在线学习参与率、在线学习效果等进行大数据分析,将结果反馈给任课教师参考;每个月定期举行网络教学平台中的在线课程展示交流活动,促进全体教师信息化教学的常态化应用。另一方面实施常态化的信息化教学考核机制。学校建立了自上而下的信息化教学评价体系,将信息化教学纳入系部、教师考核。每学期由教务处通过网络教学平台发布信息化教学信息汇总表,每月对各系部在线教学完成情况进行评价督导。各系部根据学校提供的信息汇总表制定评价细则,重点关注信息技术与学科教学融合,在教学实践中合理有效地应用信息技术,改善教学方法,并将完成情况计入教师每月的教学绩效成绩。

步骤五,反思:提升教师信息化教学创新的主动性与能力。出台基于教师信息化教学常态化应用的激励措施,学校努力提升教师信息化教学的主动性和实施能力,促进教师开展信息化教学反思。

(三)成效与影响

(1)**教师信息化教学意识与实践显著增强**。教师信息化教学意识与教学能力显著增强,五年来,学校网络教学平台中的在线课程数量达1000门,课程总访问量超过300万。

(2)**教师网络教学平台应用能力提升**。教师网络教学平台的使用由单向传递向双向互动转变。网络教学平台由"发布通知""提供学习资源""布置作业"等单向的信息传递活动,更多的转向"话题讨论""随堂测试"等互动性的活动,信息技术与教学深度融合显现成效。

(3)**混合教学成为新常态**。学校混合教学改革被立项为2017年山东省职业教育教学改革重点研究项目,2020年学校被评选为全国职业院校数字校园建设样板校,学校参与混合教学专业比例达到100%,教师常态化开展混合教学。

(4)**各类教学大赛成绩显著**。学校教师在各类职业院校信息化教学比赛中获奖数量明显增多,获奖专业覆盖面更广。在潍坊市职业院校教学能力比赛中获奖227人次,山东省赛获奖23人次。

(四)经验与启示

学校借助各类教学能力比赛的契机,构建了"培训—比赛—教研—教学—反思"一体化的教师信息化教学能力提升模式,效果显著,获得以下经验和启示。

(1)**借助比赛契机,将培训、教研与常态化教学紧密结合**。发挥教学比赛的激励作用,通过培训、交流分享等活动,更新教师教学理念、提升教师信息技术教学应用水平,推动培训、比赛、教研成果广泛应用于日常教学。

(2)**完善相关政策与制度,提升教师自我发展的主动性**。学校通过完善信息化教学相关政策与制度,如制定信息化教学文件、构建常态化信息化教学考核机制、完善信息化教学培训机制等,促使教师信息化教学意识与能力持续提升。

(3)**构建线上培训资源库,支持教师自我培训**。学校将数字化培训资源上传到网络教学平台中,构建线上培训资源库,支持教师随时随地自主提升信息化教学能力。

(4)**应用反思性实践,激发教师信息化教学创新力**。学校在信息化教学实践过程中鼓励、引导教师主动与教学对话,重新审视、反思教学的设计与实施过程,及时、全面地评价教学效果,通过行动、反思、研究的循环式学习,逐步实现教师对信息化教学从了解、应用到整合、创新。

七、教师在线教学能力发展工作坊——北京开放大学案例[①]

(一)案例背景

北京开放大学国开业务部为了系统提升任课教师在线教学能力水平,于2021年4月22—23日举办了教师在线教学能力专题培训会。活动采取

---

① 本案例依据北京开放大学白晓晶、张铁道提供的工作简报整理。

线上线下相结合方式举行，100余名教师出席现场会议，270余人在线全程参与。此次培训主要包括在线直播教学案例分享与专家点评、专家主题报告和在线直播教学工作坊等模块。

本次工作坊首先由国开业务部副主任白晓晶博士做了"全市一堂课"实践与探索的专题报告，详细介绍了"全市一堂课"直播教学工作实施三个学期以来的情况及组织保障举措，并提出未来工作的设想。来自北京开放大学石景山分校的赵秀艳等五位教师分别侧重课程设计和优化、直播课堂互动、学生学习激励、教学方法改进、教学流程优化和教学内容构建等方面分享了他们的在线教学的实践与反思。其中，赵秀艳老师以《金融学》为例，分享了借助科学合理的课程设计和优化，有效增加课堂互动，提高学生的学习兴趣。朱国庆老师以《公共政策概论》为例，从备学生、备知识、备教法、备环境四个层面分享了直播教学过程中激励学生学习的教学策略。《商务英语1》授课教师陈晖介绍了她通过情景教学法增强学生的参与感和自我效能感的探索。《计算机应用基础》授课教师邹青春介绍了自己在教学流程规划、课程主体设计方面的经验，提出要以学生感兴趣为主导、以构建有序直播课堂为原则，谋求更有成效的教学目标。思政课团教师代表谢娟老师则以解构与重构为教学组织结构，打破思政课内容的壁垒，成功尝试面授＋同步在线＋异步在线三位一体教学。

培训班为了提高全体教师的理论认识水平，还特邀北京大学和清华大学两位专家为全体教师做专题报告。北京大学郭文革副教授做了题为"在线教学的实践探索与策略"的报告。她介绍了疫情前后在线教学模式的差异、后疫情时代在校教学的发展趋势，并针对教学内容、教学场景、教学活动与评价等专题分享了如何进行教学设计的理论与经验。清华大学韩锡斌教授做了题为"信息时代教师教学能力提升的研究与实践"的报告。他结合信息时代教师教学能力的分析、课程教学的基本原理、课程教学的研究等专题，重点强调混合课程教学中教师、教学目标、教学方法、教学内容、学生、教学环境、教学反馈七项关键要素之间的关系。他还指出，教师在"呈现、体现、再现、反思"等教学环节中，要通过增强动态跟踪和过程性指导，达到促进学生自主学习的目标。

（二）教学工作坊

在上述交流培训基础上，北京开放大学原副校长张铁道博士应邀主持教师教学能力发展工作坊，如图 5-2-11 和图 5-2-12 所示。他针对现场参会教师在线教学实践能力的需要与五位分享教师的经验及两位专家的报告，设计了一组讨论问题，包括："五位教师的经验分享，留给你最深刻的印象是什么？""如何梳理自身对教学能力的基本认识？"和"聆听北大郭文革、清华韩锡斌两位专家的报告，你想从哪些方面提高自身教学能力？"。在他的引导下，全体教师通过个人思考、小组讨论和集体分享的形式，聚焦专业技能、教学方法、教学理念、成效评价等在线教学关键环节，将各组成员的个人知识建构成团队共识，并以此帮助老师们形成对在线教学基本规律的认识并明确改进自身实践的着力点。

图 5-2-11　工作坊现场

图 5-2-12　张铁道研究员在归纳梳理来自各小组的意见并建构共识

1. 众筹式学习第一轮

问题的提出：五位教师的经验分享，留给你最深刻的印象是什么？

现场共十组成员，开展独立思考，各自写下自己的答案，然后开展小组内部交流讨论，汇总后选派代表参与全体交流。

各组代表发言汇报内容：

第一组：朱国庆老师的课程内容丰富，案例实用，PPT 制作漂亮；陈晖老师的课堂师生互动方式也令人印象深刻。

第二组：朱国庆老师的 PPT 动态设计和降维处理；五位分享教师的实践经验，深入的教学反思以及对互动的设计，核心目的都是调动学生的学习动机，促进在线学习的真正发生。

第三组：一致认为留下最深刻印象的有五点，包括：①课程教学一定要有设计，并且有理论支撑；②课堂案例贴近学生的生活和工作；③教学方法与课程形式相适应；④线上教学互动非常重要，但要适度；⑤ PPT 的内容和形式都需要精心设计。

第四组：最终汇总了三点印象最深刻的内容，包括：①以目标为导向的教学设计，比如赵秀艳老师的课程，从全局到细节进行了课前、课中及课后的设计并实施；②教师的个人风格多种多样，找到适合自己的才是最好的；③教师的知识更新迭代，教学内容也需要结合当下热点，持续更新，与时俱进。

第五组：五位教师的分享表现出他们的探索精神和不断学习的态度，值得每一位老师去学习。比如赵秀艳老师在自己的专业领域内深入学习，她的汇报引用了7篇文献，将教学实践上升到了研究层面，达到了一定的理论高度。另外几位老师的分享在"内容为王、手段制胜、支持服务到位、团队协作"四个方面给我们留下了非常深刻的印象。

第六组：对于五位优秀教师的印象可以用"内心有爱、面带喜悦、眼中有泪"来概括。他们都能够从课前精心设计，课中实施善互动、重节奏，课后注重学生的分层收获及个人的教学反思等方面凸显行之有效的教学策略。

第七组：五位教师具有扎实的专业基本功、吸引学生的人格魅力、以学生为本的情怀、精致的课程设计、注重课后延展的作业设计，打造了有趣、有效、有用的"三有课堂"。其中，朱国庆老师以校为家、赵秀艳老师言传身教的实践特色，给大家留下了十分深刻的印象。

第八组：五位教师的实践体现出：①以学生为中心，无论是课程设计、教学互动，还是反馈评价，都始终围绕以学生为中心的先进教学理念展开；②采取多种方式引导学生开展深度学习，起到非常好的激励作用；③课程内容安排有趣有效，可以更好地吸引学生的注意力。

第九组：我们小组的评价是：①五位老师都是从学生的需求出发，形成互动性强的教学环境以及课上和课后的反馈，教师的角色从传授型向服务型转变；②作为教师，他们能够勤于学习，深耕课程知识和教育技术应用，还善于开展教学反思与评价，不断优化整个教学过程。

第十组：几位老师完全符合"四有好老师"的标准，体现了坚定的理想信念、高尚的道德情操和仁爱之心，也具备扎实的专业知识，因而实现了高质量在线教学服务，为我们做出了示范。

主持人总结：各组老师们踊跃发言，相信大家都收获满满，信心满满。这充分说明教师及其教学实践都是十分重要的学习资源。我在聆听大家意见过程中，结合大家的意见，围绕教师在线教学能力主线尝试做了如下四个方面的归纳。

教学方法/教育技术：以实践案例为载体组织教学，对于引导学生把理论学习和实践相结合是一种有效的教学策略；PPT是教学设计的重要体现，它不仅要美观，更要在引领学生认知和学习过程中发挥重要作用；混合教学已成为必然趋势，对成人学生的社会生活实践及能力成长尤为重要；教学是为了帮助学生进步、能力提升而进行的引导、服务、支持与反馈。

教学理念：借助教师的教学魅力和感染力，激发学生的学习动机并巩固学生持续的学习兴趣；开放教育的教学不能仅仅局限于教科书，教师应以学生专业能力的提升为目标进行因材施教，因需施教；在线成人教学实践要求我们重新定义"成人教育"，它不再仅仅是面向成年学习者的教育，而应该是"成就别人的教育""成就美好人生的教育"。只有这样，我们才能够增强自身教学的价值感。此外，我们今天开展的基于工作坊形式的共识建构体验，也体现了成人学习的一个重要特点，那就是"众筹学习"，即众筹大家的实践经验和认识，达成新的集体共识，从而达到超越个人学习的教学目标。

成效评价：教学有效性；学生的获得感，老师的成就感。

教师专业素养：教师独特的教学风格、人格魅力；教师作为终身学习者；终身学习的有效方法是要善于不断总结自己的实践，借鉴别人的实践，学习理论方面提炼出来的实践，逐渐积累教学的专业知识。

2. 众筹式学习第二轮

问题：受北大郭文革、清华韩锡斌两位专家报告的启发，你想从哪些方面提高自身教学能力？

各组教师分别写下自己的答案，并自愿发言。（内容从略）

主持人总结：各位老师提炼的教学能力非常有价值，总体可以概括为如下三个方面：

① 专业知识和技能，包括教学设计，资源拓展，教学理论的实践应用，教育技术的应用。

② 实践能力，其中最重要的是问题解决能力、研究能力和跨界开拓能力。

③ 职业境界，包含的内容非常丰富，主要有批判性思维和自我反思、专业成长、引领学习的能力。另外，教师具有双重角色，既是学习者，更是学习促进者。

（三）对于本次工作坊的总结与反思

主持人张铁道博士在综合本次工作坊研修过程及其成效基础上，做了简要总结。他指出，本次工作坊带给大家丰富的体验。首先是对成人学习的认识。每一个进入成人学习现场的教学对象其实都不是一张白纸，他们既具有实践经验，同时又具有继续学习的问题与需求。但是他们在职工作中没有机会进行同伴交流，有时即便有机会，交流的质量也难以保障。这就需要我们作为教学组织者，为成人学习者提供有价值的话题并创设富有激励性的交流分享氛围，并引领有意义的共识建构过程，这样就有可能实现符合成人学习特点及其价值的教学目标。因此，无论是面对面还是在线方式，成人学习都可以借助众筹式学习和有意义的知识建构达到能力发展的目的。

其次，成人教育更需要研究和实践有意义的学习。用五个词说明对于学习的多角度认识，那就是"书本、事本、话本、文本、人本"，分别代表"知识性学习、实践性学习、分享式学习、研究性学习和反思性学习"。这里所说的"五本"也是许多优秀教师和成功学习者带给我们的启示。它不仅可以形象地描述成人学习常见的五种体验，也可以为教师规划与推进学习者能力发展提供新的参照，并不断增强自身的专业能力。

最后，张铁道博士再次感谢所有老师的倾情参与和积极贡献。他强调，我们共同构建了今天的学习成果。这次工作坊也成为我们共同创建的一次互为资源、众筹共创性质的体验式学习，不仅促使我们深入理解了五位优秀教师的成功经验，深入领会两位专家的学术指导价值，也亲身体验了众筹式学习的策略及其对于成人学习的认识。相信在此基础上形成的共识与策略也会有助于每一位参与者开展未来的在线教学实践创新探索。

八、"目标—机构—工具—评价"多元协同的教师能力提升实践——德国巴登—符腾堡州双元制大学案例

（一）背景

德国巴登－符腾堡州双元制大学（Die Duale Hochschule Baden-Wuerttemberg,

DHBW）是德国第一所双元制大学。学校在商业、技术、健康和社会工作领域与超过9 000家企业和社会机构合作，提供国家和国际认可的各种学士学位课程，同时也提供职业一体化硕士课程和职业伴随硕士课程。目前学校共有33 500名学生，是巴登－符腾堡州规模最大的大学[①]。

数字化背景下工作模式、内容、组织形式的变化导致劳动力市场对人才的能力要求发生变化。同时，信息技术在教育领域各方面的渗透正重塑教学与学习模式、教学生态，由此也对教师的教学能力提出新的要求。在此背景下，DHBW采取了多元协同的发展策略，支持教师成功使用各类数字媒体技术与工具以及利用信息技术赋能教师教学能力提升，从而创新教学形式与内涵、提升教学质量。

（二）教师教学能力提升的多元协同策略

为促进数字化背景下教师教学能力的持续发展，DHBW实施了多元协同的教师教学能力提升策略，具体包括：明确教师教学能力发展目标、建设教师教学能力发展支持机构、开发教师教学能力发展工具、完善教师教学能力发展效果评价机制。

1. 明确教师教学能力发展目标

DHBW教学的显著特点是在学校和合作企业的联合支持下，实现理论教学和实践教学的交替进行，并呈现出"教学实践的二元性"特征。数字化背景下，DHBW主张在坚守这一本质特征的基础上，通过各类信息技术与教育教学的融合应用实现现有教学模式的重构与创新以及教学附加值的提升。具体而言，通过在现有理论教学和实践教学中融合应用各类数字媒体技术和设备，发展混合教学，实现信息技术支持下双元教学的优化与创新。双元教学中各类数字媒体技术和设备的应用并非仅局限于教学实施这一环节，还覆盖教学与学习过程的管理，如提交学位论文、安排学术导师、教学与学习过程记录、信息技术支持下的无纸化考试等。因此，DHBW强调数字化背景下教师能力的发展应关注以下方面：进一步提升教师数字媒体技术和设备的使用意识，教师基于教学内容特点与学生学习风格来设计数字媒体技术和设备的应用方案，利用数字媒体技术和设备满足学生多样化和个性化学习需求，

---

① DHBW. Wir über uns [EB/OL].（2019-06-10）[2022-03-15]. https：//www.dhbw.de/die-dhbw/wirueber-uns.

通过数字媒体技术和设备创新教学方法和教学组织形式。①

2. 建设教师教学能力发展支持机构

DHBW 加强建设"大学教学与终身学习中心"(Das Zentrum für Hochschuldidaktik und Lebenslanges Lernen, ZHL),以此为教师教学能力发展提供支持。ZHL 的服务领域主要集中在教师教学、人才发展以及资格考试三个方面。在提升数字化背景下教师教学能力方面主要做了以下工作:②

① ZHL 通过"DHBW 继续教育平台"向教师提供支持其教学能力持续发展的各类培训课程(如教师如何开展在线教学、如何提问等),且教师完成规定培训课程的学习即可获得相应的在线学习证书。此外,教师可通过平台的"在线教学咖啡馆"实现有关在线教学经验与创新想法的交流与分享。

② ZHL 通过发布系列出版物来促使教师交流数字化背景下教学创新理念与经验,主题包括:不同的教学理念与方法、在线教学方法与实施经验、理论教学与实践教学的有效融通等。

③ ZHL 通过组织线上与线下教师教学研讨会、培训班以及在线培训来支持教师教学能力发展与教学优化。

3. 开发教师教学能力发展工具

为支持数字化背景下教师教学能力的发展,DHBW 以及 ZHL 向教师提供了教学能力发展支持工具。其中较为典型的便是《DHBW 教学手册》以及作为补充性工具的《教学手册实用模板》。③

①《DHBW 教学手册》从数字媒体技术和设备支持下的教学设计、实施、评价以及课程整体规划等方面为教师教学能力的提升提供支持。例如:在提升教师教学能力方面,《DHBW 教学手册》帮助教师明确数字媒体技术和设备支持下的教学中教师的多重角色;如何基于不同教学场景进行教学方法选择与应用;各类数字媒体技术与设备的选择与应用;进行在线教学的设计、实施与效果评价等。

②《教学手册实用模板》在支持教师教学能力发展方面,为教师提供

---

① DHBW. Studium und Lehre [EB/OL]. [2022-03-21]. https://www.dhbw.de/die-dhbw/studium-und-lehre#lehre.

② DHBW. Das Zentrum für Hochschuldidaktik und Lebenslanges Lernen [EB/OL]. [2022-03-21]. https://www.zhl.dhbw.de/.

③ DHBW. DHBW Handbuch Lehre[EB/OL]. [2022-03-15]. https://www.dhbw.de/die-dhbw/dokumente#tab-649-2.

有关学生学习过程与能力发展情况记录、教学方法选择、基于功能特性与可获得性分析的数字媒体技术和设备选择与使用、在线教学设计与实施、课程整体规划等方面的实用模板。

4. 完善教师教学能力发展效果评价机制

教师教学能力发展效果评价机制可以反映多元措施支持下教师教学能力预期发展目标的达成情况。2018年DHBW发布了最新版的《质量管理手册》[1]，在为教师教学能力提升提供系列工具与行动指南的同时，也在教师教学能力发展方面逐步形成了发展效果评价机制。其中，教师的教学能力发展效果评价机制包括：内部与外部评价相结合的评价手段、动态更新的教师资格条件与责任、优秀教学实践的准则、教学效果评估表（涉及教学中数字媒体技术与设备的应用水平、学生考试结果、教学中不同评价方式的运用情况等方面）、教学发展质量报告等，以此实现从不同方面对教师教学能力发展效果进行评价。

（三）特色与创新

第一，基于学校全面质量管理的视角明确教师教学能力的内涵与持续发展的重要性。实现毕业生凭借自身具备的职业行动能力在劳动力市场中找到适合自己的职业岗位，并胜任其承担的工作任务是作为学习型组织的DHBW追求的核心质量目标之一。为确保这一质量目标的达成，《质量管理手册》基于学校整体质量管理的视角，不仅对各级别教师的能力要求进行了说明，而且对教学中信息技术工具使用情况、课程教学评估、考试评价制度、教学评估质量报告等内容进行了明确规定。同时，《质量管理手册》对教学不同方面的质量管理要求也为《DHBW教学手册》研制与实施提供了指导。

第二，主张以学生为中心的理念贯穿教学设计、实施与评价全环节。当前教学的重点已由关注知识传授转向促进学生的学习，从而促使教学发展主题实现从教到学的转变。教学的归宿在于通过课程教学实现学生的知识获得和能力培养。对教师而言，需要明确"数字化背景下未来毕业生能够做什么"这一核心问题，教师能力发展的重点在于基于数字媒体技术与设备在教学环节的创新应用，具备能够教授、支持学生获得这些能力的能力。因此，

---

① DHBW. Qualitätshandbuch QUALITÄTSHANDBUCH DER DHBW [EB/OL]. [2022-03-15]. https://www.dhbw.de/fileadmin/user_upload/Qualitaetshandbuch_20.12.21.pdf.

在教师教学能力的认知方面，立足于未来学生所应具备的知识和能力，并强调教师教学能力的维度是基于学生能力培养目标而界定的。同时，依据学生不同方面能力的培养特点，利用信息技术促使教学设计、教学方法、教学组织形式、教学评价方式得以优化与创新，并通过传统纸质测试、面试结合信息技术支持下的无纸化测试，确保考试内容和形式的适宜性。

第三，注重教师教学能力提升过程中理论内容的情境性和实践工具的实用性特点。一方面，《DHBW教学手册》中有关教师教学实践优化原则与具体操作流程的介绍，尤其是不同教学场景中各类数字媒体技术与设备选择及应用技巧，均是以理论层面的步骤讲解与教学中实际案例说明相结合的形式呈现，易于理解和参照；另一方面，《教学手册实用模板》为教师教学中各个实践环节的设计、实施与反思提供了框架模板。例如，在在线教学设计与实施模板中，一方面，教师基于教学内容分析在模板中将面授教学与在线教学的内容进行分类呈现；另一方面，通过模板中的自查表帮助教师确认自身在在线教学内容设计、工具与资源选择、在线教学方法确定等方面的准备情况。这也突显了《教学手册实用模板》的实用性特点。

第三节　特色项目实践

一、企业技术平台支持的教师教学能力提升的实践——优慕课在线教育案例

（一）背景

成立于2014年的优慕课在线教育科技（北京）有限责任公司是国家高新技术企业，其业务涉及数字化学习平台和教学管理系统的研究、设计、开发、应用、评价，为普通高校和职业院校提供教育教学信息化整体解决方案，为500余所院校信息化教学改革提供平台技术支持，助力教师数字化教学能力的持续提升。

（二）特色

基于职业教育教师教学能力标准的提升模式的特色主要体现在培训思路、培训目标、培训方式三个方面。

培训思路方面，将推动职业教育教师数字化教学能力提升与IT应用于教学相结合，将教师的IT理论知识学习与混合教学能力提升相结合。培训以职业教育教师数字化教学能力标准为依据，对职业教育教师数字化教学能力进行诊断分析，据此设计个性化的培训方案。

培训目标方面，旨在提升教师个体教学能力，并驱动教师团队建设。国务院颁布的《国家职业教育改革实施方案》（简称"职教20条"）提出，要"适应'互联网+职业教育'发展需求，运用现代信息技术改进教学方式方法"。①基于工作坊的职业教育教师教学能力提升培训，旨在提升职业教育教师的课程开发能力、课程教学能力、专业知识、行业能力、信息素养以及研究与发展能力。依据职业教育教师教学能力标准实施教师教学能力诊断，根据诊断结果制定分层分类的教师教学能力提升方案。通过经验分享会、专题研讨会、工作坊等多种方式形成信息时代教学探索的整体氛围，促进教师教学交流。通过将教师教学实施情况、学生满意度及学业成就等纳入教师绩效考核指标，促进教师将信息时代综合教学能力应用于实际教学，达到培训学习与教学实践多途径共同促进职业教育教师综合教学能力提升的目标。

培训方式方面，以"标准引领、基于现状、个性化设计"为特点的教师专业培训项目，促进教师信息化环境下有效的教学能力发展。（见图5-3-1）

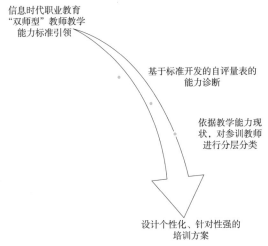

图5-3-1 "标准引领、基于现状、个性化设计"教师培训方式

---

① 国务院.国务院关于印发《国家职业教育改革实施方案》的通知[EB/OL].（2019-02-13）[2020-09-23]. http://www.gov.cn/zhengce/content/2019/02/13/content_5365341.htm.

根据信息时代职教教师教学能力构成维度与标准框架，设计与开发职业教育教师信息化教学能力评价指标体系、职业教育教师信息化教学能力评测量表，为职业院校教师信息化教学能力方面的诊断与评估实践提供标杆与工具。

根据对教师的测评反馈，对职教教师进行分类，针对不同教师的教学能力现状，设计面向信息时代职业教育教师的教学能力提升方案，系统提升职业院校教师的教学水平，为信息时代职业院校教师发展机制的完善和创新提供目标指引，并为职业院校混合教学改革实践深化与效果提升提供保障。将职业教育教师信息化教学能力标准化作为统领职业教育发展的突破口之一，完善职业教育体系，建立健全学校设置、师资队伍、教材、信息化建设等办学标准。

培训创新主要体现在培训方案的个性化设计层面与培训内容的系统规划层面。

优慕课公司基于多年来积累的理论和实践经验，设计了一套长期的、系统的、个性化的、可操作性强的教师培训方案。公司以参训教师为中心，设置职业院校培训负责人、培训专家、公司培训负责人等组成的协作服务团队，着力于教师个性化问题的梳理与分析，为合作职业院校和教师提供全方位定制服务，推动每位老师的能力提升。

公司基于信息时代职业教育教师教学能力标准框架，将职业教育模块化课程进行分层进阶设置，分为初学者到高级初学者，高级初学者到有能力者，有能力者到熟练者，熟练者到专家四个阶段，共56项子任务。

1. 初学者到高级初学者阶段

初学者到高级初学者阶段，以对课程开发、课程教学、专业知识、信息素养、研究与发展的初步了解为主要内容，通过"做中学"的方式，转变教师的教学理念，理解信息时代职业教育课程与教学的特点。本阶段主要与学校教师发展管理机构、校外教育服务机构合作对教师进行培训，包括4个模块。该阶段相关模块实施方式以专家专题讲座、优秀案例分享、实践练习、专家点评等形式为主，具体组织形式与时长安排见表5-3-1。根据教师教学能力诊断结果，从中挑选适合该教师的课程内容。

表 5-3-1　初学者到高级初学者阶段教师培训模块

模块名	主要内容	活动形式	时长安排 /h
1. 课程开发	职业教育岗位分析	专题讲座	1.5
	职业教育典型工作任务分析	专题讲座	1.5
	职业教育课程体系建设	专题讲座	1.5
	职业教育课程开发模式	专题讲座	1.5
	职业仓及其在教育中的应用	专题讲座	1.5
	设计项目式混合课程	工作坊研习	2
	建设项目式混合课程	工作坊研习	2
2. 课程教学	设计和优化教学设计单	工作坊研习	2
	混合教学设计实践	工作坊研习	2
	课程设计单要点串讲及案例分享	工作坊研习	2
	教学评价设计（课程考核评价设计、教学效果评价设计）	工作坊研习	1.5
	职业教育的产教融合与校企合作教学	经验分享	1.5
	职业院校多模式混合教学研究与实践	专题讲座	1.5
	院校混合教学实施能力构建的研究与实践	专题讲座	1.5
	在教学中运用参与式方法	工作坊研习	1.5
	混合教学模式与案例	经验分享	1.5
	混合教学的组织与实施	工作坊研习	1.5
	遇见更好的课堂——混合教学探索与实践	经验分享	1.5
	混合教学改革研究与实践	专题讲座	1.5
	职业院校混合教学系统化研究与实践	专题讲座	1.5
	数字化学习环境的研究与构建	专题讲座	1.5
	PBL（project-based learning 基于项目的学习）教学法的设计与实践	工作坊研习	1.5
	让课堂充满激情、智慧、欢乐——谈教学方法与教学艺术	经验分享	1.5
	在线教学平台支持下的课程过程性评价	工作坊研习	1.5
3. 信息素养	优秀案例分享学习	经验分享	1.5
	信息化教学理念引导	专题讲座	1.5
	互联网＋时代职业教育的比较优势	专题讲座	1.5
	使用视频录制软件设计与制作微视频	工作坊研习	2
	使用思维导图软件	工作坊研习	2
	PPT 课件优化技巧	工作坊研习	2

续表

模块名	主要内容	活动形式	时长安排 /h
3.信息素养	使用在线直播软件	工作坊研习	2
	使用在线教育综合平台	工作坊研习	2
	使用信息化评价工具	工作坊研习	2
	移动学习应用	工作坊研习	2
	教学资源制作	工作坊研习	2
	开放教育资源的获取与使用	工作坊研习	1.5
	信息技术应用于教学的伦理	专题讲座	1.5
	混合教学：从工具理性走向价值理性	专题讲座	1.5
4.研究与发展	设计基于网络教学平台的研究方案	工作坊研习	1.5
	调查问卷的编制与使用	工作坊研习	1.5
	处理教学研究中的定量数据	工作坊研习	1.5
	处理教学研究中的质性资料	工作坊研习	1.5
	教学研究基本方法	工作坊研习	1.5
	混合教学研究方法	工作坊研习	1.5
	教研论文撰写	工作坊研习	1.5
	论文发表注意事项	工作坊研习	1.5
	教师在线教研实用工具	工作坊研习	1.5
	教师信息化专业发展体系研究	专题讲座	1.5
	促进日常教学应用的教师混合教学能力提升模式探索	专题讲座	1.5
	新形态职业教育对教师提出的新挑战	专题讲座	1.5
	信息时代职业教育"双师型"教师教学能力标准研究	专题讲座	1.5
	全教会和职教20条——职业院校的质量提升	专题讲座	1.5
	职业道德教育	专题讲座	1.5

2. 高级初学者到有能力者阶段

教师在"高级初学者到有能力者"阶段将主要精力放在关注教学的准备与常规教学的实施，这一阶段的教师培训以在线答疑并通过交流答疑展开经验学习为主。因此，教师教学能力提升的相关内容主要在"初学者到高级初学者"阶段，在本阶段不安排固定的培训内容，主要由教师根据教学实施过程中产生的需求以及疑问，进行个性化的、一对一的在线答疑或者集中座谈。

3. 有能力者到熟练者阶段

在"有能力者到熟练者"阶段，由于前期已经积累了一轮或者一轮以上的职业教育教学改革经验，教师在自己的教学实践中对于课程开发、课程教学、信息素养、研究与发展也产生了更深层次的理解，因此，一些在教学改革方面具有一定心得的优秀教师会产生更高的自我价值实现的诉求。目前在国家、省、市、院校层面设置有不同级别的职业教育教师教学能力竞赛、说课比赛等，此外职业教育教师也有进行课题申报、教学成果申报的机会，处于该阶段的教师迫切需要将自己课程与教学改革实践中获得的经验、数据、反思等进行抽象并凝炼成"成果"，这属于一种蕴含问题的特殊工作任务，需要将理论与经验进行结合。处于本阶段的职业教育教师会对职业教育课程与教学理论、信息化教学理论、教育学基本理论等更有主动学习的动机。只有遇到一些"特殊事件"，如参加"教学技能大赛""青教赛""说课比赛""申报教学成果奖"等时，职业教育教师才会务实踏实地拿起教学理论方面的书籍，或者观看教学理论方面的学习视频，而常规教学与管理工作非常耗费精力，在进行此类工作时是无法兼顾到理论学习的。所以，处于这一阶段的教师以与实践关系密切的教学理论为主要培训内容。本阶段以职业教育课程与教学理论、信息化教学理论、系统化研究与发展为主要内容，是职业教育教师教学能力提升的关键环节，也是攻坚克难的阶段。本阶段旨在帮助教师走出舒适区，系统深入了解教学理论知识，在实施职业教育信息化教学过程中践行、反思、深化、创造，进一步向专家型教师过渡，相关模块的实施方式以专家专题讲座、优秀案例分享、工作坊研习为主，具体的组织形式与时长安排见表5-3-2。

表 5-3-2　有能力者到熟练者阶段教师培训模块

模块名称	主要内容	活动形式	时长安排 /h
1. 课程开发	职业教育岗位分析的相关理论	专题讲座	1.5
	职业教育课程开发理论（DACUM课程开发方法等）	专题讲座	1.5
	课程开发领域的资格研究	专题讲座	1.5
	典型工作任务分析的相关理论	专题讲座	1.5
	职业教育课程体系建设的相关理论	专题讲座	1.5
	职业教育项目课程开发的相关理论	专题讲座	1.5
2. 课程教学	混合教学理念与目标、混合教学原理	专题讲座	1.5
	布鲁姆目标分类理论	专题讲座	1.5
	教学中的支架思想	专题讲座	1.5
	开放教育资源理念与发展	专题讲座	1.5

续表

模块名称	主要内容	活动形式	时长安排 /h
2. 课程教学	教学模式理论学习	专题讲座	1.5
	行动导向教学理论	专题讲座	1.5
	教学评价理论	专题讲座	1.5
	课程评价理论	专题讲座	1.5
3. 信息素养	借助信息技术解决教学难题的意识与态度	专题讲座	1.5
	信息化教学理论	专题讲座	1.5
	混合教学理论	专题讲座	1.5
	在线教育理论	专题讲座	1.5
	媒体学习理论	专题讲座	1.5
4. 研究与发展	课题的选择与申报	工作坊研习	2
	教学研究成果奖申报	工作坊研习	2
	将教师发展理论与自我专业发展经验融合	经验分享	2
	获奖课程介绍	经验分享	2
	职业院校教师教学能力比赛经验交流	经验分享	2
	结合理论与经验进行职业道德教育	经验分享	2

本阶段的教师学习可以结合内部教师自主学习方式和外部培训方式灵活布置。教师自主学习既可以基于网络课程资源进行，也可以借助教师知识库进行自适应学习。外部培训则是基于教师教学能力现状，安排有针对性的理论学习，并且要密切结合教师本人的工作实际制订培训方案与计划。

4. 熟练者到专家阶段

处于"熟练者到专家"阶段的教师，其自身已经完成前面三个阶段的主要任务，获得一定的职业教育课程与教学改革经验，以及相当数量的教学成果与科研成果，得到相关领域同行的高度认可。无论是在哪个维度做得非常出色，都可以成为该领域的"准专家"，从熟练者迈入专家阶段。本阶段的教师，不再拘泥于小范围的个案研究，而是通过不断的学习与交流获得更多的信息，建构自己的职业教育教学理论体系，尤其需要可复制、可迁移，专家型教师所在院校需要为这部分教师提供平台并主动创造机会，引导其发挥辐射作用，增强教师团队建设。

（三）成效与影响

培训前教师认为，以往培训在培训形式上存在以下问题：①针对性弱；②只关注线上培训时长，未关注培训质量；③所学内容缺乏后续应用，遗忘速度较快；④培训内容无法与实践教学结合；⑤时间紧、信息量大；⑥理论与实践脱离，所学不能落地；⑦不够深入；⑧授课专家划水，没有干货；⑨培训不能保持延续性，培训后未和教师保持交流；⑩培训没有重点；⑪没有具体培训目标；⑫讲授教学改革方法的培训课程还是运用老方法教学；⑬不能互动。

对于培训需求，参训教师非常踊跃，基本全部作了回复，主要包括：课程开发维度，如：①混合课程设计；②教材开发（如活页式教材）。信息素养维度，如：①网络课程建设；②企业实践；③思维导图制作；④软件应用；⑤信息技术应用；⑥动画、小游戏等教学资源的制作技术；⑦PPT优化；⑧网页制作。课程教学维度，如：①教学评价的设计；②混合教学模式；③教学方法与策略；④课程思政；⑤新颖的教学活动案例；⑥通过具体的教法实践指导，通过交流达到目的，不是作报告。行业能力维度，如：企业技能培训。研究与发展维度，如：①研究方法软件培训；②职教政策解读。

基于信息时代职业教育教师教学能力标准框架公司对职业院校教师教学能力现状进行分析，针对该院校培训参训教师情况，分成一班和二班。

通过后测试题与满意度问卷对培训的成效进行测量。后测由5道单选题和9道简答题构成，与前测试题考点相似但考题不同，主要对培训的四个主题内容进行考察，共100分。同样由前测两名阅卷教师共同制定评分标准，打分，计算得分率。发现参训教师仍在信息素养维度体现出最佳能力，课程开发能力仍相对落后。通过培训满意度调查问卷调查了教师对培训整体印象和对各维度课程及相关细节的满意度以及建议和意见，问卷包括里克特五点量表和开放式提问。发现所有参训教师（共34人）都完成了问卷，有效率100%，Cronbach系数为0.791，信度较好。总体满意度和各维度满意度均较高，非常满意均超过50%。

（四）经验与启示

公司与院校的合作有利于组成专业化的培训团队，支持教师教学能力提升和教学实践的持续开展。基于信息时代职业教育教师教学能力标准的提升模式能够满足职业教育教师培训的需求。鉴于培训对象的特征，结合对教师培训需求的分析，参考前后测试题、满意度问卷等，在培训实施过程中不断发现问题、解决问题，最终形成效果良好的培训方案，可以在今后培训中进行应用。

在未来基于职业教育教师教学能力标准的提升模式应用方面，目前培训只覆盖课程开发、课程教学、信息素养、研究与发展四个要素，暂时无法对专业知识与行业能力进行培训。目前培训内容偏重通用信息技术教学技能，未来应增加与具体专业深度融合的内容，从而可以为院校进行教师教学能力评价与发展提供可借鉴的工具，也可为教师进行自主学习、参加教师发展项目提供可参考的依据。

二、基于名师资源创建教师网络研修课程实践[1]

如何应用线上线下相结合的混合教学理念，将一线教师的成功教学经验转化为更大范围的教师教学能力发展课程，一直是远程教育机构面临的一项重要任务。北京开放大学项目团队于2011年至2015年期间与北京市著名特级教师吴正宪领衔的小学数学教师工作站合作，聚焦教学实践能力提升目标，综合利用专家讲授、专业阅读、在线交流、岗位实践、专题作业及教学案例分享等形式，先后组织了8期混合课程，共有8000余名教师从为期3个月的专业学习中获得了高质量服务。该项目借助混合教学理念与课程建构，为学员提供了参与线上线下相融合的丰富学习体验，在全面提升在职教师的教学能力水平方面探索出具有创新意义的成功经验，荣获北京市教委颁发的2016年度全市职业教育优秀成果二等奖。

（一）探索过程

怎样把一个以面对面教学活动为主要形式、高质量的教师研修服务转化为一门覆盖面广、不受时空限制的、同样具有质量保障的网络研修课程呢？

首先，在分析吴正宪小学数学教师工作站线下实践优势基础上，结合网络学习特点，围绕教师教学能力培养目标制定混合教学制度。将吴正宪的儿童数学教育主要理念与教学策略和教育部2012年正式颁布实施的新课标及教师专业标准作为学习、研修与教学实践的主要内容。整个课程分为三个模块，学习期限3个月。依据本课程远程教育特点，创建了"北京市小学数学教师专业发展研修网"，全面提供学员和指导教师开展学习与交流

---

[1] 本案例根据以下文献编写：张铁道的"为广大基层教师专业成长创建网络课程：北京开放大学与吴正宪小学数学教师团队合作"；高勤丽、李兰瑛的"把一流的专业实践转化为在线研修课程：北京市小学数学教师远程培训项目实践"。载《北京广播电视大学学报》2014年第4期。

所需要的丰富资源、教学成果承载空间和技术支持服务。

其次，为了保证研修质量，精心规划了系列全员参加的面对面教学活动，包括：课程介绍和吴老师结合教师专业发展的专题报告等内容的"开学第一课"；每个模块学习结束进行一次在线视频答疑交流；整个课程结束时进行结业总结。此外，导学教师还每月一次深入实地参加基层教师的研修活动。从吴正宪团队中选拔优秀教师担任"导学教师"，每位导学教师负责 30 位基层学员的辅导答疑、作业评价和实践指导。平时，他们在网络学习平台上以小组方式交流互动，在导学教师引导下进行主题讨论，分享各自的学习心得。此外，项目团队还引入作业制度，每完成一个模块学习，都有相应的专题作业要求，最后以学员的教学实践案例作为评估标准。来自学员的精彩发帖或作业还被及时上传到网络平台供大家分享。学习期满，由北京开放大学、北京市教委人事处和吴正宪小学数学教师工作站共同颁发课程结业证书，并计入学员所在区县教育管理部门继续教育学分。

再次，为了在不断扩大学员规模情况下保持一支优秀的导学教师队伍，项目团队研制开发了导学教师工作手册，举办导学教师专题培训；注意吸纳学员中涌现出来的骨干教师加入导学教师队伍（事实证明，承担导学任务对于骨干教师而言也是进一步提升自身专业能力的手段）。此外，项目团队还积极应用移动通信技术建立了"导学教师微信群"，以促进导学教师之间的经验分享和信息沟通。

最后，项目团队将首都基础教育名师资源和专业实践转化为在线研修课程。学习者通过登录课程网络平台，学习课程资源，与同伴和导学教师互动，分享经验、交流心得、上传作业、沉淀资源。同时，采用专业阅读、专题报告、主题研讨、课例研磨、小组研修、现场活动（听课、评课）、作业和实践性学习等多种方式，构建体验式、交互式、合作式学习环境，以促进学习者进行深刻的学习体验。在学习过程中，由吴正宪老师带领的导学团队为学员提供了专业的指导，组织学员参加小组研修和现场教研活动，通过视频会议系统和学习平台进行实时和非实时的咨询答疑和互动交流。北京开放大学的教学管理和专业技术团队为研修学员提供了全程的混合学习支持服务。

通过持续 5 年的实践探索和不断完善，项目形成了基于名师资源和网络平台开展教师混合研修新模式。通过技术与教育的深度融合，形成了学员参与课程建构的资源累积式课程开发和建设机制，把散落的教师个体零星的心得体会和实践经验汇聚成群体共同享有的专业知识资源，为参加学习的教师专业成长提供了专业化、高质量的研修服务。这一模式具有以下突出特点：

1. 聚焦一流的专业实践和优质资源

本课程本着"回应对象需求、巧在全程设计、重在实践研修、贵在资源建设、成在后续跟进"的原则，聚焦吴正宪老师及其教学团队的专业实践和优质资源，将他们的教育理念、教学策略、课程教学实践及其团队研修的经验和资源通过系统地设计和平台的支持转化为广大一线教师可以共同分享的教育资源，把一流的专业实践转化为"好吃又有营养"的小学数学教师在线研修课程，帮助一线教师分享知识经验，促进专业成长，促使其成为具有"高专业品格、高专业技能、高合作精神"的优秀教师。

"吴正宪儿童数学教育"提出的"好吃又有营养"的数学学习理念，确立了儿童数学教育观、教学成效评价观、课堂教学观以及课堂教学策略。它是"好吃"又有"营养"的数学教育；是注重呵护童年生态，培养孩子可持续发展能力，孩子爱学、乐学的数学教育；是充满人文精神的数学教育，数学课堂中洋溢着尊重、平等、信任、自然、真实、和谐的氛围。吴老师由一名普通教师成长为儿童数学教育家的过程中所积累的成长资源，她在教学中所形成的专业资源，她的儿童数学教育思想、策略、方法，以及她带领教师团队创建的儿童喜爱的数学课堂，提出的八种特色课堂、十种教学策略、优秀的课堂教学案例，在全国其他省市不断延伸的推广实践，都成为网络课程的宝贵资源。

同时，基于一流专业实践的课程设计，引导参学教师直接向名师学习，深入理解名师的专业发展路径和成长经验以及名师在教学理念、教学方法、课堂教学技艺等方面的创新实践经验。并通过课例研磨、课堂实践，实现从模仿到内化、从传承到升华的转变，深化对教育的理解，提高教学设计、课堂教学技艺和开展教研活动的专业实践能力。基于网络的在线研修模式，帮助学员学习并体验新的研修方式和团队研修策略，了解和体会团队学习的教育价值。在学员中组建的网络研修小组促进了他们之间的有效交流与分享。网络研修提升了学习者的信息素养，帮助他们与信息社会建立起良性互动和沟通的机制，学会利用优质资源和学习共同体，促进自身的专业发展。

2. 基于真实问题设计研修内容和进行主题研讨

课程以名师团队的专业实践作为研修资源，研修内容基于真实的小学数学教学实践和学习者的实际需求，并与学习者的教学经验密切相关。本课程设计的研修主题既是每一位教师都熟悉、都要在现实教学中面对的，又是每一位教师都有很多职业体验和"有话可说、有话要说"的实践问题，还是一个大家都希望能有所突破、有所提升、有所创新的领域。课程研修内容聚焦小学数学教学领域内的核心理论（知识）或关键技能。比如对新课标中关键问题和核心概念的解读，就是由吴老师团队的优秀教师通过自身的课例来进行的，如解读新课标中数与代数、统计与概率、图形与几何、综合与实践四大领域中的关键问题和核心概念。将枯燥的概念用案例的形式进行形象的讲解，让学习者对一些概念的认识逐渐清晰，如数学建模、数学思想在建模过程中的呈现，算理与算法的联系及在课堂教学中的处理等。这些问题、概念都是小学数学教学领域里具有中心作用或核心意义的内容，既能与学科领域里的其他知识建立多种联系，也能与学习者的经验建立多种联系，能够直接应用于学习者的教育教学工作。

基于真实教学情景的名师教学案例和教学体验，让参训教师学习、体会到了具有丰富教学经验的名师对小学数学教育、对儿童、对新课标、对课程的理解，观摩了他们在真实课堂中展示的教学策略与教学方法。促使其围绕真实的情景进行有意识、有目的的反思、对比，从中内省和获得感悟，从而形成对所学内容的深度理解，更好地应用、迁移、触类旁通，将所学内容运用到自己的工作实际中。同时，基于真实的教学问题，设计了让参与者有话可说的问题链，让所有的老师可以分享各自遇到的问题和他们解决问题的方案、故事与体验。让一线教师在深刻的专业思考中获得专业发展。

3. 有支持的混合式研修模式和清晰的研修环节

房山区教研员高冬梅老师担任本课程导学教师。她提出了如何做一个享受职业幸福的数学老师的问题，有将近 30 位老师回帖，跟她进行互动交流，讨论的话题已经从数学教学深入到了数学教育的一些本质问题，强调作为教师要有大课程观、大教育观。大家讨论了要从教育角度去重新审视数学教师工作的价值，进而讨论了课程改革到了今天，到底应该关注的是什么，课堂教学到底有了哪些变化，为什么提出从数学教学走向数学教育等问题。

课程通过名师引领和名师专业成长的示范，通过基于真实教学、真实问题设计的研修内容和研修主题，唤起了老师们的深入思考和职业热情。基于具体问题情境的教学案例满足了老师们解决具体问题的研修诉求，使他们可以调动自己的个体经验参与研修的互动和分享，使老师们边学习、边实践、边改进，促进了教学行为的转变和执教能力的提升，并最终促进了研修学员在专业知识、专业技能和职业境界三个方面的提升和发展，在一定程度上达到了研修的预期目标。

项目团队努力通过精心规划的网络学习平台，把最优质的专业实践和教育资源提供给参学老师，并创建了快捷、方便、不受时空局限的互动交流空间。在网络研修小组中，不光是导学教师回答学员提出的问题，更多的是参学老师同伴分享。他们分享基于自身教学实践遇到的问题和解决问题的方案、教学案例故事及心得体会。这些都是在研修过程中即时生成的有价值的研修资源，大家互相学习、互相分享，形成了人人为师、人人皆学的网络研修环境。课例的研磨，同伴的分享，实践性的作业以及研修之后对自身教学的改进、反思和实践，形成了一种对教学行为的干预。这样一套混合式研修模式，突显了在线课程的独特价值。

网络研修强调学习者的自主性，强调通过网络连接的多种形式的自发的互动交流。但是这种自主和自发，必须有清晰的研修环节和教学设计、教学组织以及过程管理与监控来实现和保障。为此目的，本项目设计了清晰的研修环节，使研修任务一环一环地得到落实。同时，课程形成了一套专业化的教学流程和支持服务机制。这里既有优质的模块化的学习资源的设计，还有专业的技术支持、在线导学服务、教学组织和管理、同伴交流和互助、线下的主题实践活动、实践性的作业等。通过优质资源整合与跨部门的合作，为学习者提供了有支持的自主研修的机制。

项目团队精心设计并组织好研修课程"开学第一课"。通过现场和视频会议的形式，组织研修学员参加开学第一课，吴正宪老师亲自与学员见面，项目组介绍课程性质和研修模块，让学员了解课程特点、主要内容和研修安排，与导学教师亲密接触，确定自己的研修目标，并制订研修计划。同时，向学员介绍网络平台的常用功能，帮助学习者掌握网络研修的基本技能。开学第一课成为网络研修的一个有意义的仪式，通过这个仪式唤起和培养了学习者明确的研修意识，激发其学习动力，使其把研修纳入自己的日常生活和学习计划，并且了解了相应的规则、任务和要求，为其进入研修奠定了一个良好的基础。

在线研修环节，学习者可以随时随地登录课程平台进行学习，按照研修计划规定的时段，完成相应的研修模块。学习形式包括观看视频课件，阅读在线材料，参与小组讨论，参加专家集中的视频答疑，完成并提交作业。学习者在课程分组讨论区中参加主题讨论，分享实践经验，在专题讨论中发出有质量的帖子，与导学教师和学习同伴进行实时和非实时的交流。导学教师担任版主，组织讨论交流。学习者还可以到其他学习小组讨论区中分享、学习。课程根据专题模块学习进度先后安排3次专家视频答疑，吴正宪老师及其团队成员通过双向视频会议系统与学员进行实时答疑和互动交流。专家视频答疑集中解决学习者在每一模块研修中的问题，特别是研修学员在自己教学实践中遇到的新问题。每一次视频答疑由于问题、专家的分析解答和经验分享与老师们的实际教学密切相关，都能激起学习者的高度共鸣和学习热情，激发更多的问题讨论和经验分享。

配合线上研修和模块学习，本课程设计了极富特色的线下主题教研活动。由导学教师到本组学员所在区县开展现场教研活动，包括主题交流、说课、评课、课例研磨、同课异构等。导学教师每学期不论多忙，都要深入到所负责的区县，跟学员们在一起上课、听课、评课、研讨。比如房山区先后在良乡三小、房山二小、良乡三小开展了关于图形的测量、解决问题、复习与整理等同课异构的主题研修活动。两位老师同上一节课，上课的思路与风格完全不同，一位来自房山学员，一位来自导学教师团队中的骨干教师。"同课异构"的研修活动引导老师们进行了深入的思考，听课后学员们进行热烈的分组讨论，各组还展示了研讨收获，导学老师针对主题进行精彩点评，研讨气氛十分热烈。这样的线下活动深化了在线研修的学习成效，学员的现场教学形态、导学教师的近距离指导都使研修真正贴近了现实的教学，以真实的形态呈现给学习者。

为了促进学习者在实践中获得专业能力的成长和执教能力的提升，本项目特别关注基于教师工作场所的实践和作业设计。要求教师结合网络研修模块，完成基于实践的教学设计和教学叙事作业，将研修内容应用于自身的课堂教学实践，进行反思、提炼和总结，并在此基础上完成相应作业。

（二）不断完善的研修平台与在线导学和学习支持

本项目依托的网络研修平台为北京开放大学自主开发的学习平台。平台在每一期的网络研修中根据需求不断调整、完善，也经历了一个逐步优化的过程。特别是2014年，在前期网络课程和学习平台研发的基础上，系统梳理了课程研修的流程和项目实施的经验，对平台功能做了较大的优化和完善。加强了网络研修的互动和资源生成管理，进一步完善了研修过程管理和监控。升级了课程系统，建立了个人学习空间互动系统，实现了磨课、感想、交流、分享等互动功能。增加了移动学习系统，将先进的无线分享手段结合到系统中，并和系统紧密绑定，实现随时随地学习的目标，提高了研修的方便性、灵活性。开发了平台教学工具系统、平台优秀资源推介系统，增强了平台的服务性和附加值。目前，研修平台的主要栏目包括四大板块：①"教育资讯"，包含了国内外关于数学教育改革相关资讯，吴正宪小学数学工作站的重要活动和信息；②"教学研究"，包括数学文化、教育前沿、教材分析、学习资源等相关内容；③"课程中心"，是研修平台的主体部分，是研修学员需要实名注册登录的课程和个人学习空间；④"交流平台"，是学习者网络研修的小组互动空间，学习者在这里互动交流，还可以分享精华帖。学习者登录以后，可以根据自己的需求在全列表的研修课程中选择、定制自己更感兴趣的课程。登录课程后，可以进入学习行为统计、个人学习进度、学习笔记、我的小组、作业提交等栏目。

为了达到良好的网络研修的效果，加强对学员在线研修的指导，本课程建立了在线导学的机制。"吴正宪小学数学工作站"团队骨干教师全程为学员提供导学服务。项目根据学员所教年级、所在学校和区域等情况对参训学员进行了分组，按照1∶20～1∶25的师生比为每一个研修小组配置了导学教师。导学教师负责本组的研修工作，包括：帮助学习者理解学习内容及其与学习目标之间的关系，提供有关学科内容的学习指导，组织小组网上学习，提供咨询答疑，启发和引导学员交流，回应学员的疑难问题，组织现场教学活动，对学员提交的作业进行及时有效的反馈，对学员的研修成绩进行评定，对学员后续实践进行指导，等等。在第六期课程研修中，导学教师李嘉指导的小组共发帖1201个，成为讨论最热烈、发帖最多的小组。各研修小组的交流讨论区成为老师们研讨问题、分享经验的重要平台，导学教师和学习同伴成为学习过程中重要的研修资源，形成了人人为师、人人皆学的互动研修机制，大家互为培训资源，成为网络研修共同体。

经过5年的实践，本项目培养了一支由80位优秀教师组成的导学队伍。令人欣慰的是，有些优秀学员经过自己的努力，也成为辅助研修的导学教师。在每一期的研修中，项目都通过多种形式对导学教师进行培训，帮助他们适应网络研修的特点，学习网络导学的技能。在这个过程中，导学教师也在不断成长。

除了在线导学，项目组还为学员研修提供细致的学习支持服务。包括研修咨询服务、教学活动组织、短信服务、导学教师微信群的维护和管理、生成性的课程资源梳理和发布、学习情况监测和统计分析等全程的学习支持服务。在研修过程中短信平台发挥了即时沟通的作用，为学员、导学教师、项目组的各个团队提供及时的信息沟通和温馨提醒。为了帮助学员和导学教师方便地了解课程内容和相关信息，项目编制了《学生手册》和《导学教师手册》。在研修进程中，技术人员会定期对在线学习情况进行统计分析，并反馈给导学教师和有关人员。对生成性的学习资源进行收集整理，发布在网络平台上供老师们随时参看。将老师们特别关注的问题编制成电子期刊，提供网络和移动版本的阅读服务。基于网络平台建立的学习监控系统、数据统计系统，对学员研修和教师导学进行全程监控，导学教师及学员的评价等都可通过平台直观地在网站上展示。同时，系统还能对学员和导学老师进行各种数据收集进而作出完善的数据分析，通过系统跟踪每个人的学习情况，最终得到的报表会对整个项目提供强有力的数据分析依据。

（三）项目成效

上述实践显示该项网络研修课程取得了显著成效。主要体现在示范引领老师们一起做启迪学生智慧的课堂实践，并借此提升老师们的教学能力水平。他们的职业状态发生了变化，从被动到享受职业乐趣，学习不再是别人的强迫；工作方式从关注实践到开始勇于研究；思维方式的变化更多的是从关注现象到把握本质；培训方式的变化是从个人发展到共同成长，同伴研修催生了共同发展的模式；工作习惯发生了变化。此外，老师们在互动研修中增强了职业情谊。在这个研修团队里，导学教师、学员可以共同研究问题，分享有价值的资源和经验。

对于项目实施单位北京开放大学来说，上述经验对于学校将课程开发和实施作为整合社会急需和学科、行业最优资源供求关系的实践过程，探索在开放大学将一流的专业实践资源转化为在线学习课程，建构促进特定职业群体专业发展的课程途径，建构高效能的、能够带来职业满足感和幸福感的职业发展课程，提供了十分有价值的实践模式。

回顾5年来利用优质教育资源和网络优势开发网络教师研修课程的实践探索过程,项目团队深刻体会到:聚焦教师教学能力提升的目标,以优秀教师的成功教育经验及先进理念为学习资源,集合教学、技术优势建构有目标、有支持、有成就体验的课程规划和实施机制,在市区教育行政部门及学校支持下,扎实做好每一个环节的服务,是本项网络研修课程成功并得以持续改进的根本要素;而参学教师能否获得高质量的学习体验以及他们教学实践能力的提高则是评价项目成效的根本标准。

三、众筹社会专业资源提升农村幼儿教师教学能力实践案例[①]

(一)背景

北京开放大学项目团队于2015年在北京市教委支持下,为提高幼儿园新入职教师的教学能力,充分利用网络教学优势,以幼儿园新入职教师保育教育实践能力培养为核心,建设线上与现场相结合的混合研修课程(见图5-3-2)。

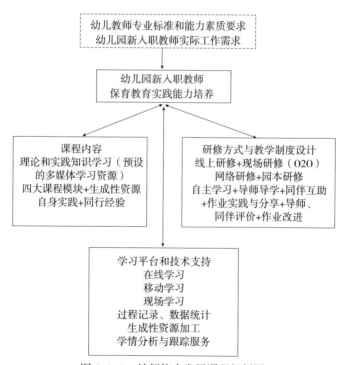

图5-3-2 教师能力发展课程规划图

---

① 本案例根据高勤丽、张晓、张铁道提供的项目报告整理。

网络课程规划秉持以教学能力培养为核心的课程研发和教学制度设计，聚焦学习者的真实需求，以幼儿园新入职教师的保育教育实践能力培养为主线，突出基于真实工作场景的案例研修和问题解决，以达到促进对象群体能力提高的目的。

1. 注重学习者能力培养的课程设计

幼儿园新入职教师由于缺乏教学经验和实践能力，在真实的工作场景中面临各种问题和困惑。项目首先要解决的是新入职教师对幼儿园教师职业角色的认知和保育教育实践能力的培养。根据现状调研，项目组确定了需培养的八项基本能力，具体包括：观察了解幼儿的能力；与幼儿沟通交往的能力；建立与培养幼儿常规的能力；课程设计和实施能力；环境创设能力；评价反思能力；家园共育能力；专业学习与实践能力。同时，为深入了解幼儿园新入职教师的实际需求，项目团队在研修课程启动前、启动时通过微信问卷调查、现场访谈等形式进行需求调研。调查显示，新教师们期待的研修内容为：与家长有效沟通合作及家园共育；观察了解幼儿和有效沟通；个别幼儿引导；班级管理与一日生活常规；教育活动设计和实施。期待的研修方式为：现场活动观摩或观看活动视频；专家答疑、指导、点评；小组研讨交流与分享；结合所学进行专业实践并分享实践案例。期待达成的研修目标为：解决工作中的困惑；解决实践中的具体问题；所学能用到工作中；尽快适应岗位工作；获得胜任教学所需要的基本专业能力。

研修课程设置了四个模块。模块一：幼儿教师职业与专业发展需求（深入理解幼儿教育的国家政策、标准，发现自身职业、专业发展的问题和需求，找到职业发展和专业成长的方法和路径）；模块二：著名教育家陈鹤琴教育思想与实践（学习本土理论，践行"活教育"思想，走科学化的中国幼儿教育道路）；模块三：幼儿教师半日活动案例（观摩学习幼儿园新入职教师、优秀教师半日活动案例的文本和视频资源，全程、全方位、多角度地亲身体验真实的幼儿园工作场景下的、常态的教师半日活动各环节内容的计划、实施、评价与反思，以及在各个环节中体现的教师与幼儿沟通、教育活动的设计和实施、区域游戏指导、户外活动的设计和实施、常规的培养、对幼儿的引导、与家长沟通等方面的策略与方法）；模块四：实践改进与反思总结（在实践中反思、改进，并撰写案例故事）。通过四大模块完成系统学习，实现学习者对幼儿园教师专业标准和专业能力的整体认知与专业实践。

2. 基于真实、常态"工作场景"的视频案例课程开发

幼儿园新入职教师缺乏工作经验，缺乏对复杂现实活动情境的真实把握，不知道如何把所学的教育理论和方法应用于具体的教育场景。因此，项目团队尝试开展了基于真实的、常态的"工作场景"的视频案例课程开发，以幼儿园新入职教师工作中面临的问题为线索，基于新入职教师面临的困惑和难题，设计、开发以实践为导向的基于新入职教师"工作场景"的视频案例课程。把幼儿园新入职教师、优秀教师的半日活动（包括接待幼儿来园、进餐、区域活动、教育活动、户外活动、生活活动、过渡环节等）拍摄制作成人物化、场景化的视频情境微课程，让新入职教师通过观摩自己的同伴、富有经验的优秀教师在真实的半日活动案例中呈现的教育情境，发现教师在其中所运用的教育策略、教育方法，体认教师的儿童观、课程观、教育观，同时探寻幼儿教育的基本规律，渗透幼儿教育基本理论的学习。帮助新教师从同伴的案例中深度地认识自己，学习众多优秀教师的案例，通过个人反思、同伴互动、专业导学、迁移应用，促进自身的专业成长。具体学习内容涉及18个专题、251个视频资源，为学习者全面了解自身职业发展，提升保育和教育实践能力提供了鲜活的资源。

（二）教学方式

项目以能力发展为主线，创设了模块化课程、双导师制、O2O学习、作业和实践等基本的教学制度保障，形成了线上+现场的混合式教师研修课程（见图5-3-3）。

基于网络平台的线上学习主要完成的是课程模块的系统化学习、作业、小组主题研讨、评价和考核。在教学组织上，以网络研修小组为单位组织同伴研修（每个网络研修小组5~6人），为每个研修小组配置了项目导学教师和本园导学教师，形成双导师制，为学习者提供持续的指导、分享、陪伴和支持。基于学习平台的在线研修，基于微信群的移动研修，基于现场的专题研修，以及基于工作场景的实践改进，构建了线上+现场、网络研修+园本研修的O2O研修模式。同时，项目团队采取实践性的作业设计，帮助学员在实际教学和实际问题的解决中达到实践改进、反思总结、内化成长的目标。

1. 在线研修

在线研修是课程学习的主要方式，学习者主要借助学习平台提供的视频课件、文本材料、推荐专著等开展自主学习，并在每个模块学习结束后

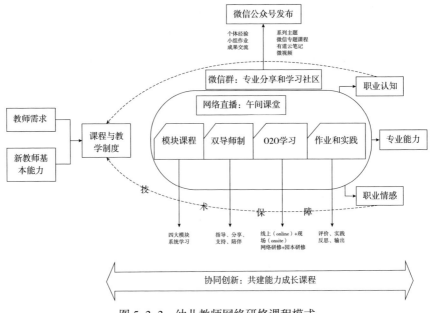

图 5-3-3　幼儿教师网络研修课程模式

完成相应作业。来自同行教师的教学实录视频特别受到学习者欢迎。线上学习采用双导师制，按照1∶6的师生比配置本园导学教师，1∶30的比例配置课程导学教师。

　　项目还依托学员微信群和微信公众号开展了移动学习。组织者根据学员的需求，针对新教师在工作中遇到的具体问题，组织在该领域中具有丰富实践经验的导学教师和教育专家，在微信群进行语音专题答疑和专题分享，从而让新教师们能够最直接地学习行之有效的幼儿教育方法和策略，同时也深刻感受和体会导学教师和专家的儿童观、教育观以及她们对幼教事业的热爱。在四个课程模块学习中，共组织了18次微信空间语音分享，主题涉及教师专业发展、观察了解幼儿、与幼儿有效沟通交流、个别幼儿引导、幼儿良好习惯培养、家长工作、区域游戏指导、教育活动设计与实施、过渡环节、幼儿园语言教育、幼儿园科学教育、幼儿园音乐教育、幼儿园美术教育、幼儿园主题活动等。

　　在专题分享结束后，项目团队组织学习者围绕本专题学习的感受和收获、接下来的行动改进计划、自己的实践故事（成功的或失败的）、需要进一步得到指导的问题等四个方面展开个人反思、小组讨论并在群内分享。在微信专题语音分享和互动研修之后，为了把碎片化的语音资源系统化，项目组对资源进行了二次加工，以"语音+文本"的方式对这些生成性的资源进行系统化梳理加工，并投放到微信公众号上进行传播与分享。学员可以随时随地获得学习资源，实现网络移动一体化研修。

2. 现场研修

项目所实践的O2O教师网络研修课程，即在线学习（online leaning）、现场学习（onsite learning）。上述学习都十分注重集体研修和个体研修相结合。集体研修包括项目坚持的开班第一课、集中专题研修、课例观摩、线下小组讨论等多种形式的分享和交流。个体研修与实践主要是指学习者根据课程模块研修内容和实践性作业的要求，将研修内容应用于教学实践，基于工作场景开展反思、总结、实践、改进，通过个体学习和基于实践的问题解决过程，实现教学行为的改进和优化。此外，研修课程创设了一个多元互动的研修共同体。项目通过网络学习平台和微信平台建立了学习者与课程资源、学习同伴、导师、幼教专家的多元连接，形成了一个基于幼儿教育和幼儿园新教师专业发展的研修社群。项目组织了专家主题报告、线下教研活动、视频直播课堂、微信语音答疑、专家引导式主题讨论等研修活动，充分利用教、学双方的既有经验，组织互动交流，开展持续性的教学改进和实践总结，创设全员参与的问题解决式学习情境，借助多元互动和教学双方的互动性建构，不断生成有价值的学习内容。

通过上述专题性质互动研修生成了20个视频资源、包括微信语音答疑和专题分享生成的18个语音和文本资源，以及教学双方基于专题研讨生成的交互资源，各研修小组基于主题讨论和分享的个性化资源。项目组还及时将研修过程中生成的动态资源进行了系统化的梳理和加工，把碎片化的资源加工转化成系统化、结构化的互动构建主题资源，并借助研修平台和微信交流社区以及微信公众号进行传播。

课程借助专题模块、作业、互动研讨和不断生成的教学机制，形成了全员参与、互为资源、能者为师的研修机制和动态课程生成机制（见图5-3-4）。

3. 基于工作的实践改进

项目将课程当作学习者能力成长的脚手架，以实践任务驱动学习者"做中学"，在真实的教学情境中不断改进和提升自身的专业能力。研修课程以实践案例为主体，让学习者在观摩评议中进行学习，分析真实情境中

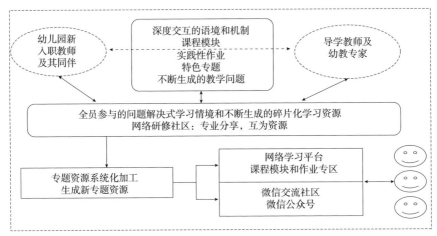

图 5-3-4 多元交互及动态课程生成机制

的教育方式、方法和具体策略，体悟教师的儿童观、教育观，并在各模块学习之后安排了 5 次实践性作业，要求并激励学习者"动手实践"，应用所学改进自身的教学。如课程第二模块，新教师们将陈鹤琴教育思想和实践案例迁移应用在自己的教学中，分享了很多应用陈鹤琴教育思想的案例故事；课程第三模块，学员们制订了半日活动计划，并以小组为单位拍摄制作了半日活动的教学视频，小组共同研究如何优化改进。新教师们借助多重方式获得了深刻的学习体验，通过基于工作场景的实践改进和反思总结，逐步积累了对于幼儿教育的实践经验。

4. 协同创新的学习支持服务

在网络研修过程中，项目组借助跨部门合作和协同创新的机制为学员提供了细致、全面的学习支持服务。

为了保障本课程的质量，项目组邀请了北京市早期教育专业人员参与了课程规划和课程设计，开发基于幼儿园真实工作场景的系列视频课程资源，提供示范教学和导学服务。项目组还委托专业技术公司合作提供本项目全程的技术支持与服务。此外，学习平台还采用时间轴、任务轴、事件轴的表现方式，将各课程模块的研修内容、时间节点、任务安排清晰地呈现出来并数据化，以方便各类用户清楚地了解自身的任务和进程。个人中心、笔记、课程评论、统计专区等技术化功能，为学员、导师提供更便捷、高效的学习支持，也以大数据方式将学习行为数据化、直观化，以方便学情分析、成效评价、教学改进和个性化、精准化服务。

（三）效果

在为期4个多月的课程研修中，共有422位学员完成了网络研修，获得了课程证书，研修完成率为98%。学习者对网络研修课程的总体满意率为98.7%，对课程内容和工作的相关度满意率为99%，对整个研修活动的规划和组织满意率为98.2%，对研修改进工作的适切性满意率为99%，对学习资源的满意率为100%，对网络平台和微信支持的小组讨论满意率为98.3%，对本园导学教师作业评价和反馈的满意率为100%，对在线服务和技术支持的满意率为100%。

（四）启示

回顾项目实施的过程，项目团队深刻感受到这样一个富有成效的混合研修课程及其实践模式所具有的创新意义，在于创建了一个基于混合课程学习的专业学习与实践社区（见图5-3-5）。

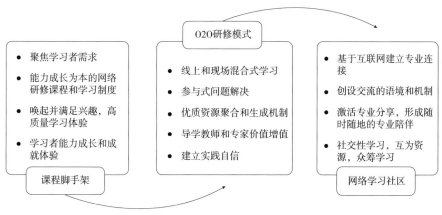

图5-3-5 基于混合课程学习的专业学习与实践社区

项目创设的系列课程模块和专题研修活动给大家带来了高质量的、被老师们誉为"暖心给力"的有成就感的学习体验；项目借助互联网的方式，覆盖了46所幼儿园，建立了新入职教师与学习同伴、导学教师、园长、幼教专家之间，以及所有参与者之间的紧密连接，形成了优质资源聚合和生成的机制；项目搭建的微信专业研修社区，成为教师们专题研讨、案例分享、问题解决和优质资源共享、思想交流碰撞的专业场域。

第四节　教师个体教学能力提升案例

一、乌鲁木齐市体育运动学校张雅茹老师实践案例

（一）背景

我是乌鲁木齐市体育运动学校健美操课程主讲教师张雅茹。谈到混合教学与个人教学能力成长，不得不说感触颇多，尤其对健美操课程混合教学改革与实践更是情谊深厚。

自2005年大学毕业进入学校承担健美操教学工作至今已经有17年的时间。记得初进健美操课堂，面对和我年龄差不多大小的学生，他们第一次学健美操，而我第一次教健美操，没有教学经验的我只能通过全力展示健美操基本功，一拍一拍地教学生模仿和练习我安排的内容，一节课下来，学生学会了两个八拍的组合动作。临近下课，看着同学们跟着音乐展示学习成果的样子和学习成功后热烈的掌声，还有那一张张红扑扑的纯真笑脸，我的心震撼了，那种初为人师的感觉令我至今难忘，也就是从那一刻起我爱上了教师这个岗位，有了深入探索健美操教学的念头。

初期，我对健美操教学的探索一直停留在提升个人专业知识和技能上。我想，只要自己把最扎实的健美操知识传授给学生就算是好的教学了。但随着时间的推移和不断的教学实践，课堂问题出现了，学生前学后忘，每一次课都要在复习前面的内容上花很多时间，对脑力、对体力都是一种挑战。随着学习任务的叠加，学生很快就失去了学习的热情，学习效果有降无升，甚至课堂中出现了旷课、迟到、消极参与等情况。

面对这样的教学困难，我迷茫了，感觉每一次上课都成了心理负担。毫不夸张地说，那个时候每次进教室前我的汗毛都是竖起来的。那个时候我无数次在问自己：为什么我精心准备的课却遇到这样的一批学生？深思过后，我开始把注意力转移到教学方法的改变上，尝试集中教学、分组练习、集中展示等各种教学方法后，同学们的学习积极性的确有了很大转变，课堂氛围也随之好转。但前学后忘、知识没有系统性、学生理论结合实践的学习能力太弱、学习效果好坏分化严重等问题仍然存在。如果再没有更

好的教学策略，不久后新老问题会同时出现，课堂还会陷入不良状态。这样的想法让我深刻意识到教学改革的重要性和迫在眉睫。

（二）培训与机遇

说来非常幸运，2014年夏，就在我不断地进行各种教学方法尝试再次遇到瓶颈的时候，学校邀请清华大学韩锡斌教授进校做了一次关于混合教学的专题讲座。通过这次培训我第一次接触到了混合教学理念与方法，了解到混合教学国内外发展的现状与趋势。当韩教授结合体育教学和体育生特点为我们讲解该如何实施混合教学的时候，我被深深吸引了，原来体育教学还可以线上线下结合进行，课堂还可以通过课前、课中和课后实现教学时空无限拓宽，学生的手机还可以当作学习工具，学生和老师还有不同的沟通方式，课程的基本知识还可以在线测评，教学设计要以学习者为中心……记得那一刻我的大脑里真的像亮了一盏灯。初遇混合教学的我如醍醐灌顶，深受启发，从此我教学能力提升的视野被打开，也是从那一刻起，在心里播下了一颗关于健美操混合教学改革的种子。

印象很深刻的还有一次，2014年年底学校决定实施混合教学改革，再次邀请韩锡斌教授团队入校进行了为期一周的混合教学设计、网络课程建设方面的专题培训。那一周是我突破自我局限，重塑教育理念的一周，很好奇也很辛苦，白天听讲座，晚上琢磨教学设计和网络课程构建，但一系列的混合教学专题培训让我甘之如饴。当我把经过几个通宵构建的健美操网络课程雏形和健美操课程混合教学设计展示给韩教授看的时候，内心是极不自信的，没想到韩教授却认真地给了我反馈意见，并对我做得好的地方表示了肯定，还请马小芳老师亲自指导我进行修改。通过这次培训，在韩锡斌教授和马小芳老师的鼓励与指导下，我开始了健美操网络课程的建设和健美操普修课混合教学的探索实施。

（三）尝试过程

2014—2015学年，我开始尝试进行混合教学课程设计和教学资源建设。在这之前，学校一直没有统一的健美操课程教材，更没有健美操课程标准，我也从未想过要去改变。但面临混合教学改革，首先就要清楚课程目标和要求，更得清楚哪些任务适合线上教学，哪些任务适合线下教学，如此课程标准的制订和专用教材的编制成了第一要务。

通过一个寒假的打磨，我对健美操课程进行了混合教学规划与设计，编制了"健美操普修课"课程标准，形成了健美操普修课网络课程架构。春季开学后，我一边进行混合教学实践探索一边进行资源建设，同时申报立项了市级课题"市体校健美操普修课校本教材编写研究"，借助课题团队与专家团队力量，形成了"健美操普修课"校本教材和"健美操普修课"网络课程，初步为推进健美操混合教学改革建立了线上、线下教学资源。

2015年9月，新一轮的"健美操普修课"混合教学改革实践伊始，我同时立项市级课题"市体校健美操普修课混合教学实践研究"，一边研究一边实践，最终凝练形成"线上自主学习测评，线下协作实践展示"的混合教学模式。把课堂分为课前、课中、课后，实施线上、线下结合教学。课前实施线上自主学习和测评，主要采取在线观摩学习和知识点检测，培养学生自主学习和探究学习的能力，实现学生直观初学发现教学疑难的目标。课中在80分钟的实际课堂中进行，实施线下协作实践体验练习和展示，培养学生协作能力、创新能力、展示能力等，实现解决疑难的目标。课后线上线下结合，主要采取在线检测、成果检测的方式，旨在帮助学生开展自主训练，巩固课堂学习成果，同时拓展学生学习能力和教师教研、教改能力的目标。深入开展混合教学后，健美操传统教学中存在的课堂问题迎刃而解，课堂教学效果明显好转，教学质量大幅提升。

2016年，在学校领导大力支持下，我撰写提交了"乌鲁木齐市体育运动学校'互联网+教学'——不同学科背景下的混合教学模式实践研究"项目，被教育部在线教育研究中心立项为重点课题，"基于互联网的乌鲁木齐市体育运动学校专业课混合教学模式初步实践项目"被教育部在线教育研究中心评为全国优秀项目奖，以上两项是该年度参审立项的中职学校仅有的。参加全国职业院校教师信息化教学能力大赛荣获课堂教学比赛三等奖，刷新了新疆历届此项比赛最好成绩。将"健美操普修课"混合教学实践转化为科研成果，形成"'互联网+教学'——健美操普修课混合教学模式改革与实践"典型教学案例，为学校全面推进混合教学改革与实践提供了有效案例。2017年，团队进一步优化教学研究成果，形成"创建数字校园 探索混合式体育教学新模式"典型案例，被教育部职成司评选为优秀典型案例，向全国职业院校推广。

2018年，学校作为全国中职学校唯一代表在中央电教馆召开的国家职业院校数字校园实验校总结及经验交流大会上作了"混合教学新模式"典型发言,"健美操普修课"混合课程在大会进行展示,课程建设成果吸引了疆内外多所兄弟院校来学校参观交流。

2019年,立项省级课题"'互联网+教学'——乌市体校专业课混合教学评价体系研究",通过教学评价体系改革有效促进了混合教学质量;我利用混合教学设计参加了2019年全国职业教育师生礼仪大赛,获得教师礼仪三等奖。

特殊的2020年,全国上下"停课不停学",我通过网络课程与直播教学出色地完成了教学任务,得到了学生们的诸多赞许,并提交了"延学不误学,停课不停教——乌鲁木齐市体育运动学校疫情防控期间积极开展线上教学"案例。

2021年,我们课程团队向国家体育总局提交了学校体教融合案例"深化体教融合 促进体校高质量发展",在体教结合方面取得的成果被国家体育总局评为全国运动学校的标杆,并将成果示范推广至同类学校和其他中等职业学校;向中央电教馆提交了"深化混合教学改革 促进体教融合高质量发展"典型案例。

2022年,"健美操混合教学课程"以新的身姿被立项为省级精品在线开放课程建设项目;我又一次成功立项中国教育技术协会"十四五"规划一般课题"以学习者为中心,开发创建'无围墙'健美操混合课程教学资源",为未来课程团队一起走向国家级精品在线开放课程奠定了基础。

(四)基本经验

回顾过去,是混合教学理念与实践促使我成为一名赢得学生喜爱的老师,也是混合教学改革的一次次尝试让我体验到了探索教学改革的成就感,更让我有了对自己未来规划的主动性。

回顾自己经历的变化,首先,体现在课堂中的角色发生了如下变化:我成了健美操课程的规划者和教学设计者,各种教学情境与目标和教学环节与考核标准清晰明了,不再茫然无助;其次,我成了课堂的组织者、欣赏者和评价者,成功地把关注度放在了教学环节与评价上,有效地促进了教学质量;最后,我成了学生的朋友,无论课前、课后还是实践操作的课中,同学们都期待我更多地给予关注、点评和指导,能得到更多学生的信任令我备感欣慰,对学生也有了更多了解,课堂设计也更具个性化。

另外,健美操课堂教学发生了质的改变。经过多年探索实践,健美操课实施"线上、线下"贯穿"课前、课中、课后"的混合教学,课堂氛围发生了明显的变化。学生上课出勤率、参与度、上课热情、师生互动频次明显升高;学生学习兴趣、学习能力、学习成绩、学习主动性都有所提升,课程满意度达86%;学生线上自主学习的能力、基本知识的系统性掌握程度、理论与实践结合的能力明显提升;学生团队意识、质量意识、审美意识不断增强。

混合教学理念与教学实践的探索让我确信,线上教学是线下教学最好的补充与拓展,不可过分强调线上教学而弱化线下教学,在职业教育中学生技能的形成以及学生情感、态度、价值观的培养离不开线下教学。在职业教育数字化转型期实施混合教学确实行之有效,但须强调混合教学中线下教学对学生情感价值观培养的重要性,才能培养出更多德高技强的社会主义建设者和接班人。

二、在参加技能大赛过程中增强教学能力

我是山东省莱芜职业技术学院教师孙燕。我们学院于2016年开展了"一师一优课"活动,鼓励教师用各种软件去制作微课视频,通过软件应用将抽象的知识点借助信息技术加以呈现。这样,微课视频便成为教材有力的补充学习资源。我有机会参加了学院举办的信息化教学大赛微课比赛系列专项培训,初步理解了什么是信息化教学设计,并有机会连续每年参加信息化教学大赛,从中受益匪浅。

在参加2017年山东省信息化大赛的备赛过程中,我学习了如何用信息技术去呈现教学内容,并尝试将融入视频动画资源的二维码放到操作模型上,让学生边操作实体模型边扫码观看资源,突破时间与空间的限制,取得了很好效果。从此,我开始不断实践探索提升自身信息化教学设计能力,包括资源设计、认知工具设计、学习情境设计、学习策略设计、评价设计等。

2018年,我通过层层选拔参加了2018年全国职业院校教学能力比赛,自院赛、省赛一直到国赛的整个过程中,不断学习先进教育思想及教学理论,钻研如何进行科学的信息化教学设计,如何创新教学方法,最终形成突出专业教学特色的混合教学模式,并荣获全国大赛一等奖。

2019年,我继续学习虚拟仿真教学理念,进行了虚拟仿真资源的深入

挖掘与教学实践应用。在此基础上，我参加了2020年全国职业院校教学能力比赛，用增强现实及人工智能技术去解决教学重难点问题，最终获得一等奖。

通过参加清华大学组织的专项培训，我对实践混合教学有了更清晰透彻的认识，那就是：首先转变教学理念，以程序教学原理以及建构主义学习理论为指导，注重课程内容重构以及知识点的逻辑关系；注重教师主导、学生主体，教师在教学过程中起到组织、指导、帮助以及促进作用；学生通过自主、协作、探究，充分发挥主动性、积极性以及创造性，从而有效达成教学目标。

通过三年多的混合教学理念与策略的实施，提升了学生学习积极性、主动性以及创造性，提升了学生高阶思维能力，同时使学生具备了家国情怀、勇于担当、敬佑生命、仁心仁术及精益求精的职业素养。我作为教师，也从中获得了前所未有的职业成就感。

三、从专科生到高职教师——在学习与实践中不断成长

（一）背景

我叫穆红霞，是山东省淄博师范高等专科学校的一名教师。学校始建于1951年，目前是山东省的一所以培养培训小学幼儿教师为主的师范学校。学校坚持"综合培养、学有专长、全程实践、注重能力"的人才培养模式，着力培养社会幼儿教育发展急需的应用型人才。

我于1997年7月毕业于胜利油田师范高等专科学校计算机科学专业。当年，淄博师范学校招聘计算机学科教师，我这样一名专科生凭借着山东省优秀毕业生的荣誉幸运地成为淄博师范学校一名教师。当时学校有微机专业班，我执教BASIC语言、汇编语言、计算机原理等计算机学科专业课程。2001年，学校创办了淄博外国语学校，我被安排到外国语学校管理学校的微机房，并执教初中各年级的"信息技术"课程。2004年，淄博师范学校升格为淄博师范高等专科学校。2006年，师专搬迁至新校址，我重回淄博师专入信息科学系，执教网络系统管理专业的计算机网络等专业课程。2007年，学校教务处进行教务信息化管理，因为专业优势，我又被调至学校教务处，负责研究教务系统的使用和学校教务信息化。

2010年9月，我到北京师范大学教育学部做访问学者，师从刘美凤老

师。2011年9月再次回归信息科学系，潜心做一线教师从事课程教学，到现在恰好十年有余。

（二）教师培养与学习经历

师者，传道授业解惑也。做传道者自己要先悟道，做授业者自己要先精业。从踏上讲台的那一刻起，我从未停止过学习的脚步。

1999年，我一边教学一边开始自学攻读山东大学计算机信息管理本科专业，并于2002年取得山东大学自学本科学历。2006年我考取山东大学高校教师计算机软件与理论专业硕士，在知识储备和专业素养上有了很大的提升。2010年9月至2011年7月，我在北京师范大学做访问学者，学习教育技术、教育绩效的理论并付诸实践。

2015年暑假，我在上海参加为期32天的"信息化教学技术及信息化课程开发"师资培训国培班，进一步充实自我，提升自己的专业和业务能力。2016年暑假，我又获得机会参加在清华大学举办的"混合教学与教师信息化教学能力提升"高级研修班，学习混合教学的理念、课程教学设计、资源制作方法等，学习"互联网+"时代的教学改革。2017年3月我参加"精品资源共享课建设与信息化能力提高培训班"，并将所学知识和经验积极运用到教学实践中，受到学生们一致好评。2019年5月我参加锐捷在上海举办的"RCNA面授培训"学习，系统学习网络专业知识和技能，积累了更丰富的教学经验。

回首这些年，我想我可以自豪地说，我真正做到了勤于学习，不断提升，与时俱进。我常想，要给学生一杯水，自己要有一桶水；而在信息时代，学生需要的是一桶水，教师就要做长流水。教师只有做到不断地学习进步，才能在三尺讲台讲得深入浅出、精辟透彻，博得学生的喜爱。

"教而不研则浅，研而不教则空"，边教边研，才能让教学达到更高境界。从教以来，我利用课余时间努力进行科学研究，总结反思，并不断开拓创新。

这些年里，我主要取得过以下成绩：

主讲过1次国家级观摩课，1次省级公开课并获一等奖，1次省级观摩课；主持过1次国家级德育课题研究、2次省级课题研究；多次主持校级课题研究项目，与团队合作完成多项省级、校级课题研究，编写教材2部，指导学生参加各级比赛，3人次获得一等奖，2人次获得二等奖，3人次获得三等奖。

（三）课程实践经历

教师的成长，是每一节公开课、每一次教学比赛，从准备到实践的深厚积累的历程。执教公开课、参与教学比赛是促进成长、提升教学能力的催化剂。

1998年，淄博师范学校承办了"全国德育研讨会"，我执教了"竞争与合作"一节德育活动现场课，向全国中师同侪、专家、领导现场展示了我的教学风采；2000年，在山东省中师计算机中心组年会上，我执教了一节观摩课"超级链接"，受到参会的省内十几所中师学校领导、老师的高度好评，经过这次锻炼，提升了我的教学设计、语言表达能力；2006年，我参加山东省教学能手评选，现场抽题备课，执教"组织结构图"一课，成功获评"山东省教学能手"称号；2014年，我参加山东省信息化教学设计大赛，获得三等奖。

附　录

附录A　中英文名词术语

测评工具：测评活动中收集信息资料、反馈数据的具体手段。通常根据测评的目的、对象和阶段，选用相应的工具。

Assessment instrument: The assessment instrument is the documented activities developed to support the assessment method and used to collect the evidence of student competence.

An assessment instrument could include: oral and written questions/ observation/ demonstration checklists projects, case studies, scenarios recognition or workplace portfolios.[①]

COMET 理论：COMET 大规模职业能力测评项目，起源于德国，由中国、瑞士和南非等多国参与的国际职业教育比较研究项目，其内涵相当于职业教育的 PISA（The Program for International Student Assessment）。

COMET 采用大规模的能力诊断方法来评估学生专业能力、职业投入和专业认同的发展。

COMET: Competence Measurement (COMET) is an international vocational education comparative research project originated in Germany and participated by China, Switzerland, and South Africa. Its connotation is equivalent to PISA (The Program for International Student Assessment) for vocational education. COMET adopts a large-scale ability diagnosis method to evaluate the advancement of students'

---

① Australian Government Australian Skills Quality Authority. What is the difference between an assessment tool and an assessment instrument? https://www.asqa.gov.au/faqs/what-difference-between-assessment-tool-and-assessment-instrument-clause-18.

professional competencies, career commitment and professional identity[①].

基于关注的采纳模式：关注教师为实施新课程材料和教学方式所经历的改变过程，并作出相应的测量、描述和解释。它包括需求关心发展阶段、课程实施水平和革新构造。基于关注的采纳模式的诊断由三个评估和引导组成部分进行：

● 创新构造：创新构造图提供高质量实施的清晰描绘，可作为指引和聚焦员工工作的范例。

● 关注阶段：包括问卷、访谈和开放式陈述的关注阶段过程，使领导者能确定员工对新计划或新方案的态度和信念。有了这些知识，领导者可以采取行动解决个体的特殊关注。

● 使用层次：使用层次访谈工具将帮助确定员工个人及集体使用程序的情况。层次范围包括未使用到高级别使用。当与创新构造及第一手的观察结合，这些信息可以帮助员工有效实施新计划。

CBAM：Concerns Based Adoption Model The diagnostic dimensions of CBAM are three components for assessing and guiding this process：

● Innovation Configurations：An Innovation Configuration Map provides a clear picture of what constitutes high-quality implementation. It serves as an exemplar to guide and focus staff efforts.

● Stages of Concern：The Stages of Concern process, which includes a questionnaire, interview, and open-ended statements, enables leaders to identify staff members' attitudes and beliefs toward a new program or initiative. With this knowledge, leaders can take actions to address individuals' specific concerns.

● Levels of Use：The Levels of Use interview tool helps determine how well staff, both individually and collectively, are using a program. Levels range from non-use to advanced use. When combined with the Innovation Configuration and first-hand observations, this information can help staff effectively implement a

---

① Rauner F. Measuring and Developing Professional Competences in COMET [M]. Springer Singapore, 2021.

new program.[①]

教师培训：一般指教师为增强自身职业能力所需要的课程与专业资格所参与的学习活动，或者是一次性的短期学习课程。[②]

Teacher training：Term generally used to describe the courses and qualifications that teachers undertake and receive at the outset of their careers, or one-off courses that are largely designed with a short-term or immediate purpose in mind.

教师信息化教学能力：指的是将信息交互技术（ICT）应用于教学、课程和学校组织创新实践的能力。其目标在于促使教师利用ICT技能和资源改进自身教学，与同事开展合作，并可能发展成为所在机构的创新领导者。

Teachers' ICT competencies：includes ICT skills with innovations in pedagogy, curriculum, and school organization. The target is to improve teachers' teaching, to collaborate with colleagues, and perhaps ultimately to become innovation leaders in their institutions.[③]

教师学习共同体：是由新入职和有经验的教育者所组成的交往群体。他们为了获得新信息、反思既有知识和理念、进行同伴分享，开展交流合作，其目的在于改进中小学及其他教育情景中教学实践。

Teacher learning communities：Teacher learning communities are social groupings of new and experienced educators who come together over time for the purpose of gaining new information, reconsidering previous knowledge and beliefs, and building on their own and others' ideas and experiences in order to work on a specific agenda intended to improve practice and enhance students' learning in K-12 schools and other educational settings.[④]

---

① SEDL archive. Concerns-Based Adoption Model（CBAM）[EB/OL]. [2022-05-13]. https://sedl.org/cbam/#:~:text=%20Concerns-Based%20Adoption%20Model%20%28CBAM%29%20%201%20The, 1970s%20and%201980s%20by%20a%20team...%20More%20.

② 朱旭东，宋萑.论教师培训的核心要素[J].教师教育研究，2013（3）：1-8.

③ V Basilotta-Gómez-Pablos, Matarranz, M., Casado-Aranda, L. A.et al, Teachers' digital competencies in higher education：a systematic literature review [J]. International Journal of Educational Technology in Higher Education，2022，19（1）：1-16.

④ Teacher Learning Communities.[EB/OL]. [2022-09-29]. https://education.stateuniversity.com/pages/2483/Teacher-Learning-Communities.html.

教学环境：是开展教学活动所需要的物质条件和非物质条件。①

Instructional environment: are made up of multiple, inter-related facets that can either support or inhibit learning.

教学能力：是指教师有效达成教学目标所需要的知识与技能。

Teaching competency: Teaching competencies are the skills and knowledge that help a teacher be successful in teaching.②

教学设计：是教学的科学和艺术，旨在研制教学过程、成效评价以及教与学过程，有益于促进学习的细化方案。教学设计（通常简称为ID）亦被称为"学习设计"，其价值在于创建高质量学习体验。教学设计形式多样，但都主张积极回应学生需求。课程设计一般指学生将要学习的内容，而教学设计则指学生如何学习这些内容。③

Instructional design: the science and art of creating detailed specifications for the development, evaluation and maintenance of situations which facilitate learning and performance.④ Instructional design (often abbreviated as ID or referred to as learning design) is the systematic process of designing and creating a high-quality educational experience. ID is a multi-step approach that prioritizes the needs of the learner at every phase. Curriculum development is what students will learn, while instructional design is how students will learn it.

教育数字化转型：借助深度的、有计划的文化观念、人力资源和技术应用诸方面的变革，推动教育机构的教学方式、运行模式、发展方向和价值定位的创新过程。

Digital transformation of education: a series of deep and coordinated cultural, workforce, and technology shifts that enable new educational and operating models and transform an institution's operations, strategic directions,

---

① 武法提. 基于WEB的学习环境设计 [J]. 电化教育研究，2000（4）：33-38+52.
② Teachmint. Teaching Competencies. [EB/OL]. [2022-05-12]. https://www.teachmint.com/glossary/t/teaching-competencies/#:~:text=Teaching%20competencies%20are%20the%20skills%20and%20knowledge%20that, deal%20with%20every%20student%20.
③ 何克抗，等. 教学系统设计 [M]，北京：北京师范大学出版社，2003：3.
④ Encyclopedia of Terminology for Educational Communications and Technology [M].New York: Springer, 2013.

and value proposition.①

开放教育资源：泛指以各种形式及媒介为载体的任何形式的学习、教学和研究资料。这些资料大都通过正规途径公开传播，或以开放许可授权的形式提供，允许他人免费获取、再利用、转用、改编和转发。②

Open educational resources(OER)：Open educational resources(OER) are learning, teaching and research materials in any format and medium that reside in the public domain or are under copyright that have been released under an open license, that permit no-cost access, re-use, re-purpose, adaptation and redistribution by others.

课程：是指为了达到教学目的所规定的教学内容与教学过程。

Curriculum：Curriculum is a course of studies, or what is to be taught.③

课程开发：通常指完成一项课程计划所需要的教学过程与教学设计的综合规划。④

Curriculum development：often follows a systematic technological model and in that sense parallels instructional development or instructional design.⑤

能力：指有效履行一定职能所需要的技能、知识和理解能力并能够达到相应的专业标准。

Competency：The skills, knowledge and understanding needed to do something successfully to a professional standard.⑥

评价指标：体现达成一定成就或进步的标识。评价指标具有具体、可观察、可测量的特点，可以为判明方案的进展变化或目标达成提供依据。

---

① Christopher D B, Mccormack M. Driving digital transformation in higher education [EB/OL].（2020-06-15）[2022-01-01]. https://library.educause.edu/resources/2020/6/driving-digital-transformation-in-higher-education.

② UNESCO. Recommendation concerning Open Educational Resources. [EB/OL].（2019-11-25）[2022-09-29]. http://portal.unesco.org/en/ev.php-URL_ID=49556&URL_DO=DO_TOPIC&URL_SECTION=201.html.

③ Richey R C. Encyclopedia of Terminology for Educational Communications and Technology [M]. New York: Springer, 2013：74.

④ 杨明全. 课程论[M]. 北京：清华大学出版社, 2016：234.

⑤ 同③

⑥ UNESCO. UNESCO ICT Competency Framework for Teachers [EB/OL]. [2022-05-12]. https://unesdoc.unesco.org/ark:/48223/pf0000265721.

Evaluating indicator: It is a marker of accomplishment/progress. It is a specific, observable, and measurable accomplishment or change that shows the progress made toward achieving a specific output or outcome in your logic model or work plan.①

SMART 理论：是指教育数字化转型背景下，为了有效实施智慧教育所需要的教师发展理论与实践指南。

SMART: is a teacher development framework for the digital transformation in education. Such framework can serve as important tool to guide the application of SMART education in teacher development theory and practices.

TPACK 理论：TPACK 教师知识框架包含三个核心要素，即学科内容知识（CK）、教学法知识（PK）和技术知识（TK）。其他要素涉及教学法与内容知识（PCK）、技术内容知识（TCK）、技术教学知识（TPK）以及技术支持下的学科教学知识（TPACK），所有这些要素之间的互动与融合共同推动了教学知识的创新发展。

TPACK: The three main components of teacher knowledge in the TPACK framework are content knowledge（CK）, pedagogical knowledge（PK）, and technological knowledge（TK）. The other components, pedagogical and content knowledge（PCK）, technological content knowledge（TCK）, technological pedagogical knowledge（TPK）, and TPACK, are knowledge developed through the interactions between and among these bodies of knowledge.②

微认证（电子徽章、微证书）：微认证通常认定通过短期学习获得的某一领域的具体学习成果。微认证由商业实体、私营企业或专业团体、传统教育及培训机构、社区组织和其他类型的组织提供。虽然许多微认证仅仅代表更传统的学习经历，但也有一些能够证明其他方式所取得的学习成绩，比如在工作场所、志愿服务或个人兴趣学习等获得的微认证。微认证如今

---

① Developing Evaluation Indicators. [EB/OL]. [2022-09-29]. https://www.cdc.gov/std/Program/pupestd/Developing%20Evaluation%20Indicators.pdf.

② Koehler M J, Mishra P. What Happens When Teachers Design Educational Technology?[J]. The Development of Technological Pedagogical Content Knowledge. Journal of Educational Computing Research, 2015, 32: 131-152.

也常常用来作为提高员工技能的一种有效方法。①

Micro-credential（Digital badges，Micro-certification）：These are typically focused on a specific set of learning outcomes in a narrow field of learning and achieved over a shorter period of time. Micro-credentials are offered by commercial entities, private providers and professional bodies, traditional education and training providers, community organisations and other types of organisations. While many micro-credentials represent the outcomes of more traditional learning experiences, others verify demonstration of achievements acquired elsewhere, such as in the workplace, through volunteering, or through personal interest learning. Micro-credentials are often promoted as an efficient way to upskill workers across the lifespan.

常规标准：用来指规范、要求及质量评测工具。其目的是对特定教育领域的发展目标及其特征进行细化，并借助社会通常标准进行判别，以便得到更为广泛的认可，避免不必要的误解。

Standard Standards：are considered as norms, requirements and quality measuring tools. They aim to clarify the expected development goals of specific things in the field of education, and reflect the characteristics of being widely known, leading to action and avoiding irrational coercion.

学习活动：指学习者为了达成预期的学习目的而完成的系列学习任务目标。我们将学习活动的要素确定为：活动任务所处的情景、教学过程的策略与学习过程活动所采取的具体方法。②

Learning activities：are achieved through completion of a series of tasks in order to achieve intended learning outcomes. We have defined the components that constitute a learning activity as: the context within which the activity occurs; the pedagogy (learning and teaching approaches) adopted; the pedagogy (learning and teaching approaches) adopted.③

---

① Unesco. A Conversation Starter: Towards a Common Definition of Micro-Credentials. [EB/OL]. [2022-09-29]. https://vital.voced.edu.au/vital/access/services/Download/ngv: 91634/SOURCE201.

② 葛文双，傅钢善. 基于活动理论的网络学习活动设计——"现代教育技术"网络公共课活动案例 [J]. 电化教育研究，2008（3）：51-55+63.

③ Conole G. Describing learning activities: Tools and resources to guide practice. In Rethinking Pedagogy for a Digital Age: Designing and Delivering E-Learning [J]. 2007.

学习目标：是指对于学生通过完成教学所获得成效的表述。①

Learning objectives: are statements that describe what students will do after completing a prescribed unit of instruction.②

职业教育教师：主要包括六类群体：①在正规学校或大学承担讲授职业课程的教师；②在学校（或大学）实验室的实训教师和实验室辅助人员；③在教学上享有较高自主权的教师，或担任职业教育教师助教的人员；④在企业担任实习教学的培训师、辅导员等；⑤政府和公共机构赞助的劳动力市场培训机构的指导人员和培训师，他们的主要目的在于促进就业；⑥雇主机构，比如商业协会、行业培训机构、私营培训公司或其他技术技能与沟通技能培训机构指导人员和培训师。

TVET teachers: The main clusters of TVET teachers are:

● Teachers or lecturers working in formal school or college settings and giving instruction in vocational courses.

● Instructors and laboratory assistants working in school or college settings in vocational labs.

● Others who teach with a high degree of autonomy or sometimes act as assistants to other vocational teachers.

● Trainer, tutors and others in enterprises who integrate training and education functions into their jobs with varying degrees (from incidental to full-time teaching of trainees and apprentices). In dual systems, this function is often separated from HRD functions within companies, while in others this distinction is not strongly maintained.

● Instructors and trainers working in labour market training institutions supported by governments and public authorities, often with a strong focus on social inclusion and basic occupational competences；

● Instructors and trainers working in employers' organisations, such as chambers of commerce, sectoral training institutions or privately-run training companies and providers that focus on upgrading of technical competences,

---

① 何克抗，林君芬，张文兰.教学系统设计[M].北京：高等教育出版社，2006.
② Kibler R J, Cegala D J, Barker L L, Miles D T. Objectives for instruction and evaluation [M]. Boston, MA: Allyn and Bacon, Inc, 1974.

training in communication skills, etc[①].

职业技术教育与培训：包括与各种就业、生产制造、服务业与生计能力相关的教育、培训与技能发展。职业技术教育与培训，作为终身学习的一部分，涉及中等教育、中等教育后及高等教育不同层面，也包括借助在职学习和继续教育获得学历证书的学习。不同国家的职业技术教育与培训涵盖各种各样的技能发展。学会学习、培养读写和计算技能、人际沟通技能和公民素养都是职业技术教育与培训的组成部分。[②]

Technical and Vocational Education and Training（TVET）：Technical and Vocational Education and Training'（hereinafter "TVET"）is understood as comprising education, training and skills development relating to a wide range of occupational fields, production, services and livelihoods. TVET, as part of lifelong learning, can take place at secondary, post-secondary and tertiary levels and includes work-based learning and continuing training and professional development which may lead to qualifications. TVET also includes a wide range of skills development opportunities attuned to national and local contexts. Learning to learn, the development of literacy and numeracy skills, transversal？skills and citizenship skills are integral components of TVET.[③]

自助式学习：指根据工作需要自行开展的学习活动，包括教师借助信息技术开展的学习、终身学习、个性化学习、适应性学习以及即时学习等。[④]

DIY learning：DIY learning is self-organized learning based on the work scene. DIY learning might potential facilitate teachers' ICT-enabled, lifelong, personalized, adaptive and just-in-time learning.

---

① Grollmann, P., Rauner, F.（2007）. TVET Teachers: an Endangered Species or Professional Innovation Agents?. [M]//International Perspectives on Teachers and Lecturers in Technical and Vocational Education. Springer. Dordrecth, 2007: 1-26.

② UNESCO. Technical and Vocational Education and Training（TVET）Recommendation Concerning 2015. [EB/OL]. [2022-05-12]. https://unesdoc.unesco.org/ark:/48223/pf0000245178.

③ 同②

④ 联合国教科文组织国际教育发展委员会. 学会生存：教育世界的今天和明天 [M]. 北京：教育科学出版社，1996.

知识：一般认为，知识是学习者通过学习获得的信息、理解、技能、价值观和态度的总和。①

Knowledge：is broadly understood as information, understanding, skills, values and attitudes acquired through learning.

---

① 联合国教科文组织.反思教育：向"全球共同利益"的理念转变？[M].熊建辉校译.北京：教育科学出版社，2017.

附录B　教师教学能力发展相关政策

B.1　国家职业教育改革实施方案（摘录）

具体指标：……"双师型"教师（同时具备理论教学和实践教学能力的教师）占专业课教师总数超过一半，分专业建设一批国家级职业教育教师教学创新团队。……

一、完善国家职业教育制度体系

（一）健全国家职业教育制度框架

……将标准化建设作为统领职业教育发展的突破口，完善职业教育体系，为服务现代制造业、现代服务业、现代农业发展和职业教育现代化提供制度保障与人才支持。建立健全学校设置、师资队伍、教学教材、信息化建设、安全设施等办学标准，引领职业教育服务发展、促进就业创业。……

二、构建职业教育国家标准

（五）完善教育教学相关标准

……实施教师和校长专业标准，提升职业院校教学管理和教学实践能力。……

（七）开展高质量职业培训

……引导行业企业深度参与技术技能人才培养培训，促进职业院校加强专业建设、深化课程改革、增强实训内容、提高师资水平，全面提升教育教学质量。……

三、促进产教融合校企"双元"育人

（十）推动校企全面加强深度合作

……学校积极为企业提供所需的课程、师资等资源，企业应当依法履行实施职业教育的义务，利用资本、技术、知识、设施、设备和管理等要素参与校企合作，促进人力资源开发。……

（十二）多措并举打造"双师型"教师队伍

从 2019 年起，职业院校、应用型本科高校相关专业教师原则上从具有 3 年以上企业工作经历并具有高职以上学历的人员中公开招聘，特殊高技能人才（含具有高级工以上职业资格人员）可适当放宽学历要求，2020 年起基本不再从应届毕业生中招聘。加强职业技术师范院校建设，优化结构布局，引导一批高水平工科学校举办职业技术师范教育。实施职业院校教师素质提高计划，建立 100 个"双师型"教师培养培训基地，职业院校、应用型本科高校教师每年至少 1 个月在企业或实训基地实训，落实教师 5 年一周期的全员轮训制度。探索组建高水平、结构化教师教学创新团队，教师分工协作进行模块化教学。定期组织选派职业院校专业骨干教师赴国外研修访学。在职业院校实行高层次、高技能人才以直接考察的方式公开招聘。建立健全职业院校自主聘任兼职教师的办法，推动企业工程技术人员、高技能人才和职业院校教师双向流动。职业院校通过校企合作、技术服务、社会培训、自办企业等所得收入，可按一定比例作为绩效工资来源。

四、建设多元办学格局

（十三）推动企业和社会力量举办高质量职业教育

……完善企业经营管理和技术人员与学校领导、骨干教师相互兼职兼薪制度。……

五、完善技术技能人才保障政策

（十五）提高技术技能人才待遇水平

……建立国家技术技能大师库，鼓励技术技能大师建立大师工作室，并按规定给予政策和资金支持，支持技术技能大师到职业院校担任兼职教师，参与国家重大工程项目联合攻关。……

六、加强职业教育办学质量督导评价

（十八）支持组建国家职业教育指导咨询委员会

……政府可以委托国家职业教育指导咨询委员会作为第三方，对全国职业院校、普通高校、校企合作企业、培训评价组织的教育管理、教学质

量、办学方式模式、师资培养、学生职业技能提升等情况，进行指导、考核、评估等。……

B.2 关于推动现代职业教育高质量发展的意见（摘录）

五、深化教育教学改革

（十三）强化双师型教师队伍建设。加强师德师风建设，全面提升教师素养。完善职业教育教师资格认定制度，在国家教师资格考试中强化专业教学和实践要求。制定双师型教师标准，完善教师招聘、专业技术职务评聘和绩效考核标准。按照职业学校生师比例和结构要求配齐专业教师。加强职业技术师范学校建设。支持高水平学校和大中型企业共建双师型教师培养培训基地，落实教师定期到企业实践的规定，支持企业技术骨干到学校从教，推进固定岗与流动岗相结合、校企互聘兼职的教师队伍建设改革。继续实施职业院校教师素质提高计划。

（十六）完善质量保证体系。建立健全教师、课程、教材、教学、实习实训、信息化、安全等国家职业教育标准，鼓励地方结合实际出台更高要求的地方标准，支持行业组织、龙头企业参与制定标准。推进职业学校教学工作诊断与改进制度建设。……

六、打造中国特色职业教育品牌

（十八）拓展中外合作交流平台。全方位践行世界技能组织2025战略，加强与联合国教科文组织等国际和地区组织的合作。鼓励开放大学建设海外学习中心，推进职业教育涉外行业组织建设，实施职业学校教师教学创新团队、高技能领军人才和产业紧缺人才境外培训计划。……

B.3 深化新时代职业教育"双师型"教师队伍建设改革实施方案

教师队伍是发展职业教育的第一资源，是支撑新时代国家职业教育改革的关键力量。建设高素质"双师型"教师队伍（含技工院校"一体化"教师，下同）是加快推进职业教育现代化的基础性工作。改革开放以来特别是党的十八大以来，职业教育教师培养培训体系基本建成，教师管理制度逐步健全，教师地位待遇稳步提高，教师素质能力显著提升，为职业教育改革发展提供了有力的人才保障和智力支撑。但是，与新时代国家职业教育改革的新要求相比，职业教育教师队伍还存在着数量不足、来源单一、校企双向流动不畅、结构性矛盾突出、管理体制机制不灵活、专业化水平偏低的问题，尤其是同时具备理论教学和实践教学能力的"双师型"教师和教学团队短缺，已成为制约职业教育改革发展的瓶颈。为贯彻落实《中共中央 国务院关于全面深化新时代教师队伍建设改革的意见》和《国家职业教育改革实施方案》，深化职业院校教师队伍建设改革，培养造就高素质"双师型"教师队伍，特制定《深化新时代职业教育"双师型"教师队伍建设改革实施方案》。

总体要求与目标：坚持以习近平新时代中国特色社会主义思想为指导，贯彻落实习近平总书记关于教育工作的重要论述，把教师队伍建设作为基础性工作来抓，支撑职业教育改革发展，落实立德树人根本任务，加强师德师风建设，突出"双师型"教师个体成长和"双师型"教学团队建设相结合，提高教师教育教学能力和专业实践能力，优化专兼职教师队伍结构，大力提升职业院校"双师型"教师队伍建设水平，为实现我国职业教育现代化、培养大批高素质技术技能人才提供有力的师资保障。

经过5~10年时间，构建政府统筹管理、行业企业和院校深度融合的教师队伍建设机制，健全中等和高等职业教育教师培养培训体系，打通校企人员双向流动渠道，"双师型"教师和教学团队数量充足，双师结构明显改善。建立具有鲜明特色的"双师型"教师资格准入、聘用考核制度，教师职业发展通道畅通，待遇和保障机制更加完善，职业教育教师吸引力明显增强，基本建成一支师德高尚、技艺精湛、专兼结合、充满活力的高素质"双师型"教师队伍。

具体目标：到2022年，职业院校"双师型"教师占专业课教师的比例超过一半，建设100家校企合作的"双师型"教师培养培训基地和100个国家级企业实践基地，选派一大批专业带头人和骨干教师出国研修访学，建成360个国家级职业教育教师教学创新团队，教师按照国家职业标准和教学标准开展教学、培训和评价的能力全面提升，教师分工协作进行模块化教学的模式全面实施，有力保障1+X证书制度试点工作，辐射带动各地各校"双师型"教师队伍建设,为全面提高复合型技术技能人才培养质量提供强有力的师资支撑。

一、建设分层分类的教师专业标准体系

教师标准是对教师素养的基本要求。没有标准就没有质量。适应以智能制造技术为核心的产业转型升级需要,促进教育链、人才链与产业链、创新链有效衔接。建立中等和高等职业教育层次分明,覆盖公共课、专业课、实践课等各类课程的教师专业标准体系。修订《中等职业学校教师专业标准(试行)》和《中等职业学校校长专业标准》,研制高等职业学校、应用型本科高校的教师专业标准。通过健全标准体系,规范教师培养培训、资格准入、招聘聘用、职称评聘、考核评价、薪酬分配等环节,推动教师聘用管理过程科学化。引进第三方职教师资质量评价机构,不断完善职业教育教师评价标准体系,提高教师队伍专业化水平。

二、推进以双师素质为导向的新教师准入制度改革

完善职业教育教师资格考试制度,在国家教师资格考试中,强化专业教学和实践要求,按照专业大类(类)制定考试大纲、建设试题库、开展笔试和结构化面试。建立高层次、高技能人才以直接考察方式公开招聘的机制。加大职业院校选人用人自主权。聚焦专业教师双师素质构成,强化新教师入职教育,结合新教师实际情况,探索建立新教师为期1年的教育见习与为期3年的企业实践制度,严格见习期考核与选留环节。自2019年起,除持有相关领域职业技能等级证书的毕业生外,职业院校、应用型本科高校相关专业教师原则上从具有3年以上企业工作经历并具有高职以上学历的人员中公开招聘;自2020年起,除"双师型"职业技术师范专业毕业生外,基本不再从未具备3年以上行业企业工作经历的应届毕业生中招聘,特殊高技能人才(含具有高级工以上职业资格或职业技能等级人员)可适当放宽学历要求。

三、构建以职业技术师范院校为主体、产教融合的多元培养培训格局

优化结构布局,加强职业技术师范院校和高校职业技术教育(师范)

学院建设，支持高水平工科大学举办职业技术师范教育，开展在职教师的双师素质培训进修。实施职业技术师范类专业认证。建设100家校企合作的"双师型"教师培养培训基地和100个国家级企业实践基地，明确资质条件、建设任务、支持重点、成果评价。校企共建职业技术师范专业能力实训中心，办好一批一流职业技术师范院校和一流职业技术师范专业。健全普通高等学校与地方政府、职业院校、行业企业联合培养教师机制，发挥行业企业在培养"双师型"教师中的重要作用。鼓励高校以职业院校毕业生和企业技术人员为重点培养职业教育教师，完善师范生公费教育、师范院校接收职业院校毕业生培养、企业技术人员学历教育等多种培养形式。加强职业教育学科教学论师资队伍建设。支持高校扩大职业技术教育领域教育硕士专业学位研究生招生规模，探索本科与硕士教育阶段整体设计、分段考核、有机衔接的人才培养模式，推进职业技术教育领域博士研究生培养，推动高校联合行业企业培养高层次"双师型"教师。

四、完善"固定岗＋流动岗"的教师资源配置新机制

在现有编制总量内，盘活编制存量，优化编制结构，向"双师型"教师队伍倾斜。推进地方研究制定职业院校人员配备规范，促进教师规模、质量、结构适应职业教育改革发展需要。根据职业院校、应用型本科高校及其专业特点，优化岗位设置结构，适当提高中、高级岗位设置比例。优化教师岗位分类，落实教师从教专业大类（类）和具体专业归属，明确教师发展定位。建立健全职业院校自主聘任兼职教师的办法。设置一定比例的特聘岗位，畅通高层次技术技能人才兼职从教渠道，规范兼职教师管理。实施现代产业导师特聘岗位计划，建设标准统一、序列完整、专兼结合的实践导师队伍，推动形成"固定岗＋流动岗"、双师结构与双师素质兼顾的专业教学团队。

五、建设"国家工匠之师"引领的高层次人才队伍

实施职业院校教师素质提高计划，分级打造师德高尚、技艺精湛、育人水平高超的教学名师、专业带头人、青年骨干教师等高层次人才队伍。通过跟岗访学、顶岗实践等方式，重点培训数以万计的青年骨干教师。加强专业带头人领军能力培养，为职业院校教师教学创新团队培育一大批首

席专家。建立国家杰出职业教育专家库及其联系机制。建设1000个国家级"双师型"名师工作室和1000个国家级教师技艺技能传承创新平台。面向战略性新兴产业和先进制造业人才需要，打造一批覆盖重点专业领域的"国家工匠之师"。在国家级教学成果奖、教学名师等评选表彰中，向"双师型"教师倾斜。

六、创建高水平结构化教师教学创新团队

2019—2021年，服务职业教育高质量发展和1+X证书制度改革需要，面向中等职业学校、高等职业学校和应用型本科高校，聚焦战略性重点产业领域和民生紧缺领域专业，分年度、分批次、分专业遴选建设360个国家级职业教育教师教学创新团队，全面提升教师开展教学、培训和评价的能力以及团队协作能力，为提高复合型技术技能人才培养培训质量提供强有力的师资保证。优化结构，统筹利用现有资源，实施职业院校教师教学创新团队境外培训计划，组织教学创新团队骨干教师分批次、成建制赴德国等国家研修访学，学习国际"双元制"职业教育先进经验，每年选派1000人，经过3~5年的连续培养，打造高素质"双师型"教师教学创新团队。各地各校对接本区域重点专业集群，促进教学过程、教学内容、教学模式改革创新，实施团队合作的教学组织新方式、行动导向的模块化教学新模式，建设省级、校级教师教学创新团队。

七、聚焦1+X证书制度开展教师全员培训

全面落实教师5年一周期的全员轮训制度，对接1+X证书制度试点和职业教育教学改革需求，探索适应职业技能培训要求的教师分级培训模式，培育一批具备职业技能等级证书培训能力的教师。把国家职业标准、国家教学标准、1+X证书制度和相关标准等纳入教师培训的必修模块。发挥教师教学创新团队在实施1+X证书制度试点中的示范引领作用。全面提升教师信息化教学能力，促进信息技术与教育教学融合创新发展。健全完善职业教育师资培养培训体系，推进"双师型"教师培养培训基地在教师培养培训、团队建设、科研教研、资源开发等方面提供支撑和服务。支持高水平学校和大中型企业共建"双师型"培训者队伍，认定300个"双师型"教师培养培训示范单位。

八、建立校企人员双向交流协作共同体

加大政府统筹，依托职教园区、职教集团、产教融合型企业等建立校企人员双向交流协作共同体。建立校企人员双向流动相互兼职常态运行机制。发挥央企、国企、大型民企的示范带头作用，在企业设置访问工程师、教师企业实践流动站、技能大师工作室。在标准要求、岗位设置、遴选聘任、专业发展、考核管理等方面综合施策，健全高技能人才到职业学校从教制度，聘请一大批企事业单位高技能人才、能工巧匠、非物质文化遗产传承人等到学校兼职任教。鼓励校企共建教师发展中心，在教师和员工培训、课程开发、实践教学、技术成果转化等方面开展深度合作，推动教师立足行业企业，开展科学研究，服务企业技术升级和产品研发。完善教师定期到企业实践制度，推进职业院校、应用型本科高校专业课教师每年至少累计1个月以多种形式参与企业实践或实训基地实训。联合行业组织，遴选、建设教师企业实践基地和兼职教师资源库。

九、深化突出"双师型"导向的教师考核评价改革

建立职业院校、行业企业、培训评价组织多元参与的"双师型"教师评价考核体系。将师德师风、工匠精神、技术技能和教育教学实绩作为职称评聘的主要依据。落实教师职业行为准则，建立师德考核负面清单制度，严格执行师德考核一票否决。引入社会评价机制，建立教师个人信用记录和违反师德行为联合惩戒机制。深化教师职称制度改革，破除"唯文凭、唯论文、唯帽子、唯身份、唯奖项"的顽瘴痼疾。推动各地结合实际，制定"双师型"教师认定标准，将体现技能水平和专业教学能力的双师素质纳入教师考核评价体系。继续办好全国职业院校技能大赛教学能力比赛，将行动导向的模块化课程设置、项目式教学实施能力作为重要指标。试点开展专业课教师技术技能和教学能力分级考核，并作为教师聘期考核、岗位等级晋升考核、绩效分配考核的重要参考。完善考核评价的正确导向，强化考评结果运用和激励作用。

十、落实权益保障和激励机制，提升社会地位

在职业院校教育教学、科学研究、社会服务等过程中，全面落实和依

法保障教师的管理学生权、报酬待遇权、参与管理权、进修培训权。强化教师教育教学、继续教育、技术技能传承与创新等工作内容,制定职业教育教师减负政策,适当减少专任教师事务性工作。依法保障教师对学生实施教育、管理的权利。职业院校、应用型本科高校校企合作、技术服务、社会培训、自办企业等所得收入,可按一定比例作为绩效工资来源;教师依法取得的科技成果转化奖励收入不纳入绩效工资,不纳入单位工资总额基数。各地要结合职业院校承担扩招任务、职业培训的实际情况,核增绩效工资总量。教师外出参加培训的学时(学分)应核定工作量,作为绩效工资分配的参考因素。按规定保障中等职业学校教师待遇。

十一、加强党对教师队伍建设的全面领导

充分发挥各级党组织的领导和把关定向作用,充分发挥教师党支部的战斗堡垒作用,加强对教师党员的教育管理监督和组织宣传,充分发挥党员教师的先锋模范作用。实施教师党支部书记"双带头人"培育工程,配齐建强思想政治和党务工作队伍。着力提升教师思想政治素质,用习近平新时代中国特色社会主义思想武装头脑,坚持不懈培育和弘扬社会主义核心价值观,争做"四有"好老师,全心全意做学生锤炼品格、学习知识、创新思维、奉献祖国的引路人。健全德技并修、工学结合的育人机制,构建"思政课程"与"课程思政"大格局,全面推进"三全育人",实现思想政治教育与技术技能培养融合统一。落实立德树人根本任务,挖掘师德典型、讲好师德故事,大力宣传职业教育中的"时代楷模"和"最美教师",弘扬职业精神、工匠精神、劳模精神。

十二、强化教师队伍建设改革的保障措施

加强组织领导,将教师队伍建设摆在重要议事日程,建立工作联动机制,推动解决教师队伍建设改革的重大问题。深化"放管服"改革,提高职业院校和各类办学主体的积极性、主动性,引导广大教师积极参与,推动教师队伍建设与深化职业教育改革有机结合。将教师队伍建设作为中国特色高水平高职学校和专业建设计划投入的支持重点,现代职业教育质量提升计划进一步向教师队伍建设倾斜。鼓励各地结合实际,适时提高职业技术师范专业生均拨款标准,提升师范教育保障水平。加强督导评估,将职业教育教师队伍建设情况作为政府履行教育职责评价和职业院校办学水平评估的重要内容。

B.4 中共中央国务院关于全面深化新时代教师队伍建设改革的意见

百年大计，教育为本；教育大计，教师为本。为深入贯彻落实党的十九大精神，造就党和人民满意的高素质专业化创新型教师队伍，落实立德树人根本任务，培养德智体美全面发展的社会主义建设者和接班人，全面提升国民素质和人力资源质量，加快教育现代化，建设教育强国，办好人民满意的教育，为决胜全面建成小康社会、夺取新时代中国特色社会主义伟大胜利、实现中华民族伟大复兴的中国梦奠定坚实基础，现就全面深化新时代教师队伍建设改革提出如下意见。

一、坚持兴国必先强师，深刻认识教师队伍建设的重要意义和总体要求

1.战略意义。教师承担着传播知识、传播思想、传播真理的历史使命，肩负着塑造灵魂、塑造生命、塑造人的时代重任，是教育发展的第一资源，是国家富强、民族振兴、人民幸福的重要基石。党和国家历来高度重视教师工作。党的十八大以来，以习近平同志为核心的党中央将教师队伍建设摆在突出位置，作出一系列重大决策部署，各地区各部门和各级各类学校采取有力措施认真贯彻落实，教师队伍建设取得显著成就。广大教师牢记使命、不忘初衷、爱岗敬业、教书育人，改革创新、服务社会，作出了重要贡献。

当今世界正处在大发展大变革大调整之中，新一轮科技和工业革命正在孕育，新的增长动能不断积聚。中国特色社会主义进入了新时代，开启了全面建设社会主义现代化国家的新征程。我国社会主要矛盾已经转化为人民日益增长的美好生活需要和不平衡不充分的发展之间的矛盾，人民对公平而有质量的教育的向往更加迫切。面对新方位、新征程、新使命，教师队伍建设还不能完全适应。有的地方对教育和教师工作重视不够，在教育事业发展中重硬件轻软件、重外延轻内涵的现象还比较突出，对教师队伍建设的支持力

度亟须加大；师范教育体系有所削弱，对师范院校支持不够；有的教师素质能力难以适应新时代人才培养需要，思想政治素质和师德水平需要提升，专业化水平需要提高；教师特别是中小学教师职业吸引力不足，地位待遇有待提高；教师城乡结构、学科结构分布不尽合理，准入、招聘、交流、退出等机制还不够完善，管理体制机制亟须理顺。时代越是向前，知识和人才的重要性就愈发突出，教育和教师的地位和作用就愈发凸显。各级党委和政府要从战略和全局高度充分认识教师工作的极端重要性，把全面加强教师队伍建设作为一项重大政治任务和根本性民生工程切实抓紧抓好。

2. 指导思想。全面贯彻落实党的十九大精神，以习近平新时代中国特色社会主义思想为指导，紧紧围绕统筹推进"五位一体"总体布局和协调推进"四个全面"战略布局，坚持和加强党的全面领导，坚持以人民为中心的发展思想，坚持全面深化改革，牢固树立新发展理念，全面贯彻党的教育方针，坚持社会主义办学方向，落实立德树人根本任务，遵循教育规律和教师成长发展规律，加强师德师风建设，培养高素质教师队伍，倡导全社会尊师重教，形成优秀人才争相从教、教师人人尽展其才、好教师不断涌现的良好局面。

3. 基本原则

——确保方向。坚持党管干部、党管人才，坚持依法治教、依法执教，坚持严格管理监督与激励关怀相结合，充分发挥党委（党组）的领导和把关作用，确保党牢牢掌握教师队伍建设的领导权，保证教师队伍建设正确的政治方向。

——强化保障。坚持教育优先发展战略，把教师工作置于教育事业发展的重点支持战略领域，优先谋划教师工作，优先保障教师工作投入，优先满足教师队伍建设需要。

——突出师德。把提高教师思想政治素质和职业道德水平摆在首要位置，把社会主义核心价值观贯穿教书育人全过程，突出全员全方位全过程师德养成，推动教师成为先进思想文化的传播者、党执政的坚定支持者、学生健康成长的指导者。

——深化改革。抓住关键环节，优化顶层设计，推动实践探索，破解发展瓶颈，把管理体制改革与机制创新作为突破口，把提高教师地位待遇作为真招实招，增强教师职业吸引力。

——分类施策。立足我国国情,借鉴国际经验,根据各级各类教师的不同特点和发展实际,考虑区域、城乡、校际差异,采取有针对性的政策举措,定向发力,重视专业发展,培养一批教师;加大资源供给,补充一批教师;创新体制机制,激活一批教师;优化队伍结构,调配一批教师。

4.目标任务。经过5年左右努力,教师培养培训体系基本健全,职业发展通道比较畅通,事权人权财权相统一的教师管理体制普遍建立,待遇提升保障机制更加完善,教师职业吸引力明显增强。教师队伍规模、结构、素质能力基本满足各级各类教育发展需要。

到2035年,教师综合素质、专业化水平和创新能力大幅提升,培养造就数以百万计的骨干教师、数以十万计的卓越教师、数以万计的教育家型教师。教师管理体制机制科学高效,实现教师队伍治理体系和治理能力现代化。教师主动适应信息化、人工智能等新技术变革,积极有效开展教育教学。尊师重教蔚然成风,广大教师在岗位上有幸福感、事业上有成就感、社会上有荣誉感,教师成为让人羡慕的职业。

二、着力提升思想政治素质,全面加强师德师风建设

5.加强教师党支部和党员队伍建设。将全面从严治党要求落实到每个教师党支部和教师党员,把党的政治建设摆在首位,用习近平新时代中国特色社会主义思想武装头脑,充分发挥教师党支部教育管理监督党员和宣传引导凝聚师生的战斗堡垒作用,充分发挥党员教师的先锋模范作用。选优配强教师党支部书记,注重选拔党性强、业务精、有威信、肯奉献的优秀党员教师担任教师党支部书记,实施教师党支部书记"双带头人"培育工程,定期开展教师党支部书记轮训。坚持党的组织生活各项制度,创新方式方法,增强党的组织生活活力。健全主题党日活动制度,加强党员教师日常管理监督。推进"两学一做"学习教育常态化制度化,开展"不忘初心、牢记使命"主题教育,引导党员教师增强政治意识、大局意识、核心意识、看齐意识,自觉爱党护党为党,敬业修德,奉献社会,争做"四有"好教师的示范标杆。重视做好在优秀青年教师、海外留学归国教师中发展党员工作。健全把骨干教师培养成党员,把党员教师培养成教学、科研、管理骨干的"双培养"机制。

配齐建强高等学校思想政治工作队伍和党务工作队伍,完善选拔、培养、激励机制,形成一支专职为主、专兼结合、数量充足、素质优良的工

作力量。把从事学生思想政治教育计入高等学校思想政治工作兼职教师的工作量，作为职称评审的重要依据，进一步增强开展思想政治工作的积极性和主动性。

6. 提高思想政治素质。加强理想信念教育，深入学习领会习近平新时代中国特色社会主义思想，引导教师树立正确的历史观、民族观、国家观、文化观，坚定中国特色社会主义道路自信、理论自信、制度自信、文化自信。引导教师准确理解和把握社会主义核心价值观的深刻内涵，增强价值判断、选择、塑造能力，带头践行社会主义核心价值观。引导广大教师充分认识中国教育辉煌成就，扎根中国大地，办好中国教育。

加强中华优秀传统文化和革命文化、社会主义先进文化教育，弘扬爱国主义精神，引导广大教师热爱祖国、奉献祖国。创新教师思想政治工作方式方法，开辟思想政治教育新阵地，利用思想政治教育新载体，强化教师社会实践参与，推动教师充分了解党情、国情、社情、民情，增强思想政治工作的针对性和实效性。要着眼青年教师群体特点，有针对性地加强思想政治教育。落实党的知识分子政策，政治上充分信任，思想上主动引导，工作上创造条件，生活上关心照顾，使思想政治工作接地气、入人心。

7. 弘扬高尚师德。健全师德建设长效机制，推动师德建设常态化长效化，创新师德教育，完善师德规范，引导广大教师以德立身、以德立学、以德施教、以德育德，坚持教书与育人相统一、言传与身教相统一、潜心问道与关注社会相统一、学术自由与学术规范相统一，争做"四有"好教师，全心全意做学生锤炼品格、学习知识、创新思维、奉献祖国的引路人。

实施师德师风建设工程。开展教师宣传国家重大题材作品立项，推出一批让人喜闻乐见、能够产生广泛影响、展现教师时代风貌的影视作品和文学作品，发掘师德典型、讲好师德故事，加强引领，注重感召，弘扬楷模，形成强大正能量。注重加强对教师思想政治素质、师德师风等的监察监督，强化师德考评，体现奖优罚劣，推行师德考核负面清单制度，建立教师个人信用记录，完善诚信承诺和失信惩戒机制，着力解决师德失范、学术不端等问题。

三、大力振兴教师教育，不断提升教师专业素质能力

8. 加大对师范院校支持力度。实施教师教育振兴行动计划，建立以师

范院校为主体、高水平非师范院校参与的中国特色师范教育体系，推进地方政府、高等学校、中小学"三位一体"协同育人。研究制定师范院校建设标准和师范类专业办学标准，重点建设一批师范教育基地，整体提升师范院校和师范专业办学水平。鼓励各地结合实际，适时提高师范专业生均拨款标准，提升师范教育保障水平。切实提高生源质量，对符合相关政策规定的，采取到岗退费或公费培养、定向培养等方式，吸引优秀青年踊跃报考师范院校和师范专业。完善教育部直属师范大学师范生公费教育政策，履约任教服务期调整为6年。改革招生制度，鼓励部分办学条件好、教学质量高院校的师范专业实行提前批次录取或采取入校后二次选拔方式，选拔有志于从教的优秀学生进入师范专业。加强教师教育学科建设。教育硕士、教育博士授予单位及授权点向师范院校倾斜。强化教师教育师资队伍建设，在专业发展、职称晋升和岗位聘用等方面予以倾斜支持。师范院校评估要体现师范教育特色，确保师范院校坚持以师范教育为主业，严控师范院校更名为非师范院校。开展师范类专业认证，确保教师培养质量。

9.支持高水平综合大学开展教师教育。创造条件，推动一批有基础的高水平综合大学成立教师教育学院，设立师范专业，积极参与基础教育、职业教育教师培养培训工作。整合优势学科的学术力量，凝聚高水平的教学团队。发挥专业优势，开设厚基础、宽口径、多样化的教师教育课程。创新教师培养形态，突出教师教育特色，重点培养教育硕士，适度培养教育博士，造就学科知识扎实、专业能力突出、教育情怀深厚的高素质复合型教师。

10.全面提高中小学教师质量，建设一支高素质专业化的教师队伍。提高教师培养层次，提升教师培养质量。推进教师培养供给侧结构性改革，为义务教育学校侧重培养素质全面、业务见长的本科层次教师，为高中阶段教育学校侧重培养专业突出、底蕴深厚的研究生层次教师。大力推动研究生层次教师培养，增加教育硕士招生计划，向中西部地区和农村地区倾斜。根据基础教育改革发展需要，以实践为导向优化教师教育课程体系，强化"钢笔字、毛笔字、粉笔字和普通话"等教学基本功和教学技能训练，师范生教育实践不少于半年。加强紧缺薄弱学科教师、特殊教育教师和民族地区双语教师培养。开展中小学教师全员培训，促进教师终身学习和专业发展。转变培训方式，推动信息技术与教师培训的有机融合，实行线上线下相结合的混合式研修。改进培训内容，紧密结合教育教学一线实际，组织高质量培训，使教师静心钻研教学，切实提升教学水平。推行培训自主选学，实行培训学分管理，建立培训学分银行，搭建教师培训与学历教育衔接的"立交桥"。建立健全地方教师发展机构和专业培训者队伍，依托现有资源，结合各地实际，逐步推进县级教师发展机构建设与改革，实现培训、教研、电教、科研部门有机整合。继续实施教师国培计划。鼓励教师海外研修访学。加强中小学校长队伍建设，努力造就一支政治过硬、品德高尚、业务精湛、治校有方的校长队伍。面向全体中小学校长，加大培训力度，提升校长办学治校能力，打造高品质学校。实施校长国培计划，重点开展乡村中小学骨干校长培训和名校长研修。支持教师和校长大胆探索，创新教育思想、教育模式、教育方法，形成教学特色和办学风格，营造教育家脱颖而出的制度环境。

11. 全面提高幼儿园教师质量，建设一支高素质善保教的教师队伍。办好一批幼儿师范专科学校和若干所幼儿师范学院，支持师范院校设立学前教育专业，培养热爱学前教育事业，幼儿为本、才艺兼备、擅长保教的高水平幼儿园教师。创新幼儿园教师培养模式，前移培养起点，大力培养初中毕业起点的五年制专科层次幼儿园教师。优化幼儿园教师培养课程体系，突出保教融合，科学开设儿童发展、保育活动、教育活动类课程，强化实践性课程，培养学前教育师范生综合能力。

建立幼儿园教师全员培训制度，切实提升幼儿园教师科学保教能力。加大幼儿园园长、乡村幼儿园教师、普惠性民办幼儿园教师的培训力度。创新幼儿园教师培训模式，依托高等学校和优质幼儿园，重点采取集中培训与跟岗实践相结合的方式培训幼儿园教师。鼓励师范院校与幼儿园协同建立幼儿园教师培养培训基地。

12. 全面提高职业院校教师质量，建设一支高素质双师型的教师队伍。继续实施职业院校教师素质提高计划，引领带动各地建立一支技艺精湛、专兼结合的双师型教师队伍。加强职业技术师范院校建设，支持高水平学校和大中型企业共建双师型教师培养培训基地，建立高等学校、行业企业联合培养双师型教师的机制。切实推进职业院校教师定期到企业实践，不断提升实践教学能力。建立企业经营管理者、技术能手与职业院校管理者、骨干教师相互兼职制度。

13. 全面提高高等学校教师质量，建设一支高素质创新型的教师队伍。着力提高教师专业能力，推进高等教育内涵式发展。搭建校级教师发展平台，组织研修活动，开展教学研究与指导，推进教学改革与创新。加强院系教研室等学习共同体建设，建立完善传帮带机制。全面开展高等学校教师教学能力提升培训，重点面向新入职教师和青年教师，为高等学校培养人才培育生力军。重视各级各类学校辅导员专业发展。结合"一带一路"建设和人文交流机制，有序推动国内外教师双向交流。支持孔子学院教师、援外教师成长发展。服务创新型国家和人才强国建设、世界一流大学和一流学科建设，实施好千人计划、万人计划、长江学者奖励计划等重大人才项目，着力打造创新团队，培养引进一批具有国际影响力的学科领军人才和青年学术英才。加强高端智库建设，依托人文社会科学重点研究基地等，汇聚培养一大批哲学社会科学名家名师。高等学校高层次人才遴选和培育中要突出教书育人，让科学家同时成为教育家。

四、深化教师管理综合改革，切实理顺体制机制

14. 创新和规范中小学教师编制配备。适应加快推进教育现代化的紧迫需求和城乡教育一体化发展改革的新形势，充分考虑新型城镇化、全面二孩政策及高考改革等带来的新情况，根据教育发展需要，在现有编制总量内，统筹考虑、合理核定教职工编制，盘活事业编制存量，优化编制结构，向教师队伍倾斜，采取多种形式增加教师总量，优先保障教育发展需要。落实城乡统一的中小学教职工编制标准，有条件的地方出台公办幼儿园人员配备规范、特殊教育学校教职工编制标准。创新编制管理，加大教职工编制统筹配置和跨区域调整力度，省级统筹、市域调剂、以县为主，动态调配。编制向乡村小规模学校倾斜，按照班师比与生师比相结合的方式核定。加强和规范中小学教职工编制管理，严禁挤占、挪用、截留编制和有编不补。实行教师编制配备和购买工勤服务相结合，满足教育快速发展需求。

15. 优化义务教育教师资源配置。实行义务教育教师"县管校聘"。深入推进县域内义务教育学校教师、校长交流轮岗，实行教师聘期制、校长任期制管理，推动城镇优秀教师、校长向乡村学校、薄弱学校流动。实行学区（乡镇）内走教制度，地方政府可根据实际给予相应补贴。逐步扩大农村教师特岗计划实施规模，适时提高特岗教师工资性补助标准。鼓励优秀特岗教师攻读教育硕士。鼓励地方政府和相关院校因地制宜采取定向招生、定向培养、定期服务等方式，为乡村学校及教学点培养"一专多能"教师，优先满足老少边穷地区教师补充需要。实施银龄讲学计划，鼓励支持乐于奉献、身体健康的退休优秀教师到乡村和基层学校支教讲学。

16. 完善中小学教师准入和招聘制度。完善教师资格考试政策，逐步将修习教师教育课程、参加教育教学实践作为认定教育教学能力、取得教师资格的必备条件。新入职教师必须取得教师资格。严格教师准入，提高入职标准，重视思想政治素质和业务能力，根据教育行业特点，分区域规划，分类别指导，结合实际，逐步将幼儿园教师学历提升至专科，小学教师学历提升至师范专业专科和非师范专业本科，初中教师学历提升至本科，有条件的地方将普通高中教师学历提升至研究生。建立符合教育行业特点的中小学、幼儿园教师招聘办法，遴选乐教适教善教的优秀人才进入教师队伍。按照中小学校领导人员管理暂行办法，明确任职条件和资格，规范选拔任用工作，激发办学治校活力。

17. 深化中小学教师职称和考核评价制度改革。适当提高中小学中级、高级教师岗位比例，畅通教师职业发展通道。完善符合中小学特点的岗位管理制度，实现职称与教师聘用衔接。将中小学教师到乡村学校、薄弱学校任教1年以上的经历作为申报高级教师职称和特级教师的必要条件。推行中小学校长职级制改革，拓展职业发展空间，促进校长队伍专业化建设。进一步完善职称评价标准，建立符合中小学教师岗位特点的考核评价指标体系，坚持德才兼备、全面考核，突出教育教学实绩，引导教师潜心教书育人。加强聘后管理，激发教师的工作活力。完善相关政策，防止形式主义的考核检查干扰正常教学。不简单用升学率、学生考试成绩等评价教师。实行定期注册制度，建立完善教师退出机制，提升教师队伍整体活力。加强中小学校长考核评价，督促提高素质能力，完善优胜劣汰机制。

18. 健全职业院校教师管理制度。根据职业教育特点，有条件的地方研究制定中等职业学校人员配备规范。完善职业院校教师资格标准，探索将行业企业从业经历作为认定教育教学能力、取得专业课教师资格的必要条件。落实职业院校用人自主权，完善教师招聘办法。推动固定岗和流动岗相结合的职业院校教师人事管理制度改革。支持职业院校专设流动岗位,适应产业发展和参与全球产业竞争需求,大力引进行业企业一流人才,吸引具有创新实践经验的企业家、高科技人才、高技能人才等兼职任教。完善职业院校教师考核评价制度,双师型教师考核评价要充分体现技能水平和专业教学能力。

19. 深化高等学校教师人事制度改革。积极探索实行高等学校人员总量管理。严把高等学校教师选聘入口关,实行思想政治素质和业务能力双重考察。严格教师职业准入,将新入职教师岗前培训和教育实习作为认定教育教学能力、取得高等学校教师资格的必备条件。适应人才培养结构调整需要,优化高等学校教师结构,鼓励高等学校加大聘用具有其他学校学习工作和行业企业工作经历教师的力度。配合外国人永久居留制度改革,健全外籍教师资格认证、服务管理等制度。帮助高等学校青年教师解决住房等困难。推动高等学校教师职称制度改革,将评审权直接下放至高等学校,由高等学校自主组织职称评审、自主评价、按岗聘任。条件不具备、尚不能独立组织评审的高等学校,可采取联合评审的方式。推行高等学校教师职务聘任制改革,加强聘期考核,准聘与长聘相结合,做到能上能下、能进能出。教育、人力资源社会保障等部门要加强职称评聘事中事后监管。深入推进高等学校教师考核评价制度改革,突出教育教学业绩和师德考核,将教授为本科生上课作为基本制度。坚持正确导向,规范高层次人才合理有序流动。

五、不断提高地位待遇,真正让教师成为令人羡慕的职业

20. 明确教师的特别重要地位。突显教师职业的公共属性,强化教师承担的国家使命和公共教育服务的职责,确立公办中小学教师作为国家公职人员特殊的法律地位,明确中小学教师的权利和义务,强化保障和管理。各级党委和政府要切实负起中小学教师保障责任,提升教师的政治地位、社会地位、职业地位,吸引和稳定优秀人才从教。公办中小学教师要切实履行作为国家公职人员的义务,强化国家责任、政治责任、社会责任和教育责任。

21. 完善中小学教师待遇保障机制。健全中小学教师工资长效联动机制,核定绩效工资总量时统筹考虑当地公务员实际收入水平,确保中小

教师平均工资收入水平不低于或高于当地公务员平均工资收入水平。完善教师收入分配激励机制，有效体现教师工作量和工作绩效，绩效工资分配向班主任和特殊教育教师倾斜。实行中小学校长职级制的地区，根据实际实施相应的校长收入分配办法。

22. 大力提升乡村教师待遇。深入实施乡村教师支持计划，关心乡村教师生活。认真落实艰苦边远地区津贴等政策，全面落实集中连片特困地区乡村教师生活补助政策，依据学校艰苦边远程度实行差别化补助，鼓励有条件的地方提高补助标准，努力惠及更多乡村教师。加强乡村教师周转宿舍建设，按规定将符合条件的教师纳入当地住房保障范围，让乡村教师住有所居。拿出务实举措，帮助乡村青年教师解决困难，关心乡村青年教师工作生活，巩固乡村青年教师队伍。在培训、职称评聘、表彰奖励等方面向乡村青年教师倾斜，优化乡村青年教师发展环境，加快乡村青年教师成长步伐。为乡村教师配备相应设施，丰富精神文化生活。

23. 维护民办学校教师权益。完善学校、个人、政府合理分担的民办学校教师社会保障机制，民办学校应与教师依法签订合同，按时足额支付工资，保障其福利待遇和其他合法权益，并为教师足额缴纳社会保险费和住房公积金。依法保障和落实民办学校教师在业务培训、职务聘任、教龄和工龄计算、表彰奖励、科研立项等方面享有与公办学校教师同等权利。

24. 推进高等学校教师薪酬制度改革。建立体现以增加知识价值为导向的收入分配机制，扩大高等学校收入分配自主权，高等学校在核定的绩效工资总量内自主确定收入分配办法。高等学校教师依法取得的科技成果转化奖励收入，不纳入本单位工资总额基数。完善适应高等学校教学岗位特点的内部激励机制，对专职从事教学的人员，适当提高基础性绩效工资在绩效工资中的比重，加大对教学型名师的岗位激励力度。

25. 提升教师社会地位。加大教师表彰力度。大力宣传教师中的"时代楷模"和"最美教师"。开展国家级教学名师、国家级教学成果奖评选表彰，重点奖励贡献突出的教学一线教师。做好特级教师评选，发挥引领作用。做好乡村学校从教30年教师荣誉证书颁发工作。各地要按照国家有关规定，因地制宜开展多种形式的教师表彰奖励活动，并落实相关优待政策。鼓励社会团体、企事业单位、民间组织对教师出资奖励，开展尊师活动，营造尊师重教良好社会风尚。

建设现代学校制度，体现以人为本，突出教师主体地位，落实教师知情权、参与权、表达权、监督权。建立健全教职工代表大会制度，保障教师参与学校决策的民主权利。推行中国特色大学章程，坚持和完善党委领导下的校长负责制，充分发挥教师在高等学校办学治校中的作用。维护教师职业尊严和合法权益，关心教师身心健康，克服职业倦怠，激发工作热情。

六、切实加强党的领导，全力确保政策举措落地见效

26. 强化组织保障。各级党委和政府要满腔热情关心教师，充分信任、紧紧依靠广大教师。要切实加强领导，实行一把手负责制，紧扣广大教师最关心、最直接、最现实的重大问题，找准教师队伍建设的突破口和着力点，坚持发展抓公平、改革抓机制、整体抓质量、安全抓责任、保证抓党建，把教师工作记在心里、扛在肩上、抓在手中，摆上重要议事日程，细化分工，确定路线图、任务书、时间表和责任人。主要负责同志和相关责任人要切实做到实事求是、求真务实、善始善终、善作善成，把准方向、敢于担当、亲力亲为、抓实工作。各省、自治区、直辖市党委常委会每年至少研究一次教师队伍建设工作。建立教师工作联席会议制度，解决教师队伍建设重大问题。相关部门要制定切实提高教师待遇的具体措施。研究修订教师法。统筹现有资源，壮大全国教师工作力量，培育一批专业机构，专门研究教师队伍建设重大问题，为重大决策提供支撑。

27. 强化经费保障。各级政府要将教师队伍建设作为教育投入重点予以优先保障，完善支出保障机制，确保党和国家关于教师队伍建设重大决策部署落实到位。优化经费投入结构，优先支持教师队伍建设最薄弱、最紧迫的领域，重点用于按规定提高教师待遇保障、提升教师专业素质能力。加大师范教育投入力度。健全以政府投入为主、多渠道筹集教育经费的体制，充分调动社会力量投入教师队伍建设的积极性。制定严格的经费监管制度，规范经费使用，确保资金使用效益。各级党委和政府要将教师队伍建设列入督查督导工作重点内容，并将结果作为党政领导班子和有关领导干部综合考核评价、奖惩任免的重要参考，确保各项政策措施全面落实到位，真正取得实效。

B.5　教育部办公厅关于开展职业教育教师队伍能力提升行动的通知

各省、自治区、直辖市教育厅（教委），新疆生产建设兵团教育局，部属各高等学校、部省合建各高等学校：

为深入贯彻习近平总书记关于职业教育的重要指示精神，落实《中华人民共和国职业教育法》《中共中央 国务院关于全面深化新时代教师队伍建设改革的意见》，不断加强职业教育教师队伍建设，教育部决定开展职业教育教师队伍能力提升行动，现将2022年重点工作通知如下。

一、完善职教教师标准框架

结合职业分类大典修订，修订完善中等职业学校教师、校长职业标准，研制高等职业学校教师职业标准，逐步建立层次分明，覆盖公共课、专业课、实习实践等各类课程的教师职业标准体系。研制新时代职业院校"双师型"教师标准。研制职业学校教师培训学时学分管理办法，加快推进教师培训工作规范化建设。

二、提高职教教师培养质量

（一）逐步提升教师培养学历层次。在学位授权点审核和招生计划管理中，对职业技术教育领域特别是长期从事职业技术师范教育的院校给予支持。鼓励具有推免资格的高校推荐优秀应届本科毕业生免试攻读职业技术教育硕士，通过一体设计、衔接培养、分段考核、定向就业的人才培养模式，增强培养内容的衔接性、课程设计的完整性、能力素质的综合性。

（二）支持高职院校在职教师学历提升。鼓励支持高等职业学校在职专业课教师报考硕博士研究生，毕业后回原校履约任教。在攻读研究生期间，探索脱产学习与在岗实践相结合的培养形式，学中用、用中学。

（三）探索多主体跨界协同育人路径。支持地方整合综合（理工科）院校、师范类院校和行业企业优势资源，多主体协同参与职业院校教师培养模式。鼓励高水平学校具有深厚产教融合基础的专业二级学院与职业技术师范教育学院资源互补、协同育人。

三、健全职教教师培训体系

（一）实施"职教国培"示范项目。利用中央部门预算资金，设立"职教国培"示范培训项目，开展培训团队研修、校长培训和教师培训，发挥高端引领和示范带动作用。做好国家乡村振兴重点帮扶县中职学校教育人才"组团式"帮扶工作。

（二）调整国家级职业院校校长培训基地布局。统筹考虑职业教育层次、地区经济产业和地域特点、职业教育发展情况，对承担职业院校校长培训任务的单位（机构）进行调整，遴选认定一批"十四五"期间国家级职业院校校长（书记）培训基地，展开梯次迭代培训。

（三）打造高水平职业院校教师培训基地。结合新专业目录调整和国家战略重点领域、紧缺领域和优先发展产业领域相关专业，对现有各类国家级职业院校教师培养培训基地进行调整，定期轮转。对部分培训资源缺乏的地区，经地方申报，建立临近区域协作、送教上门等培训机制。加强培训资源建设的动态更新、调剂共享，满足教师需求。

（四）严格落实职业院校教师素质提高计划。加强对各地和承训机构（单位）实施全国职业院校教师素质提高计划（以下简称素提计划）的视导调研，多渠道组织参训教师匿名评教，强化绩效考核结果在经费拨付、任务调整、考核奖励中的权重。发挥国家级基地在培训团队、资源和条件等方面优势，加大各地遴选国家级基地承担培训任务的比重。

（五）加强教师发展（培训）中心建设。依托现有教师联盟（组织）、国家级基地、"双高"计划建设单位，发挥职教高地和产教深度融合地区优势，支持分区分片成立职业院校教师发展联盟，带动各地教师发展中心建设。鼓励企业积极参与，推动教师紧盯行业企业开展科学研究、课程开发和实践教学，服务企业技术升级和产品研发。

（六）推动职教教师数字化学习平台建设。在国家职业教育智慧教育平台开辟教师学习研修版块，面向所有老师共享共用。发挥国家级项目承担单位、"双高"计划建设单位等引领带动作用，分层次、分专业建设教师培训优质资源。结合"职教国培"示范项目、职教创新团队、名师（名匠）名校长培育等项目建设，开设研修专栏，逐步实现项目申报、组织、评价等一体化建设。

四、创新职教教师培训模式

（一）推进全国职业院校教师教学创新团队建设。加强询导调研，过程管理，年底对首批团队进行验收，系统梳理建设成果。通过国家示范引领，推动各地各校因地制宜展开省级、校级创新团队整体规划和建设布局，形成团队建设网状体系，带动"双师型"教师队伍整体建设。根据新冠肺炎疫情形势，适时恢复创新团队骨干教师分批次、成建制出国研修访学。

（二）实施职业院校名师（名匠）名校长培育计划。启动全国职业院校名校长（书记）为期3年的培养培育。启动建设一批国家级"双师型"名师（名匠）工作室和技艺技能传承创新平台，由院校教学名师或具有绝招绝技的技能大师（专兼职）组建。通过定期团队研修、项目研究、行动学习等方式，进行为期3年的分阶段研修。建立国家杰出职业教育专家库及其联系机制。

五、畅通职教教师校企双向流动

（一）推动教师企业实践。对国家级职教教师企业实践基地进行调整补充，加强规范管理，调动企业承担更多培训义务，形成政、校、企合力。将地方优质企业基地纳入全国基地网络，为教师提供更多优质资源和选择空间。依托国家智慧教育平台发布实践项目、创新实践课程、记录培训轨迹，实现校企资源共建共享，推进职业院校教师每年完成至少1个月的企业实践。

（二）实施兼职教师特聘岗位计划。支持职业院校设立一批产业导师特聘岗，聘请企业工程技术人员、高技能人才、管理人员、能工巧匠等，采取兼职任教、合作研究、参与项目等方式到校工作，推进固定岗与流动岗相结合、校企互聘兼职的教师队伍建设改革。

（三）建设兼职教师资源库。丰富拓展职业教育教师选用渠道，会同人力资源社会保障部、全国总工会、中国工程院等相关部门，按照行业企业和专业领域，遴选有经验的人才到高职院校兼职任教。组建兼职教师资源库，在相关信息平台定期发布和更新，拓宽学校兼职教师聘用渠道。

六、营造全社会关注职业教育教师队伍的良好氛围

在"全国高校黄大年式教师团队""全国优秀教师""全国教书育人楷模""国家级教学成果奖"等评选中，充分考虑职业院校。利用中央媒体、教育媒体和教育政务新媒体等多种平台，《教育要情》《教育部简报》《中央教工领导小组教育情况通报》等多种渠道，加大职教教师队伍建设内宣、外宣力度。加大对地方、学校、团队典型案例的宣传报道力度，调动全社会广泛发声、广泛关注，营造职教教师队伍建设的良好氛围。

教育部办公厅

2022 年 5 月 17 日

B.6 教师教育振兴行动计划（2018—2022 年）

教师教育是教育事业的工作母机，是提升教育质量的动力源泉。为深入认真贯彻习近平新时代中国特色社会主义思想和党的十九大精神，根据《中共中央 国务院关于全面深化新时代教师队伍建设改革的意见》（中发〔2018〕4 号）的决策部署，按照国民经济和社会发展第十三个五年规划纲要及国家教育事业发展"十三五"规划工作要求，采取切实措施建强做优教师教育，推动教师教育改革发展，全面提升教师素质能力，努力建设一支高素质专业化创新型教师队伍，特制订教师教育振兴行动计划。

一、指导思想

以习近平新时代中国特色社会主义思想为指导，全面学习贯彻党的十九大精神，紧紧围绕统筹推进"五位一体"总体布局和协调推进"四个全面"战略布局，坚持和加强党的全面领导，坚持以人民为中心的发展思想，坚持全面深化改革，牢固树立新发展理念，全面贯彻党的教育方针，坚持社会主义办学方向，落实立德树人根本任务，主动适应教育现代化对教师队伍的新要求，遵循教育规律和教师成长发展规律，着眼长远，立足当前，以提升教师教育质量为核心，以加强教师教育体系建设为支撑，以教师教育供给侧结构性改革为动力，推进教师教育创新、协调、绿色、开放、共享发展，从源头上加强教师队伍建设，着力培养造就党和人民满意

的师德高尚、业务精湛、结构合理、充满活力的教师队伍。

二、目标任务

经过5年左右努力,办好一批高水平、有特色的教师教育院校和师范类专业,教师培养培训体系基本健全,为我国教师教育的长期可持续发展奠定坚实基础。师德教育显著加强,教师培养培训的内容方式不断优化,教师综合素质、专业化水平和创新能力显著提升,为发展更高质量更加公平的教育提供强有力的师资保障和人才支撑。

——落实师德教育新要求,增强师德教育实效性。将学习贯彻习近平总书记对教师的殷切希望和要求作为教师师德教育的首要任务和重点内容。加强师德养成教育,用"四有好老师"标准、"四个引路人"、"四个相统一"和"四个服务"等要求,统领教师成长发展,细化落实到教师教育课程,引导教师以德立身、以德立学、以德施教、以德育德。

——提升培养规格层次,夯实国民教育保障基础。全面提高师范生的综合素养与能力水平。根据各地实际,为义务教育学校培养更多接受过高质量教师教育的素质全面、业务见长的本科层次教师,为普通高中培养更多专业突出、底蕴深厚的研究生层次教师,为中等职业学校(含技工学校,下同)大幅增加培养具有精湛实践技能的"双师型"专业课教师,为幼儿园培养一大批关爱幼儿、擅长保教的学前教育专业专科以上学历教师,教师培养规格层次满足保障国民教育和创新人才培养的需要。

——改善教师资源供给,促进教育公平发展。加强中西部地区和乡村学校教师培养,重点为边远、贫困、民族地区教育精准扶贫提供师资保障。支持中西部地区提升师范专业办学能力。推进本土化培养,面向师资补充困难地区逐步扩大乡村教师公费定向培养规模,为乡村学校培养"下得去、留得住、教得好、有发展"的合格教师。建立健全乡村教师成长发展的支持服务体系,高质量开展乡村教师全员培训,培训的针对性和实效性不断提高。

——创新教师教育模式,培养未来卓越教师。吸引优秀人才从教,师范生生源质量显著提高,用优秀的人去培养更优秀的人。注重协同育人,注重教学基本功训练和实践教学,注重课程内容不断更新,注重信息技术应用能力,教师教育新形态基本形成。师范生与在职教师的社会责任感、创新精神和实践能力不断增强。

——发挥师范院校主体作用,加强教师教育体系建设。加大对师范院校的支持力度,不断优化教师教育布局结构,基本形成以国家教师教育基地为引领、师范院校为主体、高水平综合大学参与、教师发展机构为纽带、优质中小学为实践基地的开放、协同、联动的现代教师教育体系。

三、主要措施

(一)师德养成教育全面推进行动。研制出台在教师培养培训中加强师德教育的文件和师德修养教师培训课程指导标准。将师德教育贯穿教师教育全过程,作为师范生培养和教师培训课程的必修模块。培育和践行社会主义核心价值观,引导教师全面落实到教育教学实践中。制订教师法治培训大纲,开展法治教育,提升教师法治素养和依法执教能力。在师范生和在职教师中广泛开展中华优秀传统文化教育,注重通过中华优秀传统文化涵养师德,通过经典诵读、开设专门课程、组织专题培训等形式,汲取文化精髓,传承中华道。将教书育人楷模、一线优秀教师校长请进课堂,采取组织公益支教、志愿服务等方式,着力培育师范生的教师职业认同和社会责任感。借助新闻媒体平台,组织开展师范生"师德第一课"系列活动。每年利用教师节后一周时间开展"师德活动周"活动。发掘师德先进典型,弘扬当代教师风采,大力宣传阳光美丽、爱岗敬业、默默奉献的新时代优秀教师形象。

(二)教师培养层次提升行动。引导支持办好师范类本科专业,加大义务教育阶段学校本科层次教师培养力度。按照有关程序办法,增加一批教育硕士专业学位授权点。引导鼓励有关高校扩大教育硕士招生规模,对教师教育院校研究生推免指标予以统筹支持。支持探索普通高中、中等职业学校教师本科和教育硕士研究生阶段整体设计、分段考核、有机衔接的培养模式。适当增加教育博士专业学位授权点,引导鼓励有关高校扩大教育博士招生规模,面向基础教育、职业教育教师校长,完善教育博士选拔培养方案。办好一批幼儿师范高等专科学校和若干所幼儿师范学院。各地根据学前教育发展的实际需求,扩大专科以上层次幼儿园教师培养规模。支持师范院校扩大特殊教育专业招生规模,加大特殊教育领域教育硕士培养力度。

（三）乡村教师素质提高行动。各地要以集中连片特困地区县和国家级贫困县为重点，通过公费定向培养、到岗退费等多种方式，为乡村小学培养补充全科教师，为乡村初中培养补充"一专多能"教师，优先满足老少边穷岛等边远贫困地区教师补充需要。加大紧缺薄弱学科教师和民族地区双语教师培养力度。加强县区乡村教师专业发展支持服务体系建设，强化县级教师发展机构在培训乡村教师方面的作用。培训内容针对教育教学实际需要，注重新课标新教材和教育观念、教学方法培训，赋予乡村教师更多选择权，提升乡村教师培训实效。推进乡村教师到城镇学校跟岗学习，鼓励引导师范生到乡村学校进行教育实践。"国培计划"集中支持中西部乡村教师校长培训。

（四）师范生生源质量改善行动。依法保障和提高教师的地位待遇，通过多种方式吸引优质生源报考师范专业。改进完善教育部直属师范大学师范生免费教育政策，将"免费师范生"改称为"公费师范生"，履约任教服务期调整为6年。推进地方积极开展师范生公费教育工作。积极推行初中毕业起点五年制专科层次幼儿园教师培养。部分办学条件好、教学质量高的高校师范专业实行提前批次录取。加大入校后二次选拔力度，鼓励设立面试考核环节，考察学生的综合素养和从教潜质，招收乐教适教善教的优秀学生就读师范专业。鼓励高水平综合性大学成立教师教育学院，设立师范类专业，招收学科知识扎实、专业能力突出、具有教育情怀的学生，重点培养教育硕士，适度培养教育博士。建立健全符合教育行业特点的教师招聘办法，畅通优秀师范毕业生就业渠道。

（五）"互联网＋教师教育"创新行动。充分利用云计算、大数据、虚拟现实、人工智能等新技术，推进教师教育信息化教学服务平台建设和应用，推动以自主、合作、探究为主要特征的教学方式变革。启动实施教师教育在线开放课程建设计划，遴选认定200门教师教育国家精品在线开放课程，推动在线开放课程广泛应用共享。实施新一周期中小学教师信息技术应用能力提升工程，引领带动中小学教师校长将现代信息技术有效运用于教育教学和学校管理。研究制定师范生信息技术应用能力标准，提高师范生信息素养和信息化教学能力。依托全国教师管理信息系统，加强在职教师培训信息化管理，建设教师专业发展"学分银行"。

（六）教师教育改革实验区建设行动。支持建设一批由地方政府统筹，教育、发展改革、财政、人力资源社会保障、编制等部门密切配合，高校与中小学协同开展教师培养培训、职前与职后相互衔接的教师教育改革实验区，带动区域教师教育综合改革，全面提升教师培养培训质量。深入实施"卓越教师培养计划"，建设一流师范院校和一流师范专业，分类推进教师培养模式改革。推动实践导向的教师教育课程内容改革和以师范生为中心的教学方法变革。发挥"国培计划"示范引领作用，加强教师培训需求诊断，优化培训内容，推动信息技术与教师培训的有机融合，实行线上线下相结合的混合式培训。实施新一周期职业院校教师素质提高计划，引领带动高层次"双师型"教师队伍建设。实施中小学名师名校长领航工程，培养造就一批具有较大社会影响力、能够在基础教育领域发挥示范引领作用的领军人才。加强教育行政部门对新教师入职教育的统筹规划，推行集中培训和跟岗实践相结合的新教师入职教育模式。

（七）高水平教师教育基地建设行动。综合考虑区域布局、层次结构、师范生招生规模、校内教师教育资源整合、办学水平等因素，重点建设一批师范教育基地，发挥高水平、有特色教师教育院校的示范引领作用。加强教师教育院校师范生教育教学技能实训平台建设。国家和地方有关重大项目充分考虑教师教育院校特色，在规划建设方面予以倾斜。推动高校有效整合校内资源，鼓励有条件的高校依托现有资源组建实体化的教师教育学院。制定县级教师发展中心建设标准。以优质市县教师发展机构为引领，推动整合教师培训机构、教研室、教科所（室）、电教馆的职能和资源，按照精简、统一、效能原则建设研训一体的市县教师发展机构，更好地为区域教师专业发展服务。高校与地方教育行政部门依托优质中小学，开展师范生见习实习、教师跟岗培训和教研教改工作。

（八）教师教育师资队伍优化行动。国家和省级教育行政部门加大对教师教育师资国内外访学支持力度。引导支持高校加大学科课程与教学论博士生培养力度。高校对教师教育师资的工作量计算、业绩考核等评价与管理，应充分体现教师教育工作特点。在岗位聘用、绩效工资分配等方面，对学科课程与教学论教师实行倾斜政策。推进职业学校、高等学校与大中型企业共建共享师资，允许职业学校、高等学校依法依规自主聘请兼职教师，支持有条件的地方探索产业导师特设岗位计划。推进高校与中小学教师、企业人员双向交流。高校与中小学、高校与企业采取双向挂职、兼职等方式,建立教师教育师资共同体。实施骨干培训者队伍建设工程,开展万名专兼职教师培训者培训能力提升专项培训。组建中小学名师工作室、特级教师流动站、企业导师人才库,充分发挥教研员、学科带头人、特级教师、高技能人才在师范生培养和在职教师常态化研修中的重要作用。

(九)教师教育学科专业建设行动。建立健全教师教育本专科和研究生培养的学科专业体系。鼓励支持有条件的高校自主设置"教师教育学"二级学科,国家定期公布高校在教育学一级学科设立"教师教育学"二级学科情况,加强教师教育的学术研究和人才培养。明确教育实践的目标任务,构建全方位教育实践内容体系,与基础教育、职业教育课程教学改革相衔接,强化"三字一话"等师范生教学基本功训练。修订《教师教育课程标准》,组织编写或精选推荐一批主干课教材和精品课程资源。发布《中小学幼儿园教师培训课程指导标准》。开发中等职业学校教师教育课程和特殊教育课程资源。鼓励高校针对有从教意愿的非师范类专业学生开设教师教育课程,协助参加必要的教育实践。建设公益性教师教育在线学习中心,提供教师教育核心课程资源,供非师范类专业学生及社会人士修习。

(十)教师教育质量保障体系构建行动。建设全国教师教育基本状态数据库,建立教师培养培训质量监测机制,发布《中国教师教育质量年度报告》。出台《普通高等学校师范类专业认证标准》,启动开展师范类专业认证,将认证结果作为师范类专业准入、质量评价和教师资格认定的重要依据,并向社会公布。建立高校教师教育质量自我评估制度。建立健全教育专业学位认证评估制度和动态调整机制,推动完善教育硕士培养方案,聚焦中小学教师培养,逐步实现教育硕士培养与教师资格认定相衔接。建立健全教师培训质量评估制度。高校教学、学科评估要考虑教师教育院校的实际,将教师培养培训工作纳入评估体系,体现激励导向。

四、组织实施

(一)明确责任主体。要加强组织领导,把振兴教师教育作为全面深化新时代教师队伍建设改革的重大举措,列入重要议事日程,切实将计划落到实处。教育行政部门要加强对教师教育工作的统筹管理和指导,发展改革、财政、人力资源社会保障、编制部门要密切配合、主动履职尽责,共同为教师教育振兴发展营造良好的法治和政策环境。成立国家教师教育咨询专家委员会,为教师教育重大决策提供有力支撑。

(二)加强经费保障。要加大教师教育财政经费投入力度,提升教师教育保障水平。根据教师教育发展以及财力状况,适时提高师范生生均拨款标准。教师培训经费要列入财政预算。幼儿园、中小学和中等职业学校按照年度公用经费预算总额的5%安排教师培训经费。中央财政通过现行政策和资金渠道对教师教育加大支持力度。在相关重大教育发展项目中将教师培养培训作为资金使用的重要方向。积极争取社会支持,建立多元化筹资渠道。

(三)开展督导检查。建立教师教育项目实施情况的跟踪、督导机制。国家有关部门组织开展对教师教育振兴行动计划实施情况的专项督导检查,确保各项政策举措落到实处。按照国家有关规定对先进典型予以表彰奖励,对实施不到位、敷衍塞责的,要追究相关部门负责人的领导责任。

各省、自治区、直辖市要因地制宜提出符合本地实际的实施办法,将本计划的要求落到实处。

B.7 2021年全国职业院校技能大赛教学能力比赛方案

一、指导思想

深入贯彻习近平总书记关于职业教育的重要指示,落实全国职业教育大会精神,按照《国家职业教育改革实施方案》《职业教育提质培优行动计划(2020—2023年)》等部署,坚持"以赛促教、以赛促研、以赛促建、以赛促改"的总体思路,引导各地各校围绕立德树人根本任务,构建"三全育人"体系,深化"课程思政"建设;引导各地各校切实推进国家教学标准落地,积极探索"岗课赛证"融合育人模式,创新发展线上线下混合式教学模式;引导各地各校持续深化教师、教材、教法"三教改革",持续提升学校在确保质量型扩招等新形势下常态化改进教育教学管理的能力;引导各地各校推进高水平、结构化教师教学团队建设,提高教师的师德践行能力、专业教学能力、综合育人能力和自主发展能力,推动示范性教学，促进"能说会做"的"双师型"教师成长。

二、比赛要求

重点考察教学团队（2~4人）针对某门课程中部分教学内容完成教学设计、实施课堂教学、达成评价目标、进行反思改进的能力。

1. 教学内容。根据职业教育国家教学标准要求，对接职业标准（规范）、职业技能等级标准等，优化课程体系和教学目标，拓展教学内容深度和广度，体现产业发展新趋势、新业态、新模式，体现专业升级和数字化改造。结合专业特点，做好课程思政的系统设计，有机融入劳动精神、工匠精神、劳模精神等育人新要求，实现润物无声的育人效果。优化实践教学体系，实训教学内容应体现真实工作任务、项目及工作流程、过程等。

2. 教学设计。依据学校实际使用的专业人才培养方案和课程标准，针对参赛教学内容，进行学情分析，确定教学目标，优化教学过程。针对不同生源分类施教、因材施教。合理运用平台、技术、方法和资源等组织教育教学，进行考核与评价，持续开展教学诊断与改进。专业（技能）课程鼓励按照生产实际和岗位需求设计模块化课程，强化工学结合、理实一体，实施项目教学、案例教学、情景教学等行动导向教学。中等职业学校应执行《关于加强中小学生手机管理工作的通知》"有限带入校园、禁止带入课堂"的要求。

3. 教学实施。教学实施应注重实效性，突出教学重点难点的解决方法和策略，关注师生、生生的深度有效互动，收集教师教、学生学的行为信息，并根据反映出的问题及时调整教学策略。合理选用国家规划教材和优质精品教材，专业（技能）课程应积极引入典型生产案例，使用新型活页式、工作手册式教材及配套的信息化学习资源；实训教学应运用虚拟仿真、虚拟现实、增强现实和混合现实等信息技术手段，通过教师规范操作、有效示教，提高学生基于任务（项目）分析问题、解决问题的能力。

4. 教学评价。深入贯彻落实《深化新时代教育评价改革总体方案》，改进结果评价，强化过程评价，探索增值评价，健全综合评价；鼓励依托线上平台和软件工具，运用大数据、人工智能等现代信息技术，开展教与学行为分析。

5. 教学反思。教学实施后应充分反思在教学理念、教学设计、教学实施、教学评价过程中形成的经验与存在的不足，总结在课程思政、素养教育、重点突出、难点突破等方面的改革与创新，做到设计理念、教学实施与育人成效的有机统一。

三、比赛分组及参赛限额

（一）比赛分组

中等职业教育组、高等职业教育组（含本科层次职业教育）各分设 3 个报名组别。

1. 中职公共基础课程组：参赛作品应为公共基础课程中不少于 12 学时连续、完整的教学内容。

2. 中职专业技能课程一组：参赛作品应为专业核心课或专业（技能）方向课中不少于 16 学时连续、完整的教学内容。

3. 中职专业技能课程二组：参赛作品应为专业核心课或专业（技能）方向课中不少于 16 学时连续、完整的教学内容，其中必须包含不少于 6 学时的实训教学内容。职业院校专业（类）顶岗实习标准中的实习项目工作任务也可参赛。

4. 高职公共基础课程组：参赛作品应为公共基础课程中不少于 12 学时连续、完整的教学内容。

5. 高职专业课程一组：参赛作品应为专业基础课程或专业核心课程或专业拓展课程中不少于 16 学时连续、完整的教学内容。

6. 高职专业课程二组：参赛作品应为专业核心课程或专业拓展课程中不少于 16 学时连续、完整的教学内容，其中必须包含不少于 6 学时的实训教学内容。职业院校专业（类）顶岗实习标准中的实习项目工作任务也可参赛。

五年制高职前三年课程参加中等职业教育组比赛，五年制高职后二年课程以及本科层次职业教育课程参加高等职业教育组比赛。

（二）参赛限额

各代表队在组织省级比赛的基础上，根据分配的参赛名额（附1）分别推荐中职组、高职组参赛作品。

中职、高职公共基础课程组作品不能出现课程的重复，中职、高职专业（技能）课程（包括一组和二组）作品不能出现专业类的重复（按照

《职业教育专业目录（2021年）》完成新旧专业对照）。

获得近 2 年全国职业院校技能大赛教学能力比赛一等奖的作品，其教学团队所有成员的所在学校不能以同一公共基础课程报名参加公共基础课程组或以同一专业报名参加专业（技能）课程组的比赛。

四、参赛作品及材料

教学团队选取某门课程在一个学期中符合要求的教学任务作为参赛作品，完成教学设计，实施课堂教学。教学内容要符合教育部印发的职业教育国家教学标准中的有关要求，公共基础课程教学内容应突出思想性、注重基础性、体现职业性、反映时代性；专业（技能）课程教学内容应对接新技术、新工艺、新规范。教材的选用和使用必须遵照《职业院校教材管理办法》等文件规定和要求。鼓励推荐落实公共基础课程标准、推进 1+X 证书制度试点、针对高职扩招生源特点创新教学模式、实施线上线下混合式教学且效果好的作品参赛。

参赛作品材料包括实际使用的教案、3~4 段课堂实录视频、教学实施报告，另附参赛作品所依据的实际使用的专业人才培养方案和课程标准（有关要求详见附 2）。

五、比赛办法

根据报名情况分为若干评审组。各评审组均采取先网络初评后组织决赛的方式进行。网络初评时，评审参赛作品材料，确定入围决赛的作品，初定拟获得三等奖的作品。决赛时，教学团队介绍教学实施报告、针对抽选教案中的自选内容进行无学生教学展示、回答评委提问（有关要求详见附 2）。评审参赛作品材料和教学团队现场表现，确定比赛成绩。如因不可抗拒的因素影响，决赛有关安排另行通知。

六、奖励办法

1. 单项奖。坚持宁缺毋滥原则，各评审组分别设置一、二、三等奖，不超过本组参赛作品总数的 10%、20%、30%，一、二等奖根据决赛成绩排序确定，三等奖根据网络初评得分排序确定。全国职业院校技能大赛执行委员会（以下简称"大赛执委会"）组织对参赛作品的专业备案、课程设置、实际教学、教学团队成员身份等情况进行资格审核，通过资格审核的参赛作品方可获奖。

2.团体奖。综合省级比赛组织情况、全国比赛参赛情况、参赛作品和成员资格审核情况、参赛作品获奖情况等因素，评定最佳组织奖9个、最佳进步奖3个。

七、报名方式与要求

1.以省、自治区、直辖市、计划单列市为单位组成代表队参加比赛（计划单列市属地高等职业院校纳入所在省代表队）。

2.参赛对象应为职业院校教龄2年以上（含）的在职教师，学校正式聘用的企业兼职教师可按要求参加专业（技能）课程组的比赛。每个教学团队由实际承担参赛课程或相关课程教学（含实习指导）任务的教师组成，教学团队结构合理，具备高级专业技术职务或取得高级职业技能等级证书的教师不少于1人；专业（技能）课程团队"双师型"教师占比50%以上。

3.各代表队可在本区域范围内跨校联合组建教学团队参赛，中等职业学校、高等职业院校不得混合组队参赛。除公共基础课程组外，每个教学团队可吸收1名学校聘用的企业兼职教师作为团队成员参赛。按有关政策，纳入《职业教育东西协作行动计划（2016—2020年》或教育部确立的其他东西协作结对关系的受援方职业院校教学团队，可引进1名援助方的职业院校教师作为团队成员参赛。

4.获得近2年全国职业院校技能大赛教学能力比赛一等奖的教学团队全部成员不能报名参赛；获得二等奖的教学团队需要调整成员方能报名参赛（原4人团队至少调整2名成员；原3人团队至少调整1名成员，并可以再新增1名成员；原2人团队可以保留两名成员，但至少新增1名成员）。

5.鼓励国家级和省级职业教育教师教学创新团队、教学名师、教学成果奖主持人以及具有正高级专业技术职务的优秀教师报名参赛。各代表队中至少有一个参赛教学团队的主要参与成员来自国家级或省级职业教育教师教学创新团队（如有特殊情况可做说明）。

6.教学团队成员所在学校均须在近2年内实际开设参赛作品教学内容所属的专业（须依规在教育行政部门备案）和课程。

7.参赛作品应为原创，不得违反国家相关法律法规，不得侵犯他人知识产权，如引起知识产权异议或其他法律纠纷，责任自负。涉及软件使用的，应保证为正版软件，鼓励使用国产软件（自主可控）。除教学团队事前特别声明外，大赛执委会拥有对参赛作品进行公益性共享的权利。

8.各代表队应指定专人填写《参赛报名表》《参赛汇总表》《区域性比赛情况统计表》（附3、4、5），加盖公章后于2021年9月30日前寄送至大赛执委会办公室，并在比赛官方网站（www.nvic.edu.cn或www.nvic.com.cn）按要求完成网上报名工作（用户名和密码沿用2020年设置）。

9.2021年10月10日前，各代表队按要求完成所有参赛作品材料的网上提交工作，并及时与比赛官方网站技术支持方联系人电话确认。

10.除《参赛报名表》《参赛汇总表》之外，所有参赛作品材料（含文件名及其属性）和决赛现场的介绍、教学、答辩，均不得泄露地区、学校名称。故意透露相关信息的，取消其参赛资格。

11.大赛执委会不接受教学团队单独报名和材料上传。各代表队应认真做好审核工作，核对专业备案、人才培养方案网上公示、课程开设、授课班级人数、教学团队成员身份、实际授课、省级比赛遴选等情况，并附相关佐证材料；同时，认真检查参赛作品材料是否泄露信息。参赛作品及教学团队成员的真实性、准确性等方面出现的问题，由所在代表队负责核查、反馈。

12.欢迎社会各界对违背职业教育规律和客观实际、以虚假教学内容或虚假师生身份参赛、基本依靠校外公司打造包装等行为予以监督，一经核实，取消其参赛资格、比赛成绩以及所在代表队团体奖评奖资格（奖项评出后发现的，依规追回奖项），减少代表队下一年参赛名额，暂停参赛教学团队所在学校下一年的参赛资格，并通报全国职业院校技能大赛组织委员会，责成省级教育行政部门依据有关规定严肃处理。

八、其他

1.各代表队、各职业院校要严格贯彻落实《关于做好2021年春季学期教育教学和疫情防控工作的通知》和疫情防控常态化的有关要求，统筹做好2021年教学能力比赛各项准备工作。

2.教学团队可选用大赛执委会免费提供的国家职业教育专业教学资源库、国家级精品资源共享课、职业院校企业生产实际教学案例库等相关教学资源进行教学设计和实际教学，相关资源可从比赛教学资源支持平台（智慧职教 www.icve.com.cn、爱课程网 www.icourses.cn）获取，或登录比赛官方网站有关链接。

3. 现场决赛比赛结束后将遴选部分优秀作品的参赛教学团队，由中国教育电视台另行录制视频公开课。

4. 军事职业组比赛安排由中央军委训练管理部参照本方案另行通知。

5. 大赛执委会办公室

联系人：**、***

联系电话：********

电子邮箱：*************

办公地址：*************

6. 比赛官方网站技术支持

联系人：*************

附：1. 参赛名额分配表

2. 参赛作品材料及现场决赛有关要求

3. 参赛报名表

4. 参赛汇总表

5. 区域性比赛情况统计表

6. 评分指标

B.8　2021 年全国职业院校技能大赛教学能力比赛参赛作品材料及现场决赛有关要求

一、参赛作品文档材料

所有文档材料均要求规范、简明、完整、朴实，正文使用小四号字、单倍行距，禁用以装饰为目的的图片或照片，以 PDF 格式提交，每个文件大小不超过 100M。

（一）参赛教案

教学团队根据提交的专业人才培养方案和课程标准，选取该课程在一个学期中符合规定的教学任务作为参赛作品（作品名称应为课程标准中具体、明确的模块、单元或任务），撰写实际使用的教案。教案应包括授课信息、任务目标、学情分析、活动安排、课后反思等教学基本要素，要求设计合理、重点突出、前后衔接、规范完整、详略得当，体现具体的教学内容、活动及安排（其内容占主要篇幅），能够有效指导教学活动的实施，课后对授课实效、存在不足、改进设想进行客观深入反思。原则上每份教案的教学内容不超过 2 学时，实践性教学环节的教学内容可以不超过 4 学时。每件参赛作品的全部教案（无须附加其他内容）按序逐一标明序号，合并为一个文件提交。

（二）教学实施报告

教学团队在完成教学设计和实施之后，撰写 1 份教学实施报告。报告应梳理总结参赛作品的教学整体设计、教学实施过程、学生学习效果、反思改进措施等方面情况，突出重点和特色，体现创新举措和具体成效，可用图表加以佐证。中文字符在 5000 字以内（文末注明正文"中文字符统计数"），插入的图表应有针对性、有效性，尺寸合适、清晰可见，一般不超过 12 张。

（三）专业人才培养方案

教学团队提交学校实际使用的专业人才培养方案。专业人才培养方案应按照《教育部关于职业院校专业人才培养方案制订与实施工作的指导意见》（教职成〔2019〕13 号）、《关于组织做好职业院校专业人才培养方案制订与实施工作的通知》（教职成司函〔2019〕61 号）和《教育部关于印发〈职业教育专业目录（2021 年）〉的通知》（教职成〔2021〕2 号）有关要求修订完善。参赛内容为公共基础课程的，只需提交实际开设该课程的其中一个专业的人才培养方案；跨校组建的教学团队，只需提交团队某一成员所在学校的专业人才培养方案。

（四）课程标准

教学团队提交参赛作品实际使用的课程标准。课程标准应依据职业教育国家教学标准体系，按照专业人才培养方案的相关标准要求科学规范制定，明确课程性质与任务、课程目标与要求、课程结构与内容、学生考核与评价、教学实施与保障、授课进程与安排等，并附某一班级授课计划表（注明授课日期、学时）。多个授课班级只需提交其中一份课程标准；跨校组建的教学团队，只需提交团队中某一成员所在学校的课程标准。

二、参赛作品视频材料

教学团队成员按照教学设计实施课堂教学（含实训、实习），录制 3~4 段课堂实录视频，原则上每位团队成员不少于 1 段，应在实际教学（含顶岗实习）场所拍摄，参与教学的应是授课班级的全体学生（按照课程标准、教学实际等情况设计实施分班教学的需有专门说明）。课堂实录视频每段时长 8~15 分钟，总时长控制在 35~40 分钟；每段视频可自行选择教学场景，应分别完整、清晰地呈现参赛作品中内容相对独立完整、课程属性特质鲜明、反映团队成员教学风格的教学活动实况，杜绝过度包装。中职专业技能课程二组、高职专业课程二组参赛作品的视频中须包含不少于 2 段反映团队成员关键技术技能教学操作与示范的教学实况。

课堂实录视频须采用单机方式全程连续录制，不得使用明显脱离课堂教学实际、片面追求拍摄效果、费用昂贵的技术与环境（比如虚拟演播系统、临时拼接大型 LED 显示屏等），不允许另行剪辑及配音，不加片头片尾、字幕注解，不得泄露地区、学校名称。采用 MP4 格式封装，每个文件大小不超过 200M。每段视频文件以"教案序号＋教学活动名称"分别命名。

视频录制软件不限，采用 H.264/AVC（MPEG-4 Part10）编码格式压缩；动态码流的码率不低于 1024kbps，不超过 1280kbps；分辨率设定为 720×576（标清 4∶3 拍摄）或 1280×720（高清 16∶9 拍摄）；采用逐行扫描（帧率 25 帧/s）。音频采用 AAC（MPEG4 Part3）格式压缩；采样率 48kHz；码流 128kbps（恒定）。

三、决赛程序

（一）赛前准备

1. 入围决赛的教学团队赛前一天报到并熟悉赛场，抽签决定场次。

2. 决赛当天，教学团队按抽签顺序进入备赛室，在参赛作品范围内随机抽定两份不同教案，自选其中部分内容进行准备。

3. 教学团队在备赛室可利用自带电脑、小型教具与网络资源（现场提供网络服务）进行准备，限时 30 分钟。

（二）内容介绍与教学展示

1. 教学团队按时进入比赛室，首先简要介绍教学实施报告的主要内容、创新特色；然后由两名参赛教师分别针对所抽定的两份不同教案中的自选内容进行无学生教学展示（如，新知讲解、示范操作、学习结果分析、课堂教学小结等），教学展示应符合无学生教学情境。

2. 介绍教学实施报告时间不超过 6 分钟，两段无学生教学展示合计时间 12~16 分钟。期间另外安排换场准备，用时不超过 5 分钟。

3. 比赛室单相电源最大用电负荷 1000W，无三相电源；门框尺寸高度为 1800mm、宽度 800mm；比赛室提供一台显示屏（尺寸 86 寸，比例 16：9，默认分辨率 1920×1080），配有 1 块墨绿板（1200mm×1200mm），提供 2 张展示桌（长×宽×高为：1200mm×400mm×750mm）；不提供自带教学仪器设备的安装与搬运服务。不建议参赛教学团队携带超出用电负荷和门框比例的大型设备或携带较多数量的教学用具。

（三）答辩

1. 评委针对参赛作品材料、教学实施报告介绍和无学生教学展示，集体讨论提出 3 个问题（包括参赛作品所涉及的理念、策略、模式、目标、成效、创新点，以及学科、专业领域的素质、知识、技能等）。评委讨论时教学团队回避。

2. 教学团队针对屏幕呈现的问题（评委不再复述或解读，可以事先指定答题者），逐一回答并阐述个人观点（可以展示佐证资料），时间不超过 8 分钟（含读题审题），在时间允许的情况下，评委可以追问。原则上未参与内容介绍及教学展示的团队成员，必须参与答题。

B.9　职业院校数字校园规范（摘录）

3　师生发展

3.1　总体要求

3.1.2　教师信息化教学能力发展

信息时代教师需要借助信息技术全面提升信息化教学能力和创新教学的能力，实现职业教育的教学理念、教学内容和教学方式的革命性变革，不断提高可持续发展能力。

3.3 教师发展

3.3.1 信息意识与态度

3.3.1.1 重要性的认识

理解信息技术的有效应用对于创新教学模式、提高职业教育质量、促进职业教育教学改革的重要作用；

理解信息技术带来的职业教育内涵的变化，主动适应职业教育发展的变革；

理解信息化教学能力是职业院校教师专业素质的重要组成部分。

3.3.1.2 应用意识

具有在教学中开展信息技术与课程教学融合，并据此进行教育教学改革的意识；

具有建设和共享信息化课程、虚拟仿真实训系统等数字化教学资源的意识；

关注信息技术（如大数据、云计算、物联网、VR/AR、人工智能、5G网络、区块链等）和教育理念的最新发展，并尝试将其应用于职业教育的人才培养。

3.3.1.3 评价与反思

具有对信息化教学进行评价与反思的意识；

具有对信息技术教学应用价值和效果进行评价与反思的意识。

3.3.2 信息知识与技能

3.3.2.1 基本知识

了解技术技能人才培养对信息技术的需求；

理解信息化教学的基本概念和理论基础；

理解数字化教学资源和教学工具的特点和作用；

理解信息化环境下的教学设计模式；

理解职业教育信息化教学效果的评价理论。

3.3.2.2 基本技能

掌握信息检索、收集、整理、筛选的基本方法；

掌握数字教学资源的制作方法与流程；

掌握信息化环境下教学活动设计的程序与方法；

掌握信息化环境下教学效果的评价方法。

3.3.2.3 职业教育教学的技能

借助信息技术了解并掌握行业的发展动态；

利用虚拟仿真教学资源支持实验和实训活动；

利用信息技术指导学生开展专业实践活动；

利用信息技术指导学生参加本专业相关的职业技能竞赛。

3.3.3 信息化应用与创新

3.3.3.1 教学设计与实施

掌握职业教育学生的信息化学习特征；

掌握职业教育信息化教学环境的特点与选择方法；

掌握职业教育信息化教学内容的提炼、设计与呈现方法；

掌握职业教育信息化教学活动中的设计与优化方法；

掌握职业教育信息化教学设计效果评价的手段与方法；

掌握信息技术与专业知识、教学理论有机结合的方法；

掌握信息技术有效融合于职业教育教学活动和岗位活动的方法。

3.3.3.2 合作与交流

能利用信息技术与学生进行学习方面的交流；

能利用信息技术与家长对学生情况进行交流；

能利用信息技术与同事在教学和科研方面开展合作与交流；

能利用信息技术与教育管理人员进行管理工作的沟通；

能利用信息技术与技术人员在教学资源开发、教学活动设计等方面进行合作与交流；

能利用信息技术与学科专家、教育技术专家进行信息技术教学应用的交流与合作；

能利用信息技术与行业专家、兼职教师等开展信息化教学方面的分工协作。

3.3.3.3 教学模式创新

利用信息技术构建理实一体、工学结合的虚实融合教学模式；

利用信息技术实施教学过程与生产过程对接的校企合作教学模式；

利用移动终端、VR/AR、物联网、5G等技术构建新型实验、实训、实习教学环境。

3.3.4 信息化研究与发展

3.3.4.1 教学研究

识别和确定教学过程中的需求问题，开展信息化教学研究；

评价信息技术教学应用效果，优化教育教学过程；

利用信息化工具记录、分析和解决职业院校中的教学问题。

3.3.4.2 终身学习

借助信息技术环境发展自主学习能力；

借助相关技术平台进行终身学习以实现个人全面发展。

3.3.4.3 专业发展

积极参与信息技术教学的培训与学习，提升信息化教学能力；

积极参与职业院校信息化教学赛事，进行教学创新；

借助信息技术与行业、企业专家建立并保持密切联系，充实专业知识和职业技能。

3.3.5 信息社会责任

3.3.5.1 公平利用

确保所有学生在学习资源、学习工具、学习环境的利用上享有均等的机会。

3.3.5.2 健康使用

培养学生的信息安全常识、保护自身和他人隐私的意识、分辨健康与有害信息的意识、安全健康地使用信息技术的意识。

3.3.5.3 规范行为

能向学生传授与信息技术利用有关的法律法规知识和伦理道德观念，培养学生的法律意识，并示范相关的规范行为。

3.3.6 发展保障

为了持续提升教师信息化教学能力、教学研究能力与终身学习能力，职业院校应从组织机构、服务支持、培训评价、激励措施等方面建立保障制度。

设置职业院校教师发展的专门机构，设置教育技术、教师发展等方面的专门人员；

通过线上线下相结合的讲座、工作坊、讨论会等方式，常态化地开展教学培训和研讨；

面向教师日常教学，提供数字化资源制作、网络化课程设计、实施与评价方面的指导、支持和服务；

借助信息化手段，构建产教融合、校企合作的专职与兼职教师常态化交流机制，推进双师型教师队伍的建设；

建立数据驱动的教师教学能力发展档案袋，持续跟踪诊断教师发展状况，给予及时的指导和建议；

建立激励机制，促进教师参与校内外各种教学研修活动。

B.10 职业教育提质培优行动计划（2020—2023年）（摘录）

二、重点任务

（六）实施职业教育治理能力提升行动

16. 健全职业教育标准体系

发挥标准在职业教育质量提升中的基础性作用。适时修订中职学校、专科高职学校设置标准，研制本科职业学校设置标准。结合职业教育特点完善学位制度。实施职业学校教师、校长专业标准，制定"双师型"教师基本要求。……

（七）实施职业教育"三教"改革攻坚行动

19. 提升教师"双师"素质

根据职业教育特点核定公办职业学校教职工编制。实施新一周期"全国职业院校教师素质提高计划"，校企共建"双师型"教师（含技工院校"一体化"教师，下同）培养培训基地和教师企业实践基地，落实5年一轮的教师全员培训制度。探索有条件的优质高职学校转型为职业技术师范类院校或开办职业技术师范专业，支持高水平工科院校分专业领域培养职业教育师资，构建"双师型"教师培养体系。改革职业学校专业教师晋升和评价机制，破除"五唯"倾向，将企业生产项目实践经历、业绩成果等纳入评价标准。完善职业学校自主聘任兼职教师的办法，实施现代产业导师特聘计划，设置一定比例的特聘岗位，畅通行业企业高层次技术技能人才从教渠道，推动企业工程技术人员、高技能人才与职业学校教师双向流动。改革完善职业学校绩效工资政策。职业学校通过校企合作、技术服务、社会培训取得的收入，可按一定比例作为绩效工资来源。各级人力资源社会保障、财政部门要充分考虑职业学校承担培训任务情况，合理核定绩效工资总量和水平。对承担任务较重的职业学校，在原总量基础上及时核增所需绩效工资总量。专业教师可按国家规定在校企合作企业兼职取酬。到

2023年,专业教师中"双师型"教师占比超过50%,遴选一批国家"万人计划"教学名师、360个国家级教师教学创新团队。

(八)实施职业教育信息化2.0建设行动

23. 推动信息技术与教育教学深度融合

……引导职业学校开展信息化全员培训,提升教师和管理人员的信息化能力,以及学生利用网络信息技术和优质在线资源进行自主学习的能力。

(九)实施职业教育服务国际产能合作行动

24. 加快培养国际产能合作急需人才

……统筹利用现有资源,实施"职业院校教师教学创新团队境外培训计划",选派一大批专业带头人和骨干教师出国研修访学。……

B.11 教育部关于深化职业教育教学改革全面提高人才培养质量的若干意见(摘录)

各省、自治区、直辖市教育厅(教委),各计划单列市教育局,新疆生产建设兵团教育局,各行业职业教育教学指导委员会:

为贯彻落实全国职业教育工作会议精神和《国务院关于加快发展现代职业教育的决定》(国发〔2014〕19号)要求,深化职业教育教学改革,全面提高人才培养质量,现提出如下意见。

七、完善教学保障机制

(二十一)加强教师培养培训。建立健全高校与地方政府、行业企业、中职学校协同培养教师的新机制,建设一批职教师资培养培训基地和教师企业实践基地,积极探索高层次"双师型"教师培养模式。加强教师专业技能、实践教学、信息技术应用和教学研究能力提升培训,提高具备"双师"素质的专业课教师比例。落实五年一周期的教师全员培训制度,实行新任教师先实践、后上岗和教师定期实践制度,培养造就一批"教练型"教学名师和专业带头人。继续实施职业院校教师队伍素质提升计划,加强专业骨干教师培训,重视公共基础课、实习实训、职业指导教师和兼职教师培训。各地要制订职教师资培养规划,根据实际需要实施职业院校师资培养培训项目。

(二十二)提升信息化教学能力。要加强区域联合、优势互补、资源共享，构建全国职业教育教学资源信息化网络。各地、各职业院校要组织开发一批优质的专业教学资源库、网络课程、模拟仿真实训软件和生产实际教学案例等。广泛开展教师信息化教学能力提升培训，不断提高教师的信息素养。组织和支持教师及教研人员开展对教育教学信息化的研究。继续办好信息化教学大赛，推进信息技术在教学中的广泛应用。要积极推动信息技术环境中教师角色、教育理念、教学观念、教学内容、教学方法以及教学评价等方面的变革。

B.12 教育部关于进一步推进职业教育信息化发展的指导意见（摘录）

8. 提升师生和管理者信息素养。将信息技术应用能力纳入教师评聘考核内容。开展以深度融合信息技术为特点的培训，帮助教师树立正确的信息化教学理念、改进教学方法、提高教学质量，提高教师信息技术应用水平。进一步完善信息化教学大赛制度，国家与地方每年举办职业院校信息化教学大赛，提高参与率，积极转化大赛成果并广泛共享。……

教育部
2017年8月31日

B.13 中共中央 国务院印发《深化新时代教育评价改革总体方案》（摘录）

二、重点任务

（二）改革学校评价，推进落实立德树人根本任务

7. 健全职业学校评价。重点评价职业学校（含技工院校，下同）德技并修、产教融合、校企合作、育训结合、学生获取职业资格或职业技能等级证书、毕业生就业质量、"双师型"教师（含技工院校"一体化"教师，下同）队伍建设等情况，扩大行业企业参与评价，引导培养高素质劳动者和技术技能人才。深化职普融通，探索具有中国特色的高层次学徒制，完善与职业教育发展相适应的学位授予标准和评价机制。加大职业培训、服务区域和行业的评价权重，将承担职业培训情况作为核定职业学校教师绩

（三）改革教师评价，推进践行教书育人使命

9.坚持把师德师风作为第一标准。坚决克服重科研轻教学、重教书轻育人等现象，把师德表现作为教师资格定期注册、业绩考核、职称评聘、评优奖励首要要求，强化教师思想政治素质考察，推动师德师风建设常态化、长效化。健全教师荣誉制度，发挥典型示范引领作用。全面落实新时代幼儿园、中小学、高校教师职业行为准则，建立师德失范行为通报警示制度。对出现严重师德师风问题的教师，探索实施教育全行业禁入制度。

10.突出教育教学实绩。把认真履行教育教学职责作为评价教师的基本要求，引导教师上好每一节课、关爱每一个学生。幼儿园教师评价突出保教实践，把以游戏为基本活动促进儿童主动学习和全面发展的能力作为关键指标，纳入学前教育专业人才培养标准、幼儿教师职后培训重要内容。探索建立中小学教师教学述评制度，任课教师每学期须对每个学生进行学业述评，述评情况纳入教师考核内容。完善中小学教师绩效考核办法，绩效工资分配向班主任倾斜，向教学一线和教育教学效果突出的教师倾斜。健全"双师型"教师认定、聘用、考核等评价标准，突出实践技能水平和专业教学能力。规范高校教师聘用和职称评聘条件设置，不得将国（境）外学习经历作为限制性条件。把参与教研活动，编写教材、案例，指导学生毕业设计、就业、创新创业、社会实践、社团活动、竞赛展演等计入工作量。落实教授上课制度，高校应明确教授承担本（专）科生教学最低课时要求，确保教学质量，对未达到要求的给予年度或聘期考核不合格处理。支持建设高质量教学研究类学术期刊，鼓励高校学报向教学研究倾斜。完善教材质量监控和评价机制，实施教材建设国家奖励制度，每四年评选一次，对作出突出贡献的教师按规定进行表彰奖励。完善国家教学成果奖评选制度，优化获奖种类和入选名额分配。

11.强化一线学生工作。各级各类学校要明确领导干部和教师参与学生工作的具体要求。落实中小学教师家访制度，将家校联系情况纳入教师考核。高校领导班子成员年度述职要把上思政课、联系学生情况作为重要内容。完善学校党政管理干部选拔任用机制，原则上应有思政课教师、辅导员或班主任等学生工作经历。高校青年教师晋升高一级职称，至少须有一年担任辅导员、班主任等工作经历。